La Magie du Tantra dans la sexualité

Du même auteur, chez le même éditeur :

L'art de l'extase sexuelle: La voie de la sexualité sacrée présentée aux occidentaux

Du même auteur :

Le Chemin de l'Extase, Albin Michel

Publié par Jeremy P. Tarcher, Inc. of G.P. Putnam's Sons.
Conception : TANYA MAIBORODA

ISBN : 2-85707-855-2

LA MAGIE DU TANTRA DANS LA SEXUALITÉ

MARGO ANAND

ILLUSTRATIONS D'ATMA PRITI

Traduit de l'anglais par Jean Brunet

GUY TRÉDANIEL ÉDITEUR
65, rue Claude-Bernard
75005 Paris

A PROPOS DE L'AUTEUR

Margo Anand est l'auteur de *L'Art de l'Extase Sexuelle* et du *Chemin de l'Extase*. Elle a élaboré une voie unique en son genre menant à la béatitude sexuelle, qu'elle appelle SkyDancing Tantra. Par ailleurs, elle a contribué à implanter des Instituts SkyDancing dans huit pays, dont la Suisse, l'Allemagne et les Etats-Unis. En outre, au cours des quinze dernières années, elle a enseigné la Formation à l'Amour et l'Extase à plus de dix mille personnes à travers le monde. Sa passion: l'exploration et l'enseignement des possibilités dont Eros est porteur en tant que source de notre puissance créatrice et clé de la magie, c'est-à-dire le pouvoir transformateur, créateur et réalisateur de notre rêve.

Aux êtres pour qui sexe et cœur ne font qu'un.

REMERCIEMENTS

Pour leur participation à la réalisation de cet ouvrage, ma gratitude et mon estime vont aux personnes suivantes:

A mon éditeur Jeremy Tarcher pour son soutien sans faille pendant la réalisation de ce livre, pour ses conseils avisés dans les domaines d'ordre privé et relationnel, ou professionnel et spirituel, pour son humour et son intelligence... enfin pour sa patience et sa confiance.

A Azul, le sage Bodhidharma du Tantrisme, pour son amitié, son inspiration et sa créativité joyeuses rehaussant cet ouvrage de citations au pouvoir magique.

A Subhuti, le meilleur écrivain avec qui j'ai collaboré et qui me prouva combien la création de ce livre pouvait être un acte magique empreint d'aisance et de gaieté. J'ai particulièrement apprécié sa faculté de concentration et la rapidité avec laquelle il m'aida dans la rédaction, la correction et l'édition de cet ouvrage.

A Noami Lucks et Laura Bellotti pour leur magifique édition.

A mon agent littéraire, Sandra Dijkstra, pour son appui apporté avec une précision et une clarté remarquables, même dans les moments où la confusion était à son comble, mais aussi pour sa patience, son professionnalisme et l'aide de son équipe compétente.

A Caroline Green, alias Atma Priti, ma talentueuse illustratrice, pour son enthousiasme et son génie artistique.

A Aman Schroeter et Deva Kosha qui partagent avec moi la pratique du tantrisme, pour leur recherche dans le domaine de la magie ainsi que l'enseignement de la Danse Céleste Amoureuse et de l'Ascension à l'extase présentés dans mon livre précédent, *L'Art de l'extase sexuelle*, mais aussi la Magie du tantra dans la sexualité exposé dans cet ouvrage, auquel il donne son titre.

A Kay Thompson, directrice de l'Institut SkyDancing aux USA, pour son dévouement dans l'organisation de mon bureau et de mes séances de formation, tâche impliquant de multiples responsabilités qu'elle assume avec constance.

A Betty Dodson, pour ses recherches sur l'anatomie sexuelle féminine stimulant l'inspiration, dans son livre *Sex for One*.

Aux amis qui m'ont inspiré certains processus exposés dans cet ouvrage: Gabrielle St Clair et Michael Plesse pour la Musique des Chakras; Mani Littmann pour la Méditation sur le Feu; Terumi et Leonard Leinow pour La Friction des Chakras; Bob Hoffman pour le Processus de Structuration Quadrifactoriel permettant de préciser la nature de nos blessures (voir chapitre 3).

A Gabrielle Roth et Constance Demby pour leur extraordinaire musique innovatrice dans la méditation entre sensualité et spiritualité.

Au Dr Dean Ornish pour l'importance de son apport dans le traitement des cardiopathies et sa proposition consistant à exposer à ses malades cardiaques le concept selon lequel l'amour charnel peut s'accomplir dans la détente et la gaieté, même quand on a un cœur faible.

A Alan Brauer et à sa femme Donna pour leur action novatrice dans la recherche sur l'orgasme sexuel amplifié ainsi que pour leur accueil et leur soutien dans ma propre quête.

A Marge et Lucas Hopkins pour la bataille opiniâtre qu'ils ont livré à la résistance que les influences marquées par la suprématie masculine manifestent à l'égard de l'orgasme amplifié dans ma vie et mon psychisme.

A Bob Hoffman pour sa contribution à la guérison des blessures héréditaires par le Processus de Structuration Quadrifactoriel.

Aux professionnels et magiciens dévoués des deux sexes qui, dans le monde entier, dirigent les Instituts SkyDancing, notamment Yatro Werner et Christiane Thomson (Allemagne); Nital Brinkley et Achintya Vasey (France et Suisse); Aman Schroeter (Suisse); John Hawken (Angleterre), Renee Koopmans (Hollande); Robert et Lilianne Baillod (Canada); Kay Thompson (USA).

A tous les enseignants et praticiens SKYDANCING, membres des groupes développant cette approche de la sexualité, qui font connaître mes recherches à travers le monde afin de contribuer à l'extension planétaire de vibrations orgastiques porteuses de guérison et de joie.

Mais, sur les plans invisibles où l'intuition métaphysique dévoile la nature de la conscience et la magie de la synchronicité, ma source majeure de connaissance et d'inspiration fut Osho, le grand mystique.

Mes remerciements vont aussi à Kaveesha et Wadud qui font connaître son œuvre aux USA. Enfin, j'exprime mon estime reconnaissante à Ramanadass et Marilena Selby pour leur affectueuse contribution en posant pour nombre d'illustrations.

TABLE DES MATIERES

Comme le fleuve qui se jette dans l'océan, ce qui vit en moi passe en toi...

Robert Bly
Le Livre de Kabir

PREFACE

De l'Extase à la Magie Sexuelle

Lorsque j'entame un séminaire ou une conférence, je pose souvent cette question à mon auditoire: "Qui, dans cette salle, a vécu, au moins une fois, l'apogée de l'amour charnel?" Et beaucoup de mains se lèvent. En effet, tout le monde sait, au tréfonds de son être, que l'amour charnel peut être le seuil au-delà duquel se vivent des expériences, ô combien merveilleuses. Et quand je demande : "Quel sentiment éprouvez-vous?", la réponse fuse invariable: "C'est de la magie".

Je demande encore: "Mais qu'y-a-t-il de magique en cela?"

Voici les réponses obtenues:

"Le sentiment de ne connaître ni frontières, ni limites."

"L'impression tonifiante d'infinies possibilités."

"Le sentiment joyeux de ne faire qu'un avec le divin."

"Une impression de puissance créatrice."

Ceux d'entre vous qui ont lu mon précédent livre *L'art de l'extase sexuelle* savent déjà que l'énergie sexuelle peut être à la fois intense et affinée, pour nous faire accéder à des royaumes de délices orgastiques offrant une infinie variété d'expériences subtiles. Il s'agit d'une forme de magie inhérente à tout rapport charnel accompli.

Dans le cadre de la quête m'incitant à vivre ce type d'expériences magiques, j'ai passé de nombreuses années à rechercher dans le monde entier les enseignements et traditions culturels propres à la sexualité sacrée, découvrant des voies nouvelles et différentes vers la conversion de l'acte sexuel en une méditation sereine correspondant à la communion du corps et de l'âme.

J'ai notamment découvert le Tantrisme, une antique voie mystique qui propose une vision appréhendant l'harmonie cosmique dans son ensemble. Dans la conception tantrique de l'univers, les entités apparemment contradictoires comme esprit et matière, bien et mal, jour et nuit, amour et haine, sont considérées comme des énergies complémentaires s'entrelaçant et se contournant mutuellement dans l'éternelle dynamique de leur ballet cosmique.

Or, en Occident, le mot *Tantra* est devenu synonyme de sexualité. Et pourtant, la vision tantrique est vaste, puisqu'elle s'étend bien au-delà des domaines de l'amour et de la sexualité, appréhendant dans une vision globale corps, psychisme, cœur et esprit, mais aussi l'univers et tous ses mystères. Le Tantrisme est peut-être la voie spirituelle la plus holistique qui ait jamais existé.

Après avoir assimilé ces enseignements sacrés, j'ai commencé à partager mes connaissances approfondies et mes découvertes avec des milliers de personnes à travers le monde sous la forme d'ateliers, de séminaires et de formations qui devaient peu à peu donner naissance à une méthode que j'ai appelée Tantra SkyDancing. Elle consiste en une initiation à la faculté transformatrice de l'existence que possèdent amour et extase, un type de formation qui, malgré son adaptation spécifique aux partenaires occidentaux, plonge ses racines dans la voie spirituelle orientale du Tantrisme.

L'appellation Tantra SkyDancing exprime la joie et la légèreté éprouvées pendant le rapport sexuel extatique, cette impression que l'on a de "danser dans les cieux" lorsqu'on fait prendre à l'énergie orgastique le caractère de conscience méditative.

Avec le temps, mon idylle avec le Tantra SkyDancing m'a inévitablement et progressivemment amenée au royaume de la magie. Et, lentement, presque par hasard, j'ai pris conscience du fait qu'on pouvait exploiter l'énergie orgastique non seulement en tant que puissance transformatrice magique dans le cadre des relations intimes, mais aussi dans beaucoup de domaines de mon existence.

J'ai d'abord senti, puis expérimenté, à quel point les états extatiques d'union charnelle intense sont un sol fertile propre aux semailles de graines fécondes: semences de transformation et de transcendance personnelles, semences de relations amoureuses et amicales plus aptes à répondre à nos attentes, semences d'abondance matérielle.... bref, graines pouvant germer dans le terreau de la réalité grâce au champ puissant de l'énergie où elles ont été semées, nourries, et où elles ont poussé.

Ce livre, *L'art de la magie sexuelle*, est l'aboutissement de plusieurs années de recherche et de pratique intenses sur le thème de la magie sexuelle. Mon approche s'abreuve à nombre de sources, mais la méthode qui en découle est nouvelle et originale. Ainsi, ne figure-t-elle ni dans les ouvrages de magie – fût-elle sexuelle – ni dans ceux concernant le Tantrisme. Telle une tresse, cet enseignement intègre étroitement trois composantes:

1. La psychologie, médiatrice de guérison
2. Le Tantra SkyDancing, voie vers la béatitude.
3. La magie sexuelle, voie de transformation et de réalisation personnelle.

L'enseignement et la promesse dont il est porteur sont qu'aujourd'hui, le moment est venu – et qu'il est possible – d'évacuer tout le sentiment de culpabilité et de honte dont notre sexualité est empreinte. Quand cette guérison se produit, l'énergie sexuelle révèle sa formidable puissance, une puissance capable de transformer le monde, la nature de nos relations et nous-même par l'amour, la joie et l'harmonie, faisant naître ainsi le magicien, homme ou femme, qui est en chacun de nous.

Tout au long de ce livre, je fais partager mes découvertes personnelles, proposant une formation simple et concrète, mais puissante, à la magie sexuelle – un enseignement faisant passer la force libératrice et transformatrice de la magie dans la vie de quiconque se donne la peine de la mettre en pratique. Et c'est ce que je vous invite à faire maintenant: m'accompagner dans la grande aventure qu'est la transformation personnelle par la magie sexuelle.

Bien que cet ouvrage délivre un enseignement autonome, il serait utile que vous lisiez et vous familiarisiez avec *L'art de l'extase sexuelle*, mon livre précédent.

PREAMBULE

Conçu comme un manuel destiné à enseigner la pratique de la magie sexuelle, ce livre constitue un guide progressif vous habilitant à pratiquer la transformation magique en tant que maître.

J'ai mis au point une formation aisée, afin que le meilleur résultat soit obtenu avec le moindre effort, tout en vous ménageant les meilleurs chances de connaître les joies et les plaisirs de la magie sexuelle. Elle a été mise en pratique avec succès par de nombreux couples ou par des personnes seules, en dehors de tout partenariat sexuel régulier.

La progression suivie par cet ouvrage est identique dans la forme à celle des séminaires de formation en groupe: chaque chapitre correspond à une étape pédagogique conduisant à la suivante ou à un nouvel exercice ; aussi est-il important d'assimiler les chapitres dans l'ordre, chacun d'eux vous permettant d'acquérir les connaissances et les compétences nécessaires pour passer sans difficulté au suivant. Une fois les neuf chapitres compris, vous pouvez procéder à des expériences et combiner des exercices tirés de n'importe quelle partie de l'ouvrage, selon vos goûts.

Les chapitres comportent chacun trois ou quatre exercices principaux devant, eux aussi, être exécutés dans l'ordre. Quel que soit le lieu, ils peuvent durer d'une demi-heure à une heure et demie.

LA CADENCE A RESPECTER

Pour obtenir une formation sérieuse, il faut que vous consacriez environ un mois à la pratique des exercices proposés dans chaque chapitre, c'est-à-dire qu'il vous faudra neuf mois pour acquérir une complète maîtrise de la magie sexuelle.

Dans le cadre de cet enseignement, vous pouvez vous fixer un programme mensuel consistant à pratiquer pendant une semaine le premier exercice du chapitre considéré, puis passer au second exercice durant la deuxième semaine, poursuivre par le troisième au cours de la semaine suivante, etc... Si ce chapitre ne comporte que trois exercices, vous avez la possibilité de consacrer la quatrième semaine aux exercices combinés déjà assimilés.

Si vous ne disposez d'un temps suffisant qu'en fin de semaine, essayez d'affecter ces quarante-huit heures à chaque exercice, ce qui vous permet d'assimiler en un mois la totalité d'un chapitre.

Toutefois, le temps minimum convenant à l'assimilation du contenu d'un chapitre est d'une soirée par semaine et d'un week-end par mois. En effet, une cadence inférieure risque fort de trop espacer les phases de mise en pratique au détriment de la nécessaire continuité propice à l'assimilation et à la maîtrise des compétences acquises.

Une cadence pédagogique plus soutenue et plus rapide consisterait en l'assimilation d'un chapitre par quinzaine, ce qui réduirait de moitié la durée totale de l'enseignement. Enfin, pour un enseignement extrêmement soutenu, vous pouvez toujours tenter d'apprendre un chapitre par week-end...

A PROPOS DE PATIENCE

Permettez-moi néanmoins de vous donner un conseil avant que vous ne vous lanciez dans la pratique des exercices: soyez patient envers vous-même. En effet la première fois, vous risquez de constater qu'il faut plus de temps que vous ne le pensiez, devant vous interrompre ici et là, afin de vous accorder le temps de comprendre et de noter quand vous rencontrerez des difficultés ou non. Cela s'applique à l'acquisition de toute compétence nouvelle.

Si vous êtes suffisamment ferme avec vous-même pour accéder à cet art en adoptant un rythme qui vous est naturel, vous constaterez bientôt l'acquisition des principes d'une pédagogie magique empreinte d'aisance et de douceur.

L'ENGAGEMENT PERSONNEL

Sur la voie de la magie sexuelle, la première chose à faire est de prendre cet engagement: décider que vous voulez acquérir la maîtrise de la magie sexuelle et suivre le programme pédagogique. Il va de soi que si vous travaillez en partenariat, cet engagement doit être pris à deux.

UNE PRATIQUE REGULIERE

Il est très important de respecter un programme pratique régulier. Si vous travaillez avec un – ou une – partenaire, incitez-vous mutuellement à le suivre en essayant de vous voir pendant ou à la fin de la semaine, à des moments fixés à l'avance.

Si vous prévoyez un programme couvrant en majeure partie les fins de semaine, je vous propose d'essayer de vous rencontrer tous les mercredis soirs. En effet, non seulement se voir en milieu de semaine crée le sentiment que la pratique hebdomadaire se prolonge, mais vous donne aussi un regain d'énergie – même si la rencontre est relativement brève – vous aidant à continuer de savourer la magie de votre nouvel univers jusqu'à la fin de la semaine.

AU SEUIL DE LA MAGIE

L'heureux aboutissement de cette pédagogie suppose que soient remplies deux conditions: la pratique et l'agrément. C'est lorsque vous passez de l'application et de la concentration à la détente et à l'agrément que vous avez maîtrisé la pratique et que vous êtes au seuil de la magie.

LA PRATIQUE ET SES MODALITES

Les descriptions de certains exercices étant assez longues et comportant de nombreuses phases successives, la question suivante vient à l'esprit: "Comment puis-je exécuter cet exercice tout en essayant de suivre les indications du livre?"

Voici quelques suggestions:

• Lisez la totalité de l'ouvrage pour en comprendre les principes fondamentaux, puis retournez au premier exercice pour le lire lentement et plusieurs fois pour vous en pénétrer.

• Si vous travaillez en partenariat, vous pouvez soit le lire ensemble, soit vous en faire une lecture réciproque avant d'en discuter les différentes phases pour vous assurer de leur compréhension.

• Vous pouvez condenser, par écrit et sous forme abrégée mais facile à lire, les phases majeures de l'exercice pour pouvoir y jeter un coup d'œil pendant son exécution.

• Mettez le livre de côté, puis passez à la pratique, en suivant les différentes phases comme vous les avez mémorisées, sans trop vous inquiéter si vous en oubliez une alors que vous essayez d'exécuter tel exercice pour la première fois. Vous l'y intégrerez la fois suivante, car vous devez répéter plusieurs fois chaque exercice jusqu'à ce que vous l'exécutiez détendu(e), avec aisance et adresse. C'est à la faveur de cette répétitivité que se développent confiance et coopération entre partenaires.

• Une autre manière de passer à la pratique – et qui peut être amusante – consiste à enregistrer chaque exercice sur cassette audio en respectant la cadence proposée et à vous la repasser pendant son exécution.

LA PRATIQUE EN SOLITAIRE

Beaucoup d'exercices présentés dans ce livre pouvant être exécutés par une seule personne, vous pouvez pratiquer la magie sexuelle en dehors de tout partenariat régulier. Dans ce cas, vous êtes à la fois celui ou celle qui donne et qui reçoit en parcourant un itinéraire intérieur qui met votre sexualité en communication avec vos potentialités magiques. Il s'agit en fait d'un dialogue fructueux entre vous et votre magicien intérieur nécessitant seulement un grand miroir et de la bonne musique à profusion!

A PROPOS DE PREFERENCES SEXUELLES

Cet enseignement s'adresse à quiconque est attiré par la pratique de la magie sexuelle, notamment aux couples hétérosexuels, mais aussi homosexuels, sans oublier les personnes seules. C'est dans cette ouverture d'esprit que j'ai conçu cet enseignement.

VAINCRE SES INHIBITIONS

Il y aura peut-être des moments où l'exécution d'un exercice donné vous fera secouer la tête en disant "Mon Dieu, je suis incapable de faire cela!" Ces réactions sont fort compréhensibles, surtout lorsqu'on aborde des sujets délicats comme la résolution de la pudeur sexuelle et l'apprentissage du développement de l'énergie orgastique préalables à la magie sexuelle.

L'essentiel est d'aller aussi loin que vous le pouvez, sachant que le simple fait de lire le texte va vous permettre d'introduire une compréhension et des intuitions nouvelles non seulement dans votre sexualité, mais aussi dans votre capacité d'accès à un certain bonheur de vivre. Bien sûr, plusieurs tentatives seront peut-être nécessaires avant que vous ne réussissiez l'exécution de tel exercice d'un bout à l'autre, de même ce n'est qu'au bout d'un certain temps que vous pourrez vous dire: "Toute ma vie, j'ai attendu de découvrir cela, alors ce n'est pas maintenant que je vais arrêter!"

MAÎTRES ET AMIS

Doute et peur ne sont pas des adversaires, mais des maîtres et des amis présents à vos côtés pour prévenir tout risque, notamment pour vous inciter à ne pas outrepasser vos limites en faisant preuve d'une opiniâtreté excessive quant aux buts à atteindre. Déterminez la nature de la gêne que vous ressentez, décodez ce que vos peurs essaient de vous dire, parlez-en et exprimez-les par écrit jusqu'à ce que vous vous sentiez apte à franchir les obstacles qui vous séparent du niveau pratique suivant.

A PROPOS DU VOCABULAIRE

Au cours de cet enseignement, j'emploie des mots étrangers. Ainsi, je donne le nom de Shiva au partenaire masculin et celui de Shakti à la partenaire féminine. De même, le pénis porte le nom de Vajra et le vagin celui de Yoni ; j'explique plus loin la signification de ces termes. Ma démarche consiste, par l'emploi de ce vocabulaire, à rompre avec les associations d'idées réductionnistes véhiculées par le langage courant et familier.

REDACTION D'UN JOURNAL

Pour vous préparer à vous engager dans cette formation, il est bon que vous rédigiez un journal dans lequel vous consignerez ce que vous avez vécu.

Ayez-le toujours à portée de main; il vous sera une sorte de compagnon de voyage, recueillant vos progrès, vous rappelant vos réussites et vos découvertes tout en constituant une source ultérieure de référence.

ENERGIE ET MUSIQUE

Je vous recommande vivement de faire appel à la musique le plus souvent possible au cours de ces exercices pratiques, car elle apporte aux rites magiques un surplus de vie et d'énergie en les baignant d'un climat particulier. L'annexe vous fournira quelques références musicales appropriées.

Je vous souhaite un merveilleux et surprenant voyage.

CHAPITRE 1

MAGIE SEXUELLE:
Mon itinéraire et le vôtre

Vous savez probablement déjà que le sexe peut être une expérience magique, mais vous ne savez peut être pas que la magie est une expérience sexuelle. Et pourtant, la magie, chargée de l'énergie orgastique engendrée par l'amour charnel, acquiert une puissance et une intensité auxquelles nulle autre approche ne permet d'accéder. En la maîtrisant, vous parvenez à une forme exceptionnelle.

Or, au cours des derniers siècles, la magie s'est attirée une mauvaise réputation, se dissimulant sous le voile du secret et s'entourant de charlatanisme sous diverses formes. Aujourd'hui, descendue des mondes spirituels des chamanes, aux planchers des spectacles de Las Vegas. Mais la magie sexuelle n'a rien à voir ni avec le fait de sortir un lapin d'un chapeau, ni avec la formule "abracadabra" des contes de fées dans lesquels une grenouille se change en prince charmant. Elle est la *vraie* magie, celle qui a le pouvoir de créer les événements, l'art de capter les sources personnelles et relationnelles d'énergie subtile pour donner forme et consistance à nos idées et à nos images. Plus précisément, c'est l'utilisation de votre puissance énergétique sexuelle comme vecteur de votre imagination et de votre volonté, en vous concentrant sur un objectif personnel pour le transformer en réalité par l'accession à des états de conscience supérieurs.

La magie sexuelle est la magie *par excellence*. Dans cet ouvrage, vous allez découvrir une méthode qui, pour être naturelle et commode, n'en est pas moins efficace dans la pratique de cet art apparemment mystérieux exploitant une source énergétique vous touchant de très près: l'énergie primitive de votre sexualité. Elle met l'art de la magie à la portée de quiconque a suffisamment de temps et d'enthousiasme pour assimiler quelques principes et pratiques élémentaires visant à:

1. Créer une vision du but à atteindre
2. Traduire votre vision en un puissant symbole, puis le fondre avec votre énergie sexuelle amplifiée
3. Faire gravir à votre symbole les sept échelons correspondant à vos centres énergétiques corporels, procédant ainsi à une transmutation alchimique de votre énergie et de votre conscience.
4. Mettre votre symbole en communication avec les champs universels d'énergie et d'intelligence pour que votre vision se manifeste en tant que réalité dans votre vie quotidienne.

L'amant en sait beaucoup plus sur le bien absolu et la beauté universelle que n'importe quel logicien ou théologien, à moins qu'ils ne soient aussi des amants masqués.
— GEORGE SANTAYANA
The Life of Reason: Reason in Society

Sur cet itinéraire, l'une des étapes les plus importantes consiste à vous ouvrir à l'abondant flot énergétique de vos potentialités orgastiques, c'est-à-dire que plus vous disposerez d'énergie sexuelle, plus votre magie sera efficace. Pour y parvenir, vous devez avoir la volonté de dépasser les normes sexuelles instituées par notre culture. Ainsi, chez la plupart des gens, l'orgasme est un évènement heureux durant une dizaine de secondes et ne se produisant qu'une ou deux fois par semaine, soit environ vingt secondes hebdomadaires, c'est-à-dire au total, une soixantaine de minutes par an.

Aussi notre expérience de la puissance contenue dans l'orgasme est-elle éphémère, bien que nous consacrions des milliers d'heures à penser à notre plaisir sexuel, sujet de nos inquiétudes ou de nos rêveries.

Le but de ce livre est de vous faire découvrir des régions où sont transcendés les comportements collectifs sexuels, un monde où, tel un éclaireur, vous faites œuvre de pionnier pour découvrir que votre orgasme peut prendre une ampleur considérable, tout comme votre vigueur sexuelle peut se muer en moteur de votre transformation magique, vous aidant à réaliser vos désirs.

Dans les chapitres suivants, je propose une pédagogie complète de l'art de la magie sexuelle. Elle vous donnera les techniques vous permettant de chevaucher le pouvoir intense de votre énergie orgastique amplifiée quand elle pénétrera votre corps, portant la vision du but à atteindre. Passant successivement par les sept centres énergétiques corporels, vos fluides orgastiques et votre vision se fondront l'un en l'autre, subissant une profonde transmutation alchimique. C'est cette alchimie intérieure, cette puissante fusion, qui permet l'apparition de la magie de votre énergie sexuelle et de votre vision.

RECONQUERIR VOTRE POUVOIR DE MAGICIEN

Nous débutons cet enseignement en honorant et en cultivant le Magicien qui est déjà en vous:

> Le Magicien qui peut rompre avec les courants sociaux qui d'ordinaire vous ballottent au hasard de-ci de-là.
> Le Magicien qui peut décider, à l'instant de mener sa vie consciemment, délibérément, dans l'intention claire de concrétiser ce qui est nécessaire et désiré.
> Le Magicien qui a le courage et la détermination de dire:
>
> « Désormais, je suis responsable de ma vie. Je reprends la totalité du pouvoir auquel j'ai renoncé par désir de faire plaisir à autrui, de me conformer à ce qu'on attend de moi ou de faire ce qui est "correct". Je ne délègue plus mon pouvoir à mes parents, aux enseignants, aux prêtres, aux politiciens, aux sondages d'opinion ou aux media.
> Je reprends le pouvoir de décider de mon avenir. Je suis responsable de ma vie amoureuse. Je revendique le fait d'honorer ma sexualité comme moteur de ma transformation. Je reprends le droit d'employer ce moteur sexuel pour devenir un être humain pleinement orgastique, sachant que c'est la porte ouverte sur la magie sexuelle et la clé pour transformer ma vie. »

Ainsi parle le Magicien, celui qui s'embarque pour le passionnant voyage de l'autotransformation.

COMMENT J'AI DECOUVERT LA MAGIE SEXUELLE

La clé permettant de comprendre la magie sexuelle m'a été révélée non comme on pourrait s'y attendre, pendant une relation sexuelle extatique, mais à l'occasion d'un moment de profonde solitude comme je n'en avais jamais connu.

Suite à la proposition que m'avait faite un mystique indien adepte du Tantrisme, je participai avec un groupe de psychologues à une expérience de privation sensorielle. Pendant une semaine complète, jour et nuit, on m'a laissée seule à la campagne, dans une pièce calme, les oreilles bouchées et les yeux bandés. Pour toute nourriture quotidienne, je disposais d'eau et d'une livre de raisin. D'autre part, je n'ai eu aucun contact avec qui que ce soit.

Dans ces conditions d'isolement, privée de tout stimulus extérieur, je ne tardais pas à entamer une sorte d'introspection, pénétrant les couches successives de mon psychisme. Je commençais à revoir et réentendre les personnes et les voix qui, dans le passé, avaient donné forme et consistance à ma personnalité. J'avais le sentiment de traverser des salles bondées de parents, amis, professeurs, prêtres et amants, participant à un cocktail gigantesque et confus, émettant des opinions contradictoires quant à la façon dont je devrais vivre ma vie.

En traversant ces salles, j'essayais de préserver une conscience méditative me permettant de les entendre sans tomber dans le piège consistant à rester avec l'un ou l'autre ou de croire ce qu'ils disaient. Je pouvais ainsi poursuivre ma route, pénétrant toujours davantage le tréfonds de mon être.

Au bout d'une semaine, j'étais parvenue en un lieu baigné d'une tranquillité et d'un calme profonds. J'éprouvais une sensation étrangement paradoxale, car j'avais l'impression qu'une formidable vague d'énergie déferlait en moi, qui d'ordinaire m'aurait fait déborder d'activité – désir de courir en tous sens, de rapports sexuels, d'organiser une soirée, bref n'importe quoi pouvant brûler cet excès d'énergie – et pourtant je me sentais profondément détendue, adoptant une attitude de lâcher prise, dans un état d'accueil et de confiance.

L'amour est l'étoffe qui relie tout dans l'univers.
— BARBARA BRENNAN

J'avais le sentiment qu'enfin je touchais le fond de mon être. Je me trouvais dans un état de conscience qui, non seulement, était porteur d'un authentique sentiment du moi, de ce "moi" essentiel, mais s'étendait aussi au-delà, me rattachant à la conscience collective de tous les êtres vivants, à celle de la planète et de l'univers. J'étais parvenue à un état fait à la fois de lumière, d'extase, d'universalité et de paix.

J'avais eu auparavant quelques aperçus de ces états, dans le cadre de rapports sexuels et de méditations, mais je remarquais pour la première fois la différence de ce que je vivais maintenant. Dans cet espace, j'entrai en communication avec une grande source de sagesse et de clarté à laquelle je pouvais poser les questions les plus difficiles quant au sens et à la raison de mon existence afin d'en recevoir les réponses les plus éclairées. Ma vie future se déroulait sous mes yeux et j'étais en mesure d'étudier la manière de modifier mes choix pour me ménager des perspectives d'avenir nouvelles, différentes, et pour réaliser des espoirs sincères nourris depuis longtemps. En bref, j'avais l'impression d'être assise sous le *Kalptaru*, cet arbre légendaire qui, dans la mythologie hindoue, comble et réalise nos vœux les plus chers.

C'était mon premier aperçu d'une sphère où règne la conscience magique à laquelle je pouvais accéder pour trouver des réponses, visualiser nettement mes objectifs personnels, un lieu de guérison et de transformation à la fois personnelle et relationnelle. Là où j'étais, passé et avenir semblaient se condenser dans l'instant présent, me permettant ainsi d'agir sur le futur en ménageant le meilleur dénouement possible à des évènements qui ne s'étaient pas encore matérialisés. Et, au cours des mois et des années qui suivirent, j'ai pu vérifier l'exactitude de mon intuition, ayant constaté que le film de mon existence se déroulait exactement comme la "projection" à laquelle j'avais assisté lors de cette expérience d'isolement sensoriel d'une semaine.

A LA RECHERCHE D'UN PROCESSUS MAGIQUE

A l'issue de cette instructive plongée en moi-même, je compris que cette période d'isolement sensoriel m'avait aidé à accéder à un état de relaxation profonde dans lequel j'étais en même temps remplie d'une énergie extatique. Cette association avait crée chez moi un terrain favorable à la magie.

Le corps est le temple suprême de la transformation, le lieu où se rassemblent toutes les forces universelles pour être canalisées et sublimées dans un ordre global supérieur en essence et en âme.
— JEAN HOUSTON

L'étape suivante consistait à me poser cette question: "Très bien! Mais comment puis-je recréer ces conditions dans la vie courante?" De toute évidence, il m'était impossible d'intégrer de longues périodes d'isolement sensoriel à un emploi du temps déjà chargé. Par ailleurs, ce genre d'expériences ne me garantissait pas non plus une reproduction fidèle de l'état magique que j'avais connu la première fois.

Or, la solution était évidente: par la pratique du Tantra Skydancing (voir préface), j'étais déjà très exercée dans l'art de transmuter, affiner et purifier l'énergie sexuelle, la canalisant dans mon corps pour accéder à des états de conscience extatiques très voisins de celui que j'avais vécu pendant l'expérience d'isolement sensoriel.

Ce qui m'avait manqué jusqu'alors c'était l'intuition que cette relaxation profonde pouvait être aussi une porte ouverte sur la magie. Ainsi l'extase pouvait jouer le rôle de toile vierge sur laquelle je pouvais dessiner ou peindre n'importe quelle vision personnelle. Elle pouvait être la terre propre aux semailles de graines génératrices de transformation, à partir desquelles mes objectifs personnels pouvaient germer et se concrétiser.

Sous l'inspiration de cette intuition, j'essayais d'induire des états sexuels extatiques par la pratique du Tantra Skydancing, pour ensuite semer les graines d'un vœu sincère au jardin de l'état de conscience amplifié ainsi créé. Cela va sans dire, les résultats piquaient vivement ma curiosité. M'ouvriraient-ils la magie sexuelle ? Ou bien me tendraient-ils une clef ouvrant d'autres portes dans mon existence ?

La réponse à ces questions a été un retentissant "oui" et c'est pourquoi je suis aujourd'hui en mesure de proposer une pédagogie complète de la magie sexuelle. Mais avant d'aborder l'enseignement lui-même, il convient d'examiner le rapport entre magie et sexualité.

MAGIE ET SEXUALITE: FORCES ANALOGUES

Magie et sexualité présentent beaucoup de similitudes, comme des états de conscience modifiés.

Arrêtez-vous un moment et songez à votre vie amoureuse. Vous avez probablement observé qu'à la faveur des rapports sexuels, tout au plaisir des sensations qui naissent et s'amplifient, des caresses mutuelles, attentifs à l'excitation réciproque, les sens en alerte, emportés dans le ballet rythmique du plaisir, il y a des moments où vous ne vous vous reconnaissez pas vous-même.

La sexualité n'est pas ce qui nous coupe de l'illumination. Dimension inhérente à notre vécu terrestre, elle nous unit dans l'illumination!
— CHRIS GRISCOM

Dans la chaleur de la passion, au plus fort du plaisir orgastique, vos modes de comportement et de pensée se modifient profondément, vous sortant de la dimension temporelle à tel point que passé et futur s'estompent. L'instant présent embrasse tout, vous oubliez le passé et l'avenir.

Au plus fort de cette étreinte sexuelle, la pensée s'arrête. Au sens littéral, vous placez vos facultés "entre parenthèses". Votre conscience devient limpide, pure, alerte, tandis que votre corps se détend, rechargé en énergie, parcouru d'agréables sensations.

Il est scientifiquement démontré que l'orgasme libère, au niveau cérébral, une gamme étendue de substances biochimiques parmi lesquelles la sérotonine et des endorphines, génératrices d'un état euphorique naturel, lui-même inducteur d'une détente, d'un abandon du corps et de l'esprit permettant le dépassement de toute douleur ou tension pour accéder à un bien-être profond.

Cela favorise l'abaissement des barrières personnelles se dressant entre vous et votre partenaire. Un champ énergétique chaud et nourricier vous enveloppe tous deux comme si, ensemble, vous étiez plongés dans un mystique bain d'amour. Les obstacles d'ordre émotionnel, énergétique et psychologique séparant d'habitude deux personnes s'estompent et disparaissent. C'est l'une des plus grandes joies que réserve l'amour – celle qu'on ressent, au moins durant un instant, de pouvoir se perdre dans l'être aimé, celle de ne plus faire qu'un avec un autre être humain.

Mais cette fusion peut ouvrir les portes de mystères encore plus profonds. Vous pouvez ainsi, par une union sexuelle intense, éprouver non seulement le sentiment d'unité avec l'être aimé, mais aussi avec toutes choses. Vous pouvez vous sentir en harmonie avec l'ensemble du cosmos ou être en harmonie avec la danse éternelle de l'existence.

Ces instants de conscience sublimée se prêtent parfaitement à la projection de l'image du but à atteindre sur l'harmonieuse texture de l'univers environnant. En effet, c'est dans l'extase que vous vous approchez le plus de la source universelle, matrice féconde dont toutes choses sont issues. Quel meilleur moment pour pratiquer la magie?

Considérez n'importe quelle tradition se référant à la magie, qu'elle soit d'origine africaine, amérindienne, égyptienne ou judéo-chrétienne et vous constaterez que le processus débute par une mise en état de transe – favorisé par le battement d'un tambour, la danse, le chant, la répétition de sons ou de mots, le tournoiement ou des techniques respiratoires particulières – pour créer un état altéré de conscience dans lequel la magie peut se manifester.

Or, dans la magie sexuelle, vous induisez un état de conscience analogue à la transe en apprenant à vous détendre une fois parvenus à des états d'excitation sexuelle optimum et en laissant le plaisir orgastique inonder votre corps. Par des techniques particulières de transmutation alchimique interne, vous mariez cette énergie orgastique à votre vision magique, gravissant les échelons successifs de la conscience jusqu'à ce que vous puissiez la projeter dans le cosmos. Mené correctement, ce processus alchimique la fera passer dans votre vie et selon un mode à la fois efficace et précis.

MAGIE ET SEXUALITE: FORCES CREATRICES

L'énergie sexuelle est la force créatrice absolue de la nature, son pouvoir témoigne d'une vie nouvelle. Notre force créatrice, c'est la magie, le pouvoir par lequel nous exprimons de nouveaux choix existentiels. Or, ces deux forces peuvent se conjuguer dans l'union sexuelle, nous permettant de fusionner avec la source créatrice de la nature et d'explorer nos propres aptitudes magiques, créatrices.

L'énergie créatrice dégagée par l'union charnelle ne se borne pas à la procréation. Elle emprunte bien d'autres voies d'expression. Ce n'est pas un hasard si de grands artistes ou écrivains comme Picasso, D. H. Lawrence, Anaïs Nin, Henry Miller, Isadora Duncan et Léon Tolstoï témoignaient d'une sexualité particulièrement marquée. Chez eux, l'art et la créativité exprimaient le trop plein de leur énergie sexuelle dont ils se servaient pour réaliser un monde nouveau et différent, enrichissant nos cultures de leurs chefs-d'œuvre.

Cette faculté créatrice est à la portée de chacun. Si vous offrez à votre sexualité une totale liberté d'expression et que vous vous y plongiez profondément, vous accéderez à vos pulsions créatrices et vous régénérerez votre existence d'une fraîcheur et une authenticité jamais connues auparavant.

Bien sûr, vous ne vous transformerez pas sur-le-champ en poète, musi-

Les battements de tambour et la danse sont les clefs de la transe.

La plupart des gens font comme s'ils allaient vivre éternellement. Moi, je fais comme si j'allais mourir un jour.
— NIKOS KASANTZAKIS
Zorba Le Grec

cien ou danseur de classe internationale, mais vos actes porteront la marque d'une touche créatrice nouvelle. Ainsi de banales tâches comme la préparation des repas ou le lavage de votre voiture deviendront plus agréable, comme faisant partie d'une fête intime. Ecouter de la musique, bavarder avec un ami ou faire une simple promenade, sera plus riche de sens et répondra davantage à vos attentes, telles des touches de pinceau élégantes et esthétiques déposées sur votre toile. Par ailleurs, les défis rencontrés dans votre activité ou votre profession, qui étaient autrefois des obstacles à votre réussite, vous insuffleront un agréable sentiment de joie de vivre et de triomphe quand vous leur trouverez des solutions créatrices.

Si vous associez l'énergie créatrice de votre sexualité à une solide connaissance du rituel et de la pratique magiques, vous constaterez que vous êtes en mesure de manifester vos visions les plus profondes. En effet, vous pourrez puiser dans votre énergie sexuelle afin d'enrichir votre vie de tous points de vue. Cela demande seulement un petit peu de compréhension et de magie.

CHAMANES, GRANDS PRÊTRES ET MAGICIENS

Avant d'explorer l'art de la magie sexuelle, nous devons le placer dans le contexte de son arrière-plan historique et comprendre ses origines qui, dans les voies chamaniques explorées par nos ancêtres indigènes, sont destinées à harnacher les forces naturelles et surnaturelles environnantes. Pour donner un caractère plus humain et plus proche à ces forces considérables, les chamanes les ont souvent personnifiées sous forme de dieux, déesses, démons et esprits.

Pour eux, la magie et la spiritualité allaient de pair. Ainsi, les hommes et les femmes, dont le rôle social était d'entrer en communion mystique avec leurs dieux et divinités, s'identifiaient-ils à ceux et celles pouvant jeter des sorts, manipuler l'univers matériel, témoigner de visions et harnacher les puissances élémentales au profit de l'homme.

Bien que j'emploie ici le passé pour décrire ces pratiques, elles sont encore largement répandues de nos jours, non seulement au sein des communautés tribales se réclamant des traditions chamaniques à travers le monde, mais aussi dans la tradition Wiccan de sorcellerie et de magie naturelle très pratiquée en Europe – notamment en Angleterre – et aux Etats-Unis.

Lorsque le chamanisme primitif fit place à des pratiques plus élaborées de culte religieux, le caractère flou et indéfini de la distinction entre magie et spiritualité persista. Ainsi, les disciplines yogiques propres à la tradition hindoue furent établies pour permettre à leurs pratiquants d'atteindre l'illumination spirituelle, mais en véhiculant un large éventail de pouvoirs surnaturels, les *siddhis*, y compris celles d'évoluer entre mondes matériel et spirituel, de faire surgir le futur dans le présent, de se métamorphoser, de voler – toutes facultés procédant de la magie pure, mais placées dans un cadre spirituel.

Par ailleurs, dans les traditions spirituelles du Tibet, le célèbre bouddha Padmasambhava et son compagnon Yeshe Tsogyel, sont encore aujourd'hui honorés comme de grands mystiques du Tantrisme. Or, la légende affirme qu'ils ont également accompli toutes sortes d'actes miraculeux et magiques, soumettant dieux et démons rebelles, ressuscitant les corps ou se faisant brûler vifs avant de réapparaître au milieu d'une rivière, flottant sur une fleur de lotus.

Dans les cultures babylonienne et égyptienne pré-chrétiennes, la magie cérémonielle faisait partie intégrante de la pratique religieuse. Prêtres et prêtresses usaient de leurs pouvoirs magiques pour soumettre les esprits maléfiques, mais aussi pour chercher de l'aide auprès des esprits bienveillants en invoquant leurs noms – pratiques encore très répandues de nos jours. Beaucoup d'écoles de magie pensent que nommer un esprit, un ange ou une divinité, c'est évoquer cette entité spécifique pour s'unir à elle, acquérant ainsi et temporairement ses attributs et ses pouvoirs.

Aujourd'hui, dans nos sociétés perfectionnées et technologiquement avancées, nous ne considérons jamais la religion comme de la magie. Mais si un sorcier ou un chamane issu d'une culture tribale antique pouvait revenir dans une église actuelle, on lui pardonnerait volontiers de décrire la cérémonie chrétienne dans son ensemble en termes de magie.

"Ah, mais! Je comprends", pourrait-il se dire intérieurement, "il s'agit du fils d'un père tout-puissant, venu du ciel et né en dehors de tout acte sexuel, qui marchait sur l'eau, changeait l'eau en vin et nourrissait une foule de quelques pains et de poissons, guérissait les malades, ressuscitait des morts, s'échappait d'un tombeau scellé après avoir été crucifié, avant de regagner les cieux. Haute magie, en vérité! Rien d'étonnant à ce qu'ils prient ce puissant dieu. Il leur portera chance!"

DIVINITES PAÏENNES, MAGIE PAÏENNE

Antérieurement au Christianisme, les religions païennes d'Europe puisaient leur force spirituelle dans l'énergie vitale de la terre et de la nature. Dans ces religions, dieux et déesses avaient un caractère très humain, se querellaient, se livraient aux jeux de la politique, avaient des relations sexuelles, aimaient festoyer et n'attendaient pas de leurs sujets terrestres qu'ils aient un comportement très différent du leur.

La magie était reconnue comme faisant partie intégrante de cette tradition païenne et elle était pratiquée par nombre de druides, sorciers, oracles, guérisseurs, prêtres et femmes "éclairées". Les divinités auxquelles ils rendaient un culte étaient des symboles de forces naturelles et la magie était un moyen permettant d'exploiter ces forces; magie païenne et religion païenne allaient donc de pair.

La magie était l'expression de la Grande Déesse Mère, créatrice de l'univers, dont l'influence spirituelle a dominé maintes cultures en Europe et au Proche-Orient au cours de la période pré-hellénique. Elle était la faculté transmise aux Bacchantes, ces femmes grecques sauvages qui, dans leur dévotion extatique à Dionysos, s'abandonnaient à un état voisin de la transe dans leur dévotion à Dionysos. La magie était le second caractère de Pan, le dieu cornu, qui par sa musique pouvait apprivoiser les animaux sauvages ou accorder fécondité sexuelle et chance à ceux qui lui demandaient aide et conseil.

Mais lorsque les empereurs romains se furent convertis au christianisme, quelques siècles après la crucifixion de Jésus, tout commença à changer. Une fois que la minorité chrétienne de Rome, autrefois persécutée, eut obtenu le soutien des tyrans et qu'elle put vivre sans craindre d'être livrée en pâture aux lions affamés, elle devint elle-même persécutrice. Alors, le panthéon terrestre et bigarré des dieux, divinités et déesses gréco-romaines fut victime, entre autres, de cette nouvelle, croisade. La magie en fut une autre.

Comme Jérôme Antoine Romy le note dans son *Histoire de la magie*, les empereurs chrétiens "ont affiché une tendance croissante à ne faire aucune distinction entre le crime de magie et les formes païennes de culte", si bien que les lois décrétées proscrivaient ces deux activités, ouvrant la voie au massacre généralisé des non-croyants comme sorciers. C'était le début d'une chasse aux sorcières qui devait se poursuivre pendant des siècles.

Le monde est sa propre magie
— SUNRYU SUZUKI

Sous la férule d'une Trinité chrétienne exclusivement masculine, les femmes ont vécu des temps particulièrement durs, car montrer quelque aptitude à guérir autrui, à la voyance ou une intelligence peu ou prou rebelle, faisait courir le risque d'être condamnée comme sorcière à mourir par le feu, la strangulation ou la noyade. Hélas, il est historiquement établi qu'au cours du XVème siècle, plus de trente mille femmes ont été brûlées vives en tant que sorcières ou magiciennes en Europe et qu'entre 1575 et 1700, plus d'un million de personnes ont été condamnées par l'Inquisition pour des crimes analogues.

OU LA MAGIE ACQUIERT MAUVAISE REPUTATION

Malgré ses efforts pour instaurer un monopole de l'autorité spirituelle, l'Eglise chrétienne n'a pas essayé d'éradiquer toutes les formes de magie, bien que naturellement, le règne de terreur à l'époque de l'Inquisition semble contredire cette affirmation – elle ressemblait en effet à une campagne destinée à supprimer toute forme de magie ou de sorcellerie – car ce n'est pas le fin mot de l'histoire.

En effet, considéré d'un point de vue moins réductionniste, l'objectif essentiel de l'Eglise était d'éradiquer *les formes rivales* de magie. Elle ne niait pas l'existence de pouvoirs ou de phénomènes magiques, mais prétendait être la seule source légitime d'influence surnaturelle. Autrement dit, elle avait sa propre "marque" de magie et entendait bien imposer une fidélité sans faille à ses rites, superstitions, miracles et divinités, encourageant ses ouailles à prier intensément et longtemps afin de jouir d'une bonne santé, du bonheur, de bonnes récoltes, de guérir miraculeusement de leurs maux, de vaincre dans les combats et de bien d'autres choses dont l'obtention urgente était indispensable pour survivre aux épreuves et aléas de l'existence. Si l'on se réclamait des

Le but de l'existence est de vivre et vivre signifie être conscient, joyeusement, dans l'ivresse, sereinement, divinement conscient.
— HENRY MILLER

croyances, si l'on vénérait les "bonnes" divinités, et si l'on respectait les commandements de l'Eglise, on avait toutes les chances de voir ces prières magiquement exaucées.

L'Eglise primitive n'a donc jamais été vraiment opposée aux principes de la magie et n'a combattu que les formes et expressions non chrétiennes de cette antique pratique. Par ailleurs, afin d'établir une nette distinction entre sa magie et les autres, l'Eglise a avalisé les actes consignés dans la vie de Jésus ou attribués à certains saints comme étant des miracles, alors que, d'autres actes censés présenter un caractère surnaturel, mais dépourvus de la sanction ecclésiastique, ont été condamnés et qualifiés de magie noire.

C'est ainsi que la magie a acquis mauvaise réputation. Enfin, pour que la société condamne la magie non chrétienne, ces actes ont été attribués aux œuvres du seul grand bouc émissaire universel: Satan. Et on a déclaré qu'ils étaient l'œuvre du Diable.

MAGIE NOIRE ET MAGIE BLANCHE

Il est fort probable qu'au Moyen Age, comme d'ailleurs aujourd'hui, certaines personnes rendaient un culte à Satan avec le ferme espoir d'acquérir des facultés magiques. Mais, comme Issac Bonewits le rappelle dans *La Vraie magie*, les autorités ecclésiastiques prenaient principalement prétexte du "culte satanique" et de la "magie noire" pour persécuter et d'assassiner des groupes minoritaires indésirables à leurs yeux.

L'accusation relative à la pratique de magie noire était lancée contre quiconque "ne vénérait pas le Dieu chrétien en respectant la voie de l'Eglise (qui variait en fonction de la politique locale), notamment les juifs, les hérétiques, les païens, bref n'importe quelle personne étant mal vue, originale, possédant des biens convoités ou refusant d'accorder ses faveurs aux Inquisiteurs". Pour elle, c'était en fait un moyen pratique de se débarrasser de ses opposants.

De nos jours, le terme de magie noire renvoie plus précisément à l'usage de facultés occultes destiné à la domination et à la manipulation d'autrui contre sa volonté, à entraîner le malheur de quiconque, pour une raison ou une autre, a porté préjudice à un magicien puissant ou lui a déplu.

Quant à la tradition rivale de la magie blanche, elle s'inscrit en faux contre les pratiques "noires"; elle a la réputation de se consacrer aux bonnes actions, d'apporter la lumière, la paix et le bonheur sur terre, comme de défendre le bien contre le mal. Etant donné les définitions précédentes, soutenir la magie blanche contre la noire paraît naturel, puisqu'elle suppose l'existence du bon et du mauvais et que nous allons opter pour le bon. Ce type d'hypothèse traduit notre tendance culturelle générale au manichéisme, issue du concept judéo-chrétien de bien et de mal, qui nous pousse à considérer la vie comme une dualité nous imposant le choix entre le noir et le blanc.

Plutôt que de nous laisser enfermer dans les dilemmes juste-faux, bien-mal et noir-blanc, j'estime qu'il est plus utile d'établir des principes et des lignes de conduite neutres à l'intention des personnes souhaitant mettre la magie au service de leur transformation et de leur évolution personnelles. Je vous propose donc trois de ces principes fondés sur le fait, qu'en tant que magicien, vous répondez aux trois critères suivants: vous êtes un chercheur, un amant, et un guérisseur :

1. Le chercheur

Dans une attitude marquée par l'ouverture d'esprit et le rejet des jugements sans appel, l'authentique magicien explore maintes voies, accomplissant un pèlerinage où la découverte de soi se fonde sur la sagesse acquise à la faveur de l'expérience personnelle.

2. L'amant

L'amour doit être à l'origine de toute magie et notamment de la magie sexuelle. Quand il est présent, le respect de vous-même, celui de votre partenaire et celui des autres sont également présents. Le désir de diriger autrui n'est qu'un substitut de l'amour.

3. Le guérisseur

Le vrai magicien est guérisseur, une personne consciente du fait que mettre la magie au service de la destruction n'a pas de sens au regard des merveilles qu'elle permet d'accomplir en tant que force créatrice, curative et génératrice de transformation, porteuse d'une lumière, d'un amour et d'un bonheur remplissant les vies des êtres qu'elle touche.

Si vous reconnaissez en ces trois conditions les clés de la pratique magique, réussite et satisfaction seront au rendez-vous.

LES MAGICIENS MEDIEVAUX

Aujourd'hui, la magie est admise et on la pratique plus franchement. Mais pendant les siècles marqués par le règne de l'Inquisition, les authentiques magiciens – par opposition aux infortunés cercles minoritaires qu'on affublait de ce nom – ont dû trouver des moyens leur permettant de mettre leur activité à l'abri du regard soupçonneux d'autorités trop curieuses.

Les instruments de l'alchimiste... la transmutation du plomb en or symbolise celle du désir charnel en extase, c'est-à-dire l'art de la magie sexuelle.

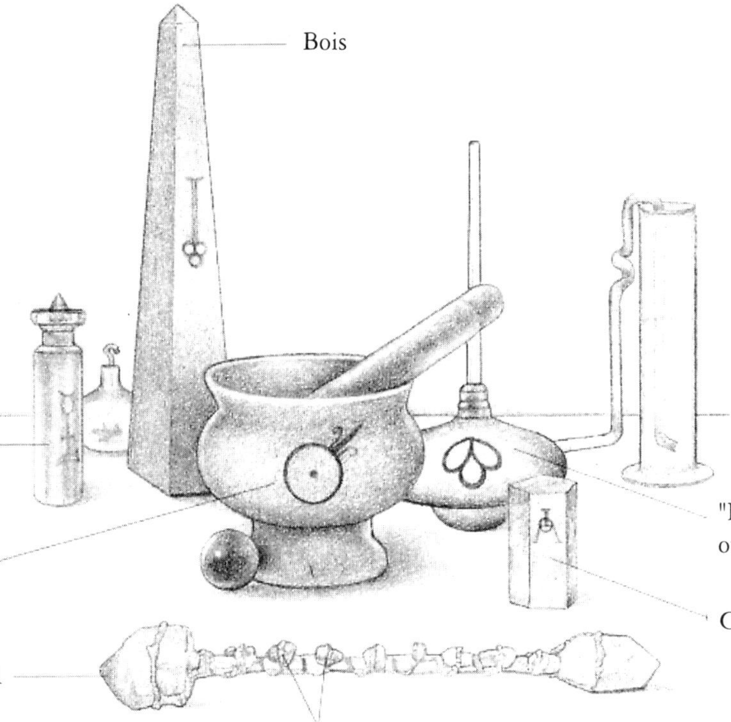

Ainsi la magie prenait souvent, au Moyen Age, le masque classique de l'alchimiste cherchant à transmuter le vil métal en or, le faisant passer, lui et ses pareils, pour d'inoffensifs originaux, ce qui d'ordinaire leur évitait d'être persécutés. Après tout, pensait la noblesse locale, s'ils parvenaient à changer le plomb ou le fer en ce métal précieux, ils se révèleraient d'utiles alliés. Enfin, elle se demandait: "Et si leurs étranges creusets, leurs expériences, leurs philtres et leurs équations dissimulaient une pratique authentique de la magie", mais qui le saurait jamais.

Là encore, la distinction entre mysticisme et magie n'était pas nette, car les alchimistes comptaient dans leurs rangs également des êtres spirituels "en recherche", des hommes et des femmes en quête de vérités absolues et dont les pratiques les portaient bien au-delà de tout ce qu'autorisaient rituels et cérémonials chrétiens.

Une pratique secrète consistait à déclencher le feu de l'énergie sexuelle dans les organes génitaux pour lui faire remonter la colonne vertébrale jusqu'au cerveau, avant qu'elle ne parcoure la face antérieure du corps; l'énergie transmutée regagnait les organes sexuels avant d'entamer un nouveau cycle.

Cette circulation de l'énergie était symbolisée par l'Ouroboros, le serpent d'or qui se mord la queue, raffinant le désir sexuel pour conférer le caractère de pur esprit. La métamorphose de l'athanor alchimique générant un courant de métal fondu camouflait parfaitement cette pratique.

Par ailleurs, la magie pratiquée au Moyen Age se fondait en majeure partie sur la Kabbale, tradition enracinée dans les anciens textes hébraïques, dogme affirmant que Dieu avait créé le monde par l'intermédiaire de pensées et de paroles divines s'exprimant par des nombres et des lettres sacrés dont la connaissance était censée conférer un pouvoir considérable sur le monde matériel.

Les influences de la Kabbale perdurent aujourd'hui au sein de la magie, aidant ainsi à comprendre pourquoi tant de rites insistent sur l'importance des noms, des nombres et de la répétition exacte de certaines expressions ou gestes.

RELIGION ET SEXUALITE

Il est difficile d'imaginer aujourd'hui une pratique religieuse où une personne très belle, femme ou homme, vous accueille dans le sanctuaire, avant de s'unir à vous sexuellement, vous transmettant ainsi l'âme de la divinité à laquelle vous êtes venu rendre un culte.

C'est pourtant exactement ce qui se passait dans les religions peuplées de déesses précédant l'expansion des fois d'inspiration patriarcale que sont le Judaïsme, le Christianisme et l'Islam. La sexualité était alors appréhendée en tant qu'acte sacré. Ainsi, au Moyen-Orient, dans les cultes rendus à Astarté et Ashtoreth, les prêtresses, gardiennes féminines du temple, s'unissaient volontiers sexuellement aux hommes venus adorer la déesse. L'expérience d'union spirituelle à la divinité était censément transmise par l'union charnelle à son vecteur terrestre, la prêtresse, et donc la déesse était honorée comme celle ayant donné aux êtres humains la joie de la sexualité sacrée.

Les femmes mariées pouvaient officier au temple où elles avaient la faculté de se rendre en des circonstances particulières pour, au titre d'acte de vénération, s'unir sexuellement à tout homme rencontré. Les enfants nés de ces unions cultuelles, étaient respectés, considérés comme légitimes et vivaient dans l'enceinte du temple, puisque nés et élevés dans une enceinte sacrée. Quant aux prêtresses, la législation leur accordait le droit de posséder des biens et de jouir d'un rang social égal à celui des hommes. Leurs aptitudes aux ébats amoureux étaient fort variées et elles pouvaient se marier ultérieurement. Elles étaient en effet considérées comme d'excellentes épouses.

Des coutumes analogues s'observaient dans la culture crétoise antérieure à l'avènement de la Grèce antique. C'était la prêtresse qui donnait accès à la "Grande Déesse Mère", connue plus tard sous le nom de Gaïa, et qui avait la faculté de transmettre, par l'union des corps ou la vision oraculaire, le message de la déesse à ceux qui lui demandaient quelle conduite adopter.

En Europe, les civilisations gréco-romaines ont peu à peu privé la communion religieuse de sa dimension sexuelle – en effet, prêtresses et voyantes devaient désormais se comporter en vierges intouchables plutôt qu'en amantes accueillantes – si bien qu'à l'avènement du christianisme, l'aspect sexuel du culte a été totalement balayé. Même les totems religieux populaires constitués de colonnes phalliques jalonnant les voies romaines ont été émasculées pour être remplacées par des croix.

Soit dit en passant, veuillez noter que lorsque, dans ce contexte, je fais allusion au "christianisme", je me réfère au dogme instauré plusieurs siècles après la mort de Jésus, synthèse d'éléments issus d'un Empire Romain en proie à la réaction puritaine induite par ses propres excès antérieurs. A mon avis, ce dogme ne ressemble en rien, ou si peu, à la vision mystique de Jésus.

Le changement intervenu dans les valeurs morales et sociales avec l'expansion du Christianisme a été spectaculaire. Les femmes n'ont même plus été autorisées à officier dans les cérémonies religieuses et encore moins à se proposer comme les médiatrices sexuelles d'une divinité en titre. Quant aux rapports sexuels, désacralisés, ils étaient formellement condamnés.

Le clergé chrétien primitif ne faisait aucun mystère du mépris qu'il éprouvait pour la vie sur Terre. Il considérait notre existence d'êtres humains voués à la mort physique comme une période de douleur et de souffrance qu'on devait traverser en évitant les différentes tentations afin d'acquérir les vertus permettant d'être admis à jouir d'une vie éternelle ultérieure beaucoup plus agréable. Toutes les formes terrestres de plaisir étaient donc regardées comme suspectes, impures, éphémères, sans valeur ou comme entachées de ces quatre caractères à la fois.

Et ce n'est pas sans réticences que le clergé admettait les rapports sexuels – plaisir terrestre le plus accessible et le plus riche de potentialités extatiques – comme indispensables à la pérennité des fidèles et par là-même de la foi. Mais pour qu'ils reçoivent la bénédiction accordée à contre-cœur par l'Eglise, ils devaient être débarrassés de tout caractère extatique et se circonscrire au strict processus fonctionnel de la procréation. Aussi, et à ce titre, mari et femme se voyaient-ils interdits les agréables jeux de l'amour.

La sexualité s'était donc transformée en champ de bataille médiéval où s'opposaient bien et mal, notamment dans les esprits de ces malheureux moines et moniales qui, bien que luttant honnêtement pour la pureté en pensée, en paroles ou en action, étaient sollicités en permanence par des pulsions sexuelles qui, pour être parfaitement naturelles, n'en étaient pas moins théologiquement indésirables. Ceux et celles qui cédaient à ces pulsions ne pouvaient donc légitimer leur désir charnel qu'en affirmant avoir été tentés et possédés par le Diable.

La sexualité était ainsi liée à la magie comme faisant partie des menaces majeures pesant sur l'orthodoxie religieuse. Dans la bataille entre Dieu et Diable, relations sexuelles et magie étaient des armes placées dans les mains de la Bête Cornue. Or, dans ce conflit, un observateur neutre pouvait distinguer, sous la rhétorique, le fait que la magie était bien une source rivale de pouvoir spirituel menaçant le monopole de l'Eglise tandis que la relation sexuelle constituait une source rivale d'extase.

Magie et relation sexuelle ont par miracle survécu aux croisades dirigées contre elles et, après avoir été contraintes pendant des siècles à vivre dans l'obscurité de la superstition, elles commencent à réapparaître dans la lumière de la compréhension et de l'appréciation.

Leur combat n'est pourtant pas terminé parce que, même aujourd'hui, une part importante de notre culture persiste à les condamner. Mais il m'est agréable de songer au jour proche où relation sexuelle et magie s'intègreront à une conception plus naturelle et plus compatissante de l'univers :

D'un univers où les forces contraires sont considérées comme complémentaires.

D'un univers où extase et orgasme sexuel sont réhabilités en tant qu'énergies de transformation.

D'un univers tantrique par excellence.

La spiritualité ne porte pas en premier lieu sur les états de conscience modifiés, mais sur la "corporification" et l'enracinement ou, comme l'exprimeraient certains théologiens, sur l'incarnation de l'esprit. Le défi n'est pas de quitter le corps, mais de réaliser qu'il est le temple du sacré.

— GEORGE FEUERSTEIN, PH. D.

L'APPROCHE TANTRIQUE DE LA SEXUALITE ET DE LA MAGIE

On dit que lorsque le dieu Shiva, incarnation de la conscience pure, s'est uni sexuellement à la déesse Shakti, incarnation de l'énergie pure, leur étreinte tantrique a entraîné la création de la terre, des étoiles, de la lune, des animaux... bref, que leur relation a engendré l'univers.

Cette belle métaphore énonce une grande vérité, car à la faveur des progrès que nous avons accomplis dans la compréhension de ce mystérieux univers, il est devenu évident que toute énergie et mouvement, et par conséquent toute vie, est le produit de l'attraction exercée par deux polarités contraires.

Ainsi l'électricité naît du mouvement existant entre pôles négatif et positif. De même, l'attraction entre masculin et féminin engendre une vie nouvelle. La dynamique universelle est d'ordre dialectique, expression d'un conflit apparent mais s'inscrivant dans le cadre plus large de l'unité et du tout. C'est ainsi qu'il faut comprendre la manière dont le Tantrisme perçoit l'univers.

Le Tantrisme est essentiellement la voie de l'acceptation, de l'accueil, celle qui intègre haut et bas, le terrestre et le spirituel. Elle permet à Dieu et au Diable de se tenir par la main, comme les deux pôles ou les deux orientations d'une même énergie. Il invite les êtres en recherche spirituelle à pratiquer la sexualité sacrée comme voie de réalisation personnelle en y intégrant relation sexuelle et magie en tant que précieux outils sur le chemin de la transformation.

En outre, il reconnaît l'égalité entre principes masculin et féminin, évolution importante dans le développement de l'énergie sexuelle à fins magiques et spirituelles. Comme Chogyam Trungpa le fait observer dans son introduction à *Women of Wisdom (Femmes de Sagesse)*, passionnant récit dont six mystiques tibétains sont les auteurs: "La culture occidentale voit en la femme une prostituée ou une madone, alors que dans le Tantrisme, les images féminines qui apparaissent ont un caractère sexuel et spirituel, émotionnel et intellectuel, furieux et paisible."

Au Tibet, où la pratique du Tantrisme a autrefois atteint ses plus hauts sommets, certaines voies de développement spirituel comportaient, au terme de longues périodes préparatoires et purificatrices, une relation sexuelle rituelle entre élève et maître. A la faveur de cette étreinte, de cette fusion de deux corps, de deux cœurs et de deux esprits, une connaissance secrète se transmet par magie du maître au disciple.

Certaines techniques de respiration et visualisation permettaient à l'énergie sexuelle de parcourir la colonne vertébrale de bas en haut, parvenant ainsi à des niveaux de conscience de plus en plus élevés. A l'instant propice, l'enseignement ou le savoir secret empruntait une voie de transmission énergétique tandis que les deux êtres fusionnaient dans une union extatique.

Ces pratiques sexuelles avaient notamment pour but, comme l'explique Chogyam Trungpa, "d'abolir la notion d'intériorité et d'extériorité pour leur substituer celle d'espace – énergie omniprésente, sagesse primordiale, sorte de désir et de béatitude à la fois ardents et transcendants." Un autre objectif, plus précis, était la création d'un "corps lumineux coloré survivant à la mort du corps physique". Un autre encore était l'accès à certaines formes de l'énergie de la *dakini* – attributs du principe féminin divin – afin de transcender les limites inhérentes à l'ego humain.

J'ai auparavant, et par bonheur, eu l'occasion de fournir un travail intense pendant plusieurs années en compagnie d'un maître du tantrisme qui enseignait la magie sexuelle. Il venait me voir à l'improviste au milieu de la nuit et m'invitait à me lancer dans des exercices respiratoires enflammant mon corps d'une énergie impétueuse. Ensuite, au cours d'une relation sexuelle qui se déroulait sur un mode très lent et conscient, il m'aidait à canaliser cette fougueuse énergie vers la région du cœur.

Au bout d'un certain temps, je commençais à avoir d'intenses visions. Je me souviens de l'une d'elles, qui m'a particulièrement marquée et dans laquelle je me voyais en bouddha ou en être spirituel, méditative et en pleine béatitude, assise dans une grotte. Autour de moi, la grotte avait pris une teinte rouge et ses parois avaient commencé à battre jusqu'à ce que je comprenne bientôt que j'étais assise dans la caverne de mon propre cœur. Alors un profond sentiment de bonheur commença à se répandre et la grotte s'agrandit de plus en plus, au point d'envahir tout l'univers. A ce stade, je pouvais rayonner amour et compassion vers tous les êtres vivants, inconditionnellement.

C'est ainsi que j'ai reçu un enseignement très particulier à propos de ce que mon maître devait qualifier plus tard de "sagesse du cœur". Le fait que j'ai pu vivre cette sagesse donnait réalité, consistance et vie à son enseignement au lieu de le réduire à une connaissance abstraite.

L'accent mis sur les enseignements tantriques transmis par voie sexuel-

Méditation dans la grotte du cœur.

L'amour est la chose la plus difficile au monde, la plus ardue. Il faut vraiment du cran pour aimer. C'est pourquoi pendant des milliers d'années, des êtres ont fui le monde au nom de la religion.
— OSHO

le tend à être plus mystique que magique, mais cette approche a cours dans les deux cas. En fait, on a le choix: ou bien on souhaite demeurer dans un état d'union mystique à l'univers, ou bien on souhaite mettre les forces universelles nées de cette union au service de réalisations terrestres.

Dans la tradition se réclamant du tantrisme tibétain, magie et mysticisme ont prospéré côte à côte, faculté étant laissée à l'initié de décider comment ces forces seraient mises en œuvre. C'était en fait une question d'intégrité et de responsabilité personnelles, attitude valide de nos jours comme alors.

LA MAGIE SEXUELLE EN OCCIDENT

Contrairement à ce que certains pensent, la magie sexuelle moderne n'a pas été introduite en Europe et aux USA par le célèbre magicien anglais Aleister Crowley, mais par Pascal Beverley Randolph, un Américain aux ascendances raciales diverses.

Randolph, après avoir étudié les traditions de la magie en Europe et au Moyen-Orient, fonda sa propre Fraternité d'Ulysse s'inspirant probablement de sources tibétaines.

Dans son traité intitulé *La Magie sexuelle*, il fournit des indications détaillées sur la manière de faire naître, entre un homme et une femme, l'atmosphère et le courant énergétique propices avant qu'ils ne s'engagent dans un rituel magique d'union charnelle. Il incite ensuite le magicien, pendant l'étreinte, à "amplifier son désir jusqu'à l'instant de l'éjaculation et à penser, sur un mode énergétique, à la chose souhaitée avant et après l'acte sexuel". Autrement dit, Randolph explique comment se servir de l'énergie sexuelle pour atteindre par voie magique un objectif personnel fortement désiré.

Bien qu'il eût des idées libérales sur le plan sexuel, on ne peut manquer d'observer dans ses écrits une note de phallocratie, puisqu'il affirme sans ambages que celui qui pratique la magie est un homme exploitant l'énergie féminine à des fins personnelles. Ainsi la citation suivante se passe-t-elle de commentaires: "Une fois le rituel magique achevé, congédiez la femme. Elle doit s'en aller sans prononcer une parole."

A mon avis, cette inaptitude à voir en la femme une égale est la raison majeure de l'échec des premières tentatives occidentales pour introduire la pratique de la magie sexuelle. C'est l'amour entre un homme et une femme œuvrant ensemble en tant que co-explorateurs, agissant ensemble dans un intime partenariat qui donne à l'union sexuelle sa dimension émotionnelle. Sans lui, la magie sexuelle tend à n'être qu'un moyen supplémentaire de renforcer le sentiment personnel de puissance, d'autorité et de prouesse sexuelle, qui hélas débouche souvent sur une dépendance autodestructrice.

Or, les femmes ont aujourd'hui l'occasion de s'adonner agréablement et utilement à la magie sexuelle sur un pied d'égalité avec leurs partenaires masculins. C'est important dans la mesure où l'énergie sexuelle des deux est en cause, car aussi longtemps que l'un des deux joue un rôle subalterne, la puissance créatrice de leur sexualité ne peut être ni exploitée, ni libérée, ni canalisée totalement à des fins magiques.

En dépit de leur partialité masculine, Pascal Randolph et Aleister Crowley ont tous deux saisi une grande vérité en disant que l'union des corps est un substrat fertile, où telle une plante, la magie peut naître et se développer.

Crowley est parvenu à cette compréhension après avoir fréquenté différents ordres anglais puisant à des sources rosicruciennes, kabbalistiques et maçonniques. Ce n'est que lorsqu'il est entré à l'Ordo Templis Orientis, fondé en Allemagne, qu'il a commencé à pratiquer régulièrement la magie sexuelle. On pense – et c'est assez intéressant à noter – que les pratiques sexuelles rituelles de l'O.T.O. sont inspirées par l'enseignement de Pascal Randolph.

Bien que ne s'intéressant pas directement aux rituels sexuels, la tradition Wiccan de magie naturelle jouissant actuellement d'un renouveau en Europe et aux Etats Unis, contribue à rééquilibrer les rôles respectifs masculin et féminin dans le rituel magique. La vaste tradition Wiccan comporte nombres de pratiques différentes, mais l'un de ses thèmes centraux met l'accent sur les facultés féminines que sont les dons d'intuition et de "voyance", considérés comme des aides dans les invocations adressées à la divinité régnant sur la nature, la Grande Matrice ou la Terre Mère.

L'ACCES AU RESEAU ASTRAL

L'alchimie de la magie sexuelle comporte un autre élément jouant un rôle important, mais insaisissable et par conséquent mal compris, le royaume métaphysique que j'appelle parfois le "matrice créatrice du cosmos". Par lui, nous puisons dans la dimension universelle infiniment féconde, pouvant enfanter de nouvelles réalités. C'est un espace transpersonnel qui reçoit nos projections mentales, nos demandes de changement personnel et y réagit.

Eliphas Lévi, l'un des auteurs du XIXe siècle faisant le plus autorité en matière de magie, définit cette dimension comme un champ de force "naturel et divin", recevant les vibrations humaines et y réagissant. Voici les explications qu'il donne: "L'existence et l'emploi de cette force est le grand secret de la magie appliquée... cette force chauffe, éclaire, magnétise, attire, repousse, anime, détruit, coagule, sépare, brise et réunit toutes choses sous l'impulsion de fortes volontés."

Non sans poésie, Lévi nomme cette force magique l'"imagination de la Nature" et affirme qu'elle est neutre et que son emploi est une question de responsabilité personnelle. Enfin, il ajoute: "Connaître l'emploi de cette force, mais ne jamais en être obsédé et ainsi en acquérir la maîtrise, c'est fouler aux pieds la tête du serpent."

Cette même force a été décrite de façons variées par différents magiciens. Ainsi Machig Lapdron, une femme ayant reçu l'illumination dans la tradition du Tantrisme tibétain et célèbre pour ses facultés d'ordre magique, s'y réfère en tant que "source fondamentale" ou "principe-mère". Quant à Isaac Bonewits, il donne une touche plus moderne à sa définition en la comparant simplement à un "standard" téléphonique.

Pourtant, même un standard téléphonique fait un peu dépassé en cette ère de vastes réseaux d'ordinateurs pouvant envoyer et recevoir d'énormes quantités d'informations à la vitesse de l'éclair et sur de grandes distances. J'ai le sentiment que le terme *réseau* est celui qui décrit le mieux la nature de cette infinie et invisible toile d'araignée embrassant le cosmos. Et pour en faire appréhender la dimension universelle, j'aimerais y ajouter le qualificatif d'*astral* en guise d'adjectif. Je propose donc le terme de *Réseau Astral*.

L'existence d'un Réseau Astral remet en cause les concepts généralement admis du mode de fonctionnement de l'univers. Il ne s'agit pas d'un simple mécanisme analogue à celui d'une gigantesque horloge dont les battements obéiraient à des lois rigides, mais d'une texture complexe de champs électromagnétiques et gravitationnels animés en permanence d'un mouvement vibratoire intégrant non seulement les objets matériels, *mais également l'espace et le temps*. Dans ces champs, nous observons un continuum matière-énergie se manifestant tantôt sous forme de matière et tantôt sous forme d'énergie.

En se fondant sur cette approche, Rupert Sheldrake, biologiste d'avant-garde, propose le concept de champs morphiques dans lesquels un univers d'habitudes et de tendances remplace l'univers régi par des lois immuables. Au sein de cet univers, aucune *nécessité* ne contraint les événements à se produire selon un mode déterminé car s'ils le font, c'est surtout parce que des évènements analogues se sont déroulés auparavant suivant le mode considéré, marquant de leur empreinte les champs énergétiques du cosmos. Et, à mesure qu'elles se sont accumulées, ces empreintes ont créé un champ magnétique déterminant le mode selon lequel les évènements présents se déroulent et celui qui préside aux déroulements des évènements à venir.

Mais les êtres humains créent aussi des champs morphiques. Ainsi, depuis des siècles, les moines tibétains psalmodient certains *mantras* – séries

de sonorités et de paroles sacrées – pour accéder à des états de conscience supérieurs. Parmi eux, l'un des plus connus est *Om Mane Padme Hum*, qui se sert du symbole "le joyau dans le lotus" comme vecteurs d'un état de conscience mystique.

Le réseau astral est un tissu multidirectionnel de champs morphiques vibrant à des fréquences différentes.

Le chant de ce mantra pendant des siècles par des milliers de moines, crée un puissant champ morphique. Or, de nos jours, une personne chantant correctement *Om mane padme hum* se met en résonance vibratoire avec la fréquence de ce champ morphique, valorisant ainsi considérablement son expérience des états de conscience associés.

Depuis l'aube de la civilisation, l'être humain a créé d'innombrables champs morphiques vibrant en harmonie avec chaque type de vécu et d'état

Avant que tu puisses atteindre la cime d'un arbre pour comprendre bourgeons et fleurs, tu devras descendre profondément vers les racines, car le secret est là. Et plus les racines sont profondes, plus l'arbre monte haut.
— NIETZSCHE

de conscience – parmi lesquels la joie, la béatitude, le bonheur et la réalisation spirituelle, sans oublier l'amour, la réussite matérielle et l'abondance, états les plus satisfaisants et les plus enrichissants. Les champs morphiques sont présents au sein des immenses champs de force universels et peuvent réagir empathiquement à nos désirs, à condition que nous sachions projeter une vision se mettant en résonance avec le champ adéquat.

On peut comparer le Réseau Astral à un tissu multidirectionnel constitué de champs morphiques vibrant tous à des fréquences différentes et pouvant se mettre en résonance avec les visions que nous choisissons d'imaginer ainsi que d'y réagir. Sachant cela, nous pouvons découvrir les moyens nous permettant de donner vigueur et densité à des visions pouvant être projetées avec une force considérable dans le Réseau Astral.

C'est une des raisons pour lesquelles l'énergie sexuelle a tant d'importance en magie; la source dont elle est issue, est en effet naturelle, abondante et peut magnétiser une image mentale tout en la chargeant d'énergie, nous permettant ainsi de la projeter avec suffisamment de force dans le Réseau Astral pour induire une résonance adéquate et porteuse de sens.

Une autre manière de comprendre ce qu'est le Réseau Astral est présentée dans les ouvrages de Deepak Chopra, médecin d'origine indienne qui a été l'un des plus ardents défenseurs de l'importance que revêtent spiritualité et magie, ainsi que des techniques de guérison alternatives appliquées à l'esprit et au corps.

Proposant une nouvelle conception universelle de l'esprit et de la matière, Chopra déclare: "Nos corps se composent pour l'essentiel, non de matière à l'état solide mais d'énergie et d'information. Elles sont la manifestation superficielle d'innombrables champs énergétiques et informatifs qui embrassent l'univers... Bien que chaque personne semble indépendante et isolée, nous sommes tous reliés à des modèles d'intelligence régissant l'ensemble du cosmos. Nos corps font partie d'un corps universel et nos esprits d'un esprit universel."

Ce que Chopra nomme "modèles d'intelligence" et Sheldrake "champs morphiques" correspond intrinsèquement au concept de Réseau Astral. J'en dirai davantage à propos de ce réseau dans le chapitre 6, notamment en ce qui concerne les enseignements issus des recherches menées par Carl Gustav Jung sur le phénomène de synchronicité.

Si le concept de Réseau Astral vous déconcerte, ne vous inquiétez pas trop. Il en est de lui comme des lois physiques de l'électricité: vous n'avez pas besoin d'en comprendre les principes scientifiques pour les appliquer. Dès que vous vous serez familiarisé avec l'art de la magie sexuelle, vous comprendrez de l'intérieur la réalité que le terme recouvre; c'est comme si vous formiez avec la vie, un couple de danseurs évoluant sur un rythme harmonieux, appréciant toute chose à sa place, comme si l'univers était en sympathie avec vos aspirations et vos désirs.

MAGIE ORDINAIRE SUR LE RESEAU ASTRAL

Nombreux sont les gens qui, en Amérique et en Europe, influencent le Réseau Astral en employant l'affirmation comme moyen de modifier ses habitudes et son comportement.

Par exemple, une personne répétant constamment cette affirmation: "Je suis prête à recevoir du plaisir" ou " je suis un sujet orgastique" charge d'énergie une forme-pensée spécifique. A ce moment et selon toute probabilité, deux phénomènes distincts mais liés apparaisssent:

1. L'affirmation marque d'une nouvelle empreinte son subconscient, se substituant aux pensées négatives antérieures non desirées qui, dans le passé, ont diminué son aptitude à recevoir du plaisir ou à vivre l'orgasme.
2. L'affirmation peut aussi entrer en résonance avec le Réseau Astral et provoquer une réaction positive de telle sorte que des évènements venant à l'appui de la nouvelle intelligence des choses peuvent se produire dans sa vie.

A mon avis, le soutien astral est la raison majeure pour laquelle nombre de gens essayant la méthode affirmative font état de résultats étonnamment positifs, surtout dans les premiers jours de sa mise en œuvre, alors que leur enthousiasme et leur énergie sont à leur apogée. Pourtant, par la suite, leur enthousiasme, leurs habitudes s'estompent, et leurs pensées négatives antérieures bataillent pour s'imposer à nouveau, diminuant ainsi l'impact de l'affirmation sur le Réseau Astral.

Les affirmations ne sont qu'un aspect d'une idée beaucoup plus largement répandue, à savoir que pour réussir à introduire des changements positifs dans notre existence, nous devons faire preuve de détermination et de clarté dans nos intentions. C'est tout à fait vrai. Une intention et une vision claire sont un facteur décisif dans l'autotransformation et pour l'influence que nous pouvons avoir sur le Réseau Astral.

Mais la plupart de ceux qui défendent ce point de vue omettent de poser deux importantes questions: Comment élaborer une intention ferme et résolue? Avec quelle force ou énergie? Le seul fait de comprendre qu'il faut une intention forte ne suffit pas à induire une énergie et une motivation suffisantes pour réaliser le changement voulu.

Certains alchimistes modernes considèrent que la douleur et le plaisir émotionnels sont les meilleurs combustibles pour "dynamiser" l'intention que l'on a de changer de vie. Certes, la souffrance ressentie à l'idée de conserver un mode comportemental inadéquat et non désiré peut être un aiguillon suffisant pour décider de changer. Il en est de même du plaisir anticipé éprouvé à la perspective d'en être affranchi. Mais combien d'entre nous peuvent ou veulent nourrir de tels sentiments pendant un certain temps? Par ailleurs, douleur et plaisir émotionnels sont fluctuants et varient d'intensité en fonction de notre humeur et notre situation. Par conséquent, l'approvisionnement "énergétique" destiné à notre intention de changer, tend à manquer passablement de régularité.

Si je me réfère à mon expérience, il n'existe pas de source d'énergie pouvant rivaliser avec celle que constitue l'orgasme sexuel considéré sous l'angle nourricier de la transformation personnelle, car cela revient à exploiter la force vitale créatrice. Il s'agit de l'énergie brute qui, purifiée et transformée alchimiquement, peut montrer la nouvelle réalité que vous cherchez à créer.

LES FRUITS DE LA MAGIE SEXUELLE

L'une des grandes bénédictions de la magie sexuelle est que le processus est aussi agréable que l'objectif atteint est porteur de satisfactions. En effet, en apprenant à amplifier votre plaisir sexuel, vous réhabilitez votre caractère orgastique, non seulement dans le cadre sexuel, mais aussi dans tous les domaines. Sur la voie de la magie sexuelle, chaque pas est une joie et chaque exercice une aventure extatique.

Si vous pratiquez régulièrement la magie sexuelle, en respectant le même rituel avec le même partenaire tout en gardant présente à l'esprit une vision claire de ce que vous souhaitez révéler, alors celle-ci se charge de toute l'énergie sexuelle que vous générez avec votre bien-aimé(e). Plus vous en produisez ensemble, plus vous percevez votre caractère orgastique, plus suave est votre plaisir et plus vous chargez puissamment votre vision à fins de transformation magique.

Si vous la pratiquez sur plusieurs jours, semaines ou mois, votre vie prendra une nouvelle tournure et une nouvelle direction. Vous abandonnerez vos habitudes et modes de vie antérieurs ou superflus, et de nouvelles possibilités et occasions s'offriront à vous.

En commençant par de petites choses, en faisant l'expérience de la réussite, puis en introduisant des changements plus importants, témoins d'une connaissance et d'une sagesse plus grandes, vous constaterez que la magie sexuelle peut être un efficace et puissant outil dans le processus de transformation, de révélation et de réalisation de soi. Plus votre maîtrise de cet art grandit, plus vite se produit la transformation.

L'une de mes plus grandes joies lorsque je dirige des ateliers consacrés à la magie sexuelle est d'entendre l'histoire des réussites vécues ultérieurement par les participants. Ainsi, celle d'un couple, celui de Bryan et Nancy, qui ont mis en pratique la technique da la magie sexuelle pour combler leur désir d'avoir un enfant. Nancy raconte:

> Nous désirions concevoir un enfant mon mari et moi. Nous avions tenté tout ce qu'il était possible de faire pendant deux ans... vainement. Puis, en faisant de cette enfant – nous voulions une fille – une vision magique, nous avons commencé à l'appeler à nous. Nous lui avons donné un prénom et réalisé plusieurs portraits d'elle que nous visualisions pendant nos rapports sexuels, offrant à cette occasion notre énergie orgastique à cette vision. Plus tard, par une nuit de pleine lune, nous avons célébré un magnifique rituel magique et, pendant notre étreinte, visualisé une scène dans laquelle elle pénétrait mon utérus. Un mois plus tard, à ma grande joie, je constatais que j'étais enceinte.

La relation sexuelle n'est pas seulement une expérience d'amour personnelle, mais d'amour des dieux, s'accomplissant par l'union de deux êtres. L'autre n'est plus perçu comme une personnalité consciente ordinaire, mais comme une porte s'ouvrant sur l'infini mystère de la vie.

— ELEANOR BERTINE

Quant à Michael, ayant participé à un autre atelier, il pratiquait l'art de la magie sexuelle pour améliorer sa vie amoureuse. Voici son témoignage:

> Le plus important pour moi est d'élaborer une vision de transformation sexuelle et de l'avoir présente devant moi chaque fois que j'ai un rapport sexuel avec Wendy, ma partenaire. Cela me permet d'être totalement présent à l'échange sexuel, d'accorder davantage d'attention à la respiration, aux impressions et aux sensations. Mes pensées ne vagabondent plus alentour comme auparavant. A chaque instant, je suis réellement présent à ma compagne. Wendy apprécie cela car c'est ce qu'elle a toujours souhaité de moi. Cela s'améliore chaque fois que nous nous rencontrons. Je sens réellement mon corps se transformer en tourbillon d'énergie sexuelle dans lequel m'accompagne ma vision de transformation.

Stephanie, une juriste, pratiquait la magie sexuelle sur un plan utilitariste :

> Il y a quelques mois, j'ai connu un moment difficile alors que je venais d'emménager dans un nouvel appartement de San Francisco. Ayant un monceau de factures à payer, plus le loyer et une voiture prise en location-bail, une estimation de mon revenu confirma ce que je soupçonnais déjà : je ne pouvais pas couvrir mes dépenses.
>
> Alors, je me suis assise dans ma nouvelle cuisine et j'ai établi un plan pour l'année: combien me faudrait-il gagner par rapport à mon salaire du moment, quels étaient mes compétences professionnelles et comment pourrai-je les

> valoriser au mieux, sans me surmener? Puis avec Ray, mon compagnon, nous avons dressé un plan, traduit ensuite en Symbole Magique représentant une vision: générer un revenu suffisant pour couvrir mes besoins.
>
> J'ai tracé le symbolc sur une feuille de papier et je l'ai coloré au pinceau avant de me tourner vers Ray en déclarant: "Très bien, maintenant allons-y!" Nous avons donc pratiqué régulièrement la magie sexuelle pendant les semaines et les mois suivants en conservant cette vision présente à l'esprit pendant nos rapports sexuels. J'ai constaté pour ma part que le moment le plus magique était celui où, atteignant le paroxysme de l'orgasme, je ne pouvais que me laisser aller sans retenue et c'était à cet instant que je voyais notre Symbole Magique le plus nettement, comme s'il imprégnait les couches les plus profondes de mon psychisme.
>
> Cela m'a apporté d'une manière ou d'une autre le soutien et la confiance dont j'avais besoin pour être convaincue que la vision élaborée pouvait opérer efficacement dans le sens souhaité, ce qu'elle a fait: je m'étais muée en véritable magicienne. En l'espace d'environ trois mois, l'ensemble du plan avait commencé à se dérouler comme je l'avais envisagé, au centime près.
>
> La concordance entre ma vision originelle et la réalité était absolument remarquable. Mais ce qui l'était également, c'était le sentiment de pouvoir reçu lors de cette expérience. Je sentis que j'étais à un tournant dans la manière de gérer ma vie et dans la façon de me considérer.

Il est facile aux sceptiques d'attribuer ces vœux exaucés à des causes n'ayant aucun caractère magique: coïncidence, talent, travail acharné et simplement, chance. En effet, par essence, la magie ne peut se prouver scientifiquement. Mais pour ceux et celles qui ont vécu ces réussites personnelles, il ne fait aucun doute que la magie sexuelle est à l'origine de leur bonheur et en la pratiquant vous-même, vous saurez ce qu'ils veulent dire.

Vous êtes maintenant prêts à entamer les exercices. Amusez-vous, pratiquez convenablement et alimentez la pulsion créatrice du Magicien qui vous habite.

C H A P I T R E 2

DONNEZ LE POUVOIR AU MAGICIEN QUI EST EN VOUS

Qui est le magicien? En réponse à cette question fondamentale, imaginez-vous au sommet d'une haute montagne ou dans une clairière trouant une dense forêt. Vous vous tenez fièrement debout, le corps paré d'une longue robe de cérémonie et le front ceint d'un ruban d'argent orné d'un superbe diamant. Un de vos bras est tendu vers les cieux zébrés d'éclairs à la lumiosité intense, tandis que l'autre est dirigé vers le sol, terre riche et humide, porteuse de vie

Vous vous tenez en équilibre, à mi-chemin entre ciel et terre, conducteur humain de l'énergie qui cherche à circuler entre ces deux polarités de la nature. Vous êtes l'alchimiste invoquant et canalisant l'énergie qui palpite autour de vous, celui qui a la faculté de la faire descendre sur terre pour lui faire prendre forme selon son dessein. Vous possédez la faculté de rendre perceptible et de faire naître ce qui ne l'est pas encore, car vous avez acquis l'art d'œuvrer harmonieusement avec les éléments au milieu desquels vous évoluez.

Oui, c'est bien vous. Ce n'est pas le simple fait de votre imagination. Le magicien, c'est vous et vous avez déjà ses pouvoirs. Revenez simplement un peu en arrière et vous vous rappellerez sûrement l'entrée de la magie dans

Le magicien, homme ou femme (ou les deux!), en grande robe de cérémonie, se tient en pleine nature, le bras droit levé vers les cieux pour faire descendre les énergies célestes et les guider, de la main gauche, vers la terre.

votre existence, où quelque chose de si inattendu et de si prodigieux arrivait, que rien ne semblait impossible.

D'habitude, ces instants surviennent à l'improviste, sans être suscités. Ils nous sont offerts tels des présents divins, des sentiments joyeux de pouvoir et d'épanouissement. Ce peut être une promotion inattendue, une heureuse rencontre avec une personnalité d'exception, une descente à ski à vous couper le souffle ou une joyeuse réunion entre amis laissant une traînée de bonheur dans les cœurs. Ces instants particuliers sont souvent revécus pendant les rapports sexuels, tandis que plaisir et amour se conjuguent pour faire naître le torrent alchimique d'une énergie extatique parcourant nos corps. Ces expériences magiques attestent une vérité fondamentale: nous sommes tous des magiciens et nous l'avons toujours été.

Le processus alchimique de transmutation du plomb en or n'est qu'une métaphore désignant notre transformation en une maîtrise de soi consciente. L'une des manières d'y parvenir est d'éprouver un ardent désir et une passion directrice tendus vers l'union au Bien-aimé ou à notre âme.
— ELIZABETH KELLEY

Ce chapitre vous fait entamer l'aventure qui vous permettra d'acquérir le pouvoir en tant que magicien. Vous serez guidé dans ce processus initiatique visant à confirmer vos droit et aptitude à exercer des pouvoirs magiques, ainsi qu'à vous remettre en cause pour vous épanouir en dépassant l'idée que vous aviez de vous-même. Vous allez explorer les qualités et conduites personnelles nécessaires à la pratique de la magie, de même que vous seront exposés les aspects rituels de cet art antique.

Aux lecteurs qui s'attendent à être initiés à des pratiques sexuelles exotiques et piquantes ménageant des dénouements magiques à la faveur d'étreintes orgastiques, je dis: "attendez un petit peu". Nous entamons ce voyage non par la magie sexuelle, mais par la pédagogie vous permettant d'accéder au magicien qui est en vous, indépendamment du vécu sexuel, afin que plus tard, votre relation sexuelle puisse prendre un caractère réellement magique.

D'après mon expérience, le vrai secret de la magie consiste à induire en nous-mêmes une transmutation alchimique, à changer notre manière d'appréhender l'existence et de réagir à ses défis. Une fois cela commencé, il vous est aisé d'exercer vos facultés magiques dans le cadre de la magie sexuelle.

LES QUALITES DU MAGICIEN

Comme magicien, vous vous trouvez dans la situation du peintre tenant une palette de diverses couleurs qui sont les matières brutes à partir desquelles votre chef-d'œuvre va prendre forme sur la toile vierge.

En l'occurence, la gamme des matières dont vous disposez comporte non seulement une connaissance opérative du rituel magique, du cérémonial et de la pratique, mais aussi des qualités et des ressources internes qui se révéleront essentielles à votre réussite et dans lesquelles il vous faudra puiser.

Tandis que je passe à l'énumération de ces ressources personnelles, vous pensez peut-être: "Bon. J'ai cette qualité-ci, mais je n'ai pas celle-là, alors que dois-je faire?"

Vous constaterez que plus vous avancez dans l'alchimie de cette pédagogie, plus ces qualités s'éveillent en vous, contribuant ainsi à vous faire acquérir une conscience plus aiguë de vos compétences dans votre approche de la magie sexuelle.

Voici donc quelques-unes des qualités requises chez un magicien:

1. *Invention et Créativité*

La magie est une force créatrice. Conscient de cela, le magicien apprend à transformer, améliorer l'existence et en jouir après l'avoir lavée de sa négativité, à dépasser les contraintes imposées par des concepts inhibiteurs et à se libérer de tout comportement négatif habituel comme la lassitude, la résignation ou la déception. Vous voulez refaçonner votre vie, vous êtes avide d'inconnu, accueillant favorablement le changement et inventant de nouveaux chemins vers l'amour, le plaisir et l'extase.

2. *Observation consciente*

Etre conscient, c'est introduire les qualités de vigilance et d'intelligence indispensables pour se concentrer sur tout ce qui passe maintenant, ici et à l'instant présent. Ainsi: "Mon(ma) bien-aimé(e) est en colère et me parle durement... ma poitrine se serre... la peur me gagne et je me sens menacé(e)... je dissimule ma peur en réagissant avec brutalité... puis je me reprends... comprenant que nous sommes prisonniers d'un vieux schéma de réaction réciproque... j'en fais la remarque et mon(ma) bien-aimé(e) comprend aussi ce qui se passe... nous nous isolons alors, laissant les choses décanter... plus tard, n'étant plus sous l'emprise de nos émotions, nous pouvons alors nous pardonner mutuellement et nous ouvrir à nouveau l'un à l'autre dans une relation d'amour et de soutien réciproque..."

C'est cela, être conscient. Le magicien observe tout ce qui se produit intérieurement et extérieurement sans le juger en bien ou en mal.

3. *Réceptivité et Résonance*

C'est l'aptitude à ne faire qu'un avec les vibrations, les humeurs, les énergies et l'atmosphère présentes, que nous soyons en forêt ou invité à un cocktail animé. Réceptifs à l'environnement et en résonance avec lui, nous devenons sensibles et réceptifs à la nature et aux autres. Etre en résonance signifie être libre de toute idée, jugement et sentiments préconçus, pour affronter, sans apriori et en observateur neutre toute situation nouvelle. C'est ainsi que le magicien perçoit ce qui se passe réellement.

4. *Volonté de Désidentification*

Le magicien sait entrer en résonance avec l'environnement, mais en même temps il sait s'en désidentifieri. Cela tient du paradoxe, sans en être un.

Enfants, nous avons tous connu des moments d'intense concentration dans ce que nous faisions, nous identifiant même au vécu, qu'il s'agisse de participer à un jeu agréable, de faire "floc" en plongeant dans la piscine ou de manger un fruit savoureux...

Le chamane et le magicien possèdent également cette faculté, leur donnant le pouvoir de ne faire qu'un avec les esprits de la nature, avec les énergies et les forces naturelles, tout en conservant le sens de leur propre identité, ainsi que la conscience profonde d'une identité distincte. Même dans l'extase, ils ne se "perdent" pas dans le vécu de l'instant.

5. *Imagination: Découvrir de nouvelles possibilités*

En tant que magiciens, notre imagination n'est pas le moyen de compenser des manques dans notre vie, mais une pulsion profondément créatrice permettant de révéler et concrétiser toutes nos potentialités. Elle se déroule devant nous comme un fil créateur qui, du stade auquel nous sommes parvenus, nous guide vers le but souhaité. L'imagination nous permet de nous demander: "Qu'adviendrait-il si je pouvais porter la durée de mon orgasme de dix secondes à dix minutes?" et "Qu'adviendrait-il si je pouvais transformer mon ardent désir d'amour en un vécu amoureux vivant et régénérateur?"

L'imagination nous ouvre à tout un mode de pensée nouveau dans lequel rien n'est défini ou déterminé à l'avance.

6. *Vivre son Moi Sauvage*

Parce que vous êtes magicien, vous avez le courage de vivre votre Moi Sauvage, d'explorer et libérer sans retenue votre énergie et vos propres pulsions. Cette libération d'énergie brute vous met en relation avec la force vitale résidant en vous.

Votre corps appartient au règne des animaux sauvages. A ce titre, vos instincts, vos pulsions et notamment votre pulsion sexuelle participent également de ce règne. Or, le magicien sait comment accéder à ces énergies puissantes pour les libérer et les transmuter en créativité et en révélation. Avec l'impétuosité, reviennent votre entrain et votre enthousiasme pour la vie, évacuant d'un coup tous vos comportements antérieurs d'ennui et de lassitude. Tel un aigle s'élevant au-dessus des falaises escarpées ou un ours s'élançant à travers la forêt, vous reconquérez la beauté de votre vivacité et de votre force animales.

7. *Savoir Rester Centré*

Voici une anecdote rapporté par mon amie Mélanie:

"Je me souviens du jour où Danny, mon frère de six ans, dévalant l'escalier en courant, buta, lâcha le miroir qu'il portait et tomba le visage contre les morceaux de verre jonchant le sol. Il pleurait, les autres enfants poussaient des cris hystériques, tandis que les adultes présents étaient figés par la panique.

Je le relevai doucement, le portai dans la salle de bain pour nettoyer ses coupures, tout en le consolant et lui exprimant mon amour. Je lui dis qu'il irait parfaitement bien mais qu'il fallait l'emmener à l'hôpital immédiatement....

Malgré tout, j'avais conscience de rester calme et concentrée, alors que mon cœur battait la chamade. J'étais malade d'inquiétude, mais je me sentais parfaitement capable de faire front. Et cela eut un effet apaisant sur mon entourage, en particulier sur Danny."

Ainsi le magicien cultive-t-il l'art de rester concentré et détendu en plein cyclone.

8. *Le Magicien Amant*

La magie sexuelle commence avec l'amour. Or, en tant qu'amant pratiquant la magie, vous appréciez la relation sexuelle, parce qu'elle vous permet de vous fondre en l'être aimé, de fusionner avec lui, réceptifs l'un à l'autre, unis dans le mouvement, laissant vos deux énergies s'épanouir en ondes de plaisir orgastique. Amant, vous voulez pardonner toutes erreurs et toutes fautes, dépassant ainsi les rancunes éprouvées à l'égard de votre partenaire. Quand vous savez comment "effacer l'ardoise", chaque relation sexuelle nouvelle peut être l'occasion de renaître l'un à l'autre. La meilleure garantie de réussite en magie, c'est la confiance en vous et en votre partenaire. Or, confiance signifie communication avec votre cœur, c'est-à-dire votre centre d'amour.

9. *Persévérance et Engagement*

Lorsque votre orientation en tant que personne pratiquant la magie sexuelle est clairement définie, vous êtes en mesure de surmonter obstacles et difficultés. Ainsi, il peut vous arriver d'être engagé dans un rituel magique, partenaires unis dans l'étreinte charnelle, une vision magique présente à l'esprit, en train de canaliser leur énergie orgastique et d'être soudainement submergés par le doute de ce qui va se produire.

D'habitude, c'est dans ces moments-là que vous risquez d'être tentés d'abandonner, en pensant: "Bien, nous avons essayé, mais ce n'est pas concluant, nous recommencerons une autre fois..."

En magie sexuelle, ces instants-là sont ceux où il faut persévérer, se chuchoter des encouragements réciproques, rester engagés dans la pratique en cours, sachant que vous en serez récompensés.

L'ART DU MAGICIEN SEXUEL

L'amour est l'unique or du monde.
— TENNYSON
Becket

La magie sexuelle est un évènement virtuel se produisant facilement chez vous, ce n'est pas un art difficile à pratiquer. Les voies énergétiques et le potentiel extatique préexistent en vous, la seule chose nécessaire est une disposition favorable et volontaire à leur exploration et à leur développement. Parfois même, ces voies se révèlent d'elles-mêmes sans avoir été sollicitées.

Je me souviens d'un évènement fortuit qui m'a été rapporté il y a deux ans par Lester et Allison, deux amis qui, bien qu'étant curieux de magie sexuelle, ne l'avaient pas encore pratiquée. Ils étaient allongés, nus, dans leur séjour sur un grand tapis à poils longs, par une matinée de fin de semaine, juste après une étreinte, savourant une grande détente et un bien-être réparateurs.

Lester raconte:

> Je n'avais pas atteint l'orgasme, mais c'était bien. Rien ne me manquait. C'était simplement bon d'être allongé, là, pelotonné contre Allison, de sentir le soleil sur mon corps, n'ayant rien d'autre à faire.
> Alors, lentement, sans hâte, Allison commença à jouer avec mon pénis qui progressivement se dressa et se raidit. D'habitude, c'était pour moi le signal d'une nouvelle étreinte m'invitant à faire quelque chose, augurant d'une montée vers l'orgasme mais, je ne sais pourquoi, j'étais si détendu que je restais allongé, plutôt rêveur et contemplatif, savourant ce présent inattendu.
> Allison commença à me caresser de sa bouche, léchant mon pénis de haut en bas avant d'en prendre le gland pour le faire glisser de plus en plus profondément. Je sentais monter en moi le désir d'une tension, le désir de pénétration, enfin celui de parvenir rapidement à l'orgasme par crainte qu'elle ne s'arrête avant qu'il ne se déclenche.
> Mais je ne l'ai pas fait, et plus le désir augmentait, plus je me mettais au défi de rester détendu et laisser les choses suivre leur cours.
> De sa bouche, Allison me caressait avec lenteur et sur un rythme sensuel, aussi sentais-je monter en moi la tension précédant l'acmé. A nouveau, une pulsion me poussait à prendre l'initiative, à pénétrer plus avant pour me libérer, à me dire: "bon, je vais éjaculer", mais au lieu de cela et peut-être pour la première fois je me sentais passif.
> L'orgasme se délencha tout seul, montant comme une douce vague d'énergie venant mourir sur les brisants et parcourant mon sexe d'ondes successives. Tandis que je commençais à éjaculer, ces ondes firent soudainement place à une pulsion orgastique aiguë et fort délicieuse qui, filant comme une flèche, remonta ma colonne vertébrale pour atteindre le centre de ma tête, où elle explosa dans le jaillissement d'une douce lumière blanche.
> Bien que mes lectures m'aient averti de ce qui se passait quand on canalise l'énergie sexuelle, j'étais surpris, n'ayant jamais vraiment exploré ce domaine et ne m'attendaant pas à ce que ce phénomène se produise de lui-même, sans

effort conscient de ma part. C'est ainsi que j'ai été amené à m'intéresser au Tantrisme et à pratiquer la magie sexuelle".

L'expérience de Lester prouve l'aptitude naturelle de notre corps à canaliser l'énergie sexuelle, qui remonte la colonne vertébrale, allant des organes sexuels au cerveau. Tout ce que nous devons faire, c'est avoir confiance, nous détendre et dire "oui" à cet agréable et passionnant voyage.

La pratique de la magie sexuelle comporte les étapes suivantes:

1. Créer et maintenir une vision représentant ce que vous souhaitez accomplir.
2. Condenser sa vision à un puissant symbole.
3. Eveiller son énergie sexuelle orgastique.
4. Conférer le pouvoir au symbole en le chargeant de son énergie orgastique.
5. Faire de son énergie sexuelle l'onde porteuse permettant au symbole de traverser les sept centres d'énergie – ou *chakras.*
6. Projeter son symbole par l'acmé orgastique dans l'univers, et se connecter au Réseau Astral.
7. Laisser une nouvelle création se réaliser dans son existence.

Adepte de la magie sexuelle, vous devenez apte à l'épanouissement, au guidage et à la transmutation de l'énergie sexuelle. J'entends par là, jouer avec votre plaisir charnel, votre sexe, les mouvements corporels, les rythmes respiratoires, l'imagination et la visualisation, acquérir la maîtrise de votre propre sexualité, mais également celle de l'interaction sexuelle établie entre vous et votre partenaire en amour.

Cette compétence évolue vers une danse tantrique dans laquelle vous et votre amant liez votre énergie sexuelle et votre vision magique, en une seule création, en un orgasme unique. A la faveur de ce vécu orgastique, vous communiez profondément l'un à l'autre tandis que vos âmes resplendissent et que vos esprits s'unissent, vous permettant de dédier cette énergie née de l'orgasme à un plus haut dessein, à une vision de ce que vous souhaitez devenir, à une réalisation de vos vœux les plus chers.

L'IMPORTANCE DU RITUEL

Je dis souvent aux personnes qui participent à mes ateliers que pratiquer la magie sans rituel n'est pas vraiment la pratiquer. Pourquoi? Parce que la magie se produit et opère avec une efficacité optimum dans un climat totalement favorable à ce que vous essayez d'accomplir et c'est le rituel qui instaure cette atmosphère favorable.

Toute chose a ses propres vertus naturelles par lesquelles elle est à l'origine d'un merveilleux effet, et la magie est l'art de produire ce merveilleux effet.

ALBERT LE GRAND
Le livre des secrets

Par rituel, j'entends une série de gestes, paroles, invocations, chants, mouvements et danses destinés à révéler la dimension spirituelle et sacrée de notre vie – qu'elle soit interne ou externe – dans laquelle d'intenses états mystiques peuvent être vécus. C'est par le biais de ces rituels que la pensée se clarifie, que le cœur s'ouvre, que les sens s'aiguisent, et que le corps palpite de vie dans l'expectative.

La magie sexuelle se sert du rituel comme passerelle entre sexualité et spiritualité, entre nos sens et les impalpables mystères qui nous entourent. Le rituel recueille l'énergie sexuelle brute et l'organise en une discipline de joie. Tout comme les motifs géométriques des *mandalas* et *yantras* sacrés orientaux (symboles et supports de méditation), le rituel façonne l'énergie humaine et lui donne un objectif.

Le rituel extérieur amplifie la préparation interne à la magie. Ainsi ce qui s'accomplit extérieurement vient en appui de ce qui s'opère intérieurement. La création d'un Cercle Magique, l'invocation de certaines énergies, le port de vêtements de cérémonie, le fait d'avoir à proximité des objets de pouvoir pendant la pratique, peuvent constituer un formidable stimulant de vos facultés magiques.

Par la suite, magicien expérimenté, vous constaterez votre aptitude à pratiquer la magie dans n'importe quelle situation, n'importe quelles conditions, mais pour le moment, apprenant comment enfanter vos facultés potentielles, l'important est de laisser le rituel soutenir vos efforts.

LE CERCLE MAGIQUE

L'un des rituels majeurs destinés aux adeptes de la magie sexuelle consiste à créer le Cercle Magique, espace circulaire protégé et sacralisé par différents rituels et invocations instaurant un climat positif et favorable à la magie. Tout au long de cet ouvrage et au cours de chaque exercice, vous emploierez le Cercle Magique.

En manière d'introduction, je voudrais vous parler de la toute première tentative que j'ai faite pour établir un Cercle Magique, expérience qui s'est révélée si fructueuse qu'elle a nourri mon inspiration pour la cérémonie complète décrite plus loin dans ce chapitre.

Je vivais une idylle amoureuse avec Keith, homme d'affaires californien à la beauté quasi magnétique. J'étais alors à Los Angeles où j'écrivais un livre,

Je crois à la chair et aux désirs. La vue, l'ouïe, le toucher sont des miracles et chaque partie de moi-même est un miracle. Divin je suis à l'intérieur et à l'extérieur et je sanctifie tout ce que je touche ou qui me touche. L'odeur de mes aisselles, arôme plus subtil que la prière, de mon gland plus que les églises, les bibles et tous les credos.
— WALT WHITMAN
Song of Myself

pendant qu'il était en voyage en Russie. Après une séparation de trois mois et sachant qu'il était sur le point de revenir, des amis m'avaient proposé de me prêter une petite villa située au bord de la mer. En me donnant les clefs, ils me lancèrent un joyeux "profite bien de cette merveilleuse fin de semaine de lune de miel".

Keith arrivait à seize heures et je n'avais pas encore eu le temps de m'y rendre, pourtant il fallait que j'y sois au moins deux heures avant lui. Mais quelle ne fut pas ma surprise de découvrir en y entrant, un intérieur d'un autre siècle, des meubles bizarres, les murs ornés de tableaux de style pompier. La seule concession faite au mode de vie actuel était un triste canapé trônant dans le séjour. Toute la maison était poussiéreuse et envahie de toiles d'araignées, sentant le vieux et le renfermé.

Toute de suite j'appelai mes amis: "Vous êtes fou! Quel est cet endroit?"

Ils me répondirent: "Oh! On a oublié de te prévenir que c'était la maison de grand'mère. Elle est décédée il y a tout juste deux semaines et depuis nous n'y sommes pas allés".

Intérieurement, je me disais: "Bon, merci beaucoup. Mais maintenant que vais-je faire de ces singulières vibrations? Comment aménager cet endroit pour en faire le nid d'amour?"

Je n'avais pas le temps de chercher une autre solution, d'ailleurs j'avais donné cette adresse à Keith. Donc, n'ayant pas d'autre choix, je devais transformer tant bien que mal cet endroit. Il m'était évidemment impossible de le remettre à neuf en deux heures, si bien que je décidai de me consacrer uniquement à la chambre à coucher en la nettoyant du mieux possible, en retirant les tableaux de sur les murs et en éliminant tout ce qui pouvait rappeler la présence de la grand'mère (non que j'eusse quoique ce soit contre elle; elle avait pu être une femme magnifique à tous égards, mais il était simplement évident que son énergie n'était pas propice à une fin de semaine consacrée à des relations intimes et des ébats amoureux).

Pour purifier l'atmosphère, je vaporisai dans la pièce un mélange d'eau et d'huiles parfumées avant de créer mon premier Cercle Magique.

Je commençai par faire trois fois le tour de la pièce dans le sens contraire des aiguilles d'une montre, mouvement rituel destiné à éliminer toutes les énergies négatives ou indésirables. Ce faisant, je m'adressai à la grand'mère en ces termes: "Je vous suis reconnaissante pour cette chambre et je vous remercie de m'accueillir ici. Mais je vous demande de partir, afin de créer dans cette pièce un espace pur pour que Keith et moi soyons ensemble."

J'avais déjà ouvert porte et fenêtres et maintenant, avec mes mains et mes bras, je faisais d'amples gestes pour chasser de la pièce l'énergie de cette aïeule et tout ce qui était ancien, notamment les états émotionnels rémanents et ces sentiments de honte ou de culpabilité liés au passé.

Après avoir fait trois fois le tour de la chambre en sens inverse des aiguilles d'une montre, j'en refis trois en sens contraire, en chantant, psalmodiant et faisant sonner des clochettes, le regard tourné vers le centre du cercle, invitant toutes sortes d'énergies positives à se manifester et en déclarant à haute voix: "J'invite la joie à venir ici. Que mon amour, ma confiance, mon plaisir sexuel et des orgasmes intenses et de merveilleux instants baignent cette chambre!"

Après avoir décrit ces cercles, je formulai une série d'invocations, en m'adressant aux quatres points cardinaux, ainsi qu'à leurs éléments et qualités associés:

Nord : Air, clarté et clairvoyance.
Sud : Eau, innocence et amour.
Ouest : Terre, vitalité et force.
Est : Feu, esprit et passion.

Je m'assis alors au centre du cercle et levai les bras au ciel, invitant les maîtres et guides de l'esprit à bénir notre rencontre amoureuse.

Rabaissant les bras, j'invitai le sens du merveilleux et du mystère à notre union prochaine.

Le Cercle Magique crée une ambiance positive propice à la magie. Il comporte des pièces d'étoffe disposées autour du matelas, des pierres, un autel tourné vers l'est, des objets de pouvoir et une cheminée allumée.

J'invoquai l'énergie résidant au centre du cercle, la relation entre Shiva et Shakti, archétypes divins des principes masculin et féminin présents en chaque être humain.

C'était une belle et sincère cérémonie, qu'en fait j'inventai au fur et à mesure en me fondant sur ma connaissance du rituel magique.

Finalement, je perçus une différence notable dans la chambre et j'éprouvai le sentiment d'avoir ménagé un espace vierge et propre à bénir la protection mentale et l'amour.

Mon histoire a une fin heureuse. Keith arriva juste après la préparation de la chambre et ma toilette – je sortais de sous la douche au moment où la sonnette se fit entendre – et nous avons passé ensemble une délicieuse fin de semaine. De fait, les énergies invoquées semblaient remplir la pièce de leurs palpitations, favorisant notre union tout en la protégeant.

On peut soutenir que de toute façon, cela se serait produit sans l'aide d'un Cercle Magique. Mais ce qui est étrange, c'est que chaque fois que nous sortions de la chambre pour nous rendre dans la cuisine ou dans une autre pièce, nous ressentions immédiatement un malaise, comme si nous nous étions aventurés dans quelque grenier poussiéreux peuplé de souvenirs morbides. C'est alors que j'ai vraiment pris conscience du pouvoir modifiant l'ambiance énergétique d'une pièce, créé par le Cercle Magique.

Plus loin dans ce chapitre, je vous présenterai un rituel destiné à créer votre propre Cercle Magique. Dans l'intervalle, voici quelques suggestions concernant le matériel nécessaire:

1. Pierres pour votre Cercle Magique

Pour céer un Cercle Magique, beaucoup de magiciens conseillent l'emploi de pierres parce qu'elles sont en résonance avec l'énergie terrestre, agissent sur des bases solides et sont très pratiques puisque durables, faciles à trouver, à transporter et à ranger. Vous pouvez n'en employer que quatre indiquant les points cardinaux ou les disposer en forme de cercle.

Donc, je vous propose en vous promenant, quel que soit l'endroit, de rechercher quatre pierres rondes attrayantes – que vous aimez tenir dans votre main. Votre choix peut aussi se porter sur un minéral différent pour indiquer chaque direction ou sur des pierres identiques leur permettant d'être interchangables. Si vous décidez d'en employer plus de quatre, choisissez de petites pierres que vous disposerez facilement sur le cercle entre les quatres grosses.

2. Etoffes pour le Cercle Magique

Pour délimiter votre cercle de manière aisée et pittoresque, procurez-vous sept longues étoffes ou écharpes en soie ou en coton, l'essentiel étant qu'elles soient de fibres naturelles afin que l'énergie puisse les traverser sans difficulté. Elles peuvent être de couleurs différentes ; choisissez, par exemple, les sept couleurs de l'arc-en-ciel. Entrelacez-les pour que leurs teintes se juxtaposent et se fondent en formant le cercle.

Le symbolisme des sept couleurs est le suivant:

Rouge: énergie sexuelle
Orange: équilibre et force
Jaune: pouvoir
Vert: amour et accueil
Bleu: vérité dans l'expression
Violet: lucidité, intuition, compréhension
Blanc: extase et conscience cosmique

Vous constaterez par la suite qu'elles correspondent aux sept centres énergétiques du corps, les *chakras.*

3. Un Autel Orienté à l'Est

A l'est de votre Cercle Magique, en direction de l'esprit, il vous faut installer un petit autel indiquant votre dévotion à l'autotransformation, l'engagement que vous avez pris d'explorer votre moi supérieur. Cet autel peut être une table ou une boîte à parois basses, recouverte d'une belle étoffe de n'importe quelle couleur – or, argent, blanc, rouge, noir ou pourpre – qui est ressenti comme propice à la magie.

Par tradition, certaines écoles de magie emploient pour couvrir l'autel, une étoffe rouge et une blanche, la première symbolisant le "lion rouge", la seconde l'"aigle blanc", métaphores alchimiques représentant l'une le sang féminin et l'autre la semence masculine. On pensait autrefois que ces deux substances mélangées produisaient un élixir magique donnant un pouvoir opératif à la vision de l'alchimiste, contribuant ainsi à la réalisation de ses desseins.

*C'est en toi qu'il faut chercher l'extase. Elle n'est pas ailleurs. Elle est la floraison qui s'opère au tréfonds de ton jardin.
Celui que tu cherches, c'est toi. Tu es le voyageur et la destination.
C'est en vivant l'extase de ton être que tu atteins ton but ultime.*
— OSHO

Vivant à une époque plus éclairée, nous ne sommes pas obligés de recourir aux élixirs. Il n'en reste pas moins que rouge et blanc symbolisent la fusion des énergies féminine et masculine engendrant la magie sexuelle, et je vous invite à les adopter pour couvrir votre autel.

Sur l'autel, vous placez une chandelle symbolisant la lumière de votre esprit, que vous allumez chaque fois que vous entamez un exercice.

Il est également bon d'y poser un cristal, car ces minéraux sont des récepteurs et des amplificateurs d'énergie. Je me souviens d'avoir fait un séjour en Inde au cours duquel je suis restée assise pendant une semaine en compagnie d'un saint homme, un cristal posé sur mes genoux. Or, lorsque je suis revenue aux Etats-Unis et que j'ai tendu le minéral à un ami pour qu'il le prenne, l'énergie dégagée était si forte qu'il tomba de son siège et faillit s'évanouir!

Ce cristal absorbera régulièrement l'énergie dégagée par vos pratiques magiques avant de la faire rayonner plus intensément, vous aidant ainsi à établir un climat empreint de magie chaque fois que vous vous servirez du Cercle Magique.

Cette allusion à l'emploi des cristaux m'amène à traiter le thème des objets de pouvoir, autre aspect important du rituel magique.

LE RÔLE DES OBJETS DE POUVOIR DANS LE RITUEL MAGIQUE

Qu'est-ce qu'un objet de pouvoir? C'est, au sens littéral, un objet qui vous donne un sentiment de puissance, un catalyseur ouvrant les portes à vos sources d'énergie personnelles. Quand vous en tenez un en main, vous faites un geste symbolique signifiant: "Par l'intermédiaire de cet objet, je communique avec mon pouvoir intérieur, avec ma force intérieure, avec mon énergie magique".

Au cours de mes ateliers, lorsque nous en sommes arrivés à ce stade, j'aime envoyer les participants se promener dans la nature, en les invitant à se "mettre en résonance" avec ce qui les entoure et à prendre conscience des objets qui retiennent leur attention.

Ainsi vous pouvez trouver par hasard une plume de corbeau, une pierre aux couleurs éclatantes, un morceau de quartz blanc, un bois de cervidé, une branche, une brindille, une feuille, de la mousse...

Ramassez l'objet, fermez les yeux, soupesez-le, essayez de percevoir intuitivement s'il vous est salutaire, utile, et s'il vous inspire un sentiment de puissance. Mettez-vous en résonance avec lui. Evoque-t-il pour vous des images, couleurs, symboles, sentiments ou messages? Si oui, vous avez découvert celui qui vous convient. Ramenez-le et posez-le dans le Cercle Magique, soit sur l'autel, soit en un point important situé à la périphérie.

Outre ces choses trouvées dans la nature, vous pouvez être attiré par d'autres: boules de cristal, baguettes magiques, pierres précieuses, gravures ou statues déterminées. Quand vous avez l'intention d'en acheter, notez vers lesquels votre intuition vous porte, observez l'accélération éventuelle de vos pulsations cardiaques face à telle ou telle boule de cristal, marquant ainsi les vibrations positives existant entre elle et votre énergie, vous indiquant que son

Autel de magie orienté à l'est, recouvert d'une étoffe blanche, sur lequel sont posées: deux timbales destinées aux élixirs rouge et blanc (pour elle et lui), une clochette, une statue représentant l'union d'un couple, des plumes symbolisant l'immensité spatiale, une cierge sur un pied en forme de lotus, la passion du cœur et d'autres objets de pouvoirs suivant les préférences.

emploi est un amplificateur de votre pouvoir, un recueil d'harmonie et un appui souhaité lorsque vous le regarderez ou l'aurez en main.

Voici quelques autres suggestions intéressantes destinées à charger votre Cercle Magique d'un symbolisme et d'un pouvoir supplémentaires:

- Peignez les symboles des douze signes zodiacaux sur les pierres délimitant votre Cercle Magique.

- Peignez les symboles du soleil, de la lune, des étoiles, des éclairs et d'autres phénomènes naturels sur ces minéraux.

- Peignez ou tracez les symboles de Mars, Vénus, Jupiter et Pluton sur ces supports ou encore certaines conjonctions planétaires favorables.

- Ornez chaque repère, minéral ou textile, d'une petite pierre fine choisie parmi les suivantes: quartz, topaze, grenat, agate verte, turquoise, quartz rose, améthyste, zircon, jade et pierre de lune. Toutes ces pierres agissent comme des catalyseurs d'énergie.

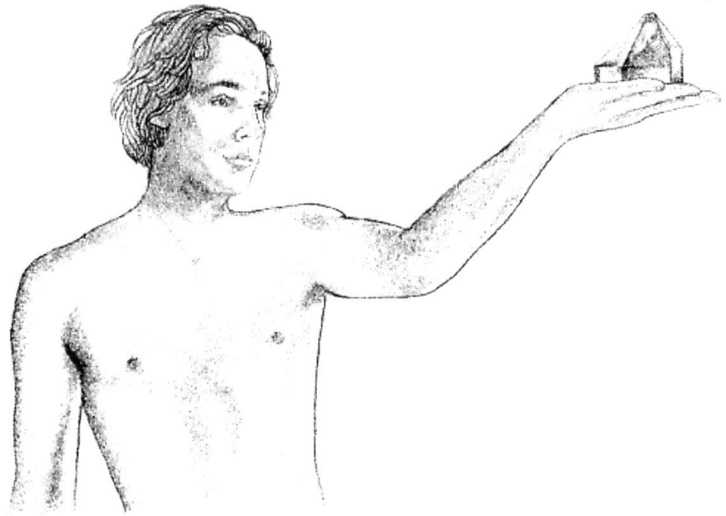

Cristal employé comme objet de pouvoir destiné à acquérir force et concentration

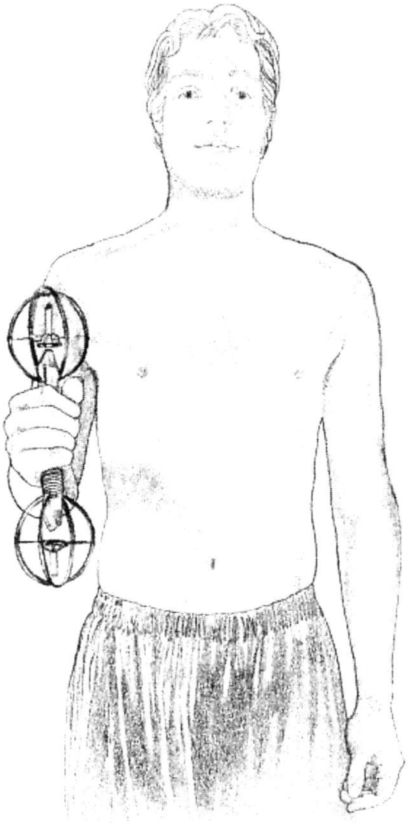

Baguette magique constituée de cuivre, d'argent et de cristal, destinée à la transmission télépathique

Objet de pouvoir originaire de l'Inde, symbolisant l'ouverture du troisième œil (centre de voyance) par la méditation

Statue représentant Bouddha et Dakini dans la posture Yab Yum de l'union magique divine

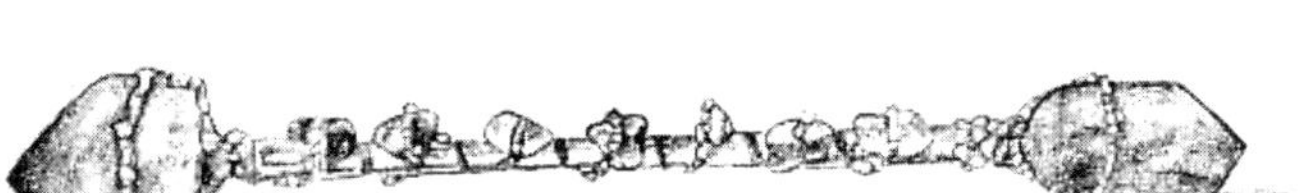

Baguette magique constituée de critaux

- Jonchez la périphérie de votre Cercle Magique ou constituez-le, uniquement de fleurs afin d'apporter beauté, couleur et fragrances à vos célébrations magiques.

Prenez le temps de décider quels objets et quels symboles vous conviennent et ne craignez pas de changer d'avis: si, ce jour, vous ne vous sentez pas en harmonie avec tel objet, éliminez-le et trouvez-en un autre. Peu à peu, vous découvrirez ceux qui donnent de l'intensité à vos rituels magiques. Le plus important, c'est qu'ils contribuent à vous faire éprouver un sentiment de puissance, tout en préservant votre aisance et votre détente.

Ce lieu, c'est la terre du lotus, ce corps c'est celui de Bouddha.
— TROISIEME PATRIARCHE

Ici, je ne peux pas faire autrement que citer Klaus, un homme d'affaires allemand, qui avait suivi mes cours de magie sexuelle et nourrissait une véritable passion pour les objets de pouvoir.

Au cours du rite d'initiation faisant de lui un magicien, il avait eu la vision d'une sorte de "boîte à outils magique" de laquelle il pouvait prendre n'importe quel instrument dont il avait besoin, notamment un "générateur de rayon laser" qui brûlait chez lui tous les sentiments négatifs, ainsi qu'un "attracteur magnétique" et un "contacteur téléphonique" lui permettant de communiquer avec des personnes éloignées qu'il voulait rencontrer, sans oublier un "universomètre" pour mesurer certaines dimensions du temps et de l'espace.

Chaque fois qu'il devait affronter une situation difficile, son enthousiasme le poussait à inventer ses "instruments de pouvoir" à partir d'une association de matériaux naturels et synthétiques. Il jurait qu'ils lui étaient d'une aide précieuse tant dans sa vie privée que dans les affaires, et que son ingéniosité et son enthousiasme dans la création de ces objets étaient source de rires, de gaieté et d'énergie positive pour le groupe.

Si cela est de la magie, que cela soit un art, aussi légitime que le fait de manger.
— SHAKESPEARE
The Winter's Tale

L'idée que Klaus se faisait de la magie dépeint un aspect important de notre travail. Ses instruments symbolisent en effet l'aptitude créatrice du magicien à trouver une solution inattendue à toute situation. Le magicien est tout à la fois inventeur, créateur, adaptateur et catalyseur. Même lorsque l'existence semble difficile ou incertaine, il trouve une façon originale de dénouer la situation et de libérer l'énergie bloquée. La solution consiste à élargir sa perspective et à faire confiance à son intuition.

LE RÔLE DES SYMBOLES SEXUELS DANS LE RITUEL MAGIQUE

En magie sexuelle, les symboles de pouvoir plus importants représentent les organes sexuels masculin et féminin.

L'homme a besoin d'un symbole de pouvoir phallique analogue aux phallus sculptés dans le bois que manipulent les chamanes africains. Quand l'homme a cet objet en main, il détient la force créatrice de l'énergie masculine extériorisée qu'il va partager avec la femme. Il est à la fois symbole de fécondité, baguette magique et représentation de la puissance sexuelle masculine.

Cet objet de pouvoir, de taille variable – l'essentiel étant que l'homme se sente en harmonie avec lui en tant que représentation de sa sexualité – peut se présenter sous la forme d'un cristal d'aspect phallique, d'un morceau de bois, d'os ou de métal.

Le sexe de la femme doit également être traduit dans un symbole représentant la nature de la puissance féminine ou, si l'on préfère, celle de la *matrice*. Bien que les symboles matriciels n'aient pas été aussi répandus dans les traditions de la magie occidentale, nous pouvons aujourd'hui donner à cet art un souffle opportun d'égalité sexuelle.

Lorsqu'une femme tient un symbole représentant son sexe, elle offre le secret de sa matrice, la force créatrice fluide et réceptive de l'univers. Cet objet peut prendre la forme d'un coquillage, d'un groupe de cristaux taillé en forme de grotte, celle d'un morceau de bois aux formes douces présentant un orifice en son centre, ou n'importe quel objet évoquant la sexualité féminine, pourvu que vous vous sentiez en résonance avec lui comme symbole de votre énergie féminine.

Pour moi, un œuf en cristal est un puissant symbole d'énergie sexuelle féminine. Ainsi, respectant un antique enseignement du Tao, j'ai pratiqué la magie sexuelle en plaçant un œuf de cristal à l'intérieur de mon vagin, avant de le soumettre aux contractions et relâchements de mes muscles vaginaux pendant plusieurs minutes. Non seulement cette pratique donnait à ma musculature génitale plus de force et de sensibilité pendant les rapports sexuels, mais elle chargeait aussi l'œuf d'une intense énergie féminine. Par la suite, alors que je donnais des conférences et des interviews en public, je tenais l'œuf dans ma main et ce symbole de puissance féminine me donnait l'assurance d'être investie d'un très grand pouvoir.

Ces deux éléments de pouvoir sexuels représentant l'un le phallus et l'autre la matrice, se placent sur l'autel.

Incidemment, tous ces objets rituels, y compris les jalons (pierres ou étoffes) de votre Cercle Magique, ainsi que les objets de pouvoir, ne doivent

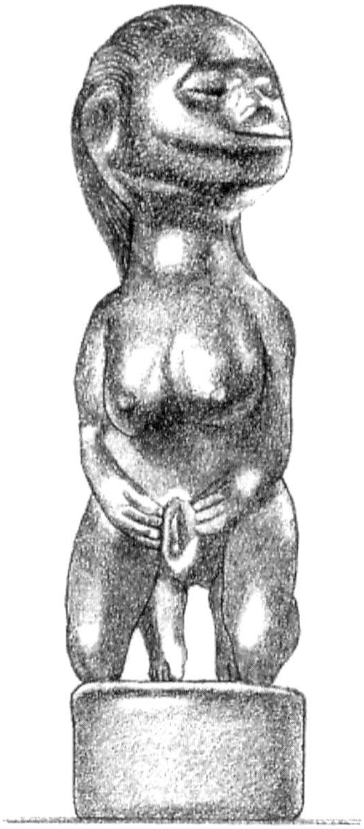

Exemple d'objet de pouvoir sexuel: statue originaire de Bali représentant une femme la vulve (yoni) ouverte.

être employés que dans le cadre de vos rituels et pratiques magiques, à l'exclusion de toute autre utilisation. Ainsi absorberont-ils progressivement l'énergie engendrée lors des cérémonies et la réfléchiront-ils sur vous, amplifiant le climat de magie dans lequel vous opérez. Leur emploi à des fins plus ordinaires ou terre-à-terre dissiperait l'énergie accumulée.

LES COSTUMES DESTINES A LA MAGIE

Vous êtes-vous déjà tenu devant une glace, portant pour la première fois un élégant vêtement neuf? Vous souvenez-vous d'avoir admiré avec amour cette élégante et superbe image que vous donniez de vous même?

Quand je pense à mes vingt ans, je revois le moment où mon petit ami parisien revêt une très jolie chemise style Renaissance que je lui avais offerte. Le col ouvert, les manches bouffantes et les amples plis tombants révélaient les muscles fermes de son torse lui donnant une allure très élégante et romantique. A cet instant, il était pour moi absolument divin et je constatais qu'il y était également sensible, ce vêtement élevant l'image qu'il avait de lui-même au rang d'amant fringant, d'aventurier casse-cou et de magicien.

J'ai vécu moi-même une expérience analogue avant mon bal "de présentation" à Paris, alors que je portais une longue et fluide robe blanche de débutante. En me contemplant dans la glace, j'étais très fière de mon reflet : j'incarnais une princesse et je me sentais investie d'un sentiment de pouvoir, d'amour narcissique et d'optimisme face à ma vie future.

Tu emploieras la lumière de la Déesse à créer un monde nouveau, aux futurs pleins de magie et de miracles. Mais tu peux aussi te servir de cette lumière pour créer dès maintenant une réalité plus belle et plus joyeuse.

— LAZARE

Il est souhaitable que vous vous rappeliez ces instants lorsque vous imaginerez votre costume magique. En effet, cela peut vous être précieux dans le choix des vêtements, du style, du coloris et de la coupe, vous mettant en valeur tout en vous conférant un port et une dignité royaux, teintés de mystère ou évoquant un caractère érotique et une sexualité latents.

Votre costume de magicien joue plusieurs rôles: en abandonnant vos vêtements habituels pour de plus originaux, vous témoignez du passage de la vie courante à une réalité bien différente, à une précieuse parenthèse temporelle consacrée à la pratique et au vécu magiques. Changer de vêtements évoque un monde de pensée nouveau, épanouissant et empreint de magie.

En outre, si vous continuez à porter les mêmes vêtements pendant vos pratiques cérémonielles, ils se chargeront de l'énergie dégagée pendant vos expériences magiques et entreront en résonance avec l'état de conscience induit ; ainsi serez-vous dans une disposition d'esprit magique chaque fois que vous les enfilerez.

Votre principal vêtement de magie pourrait être une jolie robe, une magnifique toge ou un beau kimono. Choisissez un vêtement qui vous plaît, vous donne une impression de sensualité au toucher et vous inspire à la fois de la magie et de la grandeur. N'hésitez pas à prendre la liberté de l'orner à votre convenance de symboles magiques et rappelez-vous que certaines couleurs ont une signification précise en magie : blanc pour la pureté, violet pour la sagesse, rouge pour la vitalité et noir pour le mystère.

Il est important que ce vêtement s'ouvre aisément par devant, puisque les exercices demandent un contact physique ou sexuel entre partenaires. De plus, il est agréable de porter une robe suggestive qu'on ouvre aisément, dévoilant à l'être aimé certaines zones corporelles tout en conservant un côté mystérieux.

Les ceintures ont beaucoup d'importance en magie, en particulier celles dont la boucle est munie d'une grande plaque d'acier, de fer ou de cuivre couvrant l'abdomen, centre d'équilibre énergétique, correspondant au centre d'énergie, ou *hara*. Les samouraïs japonais et les chevaliers médiévaux du cycle arthurien en portaient afin de rester concentrés et clairvoyants pendant les combats. Ce soutien est précieux lorsqu'on procède à des expériences de magie mettant en jeu des énergies considérables.

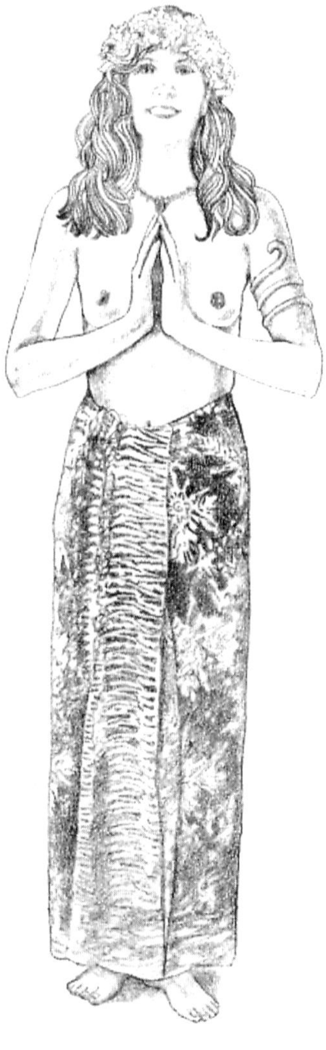

Assez suggestif, ce costume de rituel magique s'inspire de traditions balinaise et polynésienne.

Autre costume de magicienne. Notez que ces costumes peuvent être portés par les deux sexes.

En plus de votre robe et pour des circonstances moins solennelles, ayez un grand morceau de tisssu à motifs très colorés que vous vous ceignez autour de la taille. En Inde, il porte le nom de *lungi* et en Polynésie celui de *paréo.* Il constitue un élégant vêtement unisexe, et, accompagné de bijoux ou d'une fleur piquée dans les cheveux, ce vêtement simple crée un climat à la fois exotique et délicieusement érotique. Nombre de ceux et celles qui pratiquent le Tantrisme en on fait leur costume préféré, parce que non seulement il est attrayant, mais qu'il s'enlève aussi facilement. A Bali, où les lungis sont très répandus, les hommes les portent avec des motifs simples aux coloris vifs tandis que les femmes préfèrent des motifs floraux et des tons pastel plus doux.

La troisième pièce vestimentaire que je vous recommande d'intégrer à votre garde-robe magique est la tenue de sport que vous mettrez pour votre jogging, vous détendre ou danser. Elle permet une grande liberté de mouvement dans les exercices nécessitant une dépense physique et constitue un équipement polyvalent très pratique. Mais choisissez des fibres naturelles.

Ces trois pièces vestimentaires forment votre garde-robe magique complète. Rassemblez-les avec vos objets et symboles rituels, conservez-les à l'écart des autres vêtements et ne les portez que lorsque vous pratiquez la magie.

BIJOUX, ORNEMENTS ET MAQUILLAGE DESTINES A LA MAGIE

Le bijou se rattachant traditionnellement à la magie est un diamant, un cristal ou une pierre précieuse placé au niveau du "troisième œil" situé légèrement au-dessus et entre les sourcils. Il signifie que vous communiquez avec vos facultés psychiques internes. Ces bijoux magnétisent le centre psychique cérébral, influençant ainsi nos facultés de clairvoyance et de concentration. Un diamant peut symboliser la "pensée diamant" de la tradition bouddhiste tibétaine, comparable à la luminosité d'un miroir que possède la pensée méditative qui ne s'attache à rien et cependant réfléchit tout. D'habitude, ce joyau est serti dans un bandeau d'or ou d'argent entourant la tête.

Les magiciens portent aussi une couronne ou une tiare, symbolisant l'ouverture du centre ou *chakra* coronal, situé au sommet du crâne, et le lien avec les puissances célestes.

Parmi les autres bijoux destinés à la magie, on trouve les amulettes et d'autres symboles comme une grosse pierre ou un bijou volumineux porté sur le cœur, fortifiant l'amour, l'accueil et la confiance en soi. Cette pierre peut d'ailleurs être fixée à une chaîne d'or ou d'argent portée autour du cou. Une amulette ou une broche en forme de reptile, symbole de sagesse, est considérée comme particulièrement propice.

Les personnes qui parmi vous s'intéressent à l'astrologie désireront peut-être porter un symbole de l'élément associé à leur signe, comme un symbole du feu pour les Lion, Sagittaire et Bélier, d'eau pour les Poissons, Cancer et Scorpion, etc... De même, il y a correspondance entre pierres semi-précieuses et signes astrologiques. Je vous propose, comme ligne de conduite, de choisir le bijou qui s'harmonise avec votre corps et exalte votre sentiment d'élégance et de puissance.

L'emploi des cosmétiques et du maquillage est affaire de choix personnel, bien qu'un maquillage puisse certainement accentuer le passage de la vie ordinaire au royaume intime du mystère et de la magie. Dessiner des symboles sur votre peau avec de la peinture corporelle peut également être extrêmement propice à la pratique de la magie. Mais vous pouvez aussi vous servir du maquillage et du costume pour personnifier une divinité précise, comme Vénus, Mars, Shiva, Shakti, Kali, etc...

Si vous êtes un homme et que vous craigniez de porter costumes et bijoux, rappelez-vous les admirables incarnations de divinités orientales comme Krishna et Rama, qui portaient des robes magnifiquement décorées et couvraient leurs corps de sublimes ornements. Elles usaient aussi du maquillage, notamment autour des yeux. Certains hommes peuvent trouver que se vêtir de cette manière est extrêmement érotique et séduisant.

Le point important dont il faut se souvenir est qu'en tant que magicien, vous vous servez de ces soutiens pour accentuer le sentiment de pouvoir personnelle et d'efficacité magique.

Vous êtes maintenant prêt à entamer les exercices.

EXERCICE: CREATION DE VOTRE CERCLE MAGIQUE

Objectif et bienfaits

Cet exercice a pour but de créer un environnement protégé et chargé d'énergie dans lequel vous explorerez la magie sexuelle. Vous vous servirez de votre Cercle Magique pour chaque exercice que comporte cette formation, vous assurant que votre étude se déroulera dans un cadre magique propice.

Préparation

- Rassemblez les matériaux nécessaires à la création de votre Cercle Magique. Vous pouvez le créer à partir de pierres, d'écharpes colorées ou de certaines autres matières à votre convenance.

- Vous avez besoin d'un coussin pour vous asseoir. Mais si vous préférez une chaise, c'est parfait.

- Il vous faudra aussi une table ou une boîte basse pour l'autel, ainsi qu'un tissu pour le couvrir. Si vous vous asseyez sur une chaise, vous ferez un autel suffisamment haut pour que vous puissiez l'atteindre facilement.

- Apportez un cierge que vous poserez sur l'autel.

- Munissez-vous de vos objets de pouvoir, phallus ou matrice, et d'autres vous donnant confiance en vos compétences magiques.

- Une clochette, un carillon ou un gong vous sera également nécessaire. Mais vous pouvez aussi vous munir d'un petit tambour.

- Quant au Cercle Magique, vous pouvez le créer seul ou en compagnie de votre partenaire.

- Nettoyez soigneusement la pièce où se trouvera votre Cercle Magique, éliminant ainsi les "poussières mentales" rémanentes induites par les événements s'y étant déroulés et accentuant un sentiment de fraîcheur et de vitalité. Puis, prenez une douche.

- Pour l'instant ne portez pas votre robe de magie. Vous devez la mettre pour la première fois solennellement dans votre Cercle Magique et quand vous aurez achevé votre initiation en tant que magicien – décrite plus loin dans ce chapitre. Portez un vêtement ample et dans lequel vous êtes à l'aise, comme un vêtement de sport, un kimono ou un lungi "portefeuille".

- Accordez-vous une heure pour cet exercice et assurez-vous que vous ne serez pas dérangé.

Pratique

PHASE 1: ADOPTEZ LA POSITION DU MAGICIEN

Placez-vous au centre de votre Cercle Magique. Fermer les yeux et placez les mains sur votre cœur.

Inspirez plusieurs fois profondément avant de vous détendre en expirant. Accordez-vous quelques instants pour oublier vos soucis quotidiens et concentrez-vous sur le lieu que vous occupez présentement.

Lorsque vous êtes prêt, levez lentement votre bras droit vers le ciel, l'index pointé vers le haut et laissez votre bras gauche tomber lentement vers la terre, l'index pointé vers le bas.

Imaginez que vous êtes à équidistance du ciel et de la terre, un canal de leurs échanges d'énergie. J'appelle cette position la "position du magicien" et je la reprends pour référence dans d'autres exercices.

Visualisez l'énergie sous la forme d'une lumière, ou mieux, d'une pluie d'or ou d'argent selon qu'elle est émise par le soleil ou la lune, pénétrant par votre main droite, parcourant votre corps et ressortant par votre main gauche avant de se perdre en terre. Faites cela pendant quelques secondes, conscient de ce que votre véritable objectif de magicien est d'établir une liaison entre non-manifesté et manifesté, entre esprit et matière, entre ciel et terre.

Il est temps que nous considérions le sexe comme l'authentique art sacré: une profonde méditation, une sainte communion et une danse avec la force créatrice.
— MARCUS ALLEN

PHASE 2: PLACEZ LES REPERES

Conservez la position du magicien et annoncez à haute voix le but de cet exercice de magie:

"Moi, ________________ (votre prénom) je crée maintenant le Cercle Magique."

Si vous créez le Cercle Magique en compagnie de l'être aimé, vous voulez peut-être faire une déclaration conjointe:

"Nous, ________________ (vos prénoms), créons maintenant le Cercle Magique."

Vous pouvez faire des déclarations conjointes pendant toute la durée de l'exercice.

Placez vos quatre repères minéraux au nord, sud, ouest et est.

Tandis que vous placez chacun d'eux, dites à haute voix:

"Moi, ________________ (votre prénom) je dédie cette pierre au nord."

"Moi, ________________ (votre prénom) je dédie cette pierre au sud," etc...

Vos mouvements doivent être lents et conscients, afin que vous puissiez donner une signification et une solennité à chaque geste. Rien ne presse.

Quand vos quatre repères minéraux sont placés, poursuivez la création de votre Cercle, soit avec d'autres pierres, soit avec des écharpes ou d'autres matériaux à votre convenance.

Après avoir achevé le cercle, testez-le en vous mettant au centre, prenez la position du Magicien et dites à haute voix:

"Moi, ________________ (votre prénom) je dédie ce Cercle Magique au pouvoir qui m'est conféré en tant que magicien."

PHASE 3: CONSECRATION DE VOS AUTEL ET OBJETS DE POUVOIR

Rassemblez les matériaux constituant votre autel avant de l'élever à l'orient de votre cercle. Recouvrez la boîte ou la table de l'étoffe choisie avant d'y poser un cierge, une clochette ou un gong et, si vous le souhaitez, un cristal et quelques fleurs fraîches. Faites en sorte qu'il soit beau.

Elimination des influences négatives et invocation des énergies positives favorables pour qu'elles entrent dans le Cercle Magique.

Puis, tenez-vous debout devant lui. Allumez la bougie, prenez la Position du Magicien, main droite pointée vers le haut et main gauche en contact avec l'autel, avant de répéter trois fois:

"Moi, ________________ (votre prénom) je consacre cet autel pour que, pierre angulaire de mes célébrations magiques, il soit le soutien de mes facultés en ce domaine."

Rassemblez maintenant vos objets de pouvoir, notamment vos symboles phallique et matriciel et placez-les délicatement sur l'autel.

Debout, assis ou à genoux – selon la position qui vous est la plus confortable – levez la main droite vers le ciel et placez la gauche successivement sur chacun des objets, tout en les dédiant au pouvoir dont vous êtes investi en tant que magicien. Voici un exemple de ce que vous pouvez dire, si vous êtes une femme:

Moi, ________________ (votre prénom) je dédie ce symbole matriciel au pouvoir qui m'est donné en tant que magicienne."

Veillez à dédier chaque objet de pouvoir indépendamment des autres.

PHASE 4: DYNAMISATION DU CERCLE MAGIQUE

Avant de passer à l'étape suivante, assurez-vous que les fenêtres de la pièce sont ouvertes. Tenez-vous ensuite debout à l'orient de votre cercle, saisissez la clochette ou le gong posé sur l'autel et commencez à faire lentement le tour de votre Cercle Magique dans le sens contraire à celui des aiguilles d'une montre. Mais si vous préférez vous servir d'un tambour, faites-le.

En marchant, imaginez que toutes les énergies négatives antérieures imprégnant la pièce sont aspirées à l'extérieur. Sonnez de la clochette, faites résonnez le gong, battez du tambour en marchant et dites à haute voix: "Que toutes les énergies parasites quittent ce lieu! Que l'impatience, la colère, le chagrin, le doute de soi et autres pensées négatives abandonnent cette pièce!"

Faites trois tours avant de revenir à l'autel.

Maintenant, faites trois autres tours, mais dans le sens des aiguilles d'une montre. Ce faisant, imaginez que toutes sortes d'énergies positives, comme la lumière, la joie, l'amour, l'amitié, le plaisir sexuel, sont attirées dans votre Cercle Magique. Sonnez de la clochette, battez du tambour et dites en marchant: "Que le merveilleux, la compassion, la patience, la beauté et l'harmonie viennent et règnent ici, à l'intérieur de ce cercle! Que ces énergies se rassemblent ici et nourrissent notre magie!"

PHASE 5: INVOCATION DES QUATRE ELEMENTS

Déplacez-vous vers le centre de votre Cercle Magique.

Tourné vers le nord, faites résonner le gong ou battez du tambour et dites:

"Moi, ________________ (votre prénom) j'en appelle au gardien du nord, à la puissance de l'air, du vent et du souffle. Viens, toi, grand aigle, gardien des cieux, ouvre mon esprit à la lucidité, à la clairvoyance et à l'intelligence. Donne des ailes à mon âme. Enseigne-moi la légèreté d'être".

Puis tourné vers le sud, frappez votre instrument de musique et dites:

"Moi, ________________ (votre prénom) j'en appelle au gardien du sud, à la puissance de l'eau, à l'océan, à l'émotion, à la fluidité et au sentiment. Viens, toi, grand dauphin, gardien des océans, ouvre mon cœur à la gaieté, à la joie et à l'innocence. Donne-moi le courage de laisser mes sentiments s'exprimer. Enseigne-moi la profondeur d'être."

Maintenant, tourné vers l'ouest, faites résonner votre gong ou battez du tambour en prononçant:

"Moi, ________________ (votre prénom) j'en appelle aux gardiens de l'ouest, à l'énergie de la Terre-Mère, à la force, à la fécondité et à la solidité. Venez, toi, le gentil chevreuil et toi le puissant buffle, gardiens des collines et des montagnes, apportez santé, force et vitalité sexuelle à mon corps. Enseignez-moi la sainteté d'être."

Enfin, tourné vers l'est, prononcez les mots suivants:

"Moi, ________________ (votre prénom) j'en appelle aux gardiens de l'est, à la puissance du feu, à la chaleur, à la passion et à la fougue. Venez, toi, le grand lion et toi, le puissant dragon, gardiens du feu, apportez-moi les flammes de la vie et du désir, afin que mon esprit brûle d'un feu éclatant, qu'il soit purifié et transformé. Enseignez-moi la passion d'être."

PHASE 6: INVOCATION DES SPHERES SUPERIEURES, INFERIEURE ET MEDIANE

Restez au centre de votre cercle, puis posez votre instrument de musique au sol, devant vous et prenez la Position du Magicien, main droite pointée vers les cieux, main gauche vers la terre.

Les yeux levés, invoquez les facultés de votre moi supérieur, en disant:

"Moi, ________________ (votre prénom) j'en appelle à mes maîtres, à mes guides et à mes maîtres en guérison. Puissent-ils donner une âme et apporter la paix à ce Cercle Magique."

Les yeux baissés, invoquez les facultés de votre subconscient en disant:

"Moi, ________________ (votre prénom) j'invite avec joie l'intuition, la clairvoyance, les visions prophétiques et toutes les facettes cachées de mon être pouvant se révéler tandis que je poursuis mon voyage."

Enfin, après avoir placé vos mains sur votre cœur, fermez les yeux et dites:

"Moi, ________________ (votre prénom) j'en appelle à Shiva et Shakti, les deux principes divins de l'union tantrique, aspects masculin et féminin de mon être. Puissent-ils s'unir dans la joie et l'extase comme celles-ci ne font plus qu'une."

PHASE 7: CONSECRATION OU ETREINTE UNIFICATRICE

Restez debout pendant quelques minutes au centre du cercle, les yeux clos, sensible à la puissance et au soutien qu'apporte ce magnifique Cercle

Magique, fruit de votre créativité. C'est la première étape de votre voyage en magie sexuelle.

Si votre partenaire vous accompagne, c'est le moment idéal de consacrer votre Cercle Magique par l'amour, sous la forme d'une Etreinte Unificatrice.

Tournez-vous et placez-vous face à face, puis rapprochez-vous en ouvrant les bras pour vous embrasser dans une affectueuse et chaleureuse étreinte. Passez doucement vos bras autour de l'être aimé sans le serrer exagérément afin de ne pas entraîner de gêne quelconque et veillez à ce que vos corps soient en contact par la poitrine, l'abdomen, le bassin et les cuisses.

Respirez ensemble, avec aisance sur un mode harmonieux et détendu, ouverts à l'amour de votre partenaire. Sentez la chaleur de son contact gagner

Le Salut du Cœur est un geste rituel accompli au début et à la fin d'une cérémonie magique. Il signifie: "Je t'accueille comme une partie de moi-même. J'accueille l'esprit divin qui est en toi."

Chanter les textes sacrés, citer les épopées et les drames, improviser des poèmes, façonner l'or et l'argent, sont des aides sexuelles puissantes.

— *-Kama Sutra*

votre poitrine et s'étendre à tout votre corps. Faites durer l'Etreinte Unificatrice aussi longtemps que vous le souhaitez tous les deux.

Une fois prêts, écartez-vous doucement l'un de l'autre, en vous éloignant d'un pas environ. Regardez-vous avec douceur, les yeux dans les yeux, témoignant par là de l'amour que vous avez échangé dans cette Etreinte Unificatrice et à laquelle vous serez maintes fois conviés dans cet ouvrage.

Si vous êtes seul, vous pouvez également consacrer votre Cercle Magique avec amour: tenez-vous debout au centre, placez vos mains sur votre cœur, fermez les yeux, respirez lentement, profondément, restez à son écoute, témoignant ainsi de votre amour pour vous-même.

PHASE 8: CONCLUSION OU SALUT DU CŒUR

Achevez votre célébration par le "Salut du Cœur", une manière traditionnelle d'honorer la présence divine perceptible en chaque être humain.

Pour exécuter le Salut du Cœur avec votre partenaire, mettez-vous face à face au centre du Cercle Magique, mais à environ cinquante centimètres l'un de l'autre. Joignez les mains sur la poitrine, paumes légèrement préssées l'une contre l'autre. Puis, inclinez-vous vers votre partenaire, en pliant lentement le corps à hauteur de la taille, jusqu'à ce que vos fronts se touchent légèrement.

Restez un instant dans cette position, imprégnés du sentiment d'accueil et d'amour que vous éprouvez à l'égard de cet être divin et beau avec lequel vous vous lancez dans l'aventure de la magie sexuelle. Redressez-vous ensuite lentement et revenez à la station debout.

Si vous êtes seul, vous pouvez célébrer le rite du rapprochement en adressant à vous-même ce Salut du Cœur. Pour cela, placez-vous face à l'autel, pressez vos paumes l'une contre l'autre sur votre poitrine et courbez-vous lentement en avant, témoignant ainsi de la présence divine dans votre cœur.

Vous ferez le Salut du Cœur pour clore chaque exercice proposé dans cet ouvrage.

Remarques

Le rituel que je viens de décrire est proposé à titre indicatif et ne doit être en aucun cas considéré comme strict et immuable. Vous pouvez intégrer davantage d'éléments ou en abandonner certains autres en vous fiant à votre jugement personnel.

Par ailleurs, il n'est pas nécessaire de reproduire l'intégralité du rituel chaque fois que vous créez un Cercle Magique destiné à un exercice. Vous pouvez, par exemple, disposer seulement des repères minéraux, des écharpes, un autel ou d'autres objets et entamer votre pratique magique. Mais, à mesure que votre pratique de la magie sexuelle gagne en profondeur et en maturité, vous pouvez avoir envie d'imaginer un nouveau rituel.

Conservez les éléments matériels de votre Cercle Magique dans une boîte ou un tiroir prévus à cet effet et ne voisinant pas avec d'autres objets, retenant ainsi l'énergie accumulée pendant la cérémonie. Un conseil: enveloppez vos objets de pouvoir dans de la soie.

Maintenant que vous avez créé votre Cercle Magique, vous êtes prêt à l'employer à titre pédagogique et dans votre pratique de la magie.

EXERCICE: SOUVENIR DE MOMENTS MAGIQUES

Objectif et bienfaits

Cet exercice a pour but d'attester le fait que vous avez vécu dans votre existence des moments magiques, infirmant ainsi la tendance de la pensée moderne et de sa tendance à nier l'existence de la magie et des facultés magiques personnelles.

Le souvenir de ces moments aiguise notre compréhension du fait que nous sommes tous des magiciens. En nous-mêmes sommeille une dimension magique qui peut être éveillée et investie du pouvoir.

Dans la seconde partie de cet exercice, vous êtes convié à revivre ce que vous avez ressenti de magique envers votre partenaire, confirmant ainsi vos aptitudes à la magie.

Préparation

- Créez votre Cercle Magique.
- Rassemblez vos objets de pouvoir.
- Portez un vêtement ample et confortable.
- Cet exercice peut être exécuté seul ou – et c'est l'idéal – à deux.
- Accordez-vous 30 à 40 minutes pour sa pratique.

Pratique

PHASE 1: EVOCATION D'UN MOMENT DE MAGIE

Pénétrez dans votre Cercle Magique.

Tenez-vous debout au centre, prenez la Position du Magicien, bras droit pointant vers les cieux et bras gauche vers le sol.

Annoncez à haute voix le but de cet exercice:

"Moi, ________________ (votre prénom) je veux me souvenir de moments empreints de magie."

Puis asseyez-vous ou allongez-vous confortablement dans votre Cercle Magique. Mais si vous souhaitez vous servir d'un *zafu*, coussin traditionnellement employé en méditation, ou d'un quelqu'autre siège, telle une chaise, faites-le. L'essentiel est que vous soyez à l'aise, détendu, tout en restant attentif.

Fermez les yeux et respirez plusieurs fois, lentement et profondément.

Prenez le temps de vous recueillir et de vous concentrer sur l'instant présent en laissant s'effacer pensées et soucis devant la seule conscience de votre respiration et des mouvements de votre paroi abdominale.

Quand vous êtes prêt, laissez votre esprit entamer un retour sur votre passé, favorable à l'évocation des souvenirs. Sans aucune hâte, voyez si des moments de magie vous reviennent en mémoire.

Ils peuvent n'avoir aucun rapport avec personne ou, au contraire, avoir été vécus en présence de plusieurs personnes. Ce qui compte, c'est l'impression subjective que vous avez eue de vivre un évènement magique.

Cela pourrait être aussi simple que le fait d'entrer dans un magasin, en suivant spontanément son intuition, pour y rencontrer fortuitement une personne ayant par la suite de l'importance dans votre vie.

Cela pourrait être aussi dramatique et spectaculaire que le fait d'avoir miraculeusement échappé à un accident ou survécu à un évènement traumatisant.

Cela pourrait être un intense moment où vous avez reconnu et affirmé l'existence de votre moi conscient tout en vous sentant investi d'un pouvoir, par exemple en marchant pieds nus sur un lit de braises incandescentes sans vous brûler.

Ce pourrait être la sensation d'une passion ou d'un bonheur intense au cours d'un rapport sexuel.

Prenez le temps de vous remémorer ces évènements. Sans hâte, laissez votre pensée appréhender à nouveau les détails des circonstances dans lesquelles la magie a fait irruption dans votre vie.

Dès qu'une plage de réminiscence suffisamment étendue surgit, concentrez-vous sur une situation dans laquelle vous vous êtes senti responsable, en tout ou partie, d'un événement à caractère magique. Par exemple, peut-être avez-vous insisté pour conduire un ami en un lieu donné où vous avez tous deux vécu quelque chose de prodigieux. Ou bien votre intuition vous a fortement poussé à un acte juste dans la situation du moment.

Rappelez-vous cela en détail. Remémorez-vous ce que vous avez ressenti en tant que magicien: le sentiment de fierté né de votre réussite, l'impression de rayonner autour de vous, le sentiment de merveilleux associé à la puissance créatrice et celui de confiance dans le pouvoir illimité que vous avez de créer et transformer votre existence.

Même si à ce moment-là vous ne vous êtes pas considéré comme un magicien, vous pouvez vous le permettre maintenant ; aussi reconnaissez l'influence magique que vous avez exercée en ces circonstances, quel que soit le moment de votre vie où cela se produit.

Accordez-vous quelques minutes d'abandon au plaisir de vivre en magicien.

Puis, comblé, redressez-vous et, en compagnie de votre partenaire, préparez-vous à la seconde phase, au cours de laquelle vous actualiserez le vécu magique que vous venez de vous remémorer.

PHASE 2: ACTUALISATION DU MAGICIEN

Avec votre partenaire, décidez qui sera A et B.

Partenaire A, tenez-vous debout au centre de votre Cercle Magique.

Prenez la Position du Magicien, un bras pointé vers les cieux, l'autre vers le sol et annoncez l'objectif de cet exercice:

"Moi, ________________ (votre prénom) j'actualise aujourd'hui le magicien qui est en moi."

Laissez vos bras pendre de chaque côté. Fermez les yeux, puis inspirez profondément en poussant votre diaphragme vers le bas et en relâchant les épaules.

Laissez à nouveau le souvenir de ce moment magique monter en vous pour inonder votre corps et vos sens. Revivez ce moment, en revoyant tous les détails. Evoquez les sentiments que vous avez éprouvés.

Entamez l'actualisation de la situation magique que vous venez de vous remémorer. Le défi qui vous est lancé consiste à être aussi théâtral que possible. Ainsi, vous pouvez marcher le long du Cercle Magique en révélant le magicien que vous avez été à ce moment-là.

Ne craignez pas d'être caricatural, n'hésitez pas à être prodigue en gestes et en paroles, servez-vous de votre imagination pittoresque et de votre instinct de conteur pour faire comprendre ce qui s'est passé.

Veillez dans ce récit à mettre en relief votre rôle personnel, notamment combien vos aptitudes à la magie en ont influencé le dénouement. Ne reculez pas devant la vantardise, car tout effet théâtral repose là-dessus.

Dites "Je suis magicien parce que j'ai complètement transformé le climat de la réunion et conclu la plus grosse vente jamais réalisée."

Ou bien "Je suis magicien parce que seul, j'ai évité un accident dans lequel plusieurs personnes auraient pu être gravement blessées."

Ou encore "Je possède cette faculté magique parce que dès que j'ai pénétré dans la pièce et regardé ce bel inconnu, j'ai su que l'osmose avait lieu."

Partenaire B: Consacrez toute votre attention à l'histoire contée par le partenaire A. Apportez-lui votre soutien, ne ménagez ni vos encouragements du geste et de la parole, ni votre enthousiasme. Applaudissez, riez, réjouissez-vous. Exclamez-vous: "Oui, c'est bien! Tu es un grand magicien! Tu es un visionnaire talentueux! Je crois en toi!"

Partenaire A: Une fois que vous avez terminé, asseyez-vous.

Partenaire B: Félicitez le partenaire A pour la performance qu'il a réalisé en lui déclarant: "Je reconnais et j'accueille favorablement le magicien qui est en toi."

Maintenant, inversez les rôles: le partenaire A écoute pendant que la partenaire B actualise son vécu de magicienne. Quand les deux partenaires ont fini, ils concluent par un Salut du Cœur.

Remarques

Vous saurez que l'exercice a été concluant lorsque vous éprouverez une sensation de puissance au niveau du plexus solaire, un sentiment de confiance dans vos facultés créatrices et lorsque votre cœur bouillonnera de joie, états inconnus auparavant. Cela ressemble à ce qu'éprouve un enfant à Noël, quand il regarde tous les cadeaux disposés sous l'arbre, sentant que tout est possible en cet instant magique.

Si vous ne parvenez pas à faire le récit d'évènements vécus, fabriquez-en un, faites comme si vous montiez sur scène et déclamez plusieurs fois à haute voix : "Mon plaisir, c'est la magie d'être moi!"

Si vous exécutez cet exercice seul, il sera bon que vous vous imaginiez en train d'actualiser le magicien face à un auditoire de plusieurs centaines de spectateurs, tous captivés par votre histoire.

Vous savez maintenant que la magie vous est accessible, aussi pouvez-vous entamer un cérémonial d'initiation en tant que magicien.

EXERCICE:
VOTRE CEREMONIE D'INITIATION OU DEVENIR MAGICIEN

Objectif et bienfaits

Presque toutes les obédiences magiques exigent du novice qu'il subisse une cérémonie d'initiation, afin de prouver la force du désir qu'il a de connaître les voies sacrées et secrètes de la magie. Ce type de cérémonie a pour but d'écarter les craintifs et les simples curieux, permettant ainsi aux seules âmes vaillantes de s'engager dans l'inconnu, de prendre des risques, d'oser et de révéler tous les défis que les membres de tel ou tel ordre magique jugeront bon de placer sur sa route.

Au cours de cet exercice, vous "rejouez" cette cérémonie d'initiation sacrée, en relevant le défi lancé par les quatre éléments que vous devez maîtriser pour que vous soit conféré le pouvoir de magicien. Vous rencontrerez aussi votre Magicien Intérieur, dont vous embrasserez la sagesse, et vous recevrez un talisman magique attestant que vous êtes maintenant devenu magicien à part entière.

A l'issue de votre cérémonie d'initiation, vous acquerrez pour la première fois le droit de revêtir votre robe de magicien, rituel signifiant que vous êtes admis dans l'univers mystérieux de la magie sexuelle.

Préparation

- Cet exercice peut être exécuté seul ou à deux.
- Créez votre Cercle Magique.
- Placez votre robe de magicien à l'intérieur du cercle, mais sans toutefois la porter.
- Portez des vêtements amples et confortables dans lesquels vous êtes à l'aise.
- Cet exercice se déroule sous forme de visualisation dirigée. Comme il vous a été proposé précédemment, vous pouvez en enregistrer, sur cassette audio, les différentes phases et vous la repasser, ou bien vous vous laissez guider à tour de rôle par votre partenaire, ou encore vous pouvez travailler de mémoire.
- Accordez-vous 45 minutes pour cet exercice.
- Assurez-vous qu'on ne viendra pas vous déranger. En effet, il est important que cette cérémonie d'initiation se déroule d'une seule traite.

Pratique

PHASE 1: AU SEUIL DU SANCTUAIRE

Entrez dans votre Cercle Magique.

Debout en son centre, prenez la Position du Magicien (main gauche pointée vers la terre, main et bras droits levés vers le ciel) et énoncez l'objectif de cet exercice:

"Moi, ________________ (votre prénom) je deviens à présent magicien."

Rencontre avec votre Magicien Intérieur dans votre sanctuaire.

Asseyez-vous ou allongez-vous confortablement, puis fermez les yeux et respirez plusieurs fois lentement et profondément. A chaque expiration, laissez tous vos soucis et préoccupations s'estomper et disparaître. Portez alors toute votre attention sur cet instant.

Imaginez que par une matinée radieuse, vos pas vous font prendre un sentier campagnard. Vous marchez d'un pas à la fois tranquille et décidé, savourant le soleil et la brise caressant les champs.

Au bout d'un moment, vous atteignez un long mur haut gardant quelque lieu secret. Juste en face de vous, se trouve une porte sur laquelle vous lisez: "Sanctuaire du Magicien".

Prudemment, vous poussez la porte qui s'ouvre en grand. Vous êtes le magicien du lieu: ce jardin est le vôtre, c'est votre sanctuaire secret.

PHASE 2: L'ENTREE AU SANCTUAIRE

En entrant, vos yeux sont aveuglés puis ravis de la vision s'étalant devant vous, composée de fleurs magnifiques aux couleurs vives, dans une harmonie de pourpres, de jaunes, de roses et d'ors, que berce doucement la brise. Ce lieu est un paradis. Vos narines s'emplissent des exquises fragrances émises par les fleurs parfumées, tandis qu'au-dessus de votre tête, dans les branches, un doux chant d'oiseau se fait entendre. Non loin, on perçoit le léger murmure d'un ruisseau. Reconnaissant, vous vous asseyez sur son bord moussu et tendre – vous sentez la mousse se tasser sous votre poids. Sur un arbre proche, vous cueillez un fruit délicieux puis mordez dedans. Son nectare provoque l'extase de vos papilles gustatives. Le soleil du matin fait luire votre peau de reflets dorés. Vous vous sentez chez vous et comblé.

Un peu plus tard, vous vous levez pour arpenter votre sanctuaire, sensible à la souplesse de la terre sous vos pieds, observant la chorégraphie complexe des papillons dans les arbustes, à l'écoute des trilles enjouées des oiseaux chanteurs. Vous vous sentez léger, détendu et heureux. Vous pourriez toujours rester ici – tout est si agréable et vous ressentez intensément l'harmonie qui s'est instaurée en vous et avec votre environnement.

C'est alors que vous vous avancez lentement vers une petite pelouse où deux sièges élégants et confortables se font face. Vous vous asseyez dans l'un d'eux, les yeux clos et vous attendez. Vous savez que quelqu'un va venir à votre rencontre.

PHASE 3: RENCONTRE AVEC LE MAGICIEN QUI EST EN VOUS

Vous sentez maintenant la présence d'un être rayonnant se tenant à l'écart. L'anticipation jubilatoire fait battre votre cœur plus fort et vous sentez monter en vous un "Oui!" sonore à son approche. Vous percevez un bruissement de robe, vous avertissant qu'il traverse la pelouse, puis le silence indiquant son arrêt avant son installation sur le siège en face de vous.

Soudain, vous comprenez: c'est mon guide, mon supérieur qui va m'initier à mes facultés cachées. C'est celui que je cherchais, le miroir de mon moi magique, mon Magicien Intérieur.

Lentement, vous ouvrez les yeux et fixez l'être en face de vous. Il se peut qu'au début vous ne distinguiez qu'une lumière brillante, une incandescence lumineuse couleur or, argent ou arc-en-ciel, mais lorsque vos yeux sont habitués au rayonnement, vous commencez à vous en faire une idée plus précise.

Prenez votre temps, ainsi l'image de votre Magicien Intérieur apparaitra lentement, laissant les détails surgir progressivement et naturellement. Il est votre ami, votre allié vous permettant d'assimiler l'art de la magie sexuelle.

PHASE 4: FACE AU DEFI DES QUATRE ELEMENTS

Une fois que l'image est devenue absolument nette, votre Magicien Intérieur s'adresse à vous en ces termes:

"Je suis là pour t'aider pendant ton initiation en tant que magicien. Estu prêt à relever le défi des quatre éléments?"

Acquiesçant lentement de la tête, vous vous levez tous les deux et le Magicien vous prend par la main pour vous faire traverser le jardin jusqu'à une clairière entourée de quelques arbres. Là, vous serez mis à l'épreuve et vous devrez relever le défi des quatre éléments.

Le feu Soudain, le Magicien Intérieur fait un geste et immédiatement des flammes apparaissent alentour et s'élèvent pour former en face de vous un gigantesque mur de feu. La chaleur est si forte qu'elle vous brûle presque le visage.

Votre Magicien Intérieur vous dit alors: "Marche dans le feu et abandonne-toi à ton feu intérieur, à ta passion. Ceci est ton initiation au courage."

Vous marchez lentement vers les flammes, face à la possible réalité d'être brûlé vif. Puis, par impulsion, vous sautez dedans et sentez un feu intérieur se déclarer en vous. Tout n'est maintenant, à l'intérieur comme à l'extérieur, qu'un feu vous purifiant et vous fortifiant tout en vous guérissant. Cet instant ardent semble interminable, éternel, un peu comme si vous aviez toujours été ainsi: une flamme de l'être...

Alors, brusquement, vous constatez que vous êtes passé à travers le feu et que le Magicien Intérieur est là pour vous accueillir.

L'air Votre Magicien Intérieur fait un autre geste et vous vous retrouvez debout au flanc d'une haute montagne sur un étroit rebord surplombant un vide abyssal. Le Magicien vous dit: "Projette-toi dans l'air pour découvrir l'immensité de ton espace intérieur. Ceci est ton initiation à la liberté."

C'est la foi qui vous pousse à sauter dans l'inconnu, en vous élançant du rebord pour chuter la tête la première dans le vide. Ce faisant, vous sentez une puissante bouffée d'air vous parcourir le corps, comme s'il se diluait rapidement pour devenir air lui-même. Ainsi, vous tombez, volez et disparaissez. Vous n'avez jamais éprouvé un tel sentiment de liberté et d'épanouissement. Cet instant de dissolution vous donne le sentiment d'être l'air lui-même et semble tendre vers l'éternité....

Puis, vous freinez doucement, comme si vous étiez retenu par les suspentes d'un parachute, pour atterrir sain et sauf. Votre Magicien Intérieur est là, qui vous attend.

L'eau Pour la troisième fois, votre Magicien Intérieur fait un geste et vous constatez que l'endroit où vous êtes est cerné par un océan furieux, immense et insondable.

Le Magicien s'adresse à vous: "Plonge dans l'océan à la découverte de l'absence de forme. Fais-toi fluide et dissous-toi dans l'océan de la vie. C'est ton initiation à l'amour."

Ne cherche pas de maître, car tu es le maître, magicien absolu de ton existence.

— The Book of Magic (Le Livre de la magie)

Une énorme vague enfle devant vous. Vous y plongez et vous vous laissez emporter par les eaux tourbillonnantes, sans cesse déferlantes, immenses et ignorantes de tout rivage. Tandis que vous vous détendez, vous sentez que votre corps commence à se fluidifier, s'intégrant au ballet des courants sous-marins, comme si, tel un liquide, vous n'aviez pas de forme définie. Vous ne vous êtes jamais senti si ouvert, si volontiers désireux de mouvement et de changement, ni éprouvé autant d'amour pour l'éternel courant de la vie. Cet instant, lui aussi, se situe hors du temps et participe de l'éternité...

Alors, vous sentez le contact doux de la terre sous vos pieds et, immédiatement, les flots se retirent, dégageant l'entrée d'une profonde et sombre grotte.

Votre Magicien Intérieur vous attend.

La terre Il fait à nouveau des gestes en direction du tunnel situé devant vous et dit:" Enfonce-toi en terre. Laisse ton corps te guider vers les racines de la vie. Ceci est ton initiation à la force." Guidé par votre seule intuition, vous entrez dans ce tunnel humide semblable à une matrice, vous évoluez en aveugle dans une obscurité totale. Vous sentez que le tunnel se rétrécit et que la terre, sombre et féconde, se referme sur vous.

A mesure que vous progressez, vous sentez que votre corps acquiert sa pesanteur et sa densité. Vous et la terre ne faites qu'un. Vous êtes retourné à elle, à ce substrat dont la vie est issue. Vous vous reposez dans le silence éternel, primitif et matriciel de la terre...

PHASE 5: REMISE DU TALISMAN

Soudain, comme si vous sortiez d'un rêve, vous sentez une main vous toucher délicatement le front, avant que vous n'ouvriez les yeux pour constater que vous êtes de retour dans votre Sanctuaire, assis face à votre Magicien Intérieur qui s'adresse à vous en souriant: "Je salue en toi l'unique désir de te connaître en tant que magicien. Aujourd'hui, je te remets ce présent, ton talisman, ton amulette porte-bonheur. Il symbolise l'intelligence invisible et universelle résidant en toutes choses. Prends-le chaque fois que tu auras besoin de moi et je serai à tes côtés."

Votre Magicien Intérieur vous tend le talisman que vous prenez dans vos mains avec gratitude, sensible à sa puissance, à son énergie et à sa lumière. Peut-être est-ce un certain type de pierre, de cristal, d'amulette ou est-ce une pièce de joaillerie. Examinez-le de près. Voyez ce que c'est.

Amenez-le délicatement contre votre cœur et laissez-le s'enfoncer dans votre poitrine pour qu'il devienne une partie de vous-même.

Remerciez votre Magicien Intérieur et, durant un instant, regardez-le dans les yeux. Puis, levez-vous tous les deux et rapprochez-vous pour vous étreindre.

Confondus dans cet embrassement, vous sentez que vous deux ne devenez qu'un. Laissez cette mystérieuse union se réaliser. Vous le savez maintenant: votre Magicien Intérieur n'est personne d'autre que vous-même. Désormais, vous êtes pleinement investi du pouvoir de parcourir le monde en tant que magicien, capable d'accéder aux plus grandes facultés créatrices de transformation afin de réussir votre vie dans l'harmonie.

PHASE 6: METTEZ VOTRE ROBE DE MAGICIEN

Maintenant, quittez lentement le jardin et le sanctuaire, regagnez votre univers, ce monde, cette pièce. Puis, respirez profondément en vous étirant comme un chat qui se réveille, à ceci près que vous sortez d'une visualisation dirigée.

Redressez-vous. Dès que vous êtes prêt, levez-vous et allez vers votre robe de magicien. Alors lentement, en y mettant la dignité et la solennité qui siéent aux circonstances, portez-la au centre de votre Cercle Magique et mettez-la. Cette robe cérémonielle est la marque de votre initiation à la magie.

Prenez la Position du Magicien et répétez trois fois:

"Moi, ________________ (votre Prénom) je suis le Magicien."

Partagez le récit de votre voyage intérieur avec votre partenaire. Si vous êtes seul, écrivez-le dans votre journal intime.

Remarques

Lorsque vous rencontrez votre Magicien Intérieur, certains événements peuvent se produire ne figurant pas parmi ceux décrits plus haut. En effet, cette visualisation dirigée peut faire émerger des connaissances intuitives et des messages inattendus issus du subconscient, comme le font les rêves, aussi surmontez vos réticences et accueillez favorablement ces enseignements.

Nous voulons faire de l'amour un art et nous voulons aimer comme des artistes.
— MARIANNE WILLIAMSON

Par exemple, Roberta, une des participantes à mes ateliers, s'est surprise lors de la célébration d'un rite sexuel avec le dieu Pan. Elle rapporte cette rencontre de la manière suivante:

Quand j'ai ouvert les yeux dans le Sanctuaire, après avoir subi l'épreuve initiatique des quatre éléments, je vis devant moi l'image aisément identifiable du dieu Pan. Souriant, il caressait un énorme pénis en érection. Je rejetai d'abord cette image et fermai les yeux, pensant en moi-même: "ce n'est pas ce type de Magicien Intérieur que je cherche."

Mais le cours de ma réflexion m'amena à penser "voilà un être qui accepte sa sexualité et son droit au plaisir", chose que j'ai toujours eu du mal à m'accorder.

Je me demandai alors: "le moment n'est-il pas venu de ne plus renoncer au plaisir? Combien de temps vas-tu encore attendre. "Je savais que, d'une manière ou d'une autre, cette pensée me ferait céder à l'image de Pan, parce que je désirais m'ouvrir à de nouvelles expériences. L'instant suivant, je sentis la douce caresse de son pénis touchant, entre mes cuisses, l'entrée de mon vagin. C'était un plaisir exquis, mais, hélas, je ne parvenais pas à supporter cette sensation plus de quelques secondes et je me refusai encore une fois.

Puis, à nouveau, je me détendis, m'autorisant à recevoir du plaisir et je sentis son pénis caresser l'entrée de ma vulve. Cette fois, au bout de quelques instants, il eut une forte éjaculation et son sperme gicla sur mon ventre. Bien qu'il ne m'ait pas pénétrée, je pouvais sentir une agréable énergie m'envahir, remplir mon ventre et mon bassin. Ce fut une délicieuse sensation.

Je me détendis encore, m'abandonnant au plaisir et là, le pénis de Pan me pénétra en me comblant. Un instant, j'hésitai, puis décidai vite de vivre pleinement cette expérience. Alors, son pénis enfla en moi pour monter jusqu'à mon cœur. Je me sentais totalement investie par son sexe palpitant et lorsqu'il éjacula tout mon corps fut comblé de sa semence qui submergea mes membres de picotements et d'un feu pétillant. J'éprouvais un merveilleux sentiment d'abandon à mon plaisir et à la danse de la vie.

Quand ce fut fini, j'éprouvais le sentiment d'avoir été initiée à la magie sexuelle, mais aussi qu'un évènement éminemment curatif et libérateur s'était produit en moi.

LA GUERISON DES BLESSURES SEXUELLES

Maintenant que vous avez été initié en tant que magicien, le moment est venu de traiter la question du Creuset du Magicien et de guérir les blessures et les blocages énergétiques rémanents pouvant entraver la libre circulation de votre énergie orgastique. Cette étape importante sur la voie de la magie sexuelle est le thème du chapitre suivant.

CHAPITRE 3

PREPARATION DU CREUSET MAGIQUE

(Guérison des Blessures Sexuelles)

Chaque fois que je présente l'art de la magie sexuelle à l'auditoire d'un séminaire ou aux participants d'un atelier, je suis étonnée par la diversité des réactions: allant du mysticisme conduisant à des sphères supérieures et heureuses de la conscience, à la méthode efficace d'évolution et de développement personnel, en passant par la communion orgastique avec l'être aimé, inspirée du Tantrisme. Enfin, d'autres y voient une méthode efficace de développement et d'évolution personnels.

En réalité, l'art de la magie sexuelle peut être tout cela et davantage. Donc il est important de le considérer dans son ensemble pour comprendre aussi bien la "face obscure" de votre pélerinage intérieur que sa face lumineuse.

Celui qui pratique la magie sexuelle sait comment induire les états de conscience amplifiés par l'orientation de l'énergie sexuelle. Or, l'accès à ces états est presque impossible si nous ne tenons pas compte en permanence de notre face obscure, de "l'Ubac" de notre être. C'est presque comme si, avant de prendre notre essor vers les royaumes de la béatitude céleste et de l'illumination, nous devions descendre aux enfers pour affronter les démons cachés dans les couches inférieures, dans la zone subconsciente de notre psychisme. En d'autres termes, dès l'instant où nous baissons notre garde, ces démons redressent leurs vilaines têtes et nous empêchent de nous envoler vers la magie et la liberté.

Afin de découvrir ce que, ou qui, sont ces démons et pourquoi ils ont décidé d'élire résidence sous terre, je propose de réfléchir au mode sur lequel la magie est présentée d'habitude dans la fiction et le fantasme, notamment dans les romans, les films, à la télévision, etc...

L'un des thèmes préférés de ces récits à caractère magique est la fringale de pouvoir surnaturel que ressentent les personnes classées dans la catégorie des "sales types". Ces derniers sont présentés comme absolument impitoyables dans leurs efforts pour acquérir des pouvoirs magiques, tels ces fous sous l'empire de quelque obsession démentielle.

On présente souvent le stéréotypte de cette sous-espèce magique sous les traits d'un mégalomane aux yeux hagards, au cuir chevelu dégarni, s'exprimant avec un accent étranger prononcé quand il appelle à lui les puissances démoniaques afin de détruire un pan appréciable du monde civilisé. Entretemps, non loin de là, ligotée et baillonnée, une jeune fille aux formes voluptueuses attend le triste sort que lui réserve ce magicien rendu fou par la soif de pouvoir.

Mais heureusement, tout n'est pas perdu! Le monde et la jeune fille sont sauvés par l'opportune intervention d'un héroïque, beau et généreux "chic type" incarnant le "magicien blanc".

Les archétypes culturels illustrant cette sorte de lutte entre magies noire et blanche mettent en scène notamment les personnages de bandes dessinées comme Batman et ses pittoresques adversaires, parmi lesquels le Joker. Mais la meilleure – et probablement la plus populaire – interprétation de ce combat mythologique a été, ces dernières années, la trilogie cinématographique intitulée *Star Wars (La Guerre des étoiles)* dans laquelle Dark Vador, le sinistre praticien de la magie noire, non content d'orchestrer les intrigues d'un Empire du Mal, tente également de persuader Luke Skywalker, héros et praticien de la magie blanche, de rallier "la face obscure de la Force".

L'amour humain est un noble substitut de l'amour divin et la puissance de l'amour est le trait d'union entre le monde phénoménal et le royaume spirituel.
— JEAN HOUSTON

A mon avis, la fascination exercée sur le public par des personnages comme Dark Vador exprime une opinion largement répandue, à savoir que l'un de nos "démons" est le désir d'utiliser le pouvoir à des fins destrutrices. Et cette tendance ne se limite pas au domaine de la magie. En effet, tout le monde sait que même l'employé de bureau ou la secrétaire aux manières précieuses, une fois nommé chef de service, se transforme vite en "petit Hitler" et cela semble universel et de nature à nous faire exprimer notre accord avec Lord Acton quand il constate que "tout pouvoir corrompt et que le pouvoir absolu corrompt totalement".

C'est pourquoi une majorité de gens craint la magie parce qu'elle développe le pouvoir personnel. Or, il est une arme à double tranchant qui peut être utilisée pour guérir et créer ou pour détruire.

Cela signifie-t-il que toute tentative pour libérer notre moi ouvrant sur le pouvoir magique doit être indéfiniment différée par crainte de libérer toutes sortes d'agressions manipulatrices ou vénales?

Je ne le pense pas. En outre, il est important que les personnes sincèrement intéressées par la magie accèdent à une profonde connaissance de soi, afin de se libérer des superstitions populaires.

Que ton étreinte amoureuse soit comme une prière échangée entre toi, Dieu et l'Être aimé. Parle à ton amant et aime-le comme tu le ferais avec Dieu.
— ELIZABETH KELLEY

Quant au désir d'exercer un pouvoir sur autrui, c'est en fait le moyen de compenser un sentiment d'impuissance ou d'infériorité, une démonstration de force dont le seul but est de masquer un sentiment d'insécurité sous-jacent.

Ce doute de soi fondamental est la vraie blessure qu'il faut guérir pour devenir des magiciens éclairés et efficaces. Une fois que nous avons une juste opinion de notre valeur, que nous apprenons à nous aimer et à nous accepter, l'abus de nos pouvoirs magiques n'a plus de raison d'être.

Quand, parmi les participants à mes ateliers de magie sexuelle, certains expriment leurs craintes de libérer les "démons" cachés en eux, je leur fais accomplir une série d'exercices afin de les aider à distinguer leur problème réel.

Une expérience qui m'a été rapportée par Roland, jeune homme se lançant pour la première fois dans la magie, est caractéristique des résultats obtenus dans ce genre d'introspection:

> Quand je mis de côté mes préjugés, que j'examinai mes motivations et mes craintes les plus profondes, je fus surpris de me retrouver face à un individu pitoyable, couvert de pansements, se déplaçant par petits bonds sur une béquille, incapable de nuire à qui que ce soit.
>
> Je le reconnus immédiatement: c'était moi. Moi, blessé, représentation symbolique de tous mes doutes soigneusement dissimulés, pendant tant d'années, aux regards d'autrui. Tandis que j'examinais d'un peu plus près cet être meurtri, mon cœur s'émut profondément et je voulus lui tendre la main pour l'aider à guérir, pouvant voir, sous les bandages, qu'il ne s'agissait que d'un petit enfant faible et éclopé.

La vision qu'a eue Roland de cet enfant est significative, même si nos démons personnels se présentent sous maintes formes et tailles – désir effréné de pouvoir, colère, violence, cupidité, peur, obsession sexuelle, ruse, tromperie, etc... – ils sont tous originaires d'expériences négatives vécues pendant les tendres années de l'enfance. En effet, c'est lors de notre jeunesse que le mal se fait, lorsque nous sommes le plus sensibles, le plus vulnérables.

Pour devenir magiciens, nous devons reconnaître ces blessures et courageusement leur accorder toute la lumière de notre intelligence pour les guérir. Alors seulement nos ressources énergétiques pourront être mises au service de la magie.

Dans ce chapitre, vous allez œuvrer à votre guérison intérieure pour que, ayant donné le pouvoir à votre magicien et guéri vos blessures, vous soyez prêt à entamer de tout cœur la pratique de la magie sexuelle.

PROCESSUS TRAUMATIQUE

A la naissance, nous sommes ouverts, sensibles, réceptifs et en parfait accord avec nos propres émotions. Nous sommes des êtres orgastiques, vivant en harmonie avec nous-mêmes et l'univers environnant.

Mais, ce bonheur ne dure pas. En l'espace de quelques années, nous perdons notre caractère extatique inné. Nous devenons tendus, contractés et craintifs. Notre énergie est piégée dans des modèles comportementaux artificiels qui inhibent amour, joie et spontanéité. Nous perdons alors notre innocence et sommes chassés du Jardin d'Eden qu'est notre enfance.

Comment cela se produit-il? C'est Robert Hoffman, inventeur du Processus Quadrifactoriel et l'un des premiers à étudier les causes de nos schémas comportementaux négatifs, qui l'affirme: le traumatisme fondamental provient du sentiment de ne pas être aimés, émergeant dès notre enfance, et induit moins par les mauvaises intentions de nos parents que parce qu'ils ressentent la même chose. En conclusion, si on ne leur donne pas d'amour, comment peuvent-ils en donner?

Si vous vous reportez à votre enfance, vous évoquerez probablement maintes façons dont, enfant, vous avez ressenti la douleur de ne pas être aimé: manque d'attention à des moments décisifs, critique destinée à vous aider mais traumatisante, hostilité muette ou évidente entre vos parents, défavorable comparaison vis-à-vis de frères ou de sœurs, etc...

Enfant, vous étiez si sensible et vulnérable que la douleur provoquée par ces situations était dévastatrice. Vous absorbiez ces messages négatifs comme une éponge absorbe l'eau. Même s'ils ne vous étaient pas exprimés ouvertement, vous les entendiez:

"Tu n'arriveras jamais à rien."
"Tu ne sais pas le faire correctement."
"Tu ne mérites pas d'être aimé."
"Tu ne dois pas toucher ton sexe. Si tu le fais, tu devrais avoir honte."
"Ta sœur a mieux réussi."
"Ton frère est plus malin que toi."
"Tu n'es pas assez bon."

Cela nous arrive à tous. Ainsi, enfants, chaque fois que nous souffrons de ne pas être aimés, de ne pas être acceptés pour ce que nous sommes, nous subissons un état de choc. Physiquement, émotionnellement et énergétiquement, nous nous contractons, réflexe instinctif de défense face à la douleur. Nos muscles se tendent, nous nous refermons sur notre émotion, la circulation de notre énergie est bloquée ou ralentie. Avec le temps et à la faveur de traumatismes répétés, cette contraction devient chronique et définitive.

Qui plus est, ressentant le besoin aigu d'être aimé de nos parents, nous nous amputons partiellement de notre véritable identité, honteux de ce que nous sommes, nous efforçant – au lieu d'être nous-mêmes – d'incarner l'idée qu'ils se font de l'"enfant idéal", qu'il s'agisse de la grande sœur, du grand frère, d'un héros de conte ou du petit voisin, afin de nous revaloriser à leurs yeux. Ce qui nous aliène encore plus à nous-mêmes, à nos émotions et à nos sources d'énergies naturelles.

BLOCAGE DE LA LUBRIFICATION SEXUELLE

Ces épreuves et traumatismes subis dans notre enfance influencent beaucoup notre comportement d'adulte, en particulier dans le délicat domaine des rapports sexuels. Un soir, par exemple, vous et l'être aimé êtes disposés pour une relation charnelle, tout se déroule d'abord parfaitement: vos sécrétions sexuelles s'écoulent normalement, vous plongez avec délice dans le plaisir et vous savourez ce jeu amoureux partagé.

Si un léger incident – un mot, un mouvement, un geste, une sonnerie de téléphone ou un bruit dans la chambre voisine – vous distrait, soudain tous les courants électriques sont coupés. Vous continuez à vous étreindre, mais l'apport énergétique a été interrompu par une main invisible, entravant toute harmonie et atmosphère sensuelles.

Cela vous est inévitablement arrivé et vous n'êtes pas les seuls. C'est même l'une des perturbations les plus fréquemment citées par les couples avec lesquels je travaille.

C'est en embrassant avec amour la richesse de notre expérience – humaine et divine – que nous pouvons remédier en nous et dans l'univers au clivage produit entre l'esprit et la forme.
— SHAKTI GAWAIN

Ignorant la cause, beaucoup de partenaires amoureux en font retomber, à tort, la responsabilité sur l'autre ou bien s'estiment personnellement responsables et tombent dans l'auto-critique amère. Or, pour reprendre les termes d'Hoffman, "personne n'est fautif". Les deux partenaires doivent plutôt interpréter cela comme la traduction d'une blessure intérieure réveillée, entraînant ainsi le blocage des voies énergétiques médiatrices de leur lubrification.

Autres signes fréquents de traumatisme intérieur: l'approche négative d'un rapport, allant de "Elle ne sera pas excitée" à "Etant donné que je suis trop fatigué, cela ne sera pas agréable", en passant par – s'il s'agit d'une femme – "Je n'éveillerai pas son désir". En effet, notre psychisme échafaude tant de prétextes et de scénarios pour justifier la peur fondamentale suivante: "ça ne marchera pas".

Beaucoup de personnes sont déroutées et frustrées par le caractère destructeur de ce mécanisme psychique parce que ce rapport sexuel, elles le veulent, elles se réjouissent à l'avance de cette expérience agréable et pourtant ces pensées négatives se manifestent à l'instant même où émotion et anticipation commencent à produire leurs effets. Elles ne se rendent pas compte que leur énergie sexuelle, en s'éveillant, agite des peurs et des doutes de soi profonds et intériorisés depuis l'enfance.

Ces blocages sexuels et ces attitudes négatives émergeant du Côté Obscur de notre être doivent êtres résorbés pour que nous accédions à la plénitude de notre énergie sexuelle afin de l'orienter vers la magie.

APPROCHE GLOBALE DE LA MAGIE

Bien sûr, il s'est trouvé maintes personnes pour pratiquer la magie sexuelle sans pour autant évacuer leurs démons ou, si l'on préfère, ensoleiller leur face obscure. Et là, j'ouvre une parenthèse pour revenir à certains des magiciens les plus célèbres dans le domaine sexuel, tels Pascal Beverley Randolph et Aleister Crowley, qui développèrent, au moins en partie, leurs facultés magiques pour compenser un conflit intérieur non résolu, un sentiment d'infériorité ou celui de ne pas "être à la hauteur".

Le danger provient ici du sujet qui crée une accoutumance, ou plutôt une dépendance, à la pratique de la magie afin d'acquérir un sentiment de puissance lui faisant autrement défaut. De fait, Crowley présentait les symptômes prononcés d'une personnalité toxicomaniaque, tant sur les plans des complaisances sexuelles que sur la confiance placée dans les drogues entretenant chez lui un état de conscience amplifiée, l'entraînant dans la dépression et le désespoir après qu'une publicité malheureuse eut discrédité son organisation magique, signe révélateur qu'il comptait beaucoup sur sa position de magicien pour compenser la piètre estime qu'il avait de lui-même.

Convenablement pratiquée, l'alchimie sexuelle constitue une approche globale de la vie intégrant corps, cœur, âme et pensée, embrassant et guérissant de leurs maux toutes les facettes de la psyché humaine pour éviter que la dépendance à l'égard de la magie soit la condition obligatoire d'un sentiment de bien-être et d'estime de soi. Elle fait au contraire de cet itinéraire une authentique démarche d'autotransformation.

C'est en se fondant sur ce principe holiste que la magie sexuelle ouvre la porte de ce que j'appelle le "méta-sexe" ou l'art d'apprendre à se "défoncer" (par référence à la drogue) de manière naturelle, d'être conscient l'expression de l'âme, afin d'acquérir la maîtrise de l'art consistant à réintégrer l'âme à la relation sexuelle, c'est-à-dire la vraie magie.

ATTITUDES SEXUELLES: VIOL DE SOI ET ANXIETE FONCTIONNELLE

Beaucoup d'expériences négatives renvoient à des attitudes sexuelles apprises, ayant un impact très marqué sur nos sensations de plaisir et d'orgasme sexuels.

Chez la femme, l'une des structurations négatives les plus fréquentes est la tendance à faire passer au second plan ses sensations personnelles par déférence pour l'homme, notamment pour valoriser son ego, sa puissance et sa virilité – cela aux dépens de son propre plaisir, qui reste au second plan. Inévitablement, il y a interruption de la circulation naturelle de son énergie sexuelle, inhibition du plaisir et de la libération orgastiques.

Professionnellement, je constate que les causes les plus répandues de traumatismes sexuels féminins sont les suivantes: viol, sévices sexuels pendant l'enfance, soumission à un ami ou un mari violent. Mais même lorsqu'une femme dit "oui" à l'acte sexuel, elle peut encore se créer des problèmes à elle-même. Ainsi, chaque fois qu'elle se laisse pénétrer violemment ou prématurément, elle commet sur elle-même une sorte de viol qui a toutes chances de diminuer la sensibilité de ses organes génitaux et de ralentir la circulation de son énergie sexuelle.

En outre, un accouchement difficile ou un avortement douloureux peuvent soumettre les organes sexuels et toute la sphère pelvienne à des contraintes sévères émoussant la sensibilité génitale féminine et restreignant son potentiel orgastique.

Craignant que vous ne restiez sur l'impression que les vicissitudes des hommes en ce domaine ne sont que brise légère comparées aux aléas de la condition féminine, plusieurs auteurs masculins ont présenté, ces dernières années, des arguments convaincants prouvant le contraire et illustrant ainsi le caractère universel des troubles sexuels chez l'homme.

Dans son livre intitulé *La nouvelle sexualité masculine*, Bernie Zilbergeld affirme que dans notre culture, les hommes ne disposent que d'une marge de manœuvre bien étroite pour préserver leur masculinité. Il s'explique en déclarant qu'"il faut bien peu de chose – comme un échec ou une faiblesse – pour perdre sa place au cercle enchanté des hommes".

Zilbergeld les laisse plaider leur cause. Voici les observations critiques d'un homme de trente-six ans:

> "J'entends dire que c'est plus difficile pour les femmes, mais vous ne pourriez pas me le prouver. Grandir a été pour moi un enfer. J'étais soumis à d'incroyables pressions continuelles. Il fallait que je réussisse en classe, en sport et je devais prouver ma virilité en n'évitant aucune bagarre. Plus tard, je devais avoir du succès auprès des filles, prétendre tout connaître des choses de l'amour et avoir des rapports sexuels réguliers. Souvent, je souhaitais que le monde entier me laisse tranquille. Je ne sais pas ce que j'aurais fait, mais ça ne pouvait pas être pire."

L'une des formes les plus communes de traumatisme sexuel masculin est ce que Zilbergeld appelle "l'anxiété fonctionnelle", trouble dont souffre les hommes anxieux d'être "à la hauteur". Ils se tendent tellement, notamment dans la région génitale, exclusivement concentrés sur l'aspect fonctionnel de l'acte, qu'ils se coupent totalement de leur énergie sexuelle authentique. Une tendance masculine récente consistant à se préoccuper seulement de faire accéder leurs partenaires féminines à l'orgasme, fait qu'ils en oublient leur propre plaisir.

CRIMINEL ET AGENT DE POLICE

Avant d'analyser des schémas caractéristiques de traumatismes sexuels, je souhaiterais vous présenter deux récits dont les auteurs sont des personnes participant à mes ateliers. Ils contribueront ainsi à éclairer ce thème.

Le premier a pour acteur Georges, un journaliste de trente-sept ans éprouvant des difficultés dans sa relation sexuelle avec Lynne, sa partenaire. Quand j'ai présenté au groupe le délicat sujet du traumatisme sexuel, il a fait preuve de courage en admettant ne s'être jamais senti totalement investi dans son rapport sexuel. Quelle qu'en eût été la qualité, il avait le sentiment que son énergie était étouffée, bridée. Il disait aussi penser que Lynne n'y était pour rien, mais que les responsables étaient son comportement et son éducation.

Qui appliquerait une loi à ceux qui aiment?
L'amour est par lui-même une loi supérieure.

— BŒCE
La Consolation philosophique

Au cours des quarante-huit heures suivantes, je fis exécuter au groupe une série d'exercices afin d'activer de fortes énergies dans la sphère pelvienne et les faire circuler ensuite dans le corps. C'est durant la seconde nuit que Georges fut réveillé à 3h 30 par le rêve animé suivant:

Il combattait un criminel qui vivait sous terre dans une sorte d'égoût. Tandis qu'il marchait la nuit dans une rue peu éclairée, le malfaiteur lui sauta dessus et ils luttèrent longtemps. Au bout d'un moment, il pensa l'avoir maîtrisé, mais il se trompait parce que dès qu'il le lâchait, son agresseur redevenait dangereux.

Soudain, il aperçut un agent de police debout à l'autre extrémité de la rue. Il appela au secours, l'agent réagit en se mettant à courir vers eux. Le criminel s'enfuit, le policier à ses trousses, mais c'est alors que Georges, stupéfait et choqué, vit l'individu se retourner, tirer un couteau de sa poche et trancher la gorge de l'agent qui tomba, mort, sur le trottoir. A ce moment, Georges sentit qu'il était sans protection contre le criminel et se demandait quoi faire quand... il se réveilla.

Effrayé, en sueurs, il s'assit dans son lit, se sentant menacé, respirant avec difficulté et éprouvant un sentiment de déchirure intérieure.

Tandis que le choc du rêve se dissipait, il se rallongea, ferma les yeux et prit conscience d'une chaleur irradiant son sexe, gagnant son bassin, son abdomen et provoquant une douleur aiguë comme une flèche lui pénétrant l'estomac. Elle devint si forte qu'il réveilla Lynne qui lui massa doucement cette région, si bien qu'au bout de quelques minutes, la souffrance disparut ainsi que, son regret, l'agréable sensation d'énergie irradiant son sexe.

Quelques jours plus tard, il eut l'explication de son rêve en pensant que le criminel et l'agent de police symbolisaient les comportements rigides et puritains que son éducation religieuse texane fondamentaliste lui avait inculqué, alors que le criminel symbolisait l'ardent désir de se plonger intensément et librement dans l'activité sexuelle.

Amour et méditation sont comme deux ailes. Or, un oiseau ne peut voler avec une seule aile – et c'est précisément cela que l'humanité a tenté de faire pendant des années. Ou bien elle a choisi l'amour et délibérément ignoré la méditation, ou bien elle a choisi la méditation et rejeté l'amour.

— OSHO

En effet, quand il était adolescent, son énergie sexuelle avait été fortement condamnée et réprimée, raison pour laquelle le criminel devait vivre sous terre et il n'essayait peut-être pas de lui tirer dessus, mais seulement de lui livrer bataille pour se faire admettre et reconnaître comme ayant le droit de vivre hors des égouts qu'on lui imposait comme univers existentiel. Considérée sous cet angle, la mort de l'agent de police représentait, non une menace mais une libération, l'occasion d'accueillir sa sexualité, d'où la sensation de chaleur et d'énergie rayonnante au niveau de son bassin.

J'applaudis à l'intelligence avec laquelle Georges abordait maintenant son problème et je l'encourageai à poursuivre les exercices appris au cours de l'atelier. Ce qui devait aboutir à offrir et à recevoir le plaisir sexuel.

LE MARI ET L'AMANT

Le second récit se rapporte à Camille, une esthéticienne de trente et un ans d'origine française, et à Mark, son mari américain. Ils s'étaient présentés à l'un de mes ateliers au lendemain d'une forte crise passionnelle due à Camille qui, malgré son affection pour Mark, avait accordé ses faveurs à un autre homme lors d'un séjour dans sa famille habitant le sud de la France.

Camille avait été absolument séduite par Jean-Paul, un ami de son frère et, un soir, après un diner chaleureux chez ses parents, elle avait été incapable de résister à ses avances.

C'est en ces termes qu'elle fit le récit des évènements:

> "Je passais un si bon moment ce soir-là que l'incident semblait n'être qu'une plaisanterie bien innocente. Habilement, Jean-Paul m'emmena à l'écart des autres, dans le cabinet de travail de mon père et, dès les premiers instants d'étreinte toute amicale, il fit glisser les bretelles de ma robe, caressa et couvrit de baisers mes seins. Avant de m'en rendre compte, j'étais à moitié nue et, bien que faisant semblant de le repousser, je n'avais pas vraiment envie qu'il s'arrête. J'étais très excitée, mon corps fourmillait de cette vive sensualité éprouvée lors de mes premiers rendez-vous avec Mark.
>
> Quoique légèrement éméchée, je maintenais Jean-Paul à distance suffisamment longtemps pour lui demander de mettre un préservatif. M'assurant qu'il le ferait, il me saisit dans ses bras et m'allongea sur le bureau en chêne de mon père, faisant glisser mes derniers vêtement. A cet instant, j'ai abandonné toute retenue, mettant mes jambes autour de ses reins et l'aidant à me pénétrer. Je ne pense pas qu'il fût un amant délicat, mais l'excitation du moment et la situation – avoir un rapport sexuel chez mes parents, dans le cabinet de travail de mon père et la porte non fermée à clef – comblait largement cette lacune".

Le jour suivant, Camille partit pour Seattle. Mark l'attendait à l'aéroport. Elle avait d'abord décidé de ne pas lui en parler, mais sur le chemin du retour, elle se sentit le cœur si triste qu'elle déballa toute l'histoire en pleurant:

"Une anxiété, une honte et un sentiment de culpabilité incroyables m'avaient envahie pendant que j'expliquais ce qui s'était passé", raconte Camille. "Mark écoutait calmement, mais je voyais qu'il était profondément bouleversé et cela me rendait doublement fautive, puisque je lui avais manqué et que j'étais heureuse de le retrouver."

A priori, ce récit ne se rapporte pas à un quelconque traumatisme sexuel, mais à un élan charnel passager. Pourtant, ayant incité Camille à analyser le problème plus en profondeur, peu à peu un tableau différent apparut.

Bien qu'aimant Mark, elle reconnaissait ne pas être sexuellement comblée depuis plus d'un an. Ainsi, la plupart du temps, leurs étreintes se déroulant trop rapidement et ne lui laissant pas un délai suffisant pour se laisser "emporter" par la vague du plaisir avant que son mari n'en soit déjà "revenu", la frustraient.

Toutefois, elle était incapable d'évoquer la question avec Mark. A l'inverse, elle glissait sur la pente morbide de l'habitude, répondant "oui" à ses avances conjugales pour lui être agréable, tout en nourrissant le secret espoir que ses désirs soient enfin comblés. Mais en vain. Elle se sentait aimée et de plus en plus frustrée sexuellement.

"Il m'a fallu un certain temps pour me rendre compte que mon impuissance à demander à Mark ce que je désirais était la cause de tout cela" disait-elle. "Mon enfance a été marquée par un père très dominateur et assez violent, si bien qu'il m'était pratiquement impossible d'exprimer mes vœux, besoins et opinions. En fait, je renonçais à lui demander quoi que ce soit, tout en m'efforçant d'obtenir son approbation en faisant de petites choses utiles dans l'espoir qu'il les apprécierait.

"Quant à ma mère, elle incarnait le modèle comportemental de la soumission tranquille, cédant à l'homme, s'accommodant de tout au nom de l'harmonie du foyer ; aussi dois-je avoir inconsciemment adopté la même attitude lorsque j'ai épousé Mark."

En poussant plus loin son analyse, Camille se rendit compte qu'elle craignait Mark, bien qu'il fût un homme prévenant et délicat, perdant rarement son calme et jamais violent. Cela aussi renvoyait à la révélation traumatisante qu'elle avait eue avec son père.

La seule manière de se libérer d'une tentation, c'est d'y céder.
— OSCAR WILDE

Une fois le schéma comportemental décrypté, Camille, aidée de son mari, fut capable d'entamer le processus de guérison. Elle commença d'exprimer ses besoins et désirs sexuels, ce qui par ailleurs incita Mark à s'ouvrir davantage à ses propres aspirations en ce domaine. En l'espace de quelques semaines, leurs relations intimes se placèrent sur un autre niveau, bénéficiant d'un enthousiasme renouvelé.

Ils décidèrent de participer au rituel tantrique que je leur proposais comme moyen de guérison, afin d'exprimer leur amour et leur soutien réciproques en tant qu'amants adeptes de la magie. Ce rituel, important notamment par la remise en cause qu'il implique et que j'appelle "La nudité sans honte", vous sera présenté plus loin dans ce chapitre.

ATTITUDES NEGATIVES ET RELATION SEXUELLE

Afin de vous donner une idée des liens entre les vécus infantiles négatifs et le comportement sexuel de l'adulte, je décris dans les pages suivantes les schémas caractéristiques de plusieurs processus traumatisants. Ces exemples, sans toutefois prétendre en dresser la liste exhaustive – ce qui nécessiterait un ouvrage entier, voire plusieurs volumes – proposent des pistes introspectives vous permettant d'explorer le champ de votre enfance et d'apprécier dans quelle mesure elle a influencé votre vie amoureuse d'adulte.

1. *Présence insuffisante à la relation sexuelle*

Si vous avez été élevé par des parents indisponibles quand vous aviez besoin d'eux, ne prenant pas le temps de vous écouter, absents toute la journée pour des raisons professionnelles ou bien si l'un d'eux vous délaissait ou ne vous aimait pas, il a pu en résulter une inaptitude à vous investir totalement dans l'expérience sexuelle.

Ainsi pouvez-vous *paraître* engagé dans la relation sexuelle sans pour autant y être présent émotionnellement et psychiquement, car en fait vous n'avez pas vraiment confiance en votre partenaire pour approfondir cette relation.

L'abandon total aux agréables sensations de l'étreinte charnelle exige que vous fusionniez avec l'être aimé et que vous vous "perdiez" en lui, or cela provoque en vous une menace réveillant les tentatives repoussées, faites dans votre enfance, pour ouvrir votre cœur à un parent non disponible. Vous avez subi un traumatisme vous obligeant aujourd'hui à vous protéger et à ne pas trop vous investir."

2. *Négation des besoins sexuels personnels*

Si, enfant, vous avez été rejeté par vos parents, inévitablement vous ressentirez une piètre estime de vous-même.

Etes-vous une fille, alors que vos parents attendaient un garçon? ou inversement? Répondez-vous à leurs espérances? Dans ces conditions, votre instinct vous informe de leurs déception, donc vous tentez de regagner leur amour en faisant assaut de prévenance, de serviabilité et de disponibilité.

Adulte, cela se manifeste sous forme de l'habitude d'aimer votre partenaire tout en réprimant vos propres aspirations et désirs, ignorant délibérément tout sentiment d'insatisfaction. Sur le plan sexuel, vous vous surprenez à dire "Bon, très bien. Ce n'est pas grave si je n'ai pas d'orgasme" ou "Si tu n'as pas envie de moi ce soir, ça ne fait rien", alors qu'en réalité vous aimeriez le sentir passionné et vous combler sexuellement.

Par ailleurs, vous acceptez mal qu'autrui vous manifeste son affection et un malaise aigu vous saisit quand on fait votre éloge et que l'amour pleut sur vous.

3. *Réticence au contact physique*

Si, dans votre famille, l'éducation limitait considérablement le contact physique ou s'il était tabou, aujourd'hui, vous éprouvez probablement une gêne à l'égard de toute relation épidermique prolongée comme l'étreinte, le baiser, les gestes affectueux ou le fait de rester en étroit contact physique avec autrui.

Une fois l'acmé de l'étreinte charnelle atteint, vous vous écartez vivement de votre partenaire ou vous vous efforcez de rester contre lui tout en prenant mentalement vos distances.

Pour vous, l'intimité physique représente un défi difficile à relever. Dans ce type de situation, votre stratégie défensive de base consiste à montrer de l'indifférence, car vous continuez à dire à celui de vos parents qui est en cause: "Tu vois, ça m'est égal que tu n'aies aucune emprise sur moi. Ca ne me fait rien." Ce comportement vous enferme dans une coquille protectrice que votre partenaire risque de percer difficilement.

4. Comportement paradoxal de passivité/dépendance

Ayant grandi dans un milieu familial où l'on vous faisait sentir que vous n'étiez pas "à la hauteur", vous risquez de présenter un comportement dit de "passivité/dépendance".

Si, dès votre enfance, on vous a dit "tu ne feras jamais grand'chose, tu n'es pas bon, tu n'essaies même pas, tu n'en vaux pas la peine", vous abandonnerez la compétition pour la réussite et vous vous retrancherez derrière un mur de passivité. Dans le domaine sexuel, vous exprimerez rarement vos besoins ou ce que vous désirez. Votre stratégie consistera à laisser l'autre prendre toutes les initiatives.

Mais simultanément, vous serez dépendant d'une relation sexuelle plus fréquente, puisque vous voudrez toujours revivre cette expérience, votre passivité ne vous permettant jamais de parvenir à une satisfaction totale. C'est ainsi que vous risquez de devenir un drogué du rapport charnel, dépendant de votre partenaire pour le plaisir et pourtant peu disposé à faire le premier geste ou à le "prendre".

Si vous prenez la peine de bien écouter, vous entendrez peut-être au fond de vous-même une petite voix vous dire: "Etait-ce un signal? Va-t-il faire un geste? Peut-être attendrai-je qu'il exprime clairement ce qu'il veut."

5. Résignation

Cette attitude est si courante que je la qualifie de "schéma primaire", c'est-à-dire apparition de multiples comportements autodestructeurs.

"Je ne suis pas "à la hauteur" est votre sentiment dominant depuis l'enfance face à ce douloureux vécu: être comparé négativement à d'autres ou ne pas réussir à incarner la vision de l'"enfant modèle" imposée par vos parents.

Transposé dans le contexte sexuel, ce schéma primaire s'exprime par l'inaptitude à demander ce que vous voulez – comme l'illustre le récit de

Camille – mais aussi par la crainte de vous livrer à votre plaisir en raison de l'idée préconçue que, de toute manière, il ne serait pas bien grand.

Aussi éprouvez-vous un vif sentiment de résignation, du genre "bon, puisque c'est ainsi, ce n'est donc pas la peine d'essayer d'améliorer les choses. Je ne serai jamais un sujet très orgastique, voilà tout."

Comme d'habitude, votre profil comportemental est marqué par une déception renforçant votre manière d'aborder l'existence avec une mentalité de "martyr" ou en pensant intérieurement "pauvre de moi". Par ailleurs, votre psychisme est le repaire d'un sentiment d'échec sexuel levé comme un reptile à l'affût ou celui de l'anticipation de l'échec éventuel des choses.

6. *Perfectionnisme inducteur de crainte*

Si vous avez grandi dans un climat familial de peur ou d'anxiété, avec des parents se battant ou criant l'un après l'autre, vous aurez du mal à vous détendre et à vous laisser porter par le courant naturel de l'étreinte sexuelle.

Une grande part de votre énergie s'investit dans le souci de "bien faire". Ainsi, vous en faites trop et cela rend votre comportement mécanique, rigide et le prive de toute spontanéité. Mais vous pouvez aussi accorder une attention quasi obsessionnelle au fait de savoir si votre partenaire a un orgasme, ignorant délibérément votre propre besoin de plaisir.

Même si vous constatez que votre partenaire baigne dans l'éclat d'une satisfaction totale, vous entendez probablement une petite voix intérieure vous dire: "Oui, mais ça aurait pu être encore meilleurs si j'..." ou "La prochaine fois, je me souviendrai que je dois..."

Votre sentiment prédominant est d'être obligé de franchir des obstacles pour accéder à un plaisir sexuel satisfisant. Les hommes ont, par exemple, tendance à l'éjaculation précoce parce qu'ils sont pris entre le fort désir d'éjaculer et l'incapacité à contenir leur excitation.

LE SENTIMENT D'INDIGNITE, OBSTACLE SUR LA VOIE DE LA MAGIE SEXUELLE

Bien que ce chapitre s'intéresse à la guérison des traumatismes sexuels afin de permettre l'épanouissement de votre énergie orgastique, il est nécessaire que cette guérison intervienne pour une autre raison.

L'une des plus grosses pierres d'achoppement sur laquelle butent les personnes cherchant à réaliser leurs aspirations par la magie est un profond sentiment d'indignité – ce "schéma primaire" induisant la conviction de ne pas être "à la hauteur" vient d'être décrit.

Cet obstacle revêt une importance majeure car, plus que tout, il peut empêcher la magie de s'accomplir.

Votre désir de transformer votre existence peut être intense et vos rituels et cérémonies magiques célébrés avec une précision parfaite, vos efforts en ce domaine seront à coup sûr réduits à néant si, au tréfonds de vous-même, vous pensez ne pas mériter ce que vous essayez d'accomplir.

Pourquoi? Parce que la rupture interne entre ce que vous voulez et ce que vous pensez mériter partage votre énergie, vous empêchant de l'investir en totalité dans un acte créatif orienté dans une seule direction. En effet, une partie de votre énergie agira contre votre archétype inhibant ainsi votre aptitude à réaliser votre dessein.

Ce problème se complique encore du fait que, la plupart du temps, un élément de notre psychisme anéantit notre vision magique – "Ce n'est pas bon, ça ne m'arrivera jamais" – et se dissimule dans les couches profondes de notre subconscient.

ELABORATION DU CREUSET MAGIQUE

Comment guérissons-nous de ces traumatismes négatifs? Comment entamons-nous la réparation du préjudice causé dans notre enfance?

La première phase consiste à examiner honnêtement et sincèrement la manière dont ces vécus négatifs ont influencé notre vie. Il nous faut comprendre comment nous nous sommes coupés de nos sentiments et de notre énergie sexuelle pour nous protéger des agressions. Nous devons aussi rassembler notre courage pour revenir à une expression plus spontanée, plus naturelle et authentique de l'être que nous sommes réellement.

Cela signifie que nous devons valider nos sentiments, les partager et les exprimer, sans tenir compte de notre peur, de notre honte ou de notre gêne. Nous devons à nouveau prendre le risque d'être vulnérables, de traverser les couches protectrices de notre armure, parce que nous savons que dans ce contexte-là, être en sûreté, c'est s'isoler émotionnellement et sexuellement.

Ce n'est qu'en prenant ces risques que nous réveillerons à nouveau nos sources d'énergie naturelles et orgastiques en leur permettant de s'épanouir, contribuant ainsi au retour de la joie, nous reliant progressivement au moi extatique que nous connaissions à la naissance.

Nous devons enfin comprendre que résister à l'amour, à la sexualité et au plaisir, c'est aller à l'encontre notre être authentique.

J'ai intitulé ce chapitre "Préparation du creuset magique" parce que son but est de vous aider à créer une situation intense, piquante et provoquante – exactement comme un chaudron de sorcière bouillonnant ou comme l'athanor

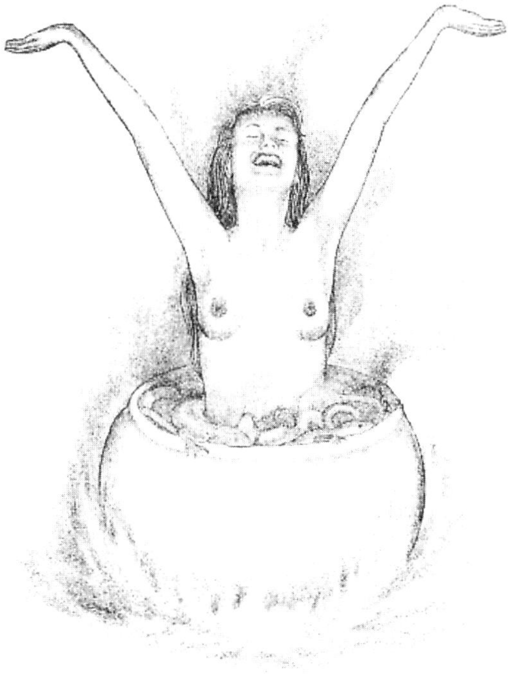

Le processus de purification: guérison et transformation des impuretés (représentées par des lézards et des reptiles) en lumière et clarté.

de l'alchimiste – qui vous aidera, en les faisant revivre, à évacuer les vieux schémas empreints de honte, de peur et de culpabilité afin de libérer votre énergie sexuelle par l'orgasme.

Il vous aidera, en particulier, à évacuer trois schémas comportementaux fréquents entravant la circulation de votre énergie sexuelle:

- La négation de vos besoins sexuels.
- La tendance à ne pas vous investir totalement dans la relation sexuelle.
- La résignation.

Ce processus, agissant en profondeur, à un impact important et se présente sous la forme de trois exercices dont chacun est un prolongement du précédent.

Tout d'abord, je vous dirige dans une expérience intitulée La Fixation d'un Instant Magique, vous aidant à vous souvenir que dans votre vie vous avez déjà connu des instants d'extase, ce qui vous soutient et vous donne du courage pour explorer la Face Cachée – ou l'Ubac – de votre être.

Ensuite, vous êtes invité à exécuter une Danse Erotique devant votre partenaire, dans laquelle vous osez montrer votre corps d'une manière sensuelle et excitante en oubliant totalement les sentiments de honte, de culpabilité et de crainte.

Enfin, dans l'exercice intitulé La Nudité sans Honte, vous osez montrer vos organes génitaux à votre partenaire en lui révélant la honte qu'ils vous inspiraient avant et par son attitude rassurante, il vous montrera combien vous êtes digne d'amour et de respect.

En vous prêtant à ces trois exercices, vous franchirez progressivement trois niveaux successifs, allant du psychisme au corps, puis aux organes sexuels, préparant ainsi un ardent creuset alchimique destiné à votre transformation magique et à votre guérison.

EXERCICE: FIXATION D'UN INSTANT MAGIQUE

Objectif et bienfaits

Cet exercice a pour but de positiver votre vécu et vous aider ainsi à analyser vos sentiments et comportements négatifs.

Il s'intègre d'ailleurs à l'enseignement fondamental dispensé par certaines écoles tantriques qui conseillent vivement aux êtres en recherche sur la voie de l'autotransformation, de se rappeler les instants extatiques et magiques qu'ils ont déjà connus dans leur vie.

En actualisant ces instants, vous engendrerez un bien-être et une attitude positive favorables au vécu d'autres instants magiques potentiels.

La fixation dans le présent d'un vécu positif antérieur vous donne la capacité et les ressources nécessaires pour y accéder n'importe quand, contribuant ainsi à vous faire éprouver un sentiment de magie, de créativité et de confiance, mais aussi celui d'être en harmonie avec vous-même et votre sexualité. En outre, le fait de connaître votre aptitude à l'extase vous donne le courage d'affronter les vécus négatifs rencontrés au cours de votre voyage intérieur.

En amour, il n'y a ni demande, ni absence de demande, parce qu'il est joie spontanée.
— ANONYME

Cet exercice se présente sous la forme d'une visualisation dirigée vous faisant remonter le temps jusqu'au moment où, dans votre vie amoureuse, vous avez éprouvé un vif contentement, une profonde extase ou un moment de magie intense.

A votre manière, vous allez communiquer avec votre vécu magique. Vous pouvez faire appel à votre sensibilité proprioceptive, c'est-à-dire à votre perception du corps, mais aussi à votre imagination ou encore à la pensée, au goût et à l'odorat. Peu importe le mode perceptif que vous choisirez, ce sera le vôtre et le bon.

Préparation

- Cet exercice peut être exécuté seul ou à deux.
- Créez votre Cercle Magique.
- Portez votre robe de magicien.
- Une des façons de procéder consiste à enregistrer le déroulement de la visualisation sur cassette audio et à vous la repasser pendant l'exercice.
- Chacun des partenaires peut aussi diriger l'autre à tour de rôle.
- Vous pouvez aussi apprendre le schéma directeur en le lisant deux ou trois fois.
- Enfin, si vous le souhaitez, passez en fond sonore une musique douce et apaisante.

Pratique

Entrez dans votre Cercle Magique.

Asseyez-vous confortablement, fermez les yeux et commencez à respirer lentement et profondément. A chaque expiration, éloignez vos tensions et préoccupations mentales.

Tandis que votre corps se détend, fermez les yeux et imaginez que vous êtes assis dans une salle de cinéma, face à l'écran, et remémorez-vous les images, des sentiments ou pensées ayant pour thème un moment précis au cours d'un rapport sexuel. Si vous ne parvenez pas à vous les rappeler, laissez remonter un souvenir particulièrement sensuel et agréable vécu seul ou en compagnie d'autrui.

Que ce soit pour vous un instant vraiment magique qui vous a comblé.

Passez en revue vos souvenirs jusqu'à ce que vous trouviez le bon.

Tout en vous concentrant, faites apparaître sur l'écran ces images évoquées.

Etiez-vous nu dans un champ, au bord de la rivière? Etait-ce à l'occasion de votre lune de miel ou lors du premier rapport sexuel? Peut-être étiez-vous en congé au bord de la mer et êtes-vous tombée amoureuse d'un séduisant inconnu? Au cours d'une étreinte avec votre partenaire, alors que vous ne vous y attendiez pas, avez-vous ressenti un déclic vous emportant sur les vagues d'un plaisir orgastique s'apparentant à une synthèse magique?

Evoquez une scène étant particulièrement significative pour vous.

Prenez votre temps. Rien ne presse.

Puis, imaginez que vous vous levez lentement de votre siège pour vous diriger vers lui.

Imaginez-vous traversant l'écran pour être l'acteur de cette charmante scène érotique.

Tout en respirant plus profondément, laissez-vous ravir par ce vécu amoureux.

En respirant profondément et en vous détendant consciemment, incitez votre mémoire à produire des images, sentiments ou pensées ayant pour thème un instant vécu d'exquise sensualité.

Accordez-vous à nouveau le plaisir de savourer les sensations de votre corps, l'accélération de votre rythme cardiaque, celle du sang parcourant vos veines, les courants électriques traversant comme l'éclair vos organes génitaux, vos cuisses et votre bassin.

Par votre œil intérieur, contemplez attentivement les différents éléments de cette scène. Imprégnez-vous de l'environnement... de la pièce dans laquelle vous êtes... du paysage... du moment de la journée... de la lumière tremblotante émise par la bougie... de la couleur des draps... de la plastique harmonieuse de votre partenaire.

Mettez-vous à l'écoute des sons perçus: les mots et gestes d'amour chuchotés et faits avec tendresse... les doux gémissements et soupirs... peut-être entendez-vous à nouveau la musique jouée à ce moment... ou bien le chant des oiseaux. Ecoutez toutes ces sonorités. Elles sont là pour vous. Jouissez-en.

Rappelez-vous les odeurs et parfums: celle de la peau de votre partenaire... ceux de l'encens qui brûlait..., ceux de la campagne ou de la forêt quand vous étiez allongé dans l'herbe ou la mousse.

Vous souvenez-vous des saveurs? Le miel et la douceur de ses lèvres... celle des baisers, de l'eau que vous buviez, des fruits que vous mangiez... celle, piquante, des sécrétions sexuelles que vous partagiez. Goûtez-y à nouveau.

Accueillez cette sensualité, ouvrez vos sens à toutes ces perceptions sexuelles et sans réserve, "perdez-vous" en elles. Développez-les par la respiration profonde. Revivez totalement la magie de cet instant.

Quand vous êtes prêt, lorsque vous sentez que vous vous êtes noyé dans ce vécu actualisé, de la main – droite ou gauche – touchez votre corps à l'endroit qui vous convient le mieux: le cœur, l'abdomen, ou bien l'autre main.

Maintenant, sentez ce contact.

Qu'il soit un ancrage, un point de fixation, pour le vécu évoqué de manière si vivante.

Qu'il soit une façon de le fixer dans vos circuits neurologiques cérébraux.

Qu'il témoigne de la magie qui attend d'être activée en vous.

Qu'il vous garantisse la pérennité de toutes les sensations nées de l'amour afin que toutes les fois où vous ressentez le besoin de voir confirmer le fait que vous avez connu le plaisir, l'extase et la magie, vous puissiez actualiser ce vécu en touchant de votre main cet endroit particulier.

Ensuite, dès que vous vous sentez prêt, respirez profondément, laissez votre main pendre le long de votre corps et les images commencer à s'évanouir. Ouvrez les yeux lentement à la réalité, dans la pièce où vous vous trouvez, dans le Cercle Magique.

Secouez la tête, le corps; revenez au présent.

Accordez-vous quelques minutes pour partager avec votre partenaire l'expérience que vous venez de vivre ou, si vous êtes seul, consignez-la dans votre journal.

Concluez par un Salut du Cœur.

Remarques

Maintenant que vous avez fixé un instant, un état extatique et magique, vous constaterez que vous êtes capable d'y accéder à volonté. Quel que soit le moment où vous en ressentez le besoin, prenez le temps de vous asseoir ou de vous allonger confortablement, puis touchez l'endroit convenu de votre corps et laissez le vécu envahir à nouveau votre esprit, votre corps et votre sphère émotionnelle.

Outre que cet exercice peut servir de préparation aux rituels de la magie sexuelle, il peut s'avérer très utile lorsqu'on est nerveux ou qu'on manque de confiance en soi.

Aussi longtemps que l'homme respirera et verra
Aussi longtemps que cela sera, cela te donnera la vie.
— SHAKESPEARE
Sonnet XVIII

Je vous ai proposé de partager avec votre partenaire l'instant magique que vous avez vécu, mais cela peut poser un problème délicat: que se passe-t-il si le moment évoqué se déroule avec une autre personne?

Cela dépend beaucoup du caractère de votre relation mais aussi, et respectivement, de leur degré et de leur intensité, de la confiance et de l'amour réciproques vous unissant. Vous pouvez au début de l'exercice, par souci d'harmonie, décider d'un commun accord que vous ne vous concentrerez que sur les instants magiques vécus ensemble. Ou bien, si vous étendez vraiment le champ du vécu relationnel à d'autres personnes, convenez mutuellement de l'intégrer au rapport sexuel que vous avez avec votre partenaire actuel.

TROIS CLEFS POUR REUSSIR: RESPIRATION, MOUVEMENT ET SON

Avant que vous n'entamiez les exercices intitulés Danse Erotique pour votre partenaire et la Nudité sans Honte, je voudrais vous livrer trois clefs pour réussir les trois remises en cause que constituent ces exercices:

1. Respiration: rappelez-vous de respirer profondément, en abaissant bien le diaphragme (respiration dite abdominale). Vous accédez ainsi aux sentiments que vous éprouvez.
2. Mouvement: laissez votre respiration commander les mouvements de votre corps, donnant ainsi à votre souffle l'impression de les porter. Ce procédé contribue à étendre les sensations et l'excitation à tout le corps.

3. Son: servez-vous de votre voix pour exprimer ce que vous ressentez. C'est une façon d'activer votre énergie vitale et de permettre à votre partenaire de saisir ce que vous éprouvez.

Ces trois clefs vous apportent l'énergie dont vous avez besoin pour surmonter les obstacles et induire la stimulation sexuelle. Je ne saurais trop vous encourager à vous en servir au cours des nombreux exercices que comporte cette pédagogie.

EXERCICE: DANSE EROTIQUE POUR VOTRE PARTENAIRE

Objectif et bienfaits

La remise en cause merveilleusement érotique, suggestive et amusante que constitue cet exercice, a quatre buts:

Vous aider à vous sentir à l'aise lorsque vous vous exhibez – que vous montrez votre corps, votre sexualité et votre beauté.

Produire une charge énergétique susceptible d'agiter vos émotions, excitation et plaisir intense.

Susciter en vous le sentiment de recueillement et de conscience du corps.

Développer en vous l'art de la séduction, révélant habilement certains aspects cachés de votre personnalité, transformant la jeune fille timide en aguicheuse et l'homme bien éduqué en gigolo.

L'exercice comporte deux parties: d'abord une danse lascive, suivie d'un streap-tease. En vous déshabillant, déchaînez-vous, exhibez-vous sans retenue, soyez attirant(e), coquin(e), sensuel(le) et provocant(e).

Préparation

- Créez votre Cercle Magique en le faisant suffisamment grand pour vous mouvoir aisément.
- Inventez un thème intéressant pour la danse lascive précédant le strip-tease. Si vous êtes une femme, choisissez d'apparaître, par exemple, sous l'aspect d'une déesse célébrant quelque rituel sacré dans un temple lointain. Si vous êtes un homme, peut-être préfére-

rez-vous incarner un chamane indigène dansant sur les rythmes de sa tribu ou une vedette de rock débordante de magnétisme sexuel.

- Pour la danse lascive, revêtez un costume exprimant le thème choisi et dissimulez des sous-vêtements coquins, permettant ainsi de passer rapidement et de façon amusante au déshabillage.
- A l'adresse des femmes: pour votre déshabillage, adoptez les boas de plumes, les sous-vêtements en soie, les talons-aiguilles, les porte-jartelles, un maquillage osé, etc. Ne craignez pas de ressembler à une putain – en effet, cela vous mettra dans une bonne disposition d'esprit. A l'adresse des hommes: interprétez comme un défi le fait d'être sexuellement très attirant. Nouez des écharpes colorées autour de votre taille, mettez de la peinture corporelle sur votre peau, portez un string, soyez provoquant.
- Souvenez-vous de ne pas précipiter cet exercice. En effet, les strip-teaseuses expérimentées savent qu'il ne faut pas retirer ses vêtements trop vite, sinon les hommes se désintéressent ; il en est de même lorsque les rôles sont inversés.
- Choisissez soigneusement la musique. Des sonorités sensuelles accompagnées d'une mesure fortement marquée ou d'une danse du ventre, de même qu'une musique traditionnelle ou tribale, mettent dans l'ambiance.
- Le public, c'est votre partenaire, aussi aménagez un coin garni d'oreillers ou un canapé lui permettant de s'étendre confortablement pour vous regarder.
- Décidez préalablement lequel de vous deux commencera. Pour cet exercice, je conseillerai à la femme de passer en premier. Je l'appellerai Shakti et l'homme Shiva.
- Chaque partenaire consacrera quinze à vingt minutes à cet exercice.

Pratique

PHASE 1: DANSE LASCIVE DE SHAKTI

Shiva, entrez dans le Cercle Magique et asseyez-vous pour profiter de la danse. Ouvrez votre cœur à votre partenaire, vous ressentirez une excitation à l'idée de la contempler dans son nouveau rôle de séductrice.

Shakti, lorsque vous êtes prête, entrez dans le Cercle Magique et entamez votre Danse Lascive. Démarrez lentement, d'abord les yeux clos, afin de prendre conscience de vos sensations internes. Prenez votre temps. Epousez les mouvements de la musique.

Laissez la sensualité de votre corps s'exprimer par la danse, un strip-tease...

Remuez votre corps avec grâce et *identifiez-vous* à lui.

Si vous êtes nerveuse ou hésitante, concentrez votre attention sur votre bas-ventre. Laissez vos mouvements naître et se propager à partir de cette région, point d'équilibre de votre corps. Votre ventre doit inspirer votre danse et sa dynamique.

Adoptez un mouvement rythmique d'ampleur et d'intensité régulièrement croissantes. Puis, en vous servant des trois clefs que je viens de décrire, faites de votre respiration l'onde porteuse de vos mouvemnts et l'amplificateur de vos sensations. Emettez des sons, qu'ils soient soupirs, gémissements ou chant.

Laissez-vous progressivement et complètement transporter par le rythme. Déchaînez-vous, emportez-vous, livrez-vous à lui, libérez-vous dans la danse, tout en chargeant d'énergie votre corps.

PHASE 2: STRIP-TEASE DE SHAKTI

Shakti, lorsque vous êtes prête, laissez votre danse devenir instinctivement érotique et sensuelle. Cela peut se produire graduellement ou brusquement, en fonction de ce qui vous paraît convenir le mieux.

Prenez conscience de la sensualité de votre corps tandis que son mouvement épouse la musique et laissez-vous gagner par un état d'esprit propice aux ébats sexuels. Vos mains caressent votre corps à travers votre vêtement. Vous sentez la douceur de l'étoffe, mais aussi la chaleur rayonnant dans votre ventre et votre sexe.

Ouvrez les yeux et tournez votre regard vers votre partenaire tandis qu'il vous observe. C'est alors que vous pouvez ressentir une crainte au creux de l'estomac. Que cette excitation contenue fasse partie du jeu. Et veillez à respirer profondément par la bouche en laissant votre respiration porter vos mouvements.

A mesure que vous vous mettez en condition, commencez à ôter vos vêtements un à un. Ce faisant, le contact de vos mains avec votre corps doit s'accompagner de gestes érotiques et fluides, tel le lent glissement vers le bas de la fermeture éclair de votre robe ou le tortillement imprimé à vos fesses en retirant votre slip.

De vos doigts, effleurez votre peau en ôtant chaque vêtement. Retirez lentement vos bas en les faisant glisser le long de vos jambes avant de les jeter à votre partenaire d'un geste badin.

Prêtez attention à l'agréable sensation de se mettre nue devant quelqu'un d'autre. Laissez se manifester tout sentiment de pudeur, de honte ou de manque de confiance en vous qui peut naître. N'essayez pas de le cacher. Intégrez-le à ce que vous faites. Savourez la vive émotion que vous éprouvez à vous montrer nue, en vous autorisant ce qui est interdit et condamné.

Oui, bien sûr, vous doutez que votre plastique soit suffisamment flatteuse pour être exposée de manière aussi hardie, mais les stéréotypes à la mode proposés par la société n'ont aucune importance ici. Ce qui compte, c'est la bonne volonté mise à vous aimer et à vous accepter telle que vous êtes et le fait de l'exprimer.

Restez consciente de vos perceptions sexuelles.

Caressez-vous. Prenez vos seins nus dans vos mains pour les soulever et les montrer. Pincez les mamelons en exerçant une pression juste suffisante pour que votre corps soit parcouru de picotements analogues à ceux provoqués par le passage d'un courant électrique. Puis, après avoir tendu les bras en arrière, faites glisser vos mains dans le creux de vos reins et sur vos fesses.

Jouez avec une longue écharpe de soie, que vous ferez serpenter sur votre peau nue, entre vos jambes...

Peu importe ce qu'autrui pourrait en penser. L'important c'est que vous, pour une fois, vous vous libériez de toute honte, en vous montrant provoquante. Ce qui compte, c'est votre plaisir, alors c'est le moment de l'afficher, de le montrer.

Abandonnez vos sous-vêtements. Faites glisser votre slip de soie le long de vos jambes avant qu'il ne tombe sur vos pieds. Mettez-vous entièrement nue.

Ensuite, faites comme si vous vous affaissiez sur le sol et déplacez-vous en adoptant les mouvements sensuels d'un reptile ou ceux d'une femme qui s'abandonne à l'extase, sous l'emprise de la transe orgastique. Promenez vos mains sur votre peau, comme si vous éprouviez pour vous-même une attirance narcissique. C'est le moment de briser tous les tabous.

Shiva, soyez pour Shakti un spectateur et un auditeur à la fois enthousiaste et encourageant. Applaudissez et criez "Oui, vas-y! Tu es magnifique! Je t'aime!" Aidez-la à briser les coquilles que sont la gêne, la culpabilité, la peur ou la honte que cet exercice peut lui inspirer.

Lorsque la musique s'arrête et que le strip-tease est terminé, apaisez-vous, les yeux clos, pendant une ou deux minutes, une main posée sur votre cœur, l'autre sur votre sexe.

Shiva, lorsque vous jugez que le moment est opportun, rendez hommage à son courage en la prenant dans vos bras. Dites-lui ce que vous avez aimé dans sa danse: "J'ai beaucoup aimé la sensualité avec laquelle tu as enlevé ta robe..." ou "Tu m'as vraiment excité quand tu as joué avec l'écharpe", etc... Ne ménagez pas vos compliments.

Faites une pause et inversez les rôles.

PHASE 3: DANSE LASCIVE DE SHIVA

Shakti, entrez dans le Cercle Magique et asseyez-vous pour regarder la danse de Shiva. Ouvrez votre cœur à votre partenaire et éprouvez de l'excitation à l'idée de le contempler sous un autre jour.

Shiva, mettez en route votre musique, entrez dans le Cercle Magique et commencez à danser. Vous pouvez incarner un chamane ou un sorcier-guérisseur exécutant une danse allant jusqu'à la transe. Mais vous pouvez aussi incarner un habile magicien formulant une invocation rituelle par le biais de la danse et du mouvement.

Mettez-vous en résonance avec votre corps ; vous éprouverez, au début, le désir de fermer les yeux. Frappez des pieds à plat sur le sol, genoux fléchis afin d'acquérir la conscience profonde de votre caractère terrestre.

Puis laissez votre conscience des choses se polariser sur votre abdomen, ce qui vous fera éprouver un sentiment de puissance et de recueillement.

Levez alors les bras et regardez vers les cieux en invoquant les pouvoirs dont vous avez besoin pour danser, mais tout en restant conscient de vos racines terrestres par l'intermédiaire de vos pieds.

Laissez le rythme de votre danse s'accélérer et devenir plus puissant. Afin de dynamiser votre corps, servez-vous des trois clefs suivantes: la respiration, le mouvement et le son.

La peur est notre plus grande meurtrière: elle nous empêche d'aimer et durcit le cœur.

— CHRIS GRISCOM

Votre corps s'échauffe, l'énergie commence à parcourir vos jambes, bras et torse.

Lancez un cri de guerre. Prononcez les paroles d'incantations spontanées comme: "Ceci est la puissance de Shiva et je la célèbre!"

Que le rythme de votre danse vous submerge.

Que votre danse devienne sauvage. Déversez-y toute votre énergie.

PHASE 4: STRIP-TEASE DE SHIVA

Shiva, lorsque vous êtes suffisamment échauffé, dynamisé et excité, faites que la sensualité imprègne votre danse, votre corps, vos mouvements et vos gestes.

Comme introduction à cette phase de danse, vous avez peut-être envie de secouer rythmiquement votre bassin d'avant en arrière, soulignant ainsi votre puissance masculine. Mais vous pouvez aussi adopter un rythme lent s'apparentant aux mouvements d'un serpent.

Libérez-vous de tous préjugés inhibiteurs relatifs au mode d'expression que votre sexualité doit adopter. Vous pouvez ainsi, l'espace d'un instant, percevoir votre caractère féminin et sensuel et celui d'après, vous sentir agressif et masculin.

La relation sexuelle a été qualifiée de péché "originel", mais elle ne comporte rien d' "original", ni de peccamineux.

— OSHO

Accordez-vous la permission de tout faire et d'être n'importe quel personnage. Que cette danse soit votre découverte sexuelle, votre évènement spontané.

Etablissez le contact visuel avec votre partenaire tandis qu'elle vous observe.

Commencez à ôter vos vêtements, soit de façon lascive et suggestive, soit avec plus de brusquerie et de hardiesse, en faisant étalage de votre arrogance sexuelle masculine. N'hésitez pas à passer de l'une à l'autre, en suivant votre inspiration.

Restez attentif à vos sensations corporelles, en ôtant vos vêtements un à un, car elles guideront vos attitudes.

Dévoilez de plus en plus votre nudité. Montrez votre torse, vos jambes et vos fesses. Savourez ce sentiment de libération sexuelle qu'inspire une attitude provocante.

Ôtez enfin vos sous-vêtements, montrant ainsi votre masculinité sexuelle. De vos doigts effleurez votre corps. Exhibez-vous. Faites courir vos mains sur votre peau. Goûtez à la liberté née de la nudité totale exposée aux regards.

Si vous avez une érection, qu'elle soit un élément de votre danse et montrez-la. Caressez-vous. Roulez-vous sur le sol. Imaginez-vous en pleine étreinte amoureuse. Laissez-vous absorber par les sensations de votre corps.

Le strip-tease une fois achevé, allongez-vous calmement sur le sol pendant quelques instants, en prenant le temps d'assimiler cette expérience, une main posée sur votre cœur et l'autre sur votre sexe.

Shakti, quand vous le jugez opportun, allez vers Shiva et rendez hommage à son courage en le prenant dans vos bras. Dites-lui ce que vous avez aimé dans sa danse: "J'ai aimé la force de ta danse... la coquetterie avec laquelle tu montrais tes fesses... la manière dont tu me regardais..." etc..

Remarques

Plus vous dynamiser votre corps pendant la danse lascive, plus il vous sera aisé de donner à cette énergie une expression sexuelle durant le strip-tease.

La première fois que vous exécuterez cet exercice, vous pouvez ressentir l'impossibilité de pratiquer le strip-tease jusqu'au bout, parce que votre pudeur vous empêche de vous montrer nu, vous glace brusquement et vous coupe de votre énergie, éprouvant alors cette peur absolue qui donne au comédien l'impression qu'il "meurt" en scène, face au public.

Si cela vous arrive, le sentiment d'échec ne sert à rien. Allez aussi loin que vous le pouvez puis attendez quelques jours et essayez à nouveau. Ayez le courage de reprendre cet exercice jusqu'à ce que vous ayez surmonté ces difficultés. Cela en vaut la peine, vous éprouverez un formidable sentiment de guérison lorsque vous serez capable d'aller jusqu'au bout.

Si vous êtes le public, vous pouvez être excité au point de vouloir rejoindre votre partenaire dans la danse, mais, s'il vous plaît, restez à votre place. En effet, il s'agit là d'un important processus d'auto-exhibition destiné à susciter et transcender peurs sexuelles, honte ou culpabilité. Or, toute interruption risque de fortement diminuer la portée de l'exercice.

Vous pouvez exécuter seul cet exercice, en imaginant que vous dansez devant un public ou en le faisant devant une glace afin de vous observer.

Enfin, aucun costume ou déguisement spécifique n'est nécessaire, donc vous pouvez porter vos vêtements habituels. Mais, si je me réfère à mon expérience, le port de vêtements et la création d'accessoires sexuels renforcent à la fois l'émotion sexuelle et l'agrément qui s'ensuit.

VAJRA ET YONI: LES DEUX SEXES

Avant de passer au troisième et dernier exercice de cette série, réfléchissez à la manière de nommer vos sexes. En effet, souvent notre langage emploie un vocabulaire grossier ou péjoratif pour les désigner, reflétant ainsi les attitudes condamnatoires que nous avons envers notre sexualité.

Vous aurez au cours de l'exercice suivant, l'occasion de leur donner un joli nom et vous pourrez l'employer tout au long de cet ouvrage en manière de réconciliation et pour laver la négativité qui s'y attache, ce qui vous aidera à considérer vos organes génitaux sous un angle nouveau et positif.

A titre d'exemple et anatomiquement parlant, j'ai choisi, pour le sexe masculin, le terme tibétain "Vajra" qui signifie "foudre" et pour le sexe féminin, celui de "Yoni" signifiant "matrice" en sanskrit. D'ailleurs, je les emploie à maintes occasions dans les chapitres suivants.

Vous êtes maintenant prêt à entamer l'exercice intitulé "La Nudité sans Honte".

EXERCICE: LA NUDITE SANS HONTE

Objectif et Bienfaits

Cet exercice, de grande portée, est conçu pour guérir tout traumatisme sexuel et pour vous préparer à l'épanouissement de votre énergie orgastique.

Au cours de son exécution, vous donnez nom, voix et personnalité à votre sexe, lui permettant de s'exprimer en tant qu'individu autonome. Si vous êtes un homme, vous pouvez l'appeler Vajra, Verge d'or, Foudre, ou quelqu'autre nom vous convenant. Si vous êtes une femme, vous pouvez choisir Yoni, Lotus céleste, Jardin secret ou Minou.

Par ailleurs, quand votre sexe parlera, il dira ce qu'il ressent en vous appartenant, en vivant en vous et en prenant part à vos expériences sexuelles.

Comme vous le constaterez, ce simple procédé est très efficace lorsqu'il s'agit de révéler, pour les évacuer ensuite, les conflits qui existent entre vous et votre énergie sexuelle naturelle.

Cet exercice vous montre aussi comment élaborer un langage qui, pendant les rapports sexuels, diminue la pression émotionnelle liée au sexe, contribuant à ce que vous et votre partenaire fassiez preuve d'humour, de compassion et de compréhension dans vos rapports sexuels.

Préparation

- Ayez une grande quantité d'huile de massage à portée de main.
- Chacun, à votre tour, jouez un rôle actif et passif. Dans ma description, c'est Shiva qui commence.
- Celui de vous deux qui joue le rôle actif est nu, tandis que l'autre peut être nu ou vêtu.
- Accordez-vous quarante-cinq minutes pour exécuter cet exercice.

Pratique

PHASE 1: AUTO-MASSAGE DE SHIVA

Entrez ensemble dans le Cercle Magique.

Débutez la séance par une longue Etreinte Unificatrice, créant ainsi un profond lien affectif et un climat propice.

Dans l'exercice La Nudité sans Honte: Shiva montre son sexe à Shakti qui l'observe avec tendresse.

Asseyez-vous confortablement l'un en face de l'autre.

Shiva, ôtez vos vêtements et commencez à caresser doucement votre corps. Fermez les yeux et concentrez-vous exclusivement sur les sensations que vous procure ce contact.

Shakti, asseyez-vous tranquillement, fermez les yeux et évoquez sans hâte les moments où Vajra, le sexe de votre partenaire, vous a pénétré. Rappelez-vous les fois où votre sexe était humide, bien lubrifié, et où vous éprouviez l'ardent désir que Vajra soit en vous, mais aussi celles où ce n'était pas aussi agréable. Pensez successivement à la première fois que cela s'est produit, puis le meilleur moment et enfin, votre dernier rapport sexuel. Pardonnez à Vajra son indélicatesse ou sa maladresse et goûtez le plaisir qu'il vous a donné.

Shiva, prenez un peu d'huile de massage et, en partant des pieds pour remonter vers le haut de votre corps, caressez et enduisez-en votre peau.

Il se peut que vous n'ayez pas l'habitude de vous caressez vous-même, réservant cela à votre partenaire. Aussi, concentrez-vous sur vos propres sensations. Respirez profondément en synchronisant caresses et mouvements respiratoires.

PHASE 2: SHIVA RENCONTRE VAJRA

Shiva, une fois que vous avez entièrement massé votre corps, laissez glisser vos mains d'abord sur votre ventre, puis descendez entre vos jambes et commencez à caresser votre sexe.

Vos doigts parcourent toute la zone située sous votre pénis et vos testicules, avant d'exercer une pression sur le délicat point périnéal localisé entre le scrotum et l'anus. Puis, saisissez vos testicules et pressez-les légèrement avant de caresser votre pénis de la base à l'extrémité.

Vous n'avez pas besoin de "faire vos preuves" en ayant une érection, laissez Vajra suivre son humeur. Son comportement sera le bon.

Quand vous sentez que la liaison avec Vajra est établie, dites à Shakti d'ouvrir les yeux.

Shakti, avec douceur, plongez votre regard dans celui de Shiva et laissez-le errer sur son corps en direction de son pénis.

En silence et avec respect, regardez attentivement son sexe sur toutes ses facettes: la hampe de la verge, le gland, les testicules et le périnée situé au-dessous.

Shiva, penchez-vous en arrière et écartez les jambes pour que Shakti puisse avoir une vue dégagée sur votre sexe. Osez être vulnérable et offert. Au fur et à mesure, vous sentez diverses émotions vous envahir, comme la gêne, la honte, la confusion ou l'affolement. Vous pouvez aussi avoir l'impression que votre corps est humide et froid, risquant ainsi de perdre votre enthousiasme pour la suite de cette expérience.

Lorsque cela se produit, respirez profondément et imprimez à votre bassin un doux va-et-vient, maintenant votre énergie en mouvement.

Continuez à regarder votre partenaire dans les yeux, tout en acceptant, ou mieux, en accueillant les émotions ressenties, les difficultés rencontrées et l'anxiété éprouvée comme faisant partie intégrante d'un processus de guérison profondément purificateur.

PHASE 3: VAJRA PARLE

Maintenant Shiva, donnez votre voix à Vajra, lui permettant ainsi de s'exprimer avec toute l'honnêteté et la sincérité souhaitables.

Shakti, regardez Vajra et considérez-le comme une personne. Demandez-lui: "Quel est ton nom?"

Il vous répondra: "Je m'appelle Vajra" ou "Je m'appelle Le Cueilleur de Cerise", ou encore le "Sceptre de l'Eclair".

La vie est un théâtre de lumière et d'ombre, d'espoir et de désespoir, de bonheur et de malheur, de vie et de mort. Elle est une dualité, une tension entre deux pôles opposés, une musique composée de notes contraires.

— OSHO

Une fois que Vajra a donné son nom, invitez-le à parler de sa vie avec Shiva, en l'incitant à s'exprimer librement.

Il peut dire: "Shiva est un gentil garçon, mais nous avons connu ensemble des moments difficiles. Par exemple, il a mis du temps à comprendre qu'il pouvait me faire confiance pour savoir quand me montrer sensuel. D'habitude, il pensait que je devais me dresser et m'abaisser au gré d'idées bizarres, rendant la vie compliquée pour nous deux. Je me souviens, une fois..."

Vajra peut poursuivre ainsi: "D'ordinaire, il s'inquiétait de ma taille trop petite, rendant la chose désobligeante, alors qu'elle avait la bonne taille et était en parfait état de marche. Il a même été surpris lorsque, pour la première fois, une femme lui a dit qu'elle l'aimait..."

Shakti, encouragez Vajra à dire le fond de sa pensée, à faire l'historique exhaustif de sa vie sexuelle en décrivant ses souvenirs marquants.

Demandez-lui si on fait suffisamment attention à lui, si son propriétaire écoute ses conseils ou si on l'ignore.

Vous pouvez aussi lui demander: "As-tu quelque chose à dire à propos de la manière dont se déroulent les rapports sexuels entre Shiva et moi?"

Vajra, exprimez votre sentiment sur ce délicat sujet.

Shakti, écoutez Vajra d'une oreille attentive. Ses critiques positives, ses paroles peuvent contenir des informations offrant des perspectives d'étreintes sexuelles plus extatiques.

Voici une autre question à lui poser:" Quel cadeau Shiva pourrait-il te faire qui te ferait plaisir et qui rendrait votre vie plus harmonieuse?"

A quoi il peut répondre: "Oui, je voudrais que Shiva m'accorde son attention exclusive une demi-heure par jour" ou "Je voudrais qu'il change ses slips en coton pour des caleçons en soie" ou encore "J'aimerais qu'il me laisse parler avec le Yoni de Shakti quand nous "faisons l'amour" pour dire ce que je veux et ce que j'éprouve."

Et lorsque Vajra a exprimé ce qu'il pense, il peut achever par: "Maintenant, Vajra désire cesser de parler. Au revoir."

Shakti, exécutez un Salut du Cœur en pressant vos paumes l'une contre l'autre. Prenez une profonde inspiration, puis commencez à émettre doucement le son "Om" en vous inclinant lentement vers l'avant jusqu'à ce que votre tête vienne se poser sur l'os pubien de Shiva. Alors, dans cette position, chantez le mantra "Om" en dirigeant vos bénédictions vers le sexe de Shiva.

En reprenant la position assise, dites à Shiva ce qui vous plaît dans son sexe. Par exemple: "J'aime la couleur de ta peau, la fermeté et la rondeur de ton gland en forme de champignon, j'aime la manière dont tu me caresses..."

Shiva, lorsque Shakti a cessé de parler, placez vos mains sur votre sexe, fermez les yeux et asseyez-vous un instant en silence. Cela s'appelle "fermer la porte". L'énergie de votre sexe se charge de faire une pause et de baisser d'intensité pendant cette remise en question.

Accordez-vous un moment de répit, puis inversez les rôles.

PHASE 4: AUTOMASSAGE DE SHAKTI

Commencez par une longue Etreinte Unificatrice.

Retirez vos vêtements et asseyez-vous confortablement face à Shiva.

Puis commencez à caresser légèrement votre corps.

Shiva, asseyez-vous tranquillement, fermez les yeux et évoquez les diverses pénétrations du sexe de Shakti. Rappelez-vous les moments de magie et d'extase où vous aviez l'impression de pénétrer dans une matrice nourricière et chaude. Souvenez-vous aussi des moments difficiles où vous vous sentiez perdu en elle. Evoquez la première fois et ensuite le meilleur moment, enfin votre dernière relation sexuelle. Pardonnez au sexe de Shakti ses infractions à la règle du jeu et soyez-lui reconnaissant du plaisir donné.

C'est dans nos instants les plus sombres qu'il nous est donné de trouver nos plus beaux trésors.
— MARCUS ALLEN

Shakti, pendant que Shiva médite, prenez un peu d'huile de massage et massez délicatement et entièrement votre corps, en partant des pieds pour remonter ensuite.

A la faveur de ce contact venant du cœur, prenez conscience que vous êtes amour et tendresse.

PHASE 5: SHAKTI RENCONTRE YONI

Shakti, après vous être massée, portez votre attention sur votre sexe (Yoni). Faites glisser vos mains sur votre abdomen, puis entre vos cuisses, en les plaçant sur votre mont de Vénus.

Respirez profondément, en laissant l'énergie de votre souffle descendre dans votre corps vers votre Yoni, lui apportant ainsi énergie et amour.

Jusqu'à maintenant, il était presque toujours caché derrière des portes fermées, telle une femme mystérieuse et voilée, indigne de se montrer en public. Mais, aujourd'hui, le moment est venu d'être fière de son identité et de le faire voir.

Dites à Shiva qu'il peut ouvrir les yeux.

Shiva, regardez Shakti dans les yeux, laissez votre regard parcourir lentement son corps avant de se poser sur son Yoni.

Shakti, penchez-vous en arrière, écartez vos jambes pour que Shiva le voit bien, puis montrez les lèvres de Yoni et l'intérieur de votre jardin secret. Mais peut-être préférez-vous l'exposer de façon érotique, en vous retournant. Si des états émotionnels désagréables comme la gêne ou la honte vous gagnent, laissez-les s'exprimer à leur manière. Respirez profondément. Balancez doucement votre bassin et maintenez votre énergie en mouvement.

Shiva regardez Yoni. Observez-le sous tous les angles et souvenez-vous avec respect que vous êtes né d'un Yoni analogue.

PHASE 6: YONI PARLE

Maintenant, Shakti, prêtez votre voix à Yoni en le laissant parler, par votre intermédiaire, comme s'il était une personne réelle.

Shiva, posez à Yoni la question suivante: "Comment t'appelles-tu?"

A quoi il répond: "Je m'appelle Yoni" ou "Je m'appelle Ineffable Joyau" ou encore "Cerise Parfaite", voire même "Caverne Moussue".

Quand Yoni a donné son nom, demandez-lui, en l'encourageant, de parler franchement de sa vie avec Shakti.

Ce à quoi Yoni peut répondre: "Ma vie avec elle a été pleine d'aventures. Je me souviens que, lors d'un de nos premiers rapports sexuels, ce fut un grand évènement car elle comprit immédiatement que je peux être la porte du plaisir ineffable... si les préliminaires se déroulent correctement.

"Mais nous avons aussi vécu des temps difficiles ensemble. J'ai longtemps pensé qu'elle avait honte de moi, car elle ne me laissait rencontrer personne et je n'aimais pas ça. De plus, lorsqu'elle utilisait un stérilet comme moyen contraceptif, j'étais très mal à l'aise et je désirais qu'elle change de méthode, mais elle ne voulait pas m'écouter, pourtant cela ne l'a pas empêchée d'être enceinte!

"C'est alors que, pendant un certain temps, elle se mit à collectionner les rendez-vous sans lendemain, allant et venant, se laissant pénétrer par des types qui la besognaient sans grande délicatesse. Parfois je prenais plaisir à ces étreintes brutales, mais ce n'était pas toujours aussi agréable. Je suis heureux qu'elle ait enfin compris mon besoin de grande délicatesse dans les préliminaires, afin que je me détende, confiant, avant le ravissement de l'extase..."

Shiva, vous pouvez demander à Yoni: "Veux-tu ajouter quelque chose à propos de la manière dont se déroulent les relations sexuelles que nous avons Shakti et moi?"

Ecoutez Yoni et soyez attentif à ses critiques constructives. C'est en effet l'occasion d'approfondir votre connaissance dans l'art d'aimer avec son corps. Quant à toi, Yoni, exprime fidèlement ce que tu ressens, ainsi ouvre-toi de nouvelles portes à la compréhension mutuelle.

Lorsque Yoni a terminé, demandez-lui: "Y a-t-il un présent que Shakti puisse te faire pour rendre ta vie plus harmonieuse?"

Yoni peut répondre ceci: "Bien, alors, elle pourrait me mettre davantage au soleil et me laisser nu plus souvent" ou "Elle pourrait faire plus attention quand je parle. Je souhaiterais qu'elle m'écoute, quand je l'appelle; qu'elle sache que lorsque ça me chatouille à l'intérieur, elle doit envisager un rapport sexuel..."

Yoni, quand tu as exprimé le fond de ta pensée, dit: "Yoni a envie d'arrêter de parler. Au revoir."

Shiva, adressez un Salut du Cœur à Yoni, en pressant vos paumes l'une contre l'autre. Inspirez profondément, commencez à émettre le son "Om" en vous inclinant en avant jusqu'à ce que votre tête se pose sur le pubis de Shakti et chantez-le en bénissant le sexe de votre partenaire.

Le traumatisme sexuel s'apparente à une griffe prise dans les fibres héréditaires originelles des torsades masculine et féminine.

— ANNICA

Reprenez la position assise et dites à Shakti ce que vous appréciez dans son sexe. Vous pouvez dire: "J'aime la réserve avec laquelle il s'ouvre à ton contact... J'aime la courbe des grandes lèvres faisant penser aux ailes d'un papillon..."

Shakti, lorsque Shiva a fini de parler, placez les mains sur votre sexe, asseyez-vous et observez le silence pendant un instant, tandis que vous "fermez la porte", accordant ainsi à votre énergie sexuelle répit et détente.

Achevez par une Etreinte Unificatrice.

Remarques

Cet exercice, engendrant de fortes émotions, a un retentissement et un impact importants. En effet, la guérison sexuelle n'intervient que lorsque nous prenons la liberté d'exprimer nos sentiments dans un climat de confiance, d'amour et d'accueil compatissant.

Si, toutefois, parvenu à un certain stade, vous vous sentez dans l'impossibilité de poursuivre l'exercice, ne vous forcez pas à continuer. Arrêtez-vous, dites à votre partenaire ce qui se passe et proposez-lui d'échanger une

Etreinte Unificatrice. Attendez ensuite quelques heures ou quelques jours et esseyez de reprendre l'exercice.

Dans les instants difficiles ou délicats, le partenaire qui écoute peut apporter son soutien par ce genre de paroles: "Je suis ému par ton courage, ta sincérité. Cet exercice est remarquable et je sais que ce sera merveilleux pour toi quand tu l'auras réussi. Continuons. Je t'aime, je suis avec toi..."

Il est très important que le partenaire, apportant son soutien à l'autre, ne fasse aucune réflexion critique ou négative pendant l'exercice ou après.

DE LA GUERISON DES TRAUMATISMES A LA CELEBRATION DE L'ENERGIE NATURELLE

La guérison des traumatismes sexuels vous donne la confiance nécessaire pour explorer votre caractère sauvage, souvent ignoré. Dans le chapitre suivant, vous découvrirez les moyens de communiquer avec toute la puissance de votre énergie brute en la libérant d'une manière passionnante et agréable. En échange, la voie vers la plénitude de l'énergie orgastique par l'alchimie sexuelle vous est ouverte.

CHAPITRE 4

EVEIL DU MOI SAUVAGE

Quand je présente la notion de Moi Sauvage, je commence presque toujours en citant le fou divin, Drukpa Kunlé, et j'en parle en souriant parce qu'il incarne l'énergie sans entrave, il personnifie un être sauvage et exprime certaines voies extraordinaires de cette énergie élémentaire.

Il était un mystique tibétain, héros populaire et magicien vivant au quinzième siècle. De nos jours, on entend encore au Tibet, au Bhoutan et au Népal, les chants et récits contant ses exploits, car il parcourait les immensités de l'Himalaya septentrional, enseignant à qui voulait l'entendre une sagesse pour le moins déroutante, faisant accéder à l'illumination les spiritualistes "en recherche", scandalisant les disciples de la religion traditionnelle, terrassant maints démons et obtenant les faveurs intimes d'un nombre extraordinaire de femmes.

Les érudits bouddhistes le reconnaissent comme un maître ayant connu l'illumination, un interprète du couple Bouddha-Nature et une réincarnation de Saraha, l'un des maîtres du Tantrisme. Cependant à la lecture de leurs commentaires sur ses exploits sexuels et sa conduite hors du commun, je perçois le désarroi et l'embarras devant l'obligation d'expliquer de manière orthodoxe et scolastique les actes d'un esprit aussi scandaleux et indiscipliné. Pourtant, ceux de Drukpa Kunlé renferment de précieuses clés permettant de comprendre ce qu'est le Moi Sauvage, comme vous pourrez en conclure à la lecture des trois anecdotes suivantes.

Fais ce que tu veux doit être toute ta loi.
— ALEISTER CROWLEY

Dans un de ses contes, intitulé *Le Fou divin**, Drukpa Kunlé se promène sur la place du marché de Lhassa, capitale du Tibet, bondée entre autres de pèlerins, moines et religieuses. Soudain, il se met à crier: "Ecoutez-moi tous! Je suis Drukpa Kunlé, venu ici aujourd'hui, pour vous aider à obtenir le salut de votre âme. Maintenant, dites-moi vite où je peux trouver le meilleur vin et les plus jolies femmes."

Succède alors un silence scandalisé, puis une femme âgée, l'informe que les plus belles habitent le Pays de Kongpo, de même qu'une jeune et ravissante vierge nommée Sumchok. Immédiatement, il va dans ce royaume et la trouve, servant de la nourriture à un puissant chef de clan tribal.

Il entonne à son adresse des chants aux sens cachés, lui faisant la promesse d'accéder à une connaissance spirituelle approfondie, auxquels elle répond par un chant enthousiaste révélant son ardent désir d'aller au-delà du *Samsara*, le voile de l'illusion matérielle, pour accéder à la condition de Bouddha. Après avoir attiré le chef de clan hors du château par des récits de chasse, il est alors en mesure de rencontrer la jolie Sumchok. Elle lui offre du thé, mais il a une autre idée en tête...

> Il la prit par la main, l'allongea sur le lit de son maître, releva sa chemise et contempla son *mandala* inférieur. Puis, plaçant son sexe contre le *mandala* de son lotus blanc fourni, situé entre ses cuisses à la chair nacrée plus douce que la crème, et s'étant assuré de leur liaison étroite, il consomma leur union. Par cette relation sexuelle, il lui donna plus de plaisir et de bonheur qu'elle n'en avait jamais eu.

Quand Drukpa Kunlé veut partir, elle le supplie de l'emmener avec lui. Il accepte, la conduit dans une grotte proche, lui enseigne la méditation, puis la laisse seule. Alors, Sumchok se consacre à cette discipline et, au bout de quatre jours, "obtient d'être libérée de toute frustration dans un Corps de Lumière", accédant ainsi à l'état de Bouddha.

DEMONS ET LAMAS

Par ce moyen, il semble que Drukpa Kunlé ait fait accéder nombre de femmes à l'illumination, soit au cours d'une union charnelle, soit ensuite, mais il avait également d'autres facultés, notamment un tour de main lui permettant de dompter les démons. Au XVème siècle, la population du Tibet

* Albin Michel

considérait que toute épreuve, difficulté, malchance ou malheur était imputable aux œuvres de démons malveillants – êtres surnaturels pouvant prendre n'importe quelle forme ou apparence – et Drukpa Kunlé, lorsqu'il n'était pas occupé à quelque étreinte charnelle, passait une bonne partie de son temps à leur infliger des défaites grâce à ses pouvoirs magiques.

Son procédé était unique en son genre: ou bien il leur enfonçait son "ardente foudre de sagesse" – c'est-à-dire son pénis – dans la gueule ou il les aspergeait d'un puissant jet de sperme. Cet assaut brutal, lancé de toute son énergie sexuelle, ne manquait jamais de dompter, voire de transformer un démon passablement gênant.

Une anecdote très amusante raconte qu'une famille, dont la maison était tourmentée par des démons, supplie Drukpa Kunlé de venir à son secours. Il accepte et leur ordonne de percer un trou dans la porte approximativement à hauteur de son bassin, puis leur demande de le laisser seul avec deux tonnelets de vin. Le soir, il s'enivre et chante d'une voix rauque et forte ne tardant pas à attirer les démons mais, comme il a célébré un rituel magique, il leur est impossible de franchir la porte.

Mécontents, les démons la frappent violemment en criant: "Laisse-nous entrer! Cette maison est la nôtre!" Finalement, ne pouvant y pénétrer, Drukpa leur commande de se rassembler face à la porte et passe son "ardent foudre de sagesse" dans le trou, les aspergeant de son sperme mystique. Couverts de ce fluide rayonnant et divin, les démons se muent immédiatement en paisibles et secourables créatures, permettant ainsi à la famille de regagner sa maison en toute sécurité.

Nombre de récits narrant ses exploits ont un penchant irrévérencieux et contestataire à l'égard de l'institution, notamment celle du clergé bouddhiste orthodoxe. Dans l'un de ces textes, un célèbre lama refuse de le recevoir en audience parce qu'il n'a pas assez d'argent pour faire une offrande. Notre héros intrépide se procure rapidement une forte somme en or et retourne au temple pour rencontrer le lama qui le reçoit immédiatement.

Beaucoup d'eau ne peut étancher l'amour, les flots ne peuvent le noyer.
Celui qui, pour l'amour, offrirait toute la richesse de sa demeure, ne mérite que le plus grand mépris.
— Chant de Salomon

Ce dernier lui offre le ruban rouge, traditionnellement porté autour du cou, mais que Drukpa Kunlé noue autour de son pénis puis, se précipitant sur la place du marché, il crie: "Regardez! Pour cinquante pièces d'or, vous en obtiendrez un aussi grand du lama!"

Que signifie ce comportement scandaleux? Il est tout d'abord évident, d'après ces récits, que l'énergie sexuelle est à l'origine de son pouvoir et de sa magie puisque l'exploitation de cette sexualité est une approche positive s'inscrivant en faux contre la moralité classique prônée par nombre de grandes religions, dont le bouddhisme et le christianisme.

C'est la raison pour laquelle le comportement de ce héros est si anti-autoritariste et si anti-institutionnel. Il est en fait destiné à libérer le Moi

Sauvage du carcan étouffant des codes moraux qui répriment notre expression sexuelle, le libre écoulement de notre énergie et inhibe notre passion et notre spontanéité. Il nous incite à nous affranchir de ces contraintes, à libérer l'énergie brute nécessaire à notre développement et notre réalisation personnels.

Ensuite, la faculté du divin fou de dompter les démons est une parfaite métaphore de l'attitude d'affrontement et de transmutation d'énergies internes condamnées comme mauvaises, néfastes ou indésirables. Les démons qui nous habitent ne sont rien de plus que des énergies et des facettes reniées par nous-mêmes. Il nous est donc nécessaire de nouer des relations avec ces aspects rejetés et de les réintrégrer pour devenir des êtres humains entiers.

Ce qu'on raconte à propos de Drukpa Kunlé est en majeure partie purement mythique, mais sa personnalité me plaît car elle démontre comment nous pouvons réintégrer la vie dans sa plénitude et sa diversité, avec tout ce qui en fait la richesse et la saveur. Qu'on s'entende bien: je ne propose pas d'aller à la recherche de jeunes vierges pour les séduire, de dompter des démons ou de parer nos sexes de liens rouges. Je dis que si nous voulons célébrer notre énergie dans sa plénitude au titre de la magie sexuelle, alors, comme Drukpa Kunlé, nous devons éveiller le Moi Sauvage qui vit en nous.

FEMMES A L'ETAT SAUVAGE

L'équivalent féminin de Drukpa Kunlé n'existe pas car les sociétés patriarcales n'ont pas permis aux femmes de célébrer leur sexualité originelle avec la même liberté que les hommes.

Cependant, il existe des archétypes féminins la symbolisant, telle la divinité hindoue Kali, déesse débordant d'une incroyable énergie, crachant le feu, exécutant une folle danse sur le corps de Shiva, dieu masculin, tenant d'une main la tête tranchée d'un homme, de l'autre une épée et portant un collier constitué de cinquante crânes humains.

On considère que, sous ces traits effrayants, Kali symbolise les principes essentiels régissant l'univers visible, les cycles de naissance et de mort, le créateur de la vie en même temps que son destructeur – tour à tour bienveillant, cruel, créatif, destructeur, affectueux et indifférent. Pourtant cette déesse impétueuse et déchaînée semble bien loin de l'image de douceur, d'humilité et de soumission attribuée au rôle de la femme dans la culture indienne.

En Europe, mythes et légendes ont eu tendance à représenter ces femmes farouches de manière négative. Ainsi, dans *Les Bacchantes*, tragédie grecque d'Euripide, un groupe de ces femmes, les Ménades, dansent abandonnées à l'ivresse de l'amour en célébrant Dionysos, dieu de l'extase. Elles vivent par le biais de la danse, de la liberté, de la joie et de l'épanouissement, faisant preuve de facultés magiques. Isolées de leur contexte, elles sont une magnifique expression de la passion féminine débridée, dansant nu-pieds dans les bois, honorant la force de vie, accédant à des états de conscience mystiques et orgastiques.

Toutefois, Penthée, roi de Thèbes, désapprouve leur attitude et tente de les empêcher de quitter la cité pour participer à leur cérémonie. Aussi, en réponse à cette intervention royale, l'énergie naturelle et extatique des femmes se mue en rage et en folie.

Médée est un autre archétype grec de la femme à l'état brut. Elle incarne la belle sorcière tombant follement amoureuse de Jason, l'Argonaute. Grâce à ses facultés magiques, elle aide Jason à accomplir les tâches quasi-insurmontables imposées traditionnellement par le roi Eétès, son père, afin qu'il lui

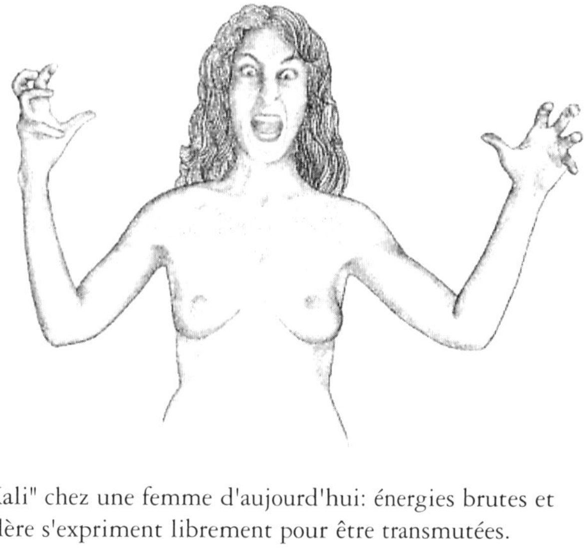

"Kali" chez une femme d'aujourd'hui: énergies brutes et colère s'expriment librement pour être transmutées.

La déesse Kali. Le lotus symbolise la création, alors que la décapitation représente l'épée de la vérité tranchant l'illusion de l'ego.

donne la légendaire Toison d'Or. Sans son aide, Jason n'aurait jamais pu espérer réussir dans sa quête.

Mais quand Jason rentre triomphalement à Corinthe avec la Toison d'Or, il trahit Médée en sollicitant les faveurs de la fille du roi de la cité. De chagrin et de rage, Médée se livre à un épouvantable massacre, tuant le roi, sa fille et ses propres enfants lors d'une vengeance sanguinaire et orgastique contre Jason.

La secte et le culte célébrés par les amants diffèrent de tous les autres. Ils ont une religion et une foi qui leur sont absolument spécifiques.

— AZUL

Du point de vue du Moi Sauvage, l'essentiel de ces tragédies est de faire saisir le fait que la passion, l'extase et les pouvoirs magiques des Ménades comme ceux de Médée se présentent sous l'aspect d'une force créatrice d'une ardeur extraordinaire jusqu'à ce qu'ils soient confrontés à la répression et au rejet masculins. En effet, ce n'est qu'après avoir été bloquée que leur énergie naturelle a tourné à la destruction et à la folie.

La leçon n'est pas, comme certains pourraient le penser, que les femmes doivent prudemment maîtriser leurs passions, mais plutôt qu'on ne doit pas les empêcher de rechercher liberté, amour et extase en donnant libre cours à leur caractère sauvage. Jusqu'à maintenant, ce genre de message n'aurait pas été entendu par les hommes aussi bien que les femmes si l'émancipation des femmes n'avait créé un climat se prêtant enfin à ce type d'approche et d'affirmation.

LES ORIGINES DU MOI SAUVAGE

Quand nous analysons des archétypes comme Drukpa Kunlé, Médée ou les Ménades, nous voyons le reflet de notre propre Moi Sauvage qui vit en nous depuis notre naissance. Il s'agit d'un moi qui sait comment danser de manière extatique, aimer avec passion, vivre dans la plénitude, en brûlant la chandelle par les deux bouts.

Très jeunes, nous étions en parfaite harmonie avec cette expression naturelle. Si vous doutez de ce que je dis, observez pendant quelques minutes un enfant en train de jouer et vous constaterez de quelle énergie importante il dispose, suffisante pour épuiser n'importe quel athlète adulte essayant de rivaliser avec ses cabrioles.

Mais vous pouvez aussi observer ses différents états d'humeur et voir ce qui se passe lorsque l'énergie humaine s'investit en totalité dans le rire, la colère, les pleurs, les hurlements de joie ou de douleur et la détente. On a l'impression que l'énergie corporelle entre spontanément en action, jaillissant d'une source cachée, absolument libre de toute contrainte extérieure.

L'origine du Moi Sauvage réside dans cette énergie analogue à celle de l'enfant, dans cette force brute, innocente et vitale, s'exprimant naturellement avant d'être filtrée par les conventions de l'éducation sociale. En effet, le processus civilisateur revêt bien des formes. Ainsi, prenons le cas d'un enfant que ses parents appellent pour rentrer déjeûner alors qu'elle joue. Bien qu'il ait faim, et il ne peut en être autrement, le jeu est si agréable qu'il n'a pas envie de s'arrêter. Donc, il est obligé d'ignorer sa pulsion naturelle pour rentrer se mettre à table et manger comme une enfant bien élevée. C'est d'une manière aussi simple que l'énergie naturelle est domptée et orientée.

Avec les meilleures intentions, on apprend progressivement aux enfants à étudier chacun de leurs élans naturels et à en peser les conséquences avant d'y céder. Est-ce vraiment le bon moment pour rire, pleurer, dire ce que je pense? Dois-je essayer de me retenir jusqu'à la fin du cours avant d'aller aux toilettes ou demander la permission d'y aller maintenant? Puis-je courir et sauter ou serai-je réprimandée pour l'avoir fait?

Très tôt, tout élan spontané est contraint de faire un détour par les mécanismes mentaux interprétatifs et analytiques. Toute pulsion naturelle doit se frayer difficilement un chemin dans le labyrinthe des "fais", "ne fais pas", "dois" et "ne dois pas" inculqués par les parents avant d'être autorisée à se manifester extérieurement.

Ce passage de l'innocence infantile au savoir-vivre élaboré de l'adulte étrangle l'énergie de l'*Eros*, force vitale d'affirmation présente en nous tous. D'un point de vue fondamental, l'*Eros* est une force à caractère sexuel, une pulsion créatrice et dynamique renfermant en elle-même un "oui" inconditionnel à la vie. Toutefois, sa collision avec à la société la pervertit pour la réduire à un "oui, mais..."

Cependant, nous ne perdons pas tous notre caractère instinctif. En ce qui me concerne, je me suis toujours efforcée de conserver un peu de ce flamboiement originel qui m'a évité d'être totalement "émasculée" par l'avalanche de discipline et de convenances s'abattant sur moi pendant ma croissance. Pratiquant l'escalade en solitaire, traversant le torrent écumeux d'un cours d'eau glacial, courant parmi les arbres à la poursuite d'un cerf, je revivais et retrouvais l'intuition de mon âme. Je sentais monter en moi une soudaine et immense bouffée de joie et de défi me donnant envie de crier haut et fort dans la forêt "Voilà qui je suis vraiment et personne ne me le prendra!"

Plus tard, vers vingt ans, j'ai découvert la même énergie exaltante dans la relation charnelle. La marée montante de mon énergie vitale et sexuelle me poussait à remettre en cause les règles relatives à la conduite des "jeunes filles convenables". Je voulais tout découvrir à propos de mon *Eros*, de ma sensualité, de ma libido et plus j'explorais, plus j'acquérais la certitude que le facteur constitué par la spontanéité instinctive était essentiel à mon accomplissement sexuel. Après un bel après-midi d'étreintes charnelles, au cours duquel j'avais affronté avec succès une impression rémanente de honte ou de culpabilité, je me sentis fortifiée dans mon intuition de "qui je suis vraiment" et de "qui je veux être".

Quelques années après, dans le cadre de l'étude du Tantrisme et du Moi Sauvage, j'ai rencontré une version contemporaine de Drukpa Kunlé en la personne d'Osho, maître fort contesté en Inde qui enseigne une sagesse folle et qui a imaginé diverses méthodes aidant les gens à s'échapper de leurs camisoles de force civilisées pour retrouver la puissance et la passion de leur énergie naturelle instinctive.

Bien qu'ayant été presque unanimement condamné comme "gourou sexuel", Osho a une vision de l'existence qui s'étend au-delà de la chambre. Pour lui, l'obsession occidentale de la sexualité est la conséquence de siècles de répression et de rejet. La libération et la guérison de l'énergie sexuelle va de pair avec l'expression d'émotions contenues, la danse frénétique, la respiration dynamique, le fait de dire des bêtises ou de rire sans retenue... bref, avec l'emploi de n'importe quelle méthode évacuant les inhibitions qui entravent l'écoulement naturel de l'énergie humaine. C'est alors et alors seulement, selon Osho, qu'on est prêt à s'asseoir et à fermer les yeux pour entamer le voyage intérieur qu'est la méditation.

Je me souviens très nettement de mon extraordinaire rencontre avec ce mystique anticonformiste. Assise face à lui, mon regard plongé dans ses yeux souriants et pétillants, j'ai senti soudain s'élever le sourd grondement d'un rire venant des profondeurs terrestres avant de pénétrer agréablement mon corps. Impuissante, j'ai éclaté d'un rire incœrcible qui, très vite, gagna chacune des personnes présentes. Il était si communicatif que toute la salle riait.

Les minutes passant, je ne pouvais toujours pas m'arrêter, aussi ai-je été doucement reconduite à ma place. Ensuite, pendant un mois, chaque jour à la même heure – sept heures le soir – ce rire m'a reprise. Peu importait ce que je faisais à ce moment – lecture, prière, danse, rapport sexuel, cuisine – cet incroyable rire montait en moi.

Cette expérience m'a permis de découvrir la vertu curative du rire car, chaque fois qu'il me secouait, j'étais obligée de ne plus me prendre au sérieux. Quel qu'ait été l'objet de mon inquiétude, mon rire éclatait au beau milieu de mon dialogue intérieur, me permettant ainsi de prendre du recul par rapport à mes préoccupations. Je pouvais rire de ma vie, me rendant compte que "ce n'est vraiment pas moi, que c'est ce à quoi je me suis identifiée, associée, mais qu'en réalité je suis une pure conscience des choses, distincte, libre, inaccessible et que par essence, je suis au-delà de tout cela."

Chez moi, cette expérience a eu un impact, un retentissement prodigieux et a été un cadeau unique en son genre, aidant maintes personnes à entrer en état de conscience méditative dans la dimension du Moi Sauvage.

LE MOI SAUVAGE EST-IL DANGEREUX?

L'histoire retient que presque toutes les cultures, y compris la nôtre, ont perçu le Moi Sauvage comme un phénomène dangereux et menaçant, ce qui est exact d'un certain point de vue, car toutes les sociétés ont tenté d'élaborer un être humain soit-disant "civilisé" au prix d'une répression s'exerçant sur notre énergie animale et naturelle.

Le bilan en est le suivant: chaque fois que nos pulsions instinctives parviennent à faire craquer le vernis des comportements civilisés, leurs énergies se manifestent de manière destructrice et négative. Ainsi leur contention prolongée a tellement perverti l'énergie naturelle que celle-ci ne peut prendre facilement une orientation créatrice.

Ce n'est pas par hasard que la violence est si prisée dans les films et à la télévision, car c'est par "procuration" – celle des médias – que les gens extériorisent leur animalité réprimée, tuant, estropiant et frappant, lors d'une rébellion romantisée contre la morale sociale qui les a castrés en les enfermant dans un cocon de politesse et de gentillesse convenues. En conséquence, c'est par le fantasme que les humains civilisés ont la possibilité de rompre leur triste servitude horaire quotidienne pour vite s'échapper vers la liberté.

Au cours des dernières années, les mouvements américains et européens ont accompli un chemin considérable vers la reconnaissance de la valeur prise par la réhabilitation du Moi Sauvage. Dans leur recherche de valeurs sexuelles authentiques, ils ont compris que, d'une manière ou d'une autre, on avait dérobé aux deux sexes leur force vitale originelle et que çette perte est en partie responsable de la frustration et de l'insatisfaction vécues dans leurs relations.

Celui qui réalise la vérité du corps peut alors accéder à la connaissance de la vérité universelle.

— TANTRA RAT NAS

Par tradition, il a été permis aux hommes d'exprimer, mais jusqu'à un certain point, leur caractère sauvage sexuel, permission traduite par l'expression "faire des frasques" avant de se ranger et de connaître, par le mariage, l'attachement à la vie de famille.

Quant aux femmes, même à notre époque de libération relative, elles ont à surmonter des tabous sexuels plus grands. Ainsi, l'un des problèmes les plus courants que j'ai à résoudre lorsque je les aide à découvrir leur potentiel orgastique est le suivant: "Si je me laissais vraiment aller à exprimer mon moi orgastique dans la relation sexuelle, j'irais trop loin, il serait effrayé et pourrrait s'éloigner de moi." Alors, plutôt que de prendre ce risque, ces femmes préfèrent refouler toute pulsion sexuelle instinctive naturelle.

Beaucoup d'entre nous craignent l'expression de l'émotion spontanée quand elle est emportement. Par exemple, au cours des ateliers que je dirige, j'assiste parfois à des accès de colère émanant d'un homme ou d'une femme qui, vivant une situation de rétroaction avec son partenaire, crie soudain: "tais-toi! Je n'aime pas ce que tu dis!" Immédiatement, la plupart des autres personnes présentes commencent à se sentir gênées, voire à éprouver de la peur, entraînant tout le monde à souhaiter que l'incident soit aussi bref que possible.

Les deux sexes ont tendance, même dans les situations créées pendant les ateliers, à éviter d'exprimer ce qu'ils perçoivent comme des émotions désagréables, ne comprenant pas que ces éclats sont de grossiers panneaux indicateurs menant à une importante source d'énergie vitale naturelle.

Le mysticisme sain est panthéiste.
— MATTHEW FOX

Heureusement, il y a un remède à ces difficultés et je suis heureuse de déclarer qu'il est parfaitement possible de libérer l'énergie du Moi Sauvage par des moyens ludiques et créatifs valorisant l'amour et l'intimité entre hommes et femmes, tout en ne rejetant ni la force, ni la passion, caractères fondamentaux du Moi Sauvage. La méthode que j'ai mise au point est la raison d'être de ce chapitre. Par ailleurs, vous aurez l'occasion d'exécuter une série d'exercices curieux et stimulants conçus dans ce but.

RETOUR A LA SPONTANEITE SEXUELLE

Mais avant cela, je désire poser deux questions très élémentaires: pourquoi un adepte de la magie sexuelle doit-il découvrir son Moi Sauvage? Quel est le lien entre la magie et le caractère sauvage naturel?

J'écris, dans le chapitre 1, que toute vision ou désir voulant se voir réaliser, doit être le point de convergence sur lequel s'investit votre énergie sexuelle orgastique. Or cette dernière ne peut naître sans que vous vous mettiez d'abord en communication avec votre Moi Sauvage. En effet, d'un point de vue sexuel fonctionnel, l'éjaculation masculine et l'acmé féminin peuvent se produire, mais sans véritable orgasme, car il exige la participation de la spontanéité pour que le corps se charge d'énergie extatique..

Permettez-moi d'expliquer ce que j'entends par caractère "sauvage" dans le contexte sexuel. Au cours de la relation charnelle, lorsque l'excitation commence à se manifester, on peut, grâce à certaines techniques, faire en sorte qu'elle s'accroisse lentement pour adopter le profil d'une courbe d'intensité croissante, chargeant votre corps d'une énergie et d'un plaisir sans cesse accrus. Or, si vous laissez cette exquise montée de l'excitation se poursuivre sans que l'acmé se produise, vous parviendrez à un seuil au-delà duquel l'énergie sexuelle accumulée échappera de plus en plus à votre contrôle.

Puis la charge devient si forte que l'énergie prend le dessus et les sensations commencent à parcourir vos organes génitaux, voire tout votre corps, analogues à une série de réactions extatiques involontaires n'étant pas un "acte", mais un "événement" au sens étymologique du terme, qui est une expérience de votre énergie sauvage naturelle.

Maintes personnes ont fait l'expérience d'un autre type d'expérience sexuelle, également lié au caractère sauvage naturel. Ce phénomène se produit de la manière suivante: deux amants sont ensemble, sans intention précise d'étreinte charnelle, quand soudain, un jaillissement d'énergie sexuelle les parcourt, les poussant à l'étreinte charnelle. Cette vive pulsion peut être déclenchée par le plus léger contact d'une main sur la nuque, une étreinte, un doux baiser ou quelque courant électrique inconnu passant entre eux à leur insu. Cet état participe, lui aussi, du Moi Sauvage.

Il me revient un récit qui m'a été rapporté par Jenny et Ken, deux maîtres expérimentés enseignant les disciplines tantriques et ayant été amis, collègues, puis amants pendant plusieurs années. Puis, vint un moment où, pour maintes raisons personnelles, Ken déclara à Jenny qu'il ne voulait plus être son amant. De longs mois s'écoulèrent pendant lesquels, de mauvaise grâce, elle essaya de s'adapter à cette nouvelle situation tout en poursuivant son partenariat pédagogique avec lui.

Environ un an plus tard, juste avant de diriger ensemble un important atelier, Jenny vint habiter quelques jours l'appartement de Ken, afin de préparer ensemble leur nouveau programme. Jour après jour, ils revirent leurs exercices et, notamment, les trois que je détaillerai dans ce chapitre: le Rire Pelvien, la Méditation sur le Feu et Communiquez avec votre Animal Sauvage.

Jenny eut la surprise de se trouver tiraillée entre angoisse et extase, sans vraiment savoir si elle avait été plongée dans les abîmes de l'enfer ou portée au septième ciel, passant vingt-heures par jour avec l'homme qu'elle aimait de tout son cœur. Ils se parlaient, se touchaient, dansaient, jouaient, s'étreignaient... et vivaient tout ensemble, sauf la relation sexuelle. Par la suite, elle me dit qu'elle brûlait d'attirer Ken à elle et de l'entourer de son corps comme auparavant, de sentir sa puissante virilité s'affirmer avant de la pénétrer pour la combler dans une étreinte irrésistible, mais Ken restait sur ses positions avec obstination, à savoir qu'ils n'étaient plus amants.

Pourtant un soir, alors que les plans établis pour le programme de leur atelier étaient presque achevés, ils paressaient, désœuvrés, regardant une émission de télévision et parlant à bâtons rompus, quand leur conversation glissa sur le thème de l'image animale comme moyen de provoquer une agressivité sexuelle salutaire, si bien que très vite, ils commencèrent à jouer comme les loups, grognant l'un après l'autre en se mordillant, folâtrant sur le tapis et se poussant mutuellement sans se faire de mal.

Soudain, venu de nulle part, un véritable flamboiement sexuel commença à leur brûler les reins – feu si furieux, si imprévu et si exaltant qu'on ne pouvait y résister. Jenny raconta plus tard:

"Cétait une chaleur prodigieuse prenant naissance dans mon sexe et gagnant tout mon corps tel un feu estival embrasant brusquement des broussailles sèches. D'après l'excitation éprouvée par Ken, je pourrai dire qu'elle montait en lui simultanément à la mienne. Je suppose que tous les exercices précédents nous avaient, d'une manère ou d'une autre, purifiés, chargés, permettant ainsi la manifestation de cet incroyable renouveau énergétique. Il nous était impossible de l'ignorer, de la maîtriser, ni de l'apprécier. Nous n'avions pas d'autre solution que d'aller au lit!

Nous nous sommes précipités vers la chambre en nous chatouillant, nous poursuivant et nous poussant mutuellement. J'étais heureuse d'enlever mes vêtements, je les déchirais presque, j'ai attrapé Ken à moitié nu et l'ai poussé sur le lit. Il grogna et bondit dessus avant de m'y attirer et d'essayer de m'y plaquer comme le ferait le mâle dominant d'une meute, tout en retirant le reste de ses vêtements. Mon excitation s'amplifiant, je m'agrippais à son jean, grognant et bondissant de-ci, de-là, nue, telle une louve en chaleur.

Puis, il sauta sur moi et nous roulâmes, nous mordillant, grognant et grondant l'un après l'autre, faisant semblant de planter réciproquement nos griffes dans nos chairs, mâchonnant nos cous. C'était si excitant! Il essaya de me prendre par derrière, mais je ne me laissais pas faire, essayant plutôt de monter sur lui! Je brûlais du désir d'être pénétrée, mais j'étais en même temps tellement imprégnée de cet instinct animal qui veut que... enfin, vous voyez ce que je veux dire, si vous avez observé des animaux sauvages, vous savez que la femelle n'accepte pas l'accouplement tant que le mâle n'a pas effectué une grande parade nuptiale, se pavanant en prenant des airs avantageux et montrant ce qu'il sait faire, la portant ainsi au comble de l'excitation.

Aussi continuais-je à jouer la séductrice et la femelle consentante, comme si je voulais qu'il me pénètre, mais à l'instant critique, je roulais de côté ou je me retournais en grognant et en essayant de le faire tomber. S'il paraissait sur le point d'abandonner ou de se sentir frustré, je commençais à geindre et à lécher doucement ses zones érogènes corporelles, réveillant instantanément l'enthousiasme qu'il mettait dans sa danse nuptiale et nous recommencions aussitôt. On avait l'impression que cela pouvait durer éternellement, mais finalement, il réussit à me coincer, en me pressant contre les oreillers et en m'écartant les cuisses par derrière. Alors, nous nous lançâmes dans un coït absolu et si intense qu'un niveau supérieur d'énergie orgastique semblait s'ouvrir à nous. Par ailleurs, j'étais très soulagée de retrouver ce merveilleux courant de passion sexuelle passé à nouveau entre nous."

Toute la nuit, Jenny et Ken s'abandonnèrent aux jeux de l'amour, aiguillonnés par un ardent désir mutuel de se re-connaître, de se redécouvrir, d'une nouvelle et innocente façon, libérés, comme si le passé n'avait pas existé. Par la suite, Jenny déclara avoir vécu l'une des expériences sexuelles les plus marquantes de sa vie, car ils étaient parvenus à rester sur le fil ténu où l'agressivité, bien que frisant l'excès, reste dans la sphère du plaisir et où la passion, quoique menaçant d'exploser, continue à croître d'une manière ou d'une autre.

Jenny expliqua encore: "J'ai compris que c'est l'amour qui permet d'extérioriser son caractère sauvage tout en maîtrisant son agressivité. S'il existe entre deux êtres un lien affectif profond et solide, ils peuvent lui donner libre cours tout en conservant en même temps suffisamment de sensibilité pour continuer à s'amuser sans se faire de mal."

J'ai rencontré Dieu en moi-même et je l'ai aimé. Je l'ai aimé avec ardeur.
— NTOSAKE SHANGE

Ce qu'ont vécu Jenny et Ken est l'illustration du Moi Sauvage manifesté qui trouve son expression naturelle dans un cadre sexuel. C'est lorsque la pensée cesse d'organiser, diriger et calculer que la personne, homme ou femme, se confond totalement avec ses sensations corporelles, permettant à l'énergie de circuler librement, expression authentique et spontanée du caractère sauvage.

CATHARSIS: L'EXPLOSION MAÎTRISEE

La libération de notre énergie brute est chose délicate, car nous devons simultanément nous sentir en sécurité et donner libre cours à un jaillissement interne d'énergie, en lâchant les commandes de mécanismes qui d'habitude la maintiennent sous contrôle. Ainsi, au cours des exercices suivants, vous serez invités à libérer votre énergie et extérioriser vos émotions d'une manière amusante, car si je me réfère à mon expérience, la gaieté engendre un climat dans lequel l'énergie brute peut emprunter une voie d'expression positive.

Néanmoins, la catharsis étant une forme d'explosion, quel que soit le degré de sécurité dont vous accompagnez son déroulement, vous devez être disposé à lâcher les commandes, à évoluer au-delà de ce qui est connu, sûr, sécurisant et, pour reprendre les termes de D. H. Lawrence, "à risquer votre corps, votre sang, votre esprit et votre moi connus, pour acquérir de plus en plus les caractères du moi que vous n'auriez jamais pu connaître ou soupçonner." Elle peut être soit une expérience merveilleusement purificatrice, soit être vécue comme une chose épouvantable, mais aussi présenter ces deux caractères.

Certains interprètes de la thérapie moderne déclarent que la catharsis ne présente pas vraiment d'intérêt parce qu'"elle ne mène à rien". La thèse qu'ils soutiennent est la suivante: si, par exemple, vous sentez la colère monter en vous et que vous l'extériorisiez, rien ne garantit que, demain, vous ne serez pas à nouveau en colère. C'est exact, mais le fond du problème n'est pas là. En effet, qu'elle soit extériorisée ou réprimée, elle persiste en tant que fait d'expérience. Tout comme les nuages cachent aujourd'hui le soleil et amènent la pluie aujourd'hui, ils peuvent l'amener à nouveau demain; cela fait partie intégrante du cycle de la vie. Ce qui vaut pour la colère, vaut également pour tout sentiment humain.

Je suis en outre convaincue que réprimer une forte émotion contribue à étouffer notre énergie vitale, alors que la catharsis, si elle est spontanée, renferme un élément à caractère sauvage susceptible de purifier nos réseaux énergétiques et leur permettre de remplir leurs fonctions, faisant ainsi place à un

Imaginez que vous avez pris l'aspect de Pan, dieu masculin velu à l'allure de bouc, et que vous avez une fabuleuse érection.

sentiment de vitalité et un goût de vivre accrus. Si l'expression émotionnelle est abordée de manière créative, elle peut traduire un ardent désir de mordre dans la vie à pleines dents, alors que le refoulement est presque toujours un aveu de renoncement ou d'abnégation de soi.

Nous sommes maintenant prêts à entamer une série de trois exercices vous aidant à découvrir et exprimer votre Moi Sauvage.

EXERCICE: LE RIRE PELVIEN

Objectifs et bienfaits

Au cours de cet exercice, vous allez entrer en contact avec votre caractère sauvage de façon douce et amusante en utilisant le rire comme catalyseur afin d'éveiller et de faire vibrer vos sources énergétiques secrètes. A un certain moment, vous étendrez votre rire à la zone pelvienne contribuant ainsi à défaire la "ceinture de chasteté psychologique" qui, peu à peu, a enfermé votre énergie sexuelle originelle – interdit, impudeur, immoralité, etc...

Aux yeux de certains, le rire peut sembler un moyen insolite d'affronter des démons ou d'agir à titre de catharsis sur des émotions refoulées. Mais si votre participation est imprégnée d'un enthousiasme sincère, vous constaterez que le rire est très efficace et très puissant, permettant de pénétrer les profondeurs du conditionnement social et de faire jaillir une source d'énergie.

Vous rencontrerez le dieu païen Pan, toujours prêt aux rapports sexuels, ainsi que son homologue grecque, la déesse Baubo, bouffon sexuel féminin qui voit par ses mamelons et parle par les lèvres de sa vulve. Ces deux archétypes sont des génies truculents ayant pour raison d'être de nous faire communiquer avec notre énergie sexuelle et aidant à établir un lien entre la sexualité et l'humour, la joie et le rire.

Pan et Baubo contribueront à faire apprécier, dans un contexte adéquat, des expressions vulgaires non utilisées d'habitude mais ayant une action libératrice et curative sur l'énergie refoulée. C'est en effet en procédant à un "grand déballage" que vous ressentirez la chaleur bienfaisante de l'accueil inconditionnel et que vous intégrerez les dimensions oubliées de votre être.

Cette partie de l'exercice est tout particulièrement salutaire aux femmes, dont beaucoup sont conditionnées à penser qu'elles doivent être en permanence douces, calmes, élégantes et physiquement attirantes – sans jamais laisser apparaître le côté "vulgaire" et "grossier" de la nature humaine.

Imaginez que vous incarnez la déesse Baubo, voyant par ses mamelons et parlant par les lèvres de sa vulve, symbole de l'obscurité facétieuse et insouciante.

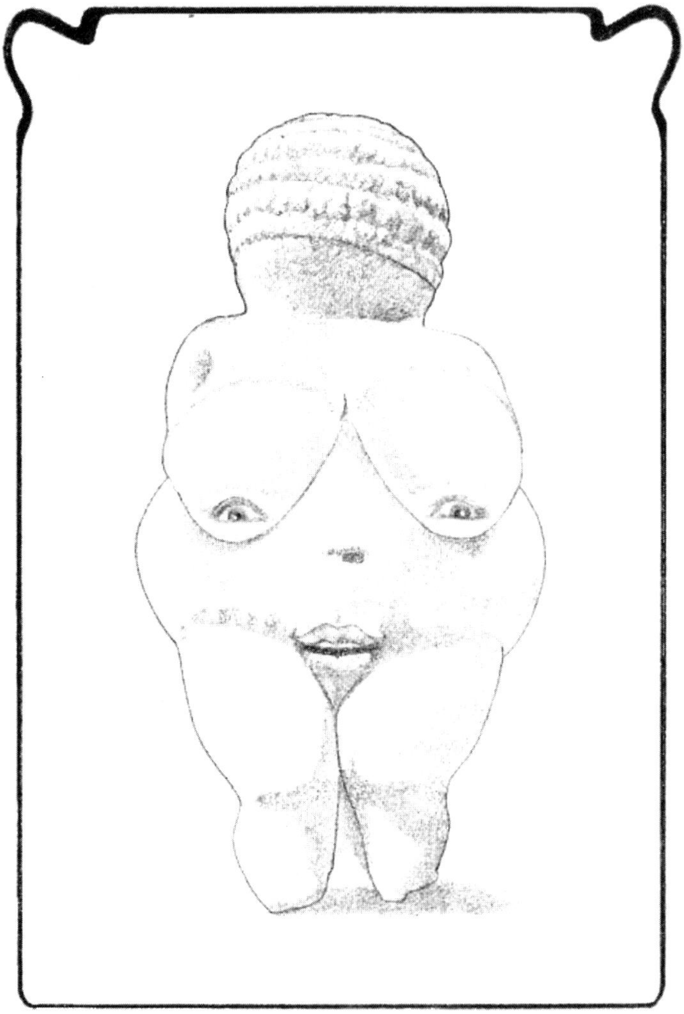

Préparation

- On peut se livrer au Rire Pelvien seul, mais son action est plus efficace pratiquée à deux.
- Préparez votre Cercle Magique.
- Portez des vêtements amples dans lesquels vous êtes à l'aise.
- En guise d'entrée en matière, prenez le temps de rassembler tout ce qui déclenchera votre rire. Ainsi, louez la cassette d'un film contenant des scènes hilarantes, ou trouvez-vous des illustrations, des cartes postales, ou encore lisez des passages amusants. Mais peut-être

avez-vous aussi des blagues préférées ou la cassette audio d'un sketch comique, voire l'enregistrement du rire communicatif de quelqu'un, alors préparez-le à l'avance et apportez-le dans votre Cercle Magique.

- Voici une bonne blague pouvant être ajoutée à votre répertoire:

Une élégante et jeune cadre new-yorkaise se marie avec un jeune et séduisant fermier du Vermont. Estimant que l'attitude de son mari, dans les rapports sociaux, pèche par son manquement à l'urbanité, aux bonnes manières auxquelles elle est habituée, elle se met en tête de lui faire acquérir, sur-le-champ, du savoir-vivre et entame son éducation dès l'accueil des invités, lui indiquant quels couteaux utiliser, etc... Le jeune homme se plie volontiers aux exigences de sa jeune épouse, mais les conseils répétés émoussent lentement sa confiance en lui. Finalement, lorsque les festivités sont terminées et que leur lune de miel commence, le couple va se coucher. Une fois allongés, nus sous les couvertures, le jeune homme demande, hésitant: "S'il te plaît ma chérie, veux-tu me p-passer le m-minou?"

- Ne vous inquiétez pas si, au début, votre rire sonne faux et creux. C'est compréhensible, le rire, vécu d'ordinaire comme manifestation spontanée, est anticipé dans le cas présent, puisque vous créez à dessein une situation. En outre, nombre de gens n'ont pas l'habitude de rire beaucoup, la vie étant devenue pour eux une affaire sérieuse.

- Bientôt, vous constaterez que tout peut donner prétexte à rire. Si, par exemple, vous avez le sentiment que la situation est absolument ridicule – le rire considéré comme un exercice, qui n'a jamais entendu parler de cela? – alors riez-en. Soyez créatif, enthousiaste et vous serez surpris de constater que le rire vient facilement.

- Pour cet exercice, accordez-vous vingt, vingt-cinq minutes.

Pratique

PHASE 1: RIEZ ENSEMBLE

Entrez dans le Cercle Magique avec votre partenaire.

Accueillez-vous mutuellement par un Salut du Cœur.

Asseyez-vous confortablement et commencez à explorer les moyens de provoquer le rire tous.les deux. Faites des plaisanteries, regardez certaines scènes de films ou lisez des passages amusants.

Riez à chaque occasion. Aidez votre partenaire. Faites des grimaces comiques et chatouillez-vous mutuellement.

Consacrez environ cinq minutes à rire de cette manière ou, si votre rire va bon train, prolongez cette phase aussi longtemps que vous le voulez.

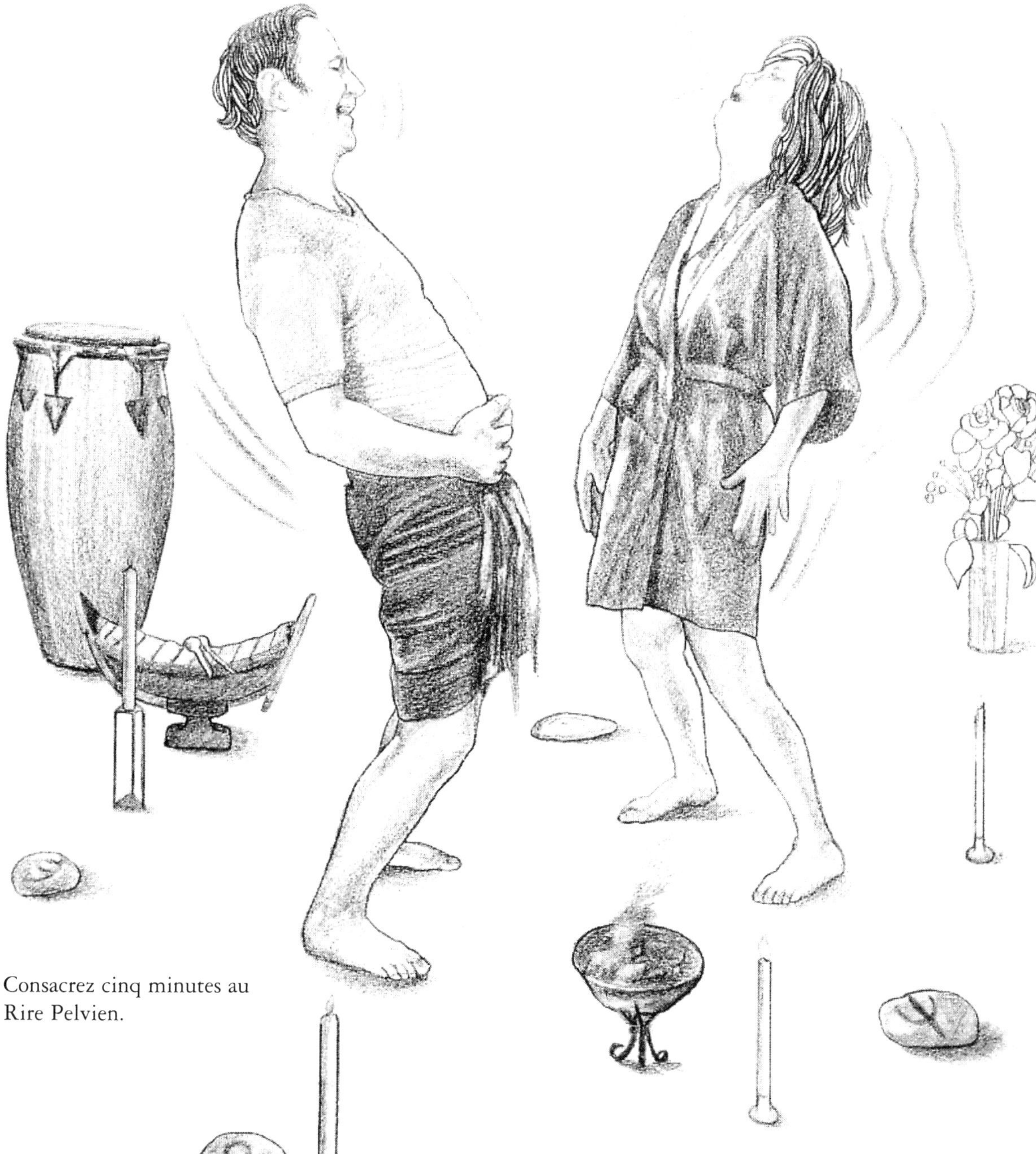

Consacrez cinq minutes au Rire Pelvien.

PHASE 2: INTERIORISATION DU RIRE

Quand vous êtes prêts tous les deux, tenez-vous debout dans le Cercle Magique, vos pieds écartés d'une largeur d'épaules et vos genoux légèrement fléchis. Puis laissez les muscles des sphères pelvienne et génitale se détendre. Enfin, fermez les yeux.

Essayez différentes tonalités de rire, allant du "oh, oh, oh" intense et théâtral au rire doux et flûté, chaque timbre pouvant le caractériser puisqu'il couvre une large plage du vécu humain. Pendant environ trois minutes, essayez de définir combien de rires différents vous pouvez produire.

PHASE 3: RIEZ AVEC VOTRE BASSIN

Au bout de quelques minutes, portez votre attention sur la zone pelvienne, c'est-à-dire celle s'étendant des hanches aux organes génitaux en passant par le petit bassin. Quelles sensations produit le rire dans cette zone? Il se peut que vous ne perceviez qu'une faible mais très agréable vibration. Ne cherchez pas à l'étendre, stimulez-la, amplifiez-la en associant rire et respiration profonde. A l'inspiration, imaginez que l'air parcourt la distance le menant à votre bassin afin de l'épanouir et le détendre.

Tandis que le Rire Pelvien vous fait vibrer, entamez l'évocation d'images ou de souvenirs de situations inhibant ou censurant, d'une manière ou d'une autre, votre énergie sauvage naturelle. Ainsi, rappelez-vous vos premières expériences masturbatoires, l'éducation à la "propreté", les impératives consignes parentales sur la sexualité ou encore sur l'interdiction de rire.

Quand elles surgissent, riez-en pour détruire cette cuirasse énergétique et psychologique. Sentez-vous libre de les modifier afin qu'aujourd'hui, elles vous semblent absurdes ou amusantes. Mettez votre imagination à contribution.

Consacrez cinq minutes au Rire Pelvien.

PHASE 4: SEXUELLEMENT, SOYEZ AUSSI SCANDALEUX QUE PAN

Afin de vous préparer à la phase suivante, ouvrez les yeux et rétablissez le contact avec votre partenaire, car le moment est venu, sexuellement, de vous conduire de façon scandaleuse.

Tout en riant, imaginez que vous vous êtes mué en dieu Pan. Peu importe que vous soyez homme ou femme, imaginez, juste un instant, que vous avez pris son aspect, dieu masculin à l'allure de bouc, et que vous avez une érection fabuleuse.

> *Nous devons veiller à ce qu'en chassant le démon nous ne jetions pas la meilleure part de nous-mêmes.*
>
> — NIETZSCHE

Ensuite, geste et mouvement à l'appui, montrez à votre partenaire les dimensions de votre sexe: longueur, diamètre, volume. Déplacez-vous à travers la pièce. Que ressentez-vous à marcher doté d'un si grand pénis?

Qu'éprouvez-vous, dans votre bassin, à la perception des pulsations d'une énergie sexuelle si forte? Continuez à rire.

Si vous êtes une femme, c'est l'occasion rêvée de faire l'expérience, sous une forme outrancière, de ce qu'éprouve un homme. Sentez entre vos cuisses les pulsations de l'énergie masculine. Prêtez attention aux sensations provoquées par le rire mâle. Si des sentiments de culpabilité, de honte, ou des pensées comme "C'est trop fort" naissent en vous, riez-en.

Incarnez le dieu Pan durant trois minutes.

PHASE 5: SEXUELLEMENT, SOYEZ AUSSI SCANDALEUSE QUE BAUBO

Tous les deux, imaginez maintenant que vous êtes la déesse Baubo, celle qui voit par ses mamelons et parle ou rit avec sa vulve. Muez-vous en cet étrange et provoquante divinité féminine, insouciante et facétieuse déesse de l'obscénité.

Tout en riant, imaginez ce que vous éprouveriez si vous étiez doté d'énormes seins par lesquels vous verriez le monde et d'un grand orifice béant entre vos cuisses par lequel, tel un tourbillon, le rire fuse et s'épanche. Gestes et pîtreries à l'appui, montrez-vous mutuellement ce que c'est qu'incarner Baubo.

Pour vous les hommes, voilà une magnifique occasion de vivre, évidemment sous une forme comique, ce que c'est qu'être femme. Marchez comme elle, vivre avec ses rondeurs, mais surtout n'hésitez pas à faire des gestes féminins outranciers.

Encouragez-vous mutuellement à la lubricité, à la grossièreté et à la vulgarité, tout en continuant à rire. Livrez-vous à un grand déballage, sans aucune retenue.

Continuez pendant trois minutes.

PHASE 6: SECONDE INTERIORISATION DU RIRE

Retournez à votre Cercle Magique et allongez-vous sur le dos, jambes repliées et genoux sur la poitrine. Mais continuez à rire. Puis, fermez les yeux et vivez le rire intériorisé. Concentrez-vous sur votre bassin et essayez de distinguer une différence dans vos sensations, maintenant que vos pitreries en tant que dieu et déesse sexuels sont achevées.

Au bout de quelques minutes, laissez doucement et lentement le rire s'éteindre.

Restez allongés un instant, les yeux clos, baignés de ces agréables sensations. Peut-être, éprouverez-vous le sentiment d'une grande purification, le rire ayant balayé nombre de vieilles toiles d'araignées.

Asseyez-vous et, avec votre partenaire, échangez vos impressions sur ce que vous venez d'éprouver.

Concluez par une Etreinte Unificatrice et un Salut du Cœur.

Remarques

Il se peut qu'au cours des premières phases de cet exercice, vous ayez marqué de courtes pauses dans votre rire ; or il est important de le poursuivre sans interruption et de vous investir totalement dans cet exercice. Donc, restez concentré sur vos sensations physiques. D'autre part, vous constaterez que plus vous riez, plus le rire s'amplifie aisément.

Une des meilleures clés permettant de libérer le rire se trouve dans l'adage: "Simules ce que tu veux faire jusqu'à ce que tu le fasses réellement". En d'autres termes, contentez-vous de rire sans vous inquiéter de ce à quoi ça ressemble. Ou alors, si vous voulez vous inquiéter, riez donc de ce dont vous vous inquiétez!

Maintenant que vous avez relâché votre musculature pelvienne, vous pouvez vous lancer dans l'éveil énergétique corporel.

EXERCICE: MEDITATION SUR LE FEU (LIBERATEUR)

Objectif et bienfaits

Lors de la Méditation sur le Feu (Libérateur), vous vous mettez en communication avec une ardente énergie curative, purificatrice et vitalisante, réveillant ainsi votre Moi Sauvage. Vous allez associer la respiration dynamique à la visualisation, provoquant en vous une sensation de chaleur, accompagnée d'un flamboiement curatif débloquant et libérant les voies énergétiques de votre caractère sauvage et de votre puissance.

Elle vous offre aussi l'occasion de vous libérer par l'expression vocale, en hurlant ou en criant, mais aussi d'évacuer tout obstacle vous empêchant de vous sentir en accord avec vous-même.

La vie est imprévisible. L'amour est imprévisible. Et Dieu est absolument imprévisible.

— OSHO

J'ai constaté que, lorsque je dirige les participants de cet exercice de méditation, beaucoup ont des visions du Moi Sauvage, recevant images ou impressions d'eux-mêmes en tant qu'êtres libres et affranchis de toute inhibition. Accueillez favorablement ces visions si vous en avez pendant cet exercice ou ultérieurement, car elles contribuent à vous donner un aperçu de l'élan vital et de la joie dont est porteur le Moi Sauvage.

Ceci est une excellente préparation à l'ouverture de la Voie Secrète empruntant les sept centres énergétiques corporels, processus qui sera exposé dans le chapitre 6.

Préparation

- Préparez votre Cercle Magique.
- Portez peu de vêtements car il est probable que vous aurez très chaud.
- Il est préférable de l'exécuter en musique (voir les suggestions seul ou à deux).
- Il dure une demi-heure.

Pratique

PHASE 1: TREMULATION

Entrez dans votre Cercle Magique.

Mettez une musique entraînante et dansez sans vous ménager pendant quelques minutes, en vous étirant, sautant et en vous secouant. Déliez vos articulations, relâchez vos muscles et respirez par la bouche pour activer votre énergie.

Lorsque la musique a cessé, adoptez une station debout confortable, pieds écartés d'une largeur d'épaules. Débloquez vos genoux et fléchissez-les légèrement. Laissez vos épaules se détendre et vos bras pendre mollement le long du corps. Quant à votre bassin, s'il est renvoyé en arrière par une cambrure, laissez-le revenir en avant dans une position de grand relâchement. Vous devez vous sentir d'aplomb sur le sol.

Commencez la trémulation en exécutant des gestes amples, d'abord avec les mains, avant d'intégrer bras et épaules à vos tremblements, tout en prononçant le son "Aaaah" d'une voix forte.

Au bout d'un moment, faites participer cou et tête à cette trémulation.

Maintenant, commencez à trembler des genoux, entraînant tout votre corps dans ce mouvement. Relâchez-vous entièrement et n'hésitez pas à trembler de tout votre corps.

Arrêtez-vous. Détendez-vous. Restez immobile un instant.

PHASE 2: COMMENCER LA RESPIRATION IGNEE

Dès que vous êtes prêt, commencez à respirer profondément et lentement par la bouche.

Accordez les gestes de vos mains au rythme de votre respiration. Expirez en les ouvrant largement et inspirez en les fermant.

Puis, laissez votre corps se mettre dans le rythme. Expirez en prêtant attention à la sensation produite par le fléchissement de vos épaules vers l'avant et à celle du ventre qui s'affaisse. Inspirez en faisant attention à ce qu'accomplit votre corps en se redressant.

Faites suivre ce mouvement à votre tête. Expirez en la laissant retomber en avant, puis inspirez en la relevant, les yeux tournés vers le ciel.

Accélérez le rythme de votre respiration et de vos mouvements.

PHASE 3: VISUALISATION DU FEU

Quand vous êtes prêt, intégrez l'élément à visualiser.

Expirez, envoyant ainsi un courant énergétique de votre poitrine et votre abdomen vers la terre qui vous porte, en passant par vos jambes et vos pieds. Prenez votre temps, afin d'élaborer l'image, la pensée ou le sentiment puissant traduisant la projection de votre énergie vers elle à chaque expiration.

Chaque fois que vous expirez, laissez votre énergie s'enfoncer de plus en plus en terre et pénétrer le sol à travers la roche, comme si vous vous enraciniez profondément.

Ceux qui s'aiment ne se rencontrent finalement nulle part, car ils vivent en permanence l'un en l'autre.

— RUMI

Continuez jusqu'à ce que vous pénétriez le cœur ardent de la Terre, jusqu'à ce que vous atteigniez le flamboiement de la lave, énorme boule de feu, brûlant et gargouillant éternellement au centre de la planète. Contemplez son rougeoiement en fusion.

Pendant que vous vous mettez en communication avec elle, faites naître en vous une vision, un souvenir ou un sentiment évoquant le feu. Rappelez-vous la dernière fois que vous vous teniez près d'un brasier ardent, que vous contempliez des flammes s'élançant vers le ciel ou que vous sentiez la chaleur vous transpercer, vous réchauffer intérieurement. Souvenez-vous comme elle vous faisait transpirer. Par votre œil intérieur, observez les flammes rouge orangé.

Rappelez-vous aussi celui de votre passion, vos joues devenant rouges de colère, la chaleur de l'excitation sexuelle, le feu brûlant dans vos reins. Laissez toutes ces images se confondre et s'unir dans la quintessence d'une vision ignée.

PHASE 4: INTERIORISATION DU FEU

Maintenant, faites monter en vous le feu ardent issu du centre de la planète.

Inspirez, absorbant le feu du tréfonds de la terre pour le guider vers la surface où vous vous tenez.

Puis expirez, projetant vers le bas votre chaleur à la rencontre des flammes qui s'élèvent.

Inspirez à nouveau et sentez-les atteindre la surface terrestre et vous

Sentez votre énergie s'enfoncer dans la terre comme si vous vous y enraciniez. Communiquez avec le feu résidant en son centre; laissez-le grandir et s'élever pour purifier votre être.

lécher la plante des pieds. Cette énergie, d'une pureté absolue, est le feu de la vie.

Enfin expirez, en envoyant votre énergie vers le bas, à la rencontre du feu montant de la terre et sentez s'échauffer la plante de vos pieds.

Inspirez, pendant que vous sentez l'ardente chaleur de la fusion gagner vos pieds, vos chevilles et enfin le bas de vos jambes. Laissez ces dernières s'échauffer, avant qu'elle ne monte jusqu'à vos genoux.

Continuez à respirer profondément en remuant le corps afin de maintenir le courant énergétique. A chaque inspiration, laissez le feu monter plus haut, gagner vos cuisses, votre bassin, vos hanches et vos fesses. Visualisez l'ardente coloration rouge qui s'y étend, les baignant de son effet purificateur, curatif et dynamisant.

Pendant ce temps, commencez à émettre des sons. Donnez la parole à votre moi instinctif, à l'ardente énergie de vos racines sauvages originelles. Grognez, grondez, criez, exprimez-vous par tout moyen naturel et adéquat.

Concentrez-vous sur la sensation produite par le feu s'élevant de votre abdomen, libérant l'énergie animale qui s'éveille au sein de vos entrailles. Respirez profondément pour souffler les flammes de votre passion, allumant ainsi, dans votre ventre, un feu ardent. Il se peut qu'à ce moment vous ayez perçu une vision ou l'intuition éphémère de votre Moi Sauvage. Profitez-en pour vous investir encore plus dans l'exercice.

Sentez comme le feu gagne votre plexus solaire et votre poitrine, emplit vos poumons, vous apportant la puissance, engendrant une chaleur qui rayonne de votre torse. Sentez cette énergie qui, dans votre cœur, libère tristesse ou joie. Laissez vos mains et vos bras bouger selon ces sentiments.

Votre corps devient colonne de feu, vous embrasant d'énergies ignorées. Accueillez favorablement ces sensations de force neuve et de vie régénérée. Permettez-leur de s'exprimer par le son, la parole. Continuez à respirer.

Laissez le feu monter dans votre gorge et votre bouche. Maintenant, vous le soufflez comme un dragon, par la bouche, exprimant cette énergie nouvelle par des sons laryngés. Que le Moi Sauvage jaillisse sous forme de cris ou de voix différentes. Vous pouvez souhaiter vous exprimer en baragouinant ou dire des absurdités. Alors, ne vous retenez pas: exprimez-les de n'importe quelle manière, pourvu qu'elle soit appropriée.

Puis, le feu s'élève jusqu'à votre tête où il se manifeste de façon subtile, prenant l'aspect de petites flammes bleues localisées au front, et évacuant les tensions mentales, pensées obsédantes, soucis, doutes, négativité et confusion. Laissez-le revitaliser votre cerveau, clarifier votre pensée tout en dynamisant vos facultés.

Enfin, permettez aux flammes d'atteindre le sommet de votre tête et même au-delà, de plus en plus haut, afin de vous mettre en liaison avec l'univers environnant.

PHASE 5: IDENTIFICATION AU FEU

Tout votre corps est maintenant devenu colonne de feu. Inspirez, réceptif à cette chaleur vous purifant. Vous êtes une voie ouverte, une tige de bambou creuse laissant le flot igné venu du centre de la terre bondir vers le ciel.

Savourez cette énergie qui se projette à travers vous. Laissez votre corps et vos bras être le feu dansant qui purifie votre corps, évacuant toute impureté et levant tout blocage énergétique antérieur. Vous êtes en train de guérir. Vous vous sentez plus léger, plus radieux, bref, magnifique. Ouvrez-vous aux visions, images et symboles surgissant de l'intérieur des flammes.

Improvisez une "danse du feu", célébrant la purification qui s'opère en vous. Remuez, mettez votre voix à contribution, dansez, déchaînez-vous.

Quand vous sentez le feu pénétrer chacun de vos replis, commencez à ralentir votre rythme respiratoire. Concentrez-vous et visualisez l'effet produit par son retrait de votre corps dans un mouvement inverse, quittant d'abord la tête, puis le cou, la poitrine, l'abdomen, enfin le bassin et les jambes, les pieds, avant de rejoindre leur base, le centre de la terre.

Sentez comme le feu a emporté tous les blocages et comportements antérieurs que vous ne supportiez plus. Laissez-les s'en aller. Rendez-les à la terre.

Allongez-vous sur le sol pendant dix minutes et détendez-vous.

Si vous avez exécuté cet exercice à deux, asseyez-vous et échangez vos impressions, partagez ce que vous avez éprouvé. Si vous étiez seul, peut-être désirez-vous consigner ce vécu dans un carnet.

Terminez par un Salut du Cœur.

Remarques

La Méditation sur le Feu (Libérateur) est un exercice fort apprécié au sein de mes groupes de travail car les participants y voient une remise en question facile à exécuter tout en débouchant sur des résultats concrets:

"Je me voyais tel un volcan en sommeil au sein duquel de faibles tremblements commençaient à réveiller mon énergie assoupie", rapporta un participant. "J'imaginais la lave commençant à monter, empruntant des canaux souterrains se prolongeant à l'intérieur de mon corps, analogues à des artères de feu. Soudain, tandis que la chaleur gagnait ma tête, ce fut comme si j'entrais en éruption!"

Vous pouvez aussi, au cours des toutes premières phases de l'exercice, avoir l'impression que rien ne se produit, mais ne vous découragez pas. Soyez attentif aux faibles tremblements énergétiques et autres sensations que vous éprouvez, notamment dans les jambes et les hanches, puis associez-les à des images évocatrices de chaleur et de feu. Enfin, donnez-leur de l'intensité par la respiration en imaginant que, dans votre corps, le feu gagne en force et en chaleur.

La respiration rythmique est une importante clé. En effet, plus vous respirez fort, plus vous attisez les flammes de cette Méditation sur le Feu.

EXERCICE: COMMUNIQUEZ AVEC VOTRE ANIMAL SAUVAGE

Objectif et bienfaits

Cet exercice de grande portée ressemble aux pratiques en vigueur chez les chamanes s'unissant à un "animal de pouvoir" afin d'acquérir force, sagesse et connaissance secrète des puissances naturelles et occultes.

Cet exercice est toutefois légèrement différent. En effet, la plupart des rituels chamaniques adhèrent à la croyance d'un seul type d'animal correspondant à votre disposition d'esprit. Une fois qu'il est découvert – qu'il soit loup, ours ou aigle – le couple que vous formez avec lui est définitif et il n'est pas question d'en changer.

Pour ma part, je vous propose de vous mettre en communication avec n'importe quel animal par lequel vous vous sentez attiré au moment où vous exécutez cet exercice, afin de vous servir de son image pour réveiller vos énergies sauvages et instinctives.

Comme, chaque fois, les circonstances seront différentes, vous pouvez invoquer différents types d'animaux. Vous pouvez vous surprendre à courir en compagnie de loups, à voler avec les aigles ou vous déplacer lourdement à travers les broussailles d'un sous-bois, tel un grizzli. Restez ouvert à ces éventualités, mais surtout, ne vous intéressez pas à plus d'un animal par séance, afin d'éviter toute confusion et ne pas diminuer la portée de l'exercice.

Il est également amusant d'imiter des animaux comme les chiens, les cerfs et les chèvres, de reproduire leurs mouvements et leurs cris, de ruer brutalement comme un cheval ou de faire le dos rond comme deux chats voluptueux.
— KAMA SOUTRA

La communication avec votre animal sauvage vous fait éprouver, ainsi qu'à votre partenaire, un sentiment accru de liberté ludique enrichissant vos paramètres relationnels et extériorisant une éventuelle agressivité refoulée d'une manière créatrice, mais sans risque.

En fait, si vous commencez cet exercice par la visualisation imaginaire, vous le poursuivrez dans une réalité théâtrale puisque vous incarnez votre moi animal.

Préparation

- Cet exercice peut s'exécuter en solitaire, mais, dans sa description, il mettra en scène deux partenaires.
- Disposez les éléments de votre Cercle Magique.
- Portez des vêtements amples, dans lesquels vous êtes à l'aise, et qui ne vous gênent pas dans les mouvements de l'animal incarné.
- Vous pouvez avoir envie d'exécuter cet exercice en musique, notamment sur des sonorités graves et rythmées, comme un battement de tambour, mais peut-être préférerez-vous le silence. Les deux approches sont bonnes.
- A l'avance, ne vous imposez pas le choix d'un animal, l'imprévu étant la meilleure des expériences. Soyez donc totalement ouvert à la manifestation de l'inconnu.
- Cet exercice se présente sous l'aspect d'un voyage ou d'un phantasme dirigé que j'ai segmenté en six phases. Je vous demande, à l'intérieur de chacune d'elle, d'interpréter les rôles tels que je les décris, au fur et à mesure du déroulement du récit. En effet, vous et votre partenaire, êtes les acteurs d'une pièce – alors savourez-la!
- L'une des meilleures manières de procéder consiste à enregistrer sur magnétophone le schéma directeur que j'ai mis au point, couvrant environ trois quarts d'heure, puis à vous le passer tandis que vous en interprétez les différentes phases.
- Ce voyage guidé commence de la même manière que la cérémonie initiatique dont vous êtes l'acteur au chapitre 2 mais, comme vous le verrez, il s'achève bien différemment!

Pratique

Entrez dans votre Cercle Magique.

Allumez un cierge, brûlez de l'encens et tamisez l'éclairage, créant un climat de mystère propice à l'émerveillement.

Asseyez-vous ou allongez-vous confortablement et fermez les yeux.

Puis, respirez profondément plusieurs fois, en détendant votre corps afin d'absorber toute tension éventuelle, avant de vous concentrer sur l'"ici", le "maintenant", le moment présent.

Dans votre sommeil, vous vous incorporez à votre animal de pouvoir, ici, le loup.

PHASE 1: LA QUÊTE

Imaginez que vous marchez le long d'un sentier touristique en pleine campagne, par une journée claire et ensoleillée. Vous savourez la brise caressant votre visage et les chauds rayons du soleil sur votre corps. Pendant que vous avancez d'un pas tranquille, vous goûtez l'agréable sensation du balancement de vos jambes et de vos bras.

Le sentier grimpe. En vous retournant, vous constatez que le monde civilisé disparaît: les champs soigneusement labourés, la route conduisant à la ville... vous abandonnez tout cela et poursuivez votre chemin.

Il se met à serpenter à travers bois: vous pénétrez dans une forêt magnifique. Sans hésiter, vous avancez et, ce faisant, intuitivement, vous sentez que quelque chose de prodigieux va se produire, un évènement très important et lourd de sens pour vous.

A travers les arbres poussant là depuis des milliers d'années, vous suivez ce sentier qui descend doucement à l'ouest. Les oiseaux chantent et, de temps en temps, vous percevez des frôlements dans les broussailles, mais sans apercevoir aucun animal.

Le sexe est à l'origine de la vie, et nous n'apprendrons pas le respect de la vie tant que nous n'apprendrons pas celui du sexe.
— HAVELOCK ELLIS

La nuit descend et la fatigue se fait sentir. Apercevant un creux accueillant formé par les troncs de trois arbres d'âge vénérable, vous décidez de vous y arrêter et de vous y étendre. Vous ne craignez pas de passer la nuit ici, l'air est chaud et, si votre environnement est chargé de mystère, il exprime aussi la bienvenue. Alors, très vite vos paupières s'alourdissent et vous vous endormez.

PHASE 2: LE RÊVE

Dans votre sommeil, vous entendez une voix, comme celle d'un vieux maître, qui vous parle calmement, vous expliquant des choses que vous connaissez déjà, à savoir que vous avez déjà séjourné dans cette forêt magique, il y a très très longtemps; que vous avez vécu maintes vies en tant qu'être humain, mais qu'antérieurement à cette époque, vous étiez un animal puissant et plein d'expérience...

Le son de sa voix s'éloigne et devient inaudible. C'est alors que vous avez l'impression de planer loin de votre confortable oasis, emporté vers l'entrée d'un sombre tunnel vous aspirant dans ses profondeurs analogues à celles d'une matrice. Tout en avançant, des visages humains, ayant pu être le vôtre à une certaine époque ou dans une autre existence, vacillent doucement dans l'ombre et prennent un caractère plus primitif et plus animal à mesure que le tunnel s'enfonce mais, brusquement, c'est l'obscurité totale, la paix et la tranquillité absolues.

Accordez-vous un moment de répit dans cette quiétude originelle, tandis qu'une magique et mystérieuse transformation s'opère en vous...

(A partir de maintenant, associez gestes, voix et visualisation, en commençant à interpréter l'animal que vous êtes devenu.)

PHASE 3: LA TRANSFORMATION

Le chant d'un oiseau se fait entendre, vous percevez sur vos paupières un clignotement de lumière matinale, maintenant vous savez que vous avez regagné votre creux sous les arbres, mais d'instinct, vous savez aussi qu'une mutation profonde s'est opérée en vous – vous n'habitez plus un corps humain.

Immobile, yeux clos, allez lentement à la découverte de ce nouveau corps. A quoi ressemble-t-il? Est-il grand ou petit? Est-il recouvert de fourrure ou bien de plumes? A-t-il quatre pattes? Une queue?

Parlez-vous avec douceur pendant que vous décrivez avec minutie les différentes parties qui le constituent.

Quelle sensation produisent les muscles? Quels mouvements vont-ils accomplir quand vous serez complètement éveillé? Sentez l'odeur qui s'en dégage, celle de la fourrure ou des plumes. Ne vous précipitez pas, vous vivez un moment de créativité d'une grande portée. En effet, les balbutiements de l'intelligence et de la reconnaissance se manifestent en vous, vous êtes devenu un animal. Il est votre réalité et vit en vous.

La lumière matinale se fait progressivement plus vive, vous incitant à ouvrir les yeux. Vous vous levez lentement, vous vous étirez, peut-être vous léchez-vous aussi les pattes, vous grattez-vous le dos, vous nettoyez-vous les plumes avec votre bec effilé, vous bichonnant à la perspective de cette nouvelle journée. Vous regardez autour de vous, humant le vent, à l'écoute de la forêt s'éveillant alentour. La soif se fait impérativement sentir, il vous faut de l'eau. C'est le moment de quitter votre tanière et de descendre vers la rivière pour vous désaltérer une première fois.

A la manière de l'animal que vous incarnez, vous vous dirigez vers la rivière. Si vous êtes un ours de grande taille, vous vous déplacez d'un pas tranquille, reniflant deçà delà, indifférent aux êtres vivants pouvant se trouver dans les parages. Si vous incarnez un animal plus petit, par exemple un cerf, vous vous déplacez avec davantage d'agilité, guettant la présence de prédateurs ou de rivaux. Si vous êtes un oiseau, vous planez de branche en branche. Concentrez-vous sur la sensation de force et d'élégance animale coulant en flot puissant dans vos veines tandis que vous vous dirigez vers le point d'eau.

Mais rappelez-vous, il s'agit maintenant de bien plus qu'une visualisation, vous êtes cet animal sauvage, ouvrez les yeux et imprimez à votre corps les mêmes mouvements. Rampez sur le sol en imaginant que vous vous dirigez vers un point d'eau ou un ruisseau, pendant que votre partenaire fait de même.

Le rituel de l'accouplement commence.

PHASE 4: LA RENCONTRE

Plusieurs espèces animales viennent et s'abreuvent aux mêmes points d'eau et c'est là, ce matin, que vous allez rencontrer un autre compatriote. Tout d'un coup, là-bas, à travers les buissons, vous l'apercevez qui se dirige vers la rivière (c'est votre partenaire, avec qui vous serez dès lors en interaction).

Désaltérez-vous, mais surveillez attentivement les alentours. Cet endroit est à vous, aussi aurez-vous peut-être envie d'émettre un grognement, un aboiement ou des cris perçants à titre d'avertissement.

Tiens! Tiens! L'autre répond à votre langage! Le moment est venu de faire étalage de votre force. Vous relevez le défi en vous en approchant, même s'il est beaucoup plus gros, plus petit ou s'il diffère totalement de vous. Vous n'avez nullement l'intention de lui faire de mal ou de le blesser, mais simplement de lui montrer votre force, votre puissance animale.

Affrontez l'intrus. Montrez-lui vos dents, votre corps puissant et sortez vos griffes. Emettez des sonorités menaçantes. Aboyez, grognez, poussez des cris rauques. Simulez des attaques, feignez la retraite, faites semblant de vous jeter sur lui, mais surtout abstenez-vous de tout contact. Savourez votre puissance, montrez-la, mais ne la jetez pas dans un combat réel.

Au bout de quelques minutes, vous avez "mis les points sur les "i" et l'intrus, quel que soit son sexe, sait à qui il a affaire! Vous avez maintenant gagné un certain respect, alors laissez les choses prendre une tournure plus amicale. Après tout, il y a de la place pour deux autour du point d'eau.

PHASE 5: LE BALLET DE L'ACCOUPLEMENT

Modifiez votre voix et votre attitude pour les rendre moins menaçantes, plus conciliantes. Reniflez cet autre animal. Allez à la découverte de ses odeurs. Léchez son visage. Mettez votre nez contre son cou et donnez-lui une bourrade amicale dans l'épaule.

Soudain, vous sentez tous les deux un parfum de musc monter de vos sexes respectifs, signe que des hormones sont libérées. Un impérieux désir charnel bouillonne dans vos reins. Il est vrai que c'est la saison des amours et, dans cette forêt magique, même les animaux appartenant à des espèces différentes se manifestent un intérêt sexuel naturel.

Le rituel de l'accouplement commence, (vous pouvez interpréter d'abord le rôle du mâle, mais vous pouvez aussi jouer les deux).

La femelle est en chaleur et le parfum de ses glandes sexuelles attire le mâle et éveille son désir. Il renifle déjà ces zones érogènes et ses hormones mâles réagissent à l'invitation.

Le ballet de l'accouplement peut alors commencer. Le mâle parade, va et vient, bombe le torse, fait étalage de sa virilité, hérisse son plumage, pousse de bruyants cris conquérants tout en exécutant une chorégraphie destinée à impressionner la femelle.

Mais, quoique intéressée, il est rare qu'elle accorde un coup d'œil immédiatement, faisant semblant de se lécher les pattes ou de mâcher un petit morceau de nourriture, amplifiant encore les effusions du mâle s'efforçant d'attirer son attention.

Maintenant, il s'avance vers elle, prêt à la "couvrir" ; alors, elle grogne ou pousse des cris rauques, repoussant ses avances, augmentant encore son excitation. Poils ou plumes volent tandis que le mâle se rengorge à plusieurs reprises, prenant des pauses affectées, manifestant son désir de manière théâtrale avant de bondir sur elle qui, bien que sachant en son for intérieur comment les choses vont se terminer, continue à le garder à distance, donnant de la voix comme avant ou jappant, tel un chien, l'excitant toujours davantage.

Il exécute un autre ballet, puis essaie à nouveau, saisissant la femelle par le cou pour la maintenir fermement pendant qu'il la couvre. Ca y est! Cette fois, il a réussi, assis à califourchon sur elle, il lui fait arquer le dos à la faveur de ses rapides coups de reins.

Abandonnez-vous à l'intensité de ces sensations. Accordez-vous de vivre pleinement la perception de ces énergies animales, bien que portant des vêtements. Jouez votre rôle jusqu'au bout. Imprégnez-vous totalement de ce climat de sexualité animale jusqu'à ce que le rituel d'accouplement s'achève.

PHASE 6: INVERSEZ LES RÔLES

Après l'accouplement, les animaux se séparent pour se reposer quelques instants. Allongez-vous et fermez les yeux. Respirez profondément plusieurs fois.

Pendant cette pause relaxante, imaginez que par magie vous changez de sexe. Ainsi la femelle devient-elle mâle et inversement.

Alors lentement, le ballet de l'accouplement se répète, chacun de vous deux incarnant la polarité sexuelle opposée.

En tant que femme, concentrez-vous sur la sensation produite par le fait d'être un animal doté d'un pénis. Quel effet cela fait-il? Mettez vos avantages en valeur. Soyez fière de votre nouveau sexe.

En tant qu'homme, goûtez la nouveauté d'être un animal femelle. Voyez si vous êtes capable d'attirer l'attention de ce mâle aux allures suffisantes, mais ne forcez pas votre talent pour plaire.

Développement conscient, vie consciente, signifient grandir en sagesse, en intelligence, en accomplissement de soi, en force et en bonheur.

— OSHO

Le nouveau mâle se pavane à son tour et danse pour la compagne convoitée, avant d'essayer de la couvrir. De son côté, elle résiste, une ou plusieurs fois, avant de céder à ses avances. Savourez grognements, grondements, caquetage et cris rauques. Tandis qu'un désir animal brut s'empare de votre corps, donnez de la voix en émettant des sonorités que vous n'avez jamais prononcées antérieurement.

PHASE 7: LE RETOUR

La fièvre de l'accouplement passée, les deux animaux se détendent paresseusement et paisiblement allongés côte à côte, épuisés. Ils ferment les yeux et se laissent ravir par les rêves, étranges pour des animaux, puisqu'ils se voient planer vers l'entrée d'un long et sombre tunnel, portés par les vents de la durée dans un futur lointain, jusqu'à parvenir enfin à l'autre extrémité et sortir dans la douce lumière du jour.

Encore somnolents, ils ouvrent les yeux et, comme par miracle, constatent qu'ils ont forme humaine et sont allongés ensemble dans le Cercle Magique. Quelle surprise! Ils pratiquent la magie sexuelle et effectuent des exercices tirés d'un ouvrage de magie!

Dès que vous êtes prêts, asseyez-vous et échangez vos impressions.

Concluez par un Salut du Cœur.

Remarques

Au début, vous pouvez avoir l'impression que la communication avec votre Animal Sauvage n'est pas un vécu réel, qu'elle est pure sottise ou qu'elle ne vous inspire pas le sentiment de puissance souhaité. Si c'est le cas, rappelez-vous qu'on a appris à garder la maîtrise des évènements, ainsi qu'à utiliser notre esprit critique et notre scepticisme afin d'écarter tout ce qui nous paraît insolite et inconnu.

Ayez le courage de vous investir totalement dans cet exercice, vous permettant de faire une percée dans le vécu de votre condition d'animal sauvage d'une manière à la fois amusante et passionnante. Rappelez-vous aussi que chacun de nous porte en ses cellules la mémoire génétique de sa filiation animale. Mettez à profit les Trois Clés que sont la respiration profonde, le mouvement et la voix pour réactiver ces composantes énergétiques et révéler l'animal qui est en vous.

Mais faites en sorte d'accéder à ces composantes énergétiques originelles en ménageant la sensibilité de votre partenaire. En effet, le défi consiste à rester sur le fil: découvrir son caractère sauvage originel tout en s'amusant et sans effrayer son partenaire.

Au cours des rituels d'accouplement, vous pouvez éprouver le sentiment d'une union charnelle réelle entre vous et votre partenaire. Si tel est le cas, savourez l'innocent désir ressenti par votre Animal Sauvage en rut. Restez dans le jeu du personnage incarné sans glisser dans l'ornière des schémas éculés et traditionnels du rapport sexuel. Mais si vous n'éprouvez pas ce sentiment, rassurez-vous, tout va bien.

Pendant ces rituels d'accouplement, veillez à jouer successivement les deux rôles, ceux du mâle et de la femelle. Au cours de mes ateliers, nombre de femmes rapportent qu'elles vivent une intense libération d'énergie brute et éprouvent un sentiment de guérison sexuelle au moment de s'investir librement et totalement dans leur rôle de mâle et lorsqu'elles "couvrent" leur partenaire masculin.

A l'occasion de cet exercice de visualisation, certains sujets préfèrent se muer en poisson, mais cela risque d'être problématique en phase d'accouplement. De fait, on imagine mal un ours plongeant sous l'eau pour s'accoupler avec un dauphin ou un épaulard venant sur terre pour séduire une femelle de renne. Si toutefois, vous vous sentez attiré par ce genre de gageure, ne vous en privez pas, mais en général, j'incite les participants à choisir plutôt des animaux terrestres ou des oiseaux de grande taille.

Si vous effectuez cet exercice seul, vous pouvez choisir de visualiser un animal intrus s'approchant de votre point d'eau et d'agir en conséquence. Vous pouvez inventer un ballet préliminaire à l'accouplement avec un partenaire imaginaire – bref, quelque chose vous permettant un simulacre de réalité quand vient le moment d'incarner l'autre personnage.

DE L'ENERGIE NATURELLE A LA VISION CLAIRE

Dans le chapitre précédent, en réactivant la puissance de votre Moi Sauvage, vous vous êtes mis en prise directe avec l'une des sources majeures conditionnant la faculté que vous désirez acquérir, vous permettant de vivre une libération énergétique tonifiante, dynamisante et salutaire. Mais cette énergie n'a aucune orientation en soi ; aussi faut-il la polariser, lui assignant un objectif.

Le chapitre suivant vous apprend à acquérir une vision claire de vos desseins, en prévision du moment ou vous investirez en elle toutes vos ressources énergétiques avant que, canalisée, elle emprunte la voie ascendante de votre corps à la faveur du processus alchimique de purification et de transformation opéré en vous.

En apprenant à élaborer ce type de visualisation, vous vous initiez au royaume de la magie authentique, puisque vous pénétrez les mystères de cette discipline par laquelle une intention devient réalité.

CHAPITRE 5

IMAGINEZ VOTRE VISION MAGIQUE

ou Passage à La Magie Sexuelle

Vous vous êtes fait magicien, vous avez béni votre corps et éveillé votre moi sauvage. Vous êtes prêt à acquérir la maîtrise d'une autre technique qui vous aidera à atteindre votre but : créer et maintenir une vision magique.

La vision de votre objectif vous permet de concentrer et d'orienter vos facultés magiques. Il faut donc distinguer clairement ce que vous souhaitez transformer chez vous et lorsque vous l'aurez précisé, vous devrez apprendre à en réaliser la synthèse condensée en un symbole magique dans lequel vous investirez la puissance de votre énergie sexuelle.

C'est une vision de vengeance à l'égard des persécuteurs de sa famille qui incita, le légendaire yogi Milarepa, vivant dans le Tibet d'il y a mille ans, à étudier ce qu'on appelle aujourd'hui la "magie noire". Quand il eut maîtrisé ces facultés, il voulut voir ses ennemis souffrir et pour cela il créa et maintint une vision si forte et si nette que, mettant en action des puissances occultes, il parvint à démolir des maisons et à ravager des villages entiers.

Par la suite, Milarepa fut horrifié en constatant le caractère destructeur de ses facultés, et il comprit que ces forces négatives pouvaient ultérieurement se retourner contre celui qui les avait déclenchées. Aussi décida-t-il de canaliser cette énergie en lui donnant une orientation positive. Il rechercha une vision de transformation spirituelle devant finalement le mener à l'illumination mystique.

Oh, nuit qui m'a guidé,
Oh, nuit plus digne d'amour que l'aube,
Oh, nuit qui a uni le Bien-aimé à l'amant,
L'amant devenu le Bien-aimé.
— ST JEAN DE LA CROIX

Mais vous, vous n'êtes pas obligé de remonter le temps à la rencontre de figures légendaires pour comprendre le sens d'une vision. En effet, l'élaborer et l'entretenir est une chose naturelle dans notre existence. Consciemment ou non, nous le faisons tous chaque jour.

Ainsi, vous êtes au bureau et l'après-midi s'avançant, vous ressentez soudain la faim. Alors, que faites-vous? Vous imaginez votre dîner. Assis à des kilomètres de votre cuisine, vous inventoriez mentalement les contenus respectifs de vos réfrigérateur et placards pour en retirer ce que vous désirez manger le soir.

Puis vous vous voyez coupant en dés champignons, oignons et poivrons pour en faire une sauce relevée qui accompagnera un plat de pâtes en train de cuire dans une casserole. *Mmm*, ça sent bon! En un éclair, vous sautez de la préparation au plat terminé, le voyant déjà comme si vous y étiez, présenté avec goût sur une assiette, prêt à satisfaire la faim qui a déclenché ce processus créatif.

Voici un autre exemple courant. Vous êtes sur le point de vous rendre à un entretien d'embauche. Vu son importance, vous vous asseyez afin d'envisager cette démarche de son point de départ à sa conclusion: ce que vous allez porter, les questions et réponses échangées de part et d'autre, le type d'approche ou de stratégie à employer. Le tout susceptible de vous amener à la conclusion souhaitée, anticipant même le comportement des autres participants et la manière dont vous affronterez cette situation. Peut-être prévoyez-vous aussi de célébrer à plusieurs une éventuelle heureuse issue.

C'est aussi une manière d'élaborer une vision.

D'autre part, avant d'avoir une communication téléphonique lointaine avec un ami, vous pouvez la préparer en vous demandant si le moment est opportun; donc vous vous imaginez ce qu'il est en train de faire, et si cela est vraiment indispensable ou non.

Dans le domaine des soins médicaux, la visualisation dirigée acquiert actuellement la réputation d'un précieux adjuvant de l'allopathie. C'est pourquoi les médecins spécialistes dans l'emploi de l'image comme thérapie, tel le Dr Martin Rossman, auteur de *Vous guérir vous-même*, citent nombre de pathologies, allant du blocage des voies urinaires au cancer en passant par la lombalgie, qui ont été soulagées ou guéries par différents types d'"imagerie curative" (Ndt: rien à voir avec l'IRMN – Imagerie en Résonance Magnétique Nucléaire – qui est un procédé diagnostique). Convaincu que les pensées peuvent activer les capacités autocuratives de l'organisme, le Dr Rossman a réussi à mettre au point une large gamme de méthodes de guérison des maladies physiques par l'imagerie et la visualisation.

En l'utilisant, vous donnez à vos facultés magiques un puissant instrument d'orientation intentionnelle, notamment par la prédiction du résultat obtenu. La vision que vous en avez doit donc être définie avec grandes précision et clarté car elle est au centre de l'alchimie exploitant toutes vos ressources énergétiques, leur conférant le pouvoir et une orientation unique.

LA POLYVALENCE DE LA VISUALISATION CREATRICE

Au cours de mes ateliers, quand j'invite les participants à élaborer une vision, ils pensent souvent qu'on leur demande la conception mentale d'un tableau ou d'une image. Par exemple, si je leur propose la vision d'un état sexuel de satisfaction orgastique correspondant à des attentes comblées, la majorité d'entre eux essaie de "voir" un tableau les représentant dans cet état, heureux et satisfaits sexuellement.

Certes, c'est là une manière d'imaginer une visualisation, mais ne vous inquiétez pas si vous n'appartenez pas à ce "type visuel". L'aptitude à penser en images n'est qu'une parmi plusieurs facultés autorisant la représentation mentale d'images visuelles ; mais pensées, sentiments, sensations, sons, saveurs et odeurs participent aussi à l'imaginaire.

L'amour est le second soleil de la Nature.
— GEORGE CHAPMAN
All Fools

Votre vision peut ainsi prendre la forme de l'affirmation suivante: "Je me détends et m'offre du plaisir. J'accueille le courant du plaisir orgastique afin qu'il parcourt mon corps." Vous pouvez aussi entamer un dialogue avec vous-même, décrire votre vision à haute voix ou entendre, tel un guide intérieur, la petite voix de votre intuition s'élever du tréfonds de vous-même pour s'exprimer par des paroles, des sentiments ou des pulsions.

Quant au corps physique, il possède une remarquable capacité réactive à ce type de représentation. Faites l'expérience suivante: concentrez-vous et imaginez que vous êtes dans votre cuisine en train de couper un citron en tranches. Vous en sucez le jus à l'acidité prononcée, ce qui vous produit un afflux immédiat de salive.

C'est, en l'occurence, une pensée ou une image qui déclenche une réaction organique, mais elle vous donne aussi la possibilité d'inverser le processus. Ainsi, en vous concentrant sur des sensations corporelles, vous pouvez concevoir une vision adéquate. Par exemple, en vous allongeant simplement sur votre lit et en remuant d'une façon érotique et sensuelle tout en prêtant attention à la caresse des draps sur votre peau nue, vous pouvez induire une vision de satisfaction sexuelle.

La relation entre l'imagination, l'ouïe et l'odorat, est également très étroite. A travers le monde, l'emploi d'encens et de cloches, au cours des cérémonies religieuses, est fondé sur la compréhension que ces deux sens contribueront à induire certains états d'esprit, comme la méditation, la dévotion et la paix intérieure. Dans les domaines plus terre-à-terre de l'existence, l'arôme d'une tarte aux pommes fraîchement cuite ou de gâteaux secs au chocolat peut déclencher un flot d'agréables souvenirs d'enfance.

Si les sons et les parfums provenant de l'extérieur suscitent en vous des souvenirs, vous constaterez aussi qu'un son ou un parfum donne à une vision de la profondeur et sa dimension émotionnelle. Bref, vous élaborez votre visualisation personnelle en faisant appel à toute la gamme de votre perception sensorielle, ainsi qu'à la parole et à la pensée. Point n'est besoin de vous restreindre à un seul type de représentation mentale.

LES DEUX PRINCIPAUX TYPES DE VISIONS

Il existe deux principaux types de visions: celles que la mémoire réveille et celles que nous inventons.

Dans pratiquement toutes les traditions spirituelles, l'idée d'avoir la révélation d'une vérité par l'intermédiaire de visions est très fréquente. Que ce soit en Inde ou au Tibet, les grands mystiques expliquent la manière dont, au cours de la méditation ou du jeûne, un dieu, ou "deva", leur apparaît et leur transmet une connaissance ou un enseignement essentiel, objet de leur quête spirituelle.

La tradition hébraïque rapporte que Moïse eut la révélation des Dix Commandements par ce mode de vision et nombre de saints chrétiens ont parlé de révélation divine soit en voyant le visage du Christ ou de Marie, soit en entendant une voix ou unc musique céleste.

Quant à la tradition amérindienne, par sa Quête de la Vision, elle renferme un thème analogue, celui de la recherche d'une révélation par le truchement d'une vision invoquée au cours d'une cérémonie tenant lieu de rite de passage à l'âge adulte – pratique adoptée avec enthousiasme par certains Américains en recherche spirituelle.

Or, dans tous ces cas, l'être en recherche se trouve en situation de réceptivité, c'est-à-dire que l'initiative de la révélation par la vision est laissée à la discrétion de forces universelles dépassant les facultés et les connaissances humaines habituelles. Disons que dans ce type de vision, le rôle de l'être humain est plutôt "passif".

Dans certaines traditions spirituelles de l'Inde, on trouve un autre type de vision, correspondant à une démarche plus intentionnelle où l'homme joue

Sadhu – initié spirituel – recevant, dans une grotte de l'Himalaya, une révélation divine.

un rôle plus "actif": L'adepte se concentre mentalement sur le dieu ou la déesse dont il souhaite acquérir les caractères ou qualités et charge son image d'énergie – par le chant de mantras sacrés, d'offrandes ou de sacrifices particuliers – jusqu'à ce que ces qualités se soient incarnées en sa personne. Dans la plupart des cas, il lui est demandé de garder cette vision mentale jusqu'à ce que la révélation ait eu lieu.

Dans le monde de la magie, vous agissez intentionnellement en élaborant une représentation mentale du résultat souhaité. En premier lieu, vous décidez de son issue, puis vous la cristallisez par visualisation ou autres techniques exposées dans ce chapitre. Plus votre vision est nette, durable et précise, plus grande est la possibilité de la voir se réaliser dans votre vie.

Le soleil, rayonnement et puissance de la méditation.

MAGIE, RELATION SEXUELLE ET VISIONS

La magie sexuelle est polyvalente parce qu'elle peut satisfaire toutes sortes de désirs, notamment les suivants:

- Guérison et transformation personnelles.
- Nouvelles relations amoureuses.
- Plus grandes intimité et harmonie dans les relations existantes.
- Réalisations matérielles: aisance financière, nouveau domicile ou exercice d'une autre profession.

J'ai récemment aidé deux partenaires amoureux, Joffrey et Laura, à élaborer un rituel de magie sexuelle ménageant pour Joffrey de meilleures perspectives professionnelles. En effet, il travaillait depuis cinq ans et avec succès au sein de l'équipe de production d'une célèbre firme cinématographique installée à Los Angeles. Mais il estimait que ces fonctions manquaient de créativité. En outre, Laura venait de commencer à travailler comme conseillère sur un nouvel et passionnant projet de vidéo développé par une autre société.

"Ne serait-ce pas merveilleux" rêvaient-ils, "si nous parvenions à travailler dans la même équipe de production?"

Visage, intitulé *La fureur de Kali*, peint par Mme Ajit Mûkerjî, artiste contemporaine.

Le symbole Yin-Yang de l'équilibre et de l'harmonie, traduisant la complémentarité des contraires masculin et féminin.

Mais les approches habituelles faites auprès du patron de Laura avaient échoué ; les services de Joffrey ne l'intéressaient pas.

Avec mon aide, ils commencèrent à élaborer soigneusement une vision représentant Joffrey quittant son poste actuel pour s'intégrer à l'autre firme. Je l'incitai également à poser ses conditions à son embauche: salaire plus élevé et activités créatives dans lesquelles son enthousiasme et son talent pourraient se donner libre cours.

Dès qu'ils eurent élaboré une vision nette et précise de leur objectif, je leur fis entamer le processus de création d'un Symbole Magique la traduisant. Quotidiennement, ils le "chargèrent" d'énergie sexuelle et au bout d'environ une semaine, un évènement imprévu se produisit: un directeur cinématographique travaillant pour la société de Laura eut avec son patron un entretien au cours duquel ils discutèrent des avantages qu'il y aurait à s'attacher les services de Joffrey.

Dans un premier temps, rien ne se produisit mais, encouragés, ils continuèrent à pratiquer leur magie sexuelle et une semaine plus tard, Joffrey reçut un appel téléphonique lui apprenant qu'il était engagé. Inutile de dire que pour eux ce fut l'extase.

TRADUISEZ VOTRE VISION PAR UN SYMBOLE

En magie, l'une des clés du succès réside dans l'aptitude à traduire ou, si l'on préfère, à condenser dans un symbole la vision de l'objectif à atteindre. De fait, les symboles sont une sorte de sténographie capable de recueillir l'essence de quelque chose de plus élaboré et plus complexe. Ainsi et comme tels, ils peuvent se révéler extraordinairement efficaces.

Notre vie est faite de maints symboles: celui de la croix pour le christianisme, du drapeau pour les nations, etc... En effet, les symboles plongent profondément dans le subconscient. Ils sont une forme de langage élémentaire qui, de bien des manières efficaces, unit êtres et idées. Si, par exemple, en regardant les informations à la télévision, vous voyez, dans un pays étranger, des manifestants brûler le drapeau de votre pays, vous vous sentirez injurié, furieux, voire violent, alors qu'il ne s'agit que d'un morceau d'étoffe colorée. Si, en revanche, ce même drapeau est hissé pour célébrer la victoire d'un athlète remportant une médaille d'or aux jeux olympiques, vous sentez monter en vous une bouffée de fierté. Dans les deux cas, ce n'est pas le morceau d'étoffe, mais son symbole qui vous a ému.

Dans les domaines ésotérique, spirituel et magique, il est fait un usage bien plus large des symboles, qui comprennent les signes astrologiques, runes, lames de tarot, hexagrammes, le symbole taoïste du yin-yang, le calice du

Saint Graal, ainsi que la roue indienne de la Vie et de la Mort et les roues de la connaissance propres aux rituels chamaniques.

Dans le domaine de la magie, l'une des formes de symboles les plus puissantes est le sceau défini, au sens étymologique du terme, comme la quintessence d'une vision magique traduite par des mots.

Si par exemple, vous êtes insatisfait de votre profession, et que vous vouliez concevoir la vision d'un emploi plus approprié, vous devez l'élaborer de façon nette et, ensuite, réaliser un sceau symbolisant ce désir profond et sincère. Prenez un stylo et un papier, puis rédigez la phrase l'exprimant: :

Dieu est en même temps l'amant, l'amour et le bien-aimé.
— CHANT SOUFI

"Je désire visualiser un job créatif me rendant heureux en répondant à mes attentes." Si cela vous intéresse, j'expose, ci-dessous, la marche à suivre pour créer un sceau. Prenez un stylo, du papier et essayez vous-même en suivant mes instructions:

Raccourcissez la phrase de manière à ce qu'elle ne compte que deux ou trois mots, du genre: "CREER JOB CREATIF".

Eliminez toutes les lettres reproduites dans la phrase jusqu'à obtenir les mots traduisant l'essentiel de votre vision. Vous constaterez que les lettres C, E, R, sont reproduites. Supprimez-les en partant de la gauche et rassemblez les lettres restantes pour obtenir: "JOB CREATIF", traduisant ainsi votre vision.

Maintenant, vous pouvez donner libre cours à vos talents artistiques en créant un symbole à partir de ces lettres, exactement comme le font les firmes chargées de trouver des logos. Vous avez toute liberté pour imaginer votre symbole, de façon intuitive et exprimant votre désir (voir l'illustration p. 172).

Il n'est pas nécessaire que les lettres soient de taille identique. Ainsi, vous pouvez dessiner un grand *O* et y loger toutes les autres. Egalement, vous pouvez prendre la queue du *J* et l'enrouler autour du symbole. L'essentiel étant de créer un sceau en harmonie avec vous-même et qui réalise la synthèse émotionnelle de votre désir.

La réalisation de sceaux attire les esprits aiguisés, aimant jouer avec les mots et les lettres. Toutefois, d'autres personnes peuvent être davantage attirées par des formes symboliques plus abstraites ou plus intuitives.

Si c'est votre cas, vous disposez d'un autre moyen, tout aussi efficace, de créer un symbole magique: peindre ou dessiner une représentation de l'objectif à atteindre.

Cette dernière peut être soit littérale, soit sa projection vivante ou une traduction abstraite inspirant un sentiment au lieu d'une forme – peut-être simplement une aura de lumière dorée baignant un éclatant centre d'énergie chaud et rose. Peu importe que votre représentation n'ait aucun sens pour autrui ; l'essentiel est qu'elle soit en résonance avec votre vision.

Il serait peut-être opportun d'y intégrer des symboles très connus, tels que cercles, carrés, triangles, lune et étoiles. En effet, ces symboles recèlent certaines significations élémentaires susceptibles de vous aider dans la traduction de votre désir. En voici quelques-uns, très courants:

- Cercle: achèvement, unité d'ensemble, cycles vitaux, indépendance.
- Carré: puissance, prudence et protection, équilibre, organisation, potentialités de réalisation.
- Triangle: montée de l'énergie, réalisation à partir de bases solides, réalisation d'un objectif unique, tranformation, alchimie.
- Etoiles: magie, lumière, bonté, ardente aspiration spirituelle.
- Soleil: cœur, chaleur, feu, abondance, développement, compassion.
- Lune: votre monde intérieur, mystère, caractères féminins, fraîcheur, profondes intuitions, pulsions subconscientes.
- Eau: sentiments, émotions, profondeur.
- Dauphin: gaieté, bonheur, harmonie, chance.
- Lion: courage, force, puissance.
- Dragon: feu, énergie, créativité, puissance.
- Serpent: sagesse, intelligence, énergie sexuelle.
- Aigle: perception nette, vision d'ensemble, liberté, espace.

Une troisième possibilité consiste à combiner le sceau et la représentation picturale. Ou vous créez d'abord le sceau pour peindre ensuite la représentation autour de lui, ou bien vous peignez celle-ci avant d'y adjoindre le sceau.

Maintenant que nous avons étudié les principes de base régissant l'élaboration d'une vision et sa traduction par un symbole, accordons-nous un moment pour réfléchir aux principales considérations qui nous y poussent. En effet, la raison profonde et unique de notre démarche est la suivante: le désir.

LE DESIR, RAISON DE LA MAGIE

Le désir est la raison profonde de l'adhésion à la magie. En effet, nous recherchons, avec l'appui de facultés magiques, la réalisation de nos désirs et de nos aspirations les plus chers.

Hélas, dans l'histoire de la spiritualité, le désir a une connotation négative: il est souvent considéré comme une entrave au salut ou à l'illumination.

Le dauphin, symbole de la gaieté innocente
et de l'enfant résidant en nous

L'aigle, symbole de la vision
nette et globale

Le dragon, symbole de puissance et de courage

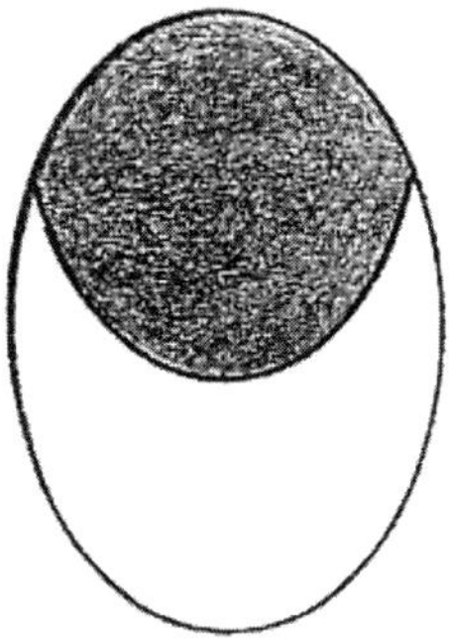

La lune et le ciel se
reflètent l'un l'autre

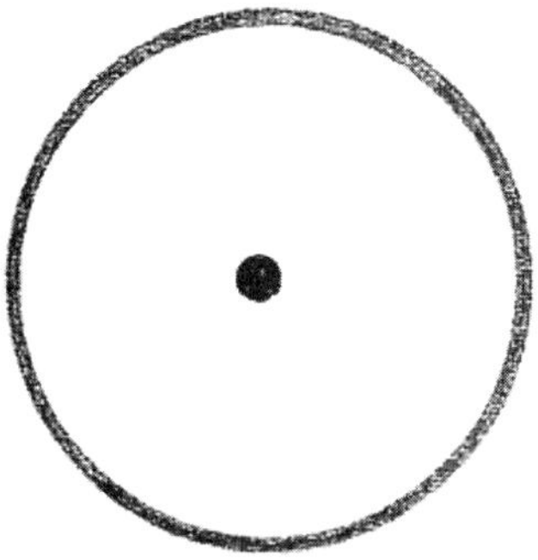

Le soleil, symbole de fête
et de résistance

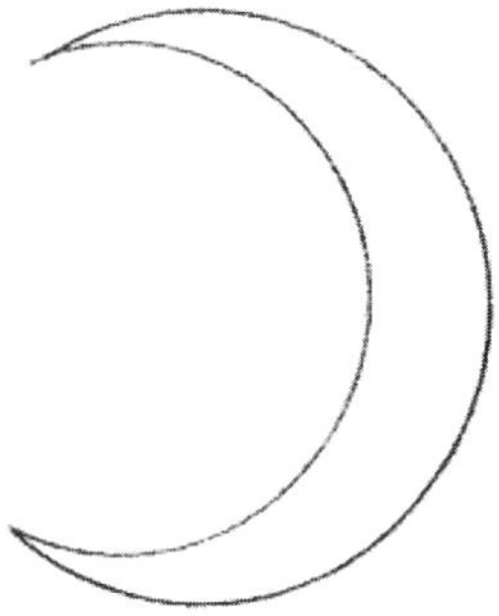

La lune, symbole de
réceptivité, de réflexion
et de douceur

Plus d'un prétendu saint s'est lamenté sur les "désirs charnels" le liant aux contingences existentielles de la matière alors que, selon les Ecritures, il devait être capable de leur résister et de s'affranchir de l'esclavage terrestre.

Cependant, si je me réfère à mon expérience, lutter contre les désirs ou tenter de les refouler n'est pas une vertu puisque, d'après la fameuse "hiérarchie des besoins" établie par Abraham Maslow fondateur de la psychologie humaniste, ce n'est que lorsque nos désirs matériels élémentaires en nourriture et en logement sont satisfaits que nous nous tournons vers des considérations supérieures – intellectuelles, esthétiques et spirituelles.

Le désir est un fait inhérent à la condition humaine. Même les âmes ascétiques désirant renoncer aux tentations de l'existence, le reconnaissent implicitement, puisque, si elles agissent ainsi, c'est parce qu'elles aspirent à des récompenses spirituelles. Si l'objet du désir peut changer, l'énergie résultante reste présente ; il est donc inutile de nourrir un sentiment de culpabilité à propos de nos désirs. Nous pouvons nous ouvrir à chacun d'eux et y prendre plaisir puis l'oublier quand nous en sommes lassés.

LES TROIS TYPES DE DESIR

Il existe, dans le cadre de la pratique magique, trois principaux types de désir:

1. Le Désir d'autotransformation

Dans cette optique, vous vous concentrez sur la guérison de vos états psychologiques ou émotionnels négatifs, sur l'éveil de votre conscience et sur la modification de votre attitude, gagnant ainsi en amour, sensibilité, intelligence, force et capacité orgastique.

2. Le Désir de Relations plus Gratifiantes

Ce désir permet l'établissement de nouvelles relations interpersonnelles, ainsi que la valorisation de leur intimité et de leur amour tout en les approfondissant.

3. Le Désir de Modifier votre Environnement

Celui-ci implique un sens plus aigu de la liberté financière et de l'aisance matérielle, des occasions d'amélioration sur le plan professionnel, une utilisation de nos compétences et talents répondant à nos attentes, enfin la possession de biens matériels spécifiques tels que maison et voiture.

La manière la plus simple de présenter le processus d'élaboration d'une vision est d'envisager le désir de troisième catégorie: transformer son environnement. Les deux autres types de désir, faisant appel à des considérations particulières, sont traités plus loin dans ce chapitre.

Vous pouvez objecter: "Oui, mais à vrai dire, je n'éprouve pas le désir impérieux de modifier mon environnement. Ce qui m'intéresse par-dessus tout, c'est me guérir et me transformer ou améliorer mes rapports avec autrui".

C'est compréhensible, notamment parce qu'au cours des deux précédents chapitres, vous avez consacré tellement de temps et d'énergie à guérir vos traumatismes sexuels et à éveiller votre Moi Sauvage que le passage soudain à une préoccupation portant sur des biens matériels, peut vous sembler insolite.

Cependant, l'une de vos qualités en tant que magicien, c'est l'aptitude à opérer sur différents plans de la réalité et à passer rapidement de l'un à l'autre. A mesure qu'augmente votre habileté en magie sexuelle, vous allez devoir faire preuve d'une vitalité débordante sur un mode physique et charnel, tout en entretenant la projection mentale de vos désirs. Ces deux orientations très différentes constituent l'alchimie de la magie sexuelle permettant de pratiquer l'alternance entre les différents aspects de votre art.

FIXEZ-VOUS UN OBJECTIF ACCESSIBLE

Le profond sentiment d'indignité est un obstacle sur la voie de la magie. En effet, d'une part nous souhaitons que des changements salutaires se produisent dans notre vie, mais d'autre part, nous ne les méritons pas, ce qui engendre une scission interne plaçant notre énergie au centre d'un dilemme. Les exercices présentés dans le chapitre 3 sont parfaits pour résoudre le problème. Mais il existe une autre solution simple et tout aussi efficace: débutez dans la pratique de la magie en essayant de réaliser des désirs sans prétention, en vous fixant pour objectifs des tranformations sans susciter de dilemme.

Par exemple, en ce qui concerne vos désirs matériels, au lieu d'élaborer des visions mettant en scène des fortunes, une soudaine promotion à la tête d'une entreprise, l'achat d'une villa dans le sud de la France ou le fait de piloter votre avion à réaction personnel – choses que les petits génies issus de lampes magiques peuvent facilement réaliser mais dont les apprentis-magiciens risquent fort de ne pas être capables.... – vous vous sentirez plus à l'aise et davantage "dans votre élément" si vous commencez par vous fixer des objectifs moins ambitieux tels que le fait de régler des factures de cartes de crédit, trouver un nouveau logement au voisinage agréable, prendre des vacances au soleil ou simplement bénéficier d'un bon "coup de fouet" moral au travail.

Ces objectifs étant atteints, et vous sentant renforcé dans vos capacités de magicien, vous élaborerez des visions plus ambitieuses sans rencontrer de résistance interne.

L'essentiel est que vous commenciez d'une manière qui vous donne le goût de la réussite, ouvrant ainsi la voie à d'autres succès.

Nous pouvons maintenant poursuivre par des exercices vous apprenant à créer une visualisation nette de vos désirs pour la traduire en un puissant symbole magique.

EXERCICE: ELABOREZ UNE VISION DESTINEE A TRANSFORMER VOTRE ENVIRONNEMENT

Objectif et bienfaits

Cet exercice vous fait participer avec prudence et force détails, aux différentes phases que comporte l'élaboration d'une vision. Puis il vous apprend comment la traduire par un Symbole Magique vous aidant à réaliser votre désir.

La pratique aidant, la création d'une vision destinée à transformer votre environnement peut devenir une opération rapide se déroulant sans à-coups. Toutefois au début, il est nécessaire d'aller lentement, pas à pas, afin que vous puissiez développer votre confiance en vos facultés de magicien.

Préparation

- Cet exercice peut s'effectuer en solo ou à deux.
- Disposez les éléments de votre Cercle Magique.
- Procurez-vous à discrétion: papier à dessin, stylos, crayons et tubes de couleurs. Ces fournitures ne doivent pas avoir déjà servi et doivent être utilisés exclusivement à cette fin. Tous les objets utilisés lors des exercices ou cérémonies magiques doivent être rangés à l'écart de vos affaires habituelles. Cela vous aidera à leur confirmer le pouvoir en leur communiquant énergie et sens.
- Portez votre robe de magicien.
- Accordez-vous une heure pour cet exercice.

PHASE 1: CHOISISSEZ VOTRE VISION

Pénétrez dans votre Cercle Magique.

Asseyez-vous confortablement, fermez les yeux, respirez plusieurs fois profondément et lentement en détendant votre corps chaque fois que vous expirez. Prenez le temps de vous calmer.

Commencez à réfléchir à vos désirs. Demandez-vous: "Que me faut-il pour renforcer mon sentiment de bien-être? Que désiré-je le plus?"

Certaines personnes répondront facilement à ces questions, parce qu'elles y ont déjà réfléchi depuis un certain temps, comme changer d'activité professionnelle, acquérir de nouvelles compétences, déménager dans une autre région, acheter un ordinateur, une chaîne hi-fi ou une voiture.

Pour d'autres, donner une réponse présentera certaines difficultés. Après tout, nous voulons tant de choses qu'il est difficile de choisir, comme un enfant devant des confiseries.

Voici un moyen de résoudre le problème: pensez que vous êtes réellement un enfant qui se trouve devant une gigantesque confiserie proposant une masse de friandises ou, si vous préférez, un adulte sur un marché aux puces tentaculaire suscitant maints désirs. Imaginez la scène: cela se passe un après-midi ensoleillé de fin de semaine, vous désirez vous détendre et flâner d'un étal à l'autre, saisissant tel ou tel objet avant de le reposer, sachant que vous avez tout votre temps pour choisir et revenir en arrière.

Progressivement, tout en furetant, dressez une brève liste des objets qui vous attirent le plus. Quand vous êtes prêt à faire votre choix, asseyez-vous dans un coin tranquille et choisissez celui qui vous plaît le mieux. Il correspond à la réalisation concrète de ce que vous allez introduire dans votre vie.

PHASE 2: TRADUISEZ-LA PAR UNE PHRASE

Enoncez clairement votre désir par une phrase positive:

"Moi ______________ (votre prénom), je désire exercer une nouvelle profession."

Ou

"Moi ______________ (votre prénom), je souhaite habiter une nouvelle maison."

PHASE 3: LE MERITE-JE?

Une fois que vous avez défini votre objectif avec netteté, assurez-vous que vous le méritez. Demandez-vous: "Est-ce que je le mérite?", ou si vous préférez: "Suis-je prêt à cela?"

Si vous avez du mal à créer une vision de votre désir, si l'image est brouillée ou floue, si vos efforts sont parasités par un bavardage intérieur ou une arrière-pensée pessimiste et dubitative – du genre: "Je ne peux pas modifier aussi profondément ma vie"; "je n'arriverai jamais à satisfaire ce désir, quels que soient mes efforts pour y parvenir" – cela révèle une résistance dans la sphère subconsciente de votre psychisme.

Ne combattez pas ces doutes. Constatez simplement que votre désir entraîne chez vous une scission, puis retournez fureter au marché aux puces, en vue d'un autre choix. Poursuivez votre quête jusqu'à la découverte de celui qui vous apportera bien-être et clarté.

PHASE 4: ELABOREZ UNE VISION DETAILLEE

En vous servant de votre imagination, prenez le temps d'élaborer une image traduisant l'objet de votre désir. Si, par exemple, vous souhaitez habiter une nouvelle maison, créez-la mentalement. Imaginez-la d'une façon vivante avec ses caractères propres: est-elle bâtie sur un terrain plat ou à flanc de côteau? Est-elle entourée d'arbres ou s'intègre-t-elle à un pâté de maisons en zone urbaine? Combien a-t-elle d'étages? Comporte-t-elle une allée? Est-elle construite en bois ou en pierre? Faites le tour du propriétaire comme si un agent immobilier vous la faisait visiter. Observez la disposition des pièces: l'entrée, le séjour, les chambres, la salle de bain, la cuisine, les rangements... Ne vous pressez pas, faites cette visite avec plaisir, laissez-vous séduire par son apparence, sans arrière-pensées.

Faites appel à tous vos sens. Caressez les coussins du canapé, la couette sur le lit, les serviettes dans la salle-de-bain, le papier peint du séjour. Sur le seuil de la véranda, humez l'odeur des pins. Dans le bureau, vous entendez le doux murmure de votre ordinateur ou, ailleurs, la musique diffusée par votre nouvelle chaîne hi-fi.

Si votre imagination ne réagit pas immédiatement aux stimuli sensoriels, peut-être préférerez-vous décrire verbalement ou mentalement l'objet de votre désir: "Par la porte, je gagne le jardin puis, en m'éloignant je me retourne et je vois toute la maison face à moi. Elle est bâtie en bois et comporte deux étages..."

PHASE 5: "OUI! CA MARCHE!"

Une fois que vous avez imaginé une visualisation détaillée, la phase suivante consiste à éprouver aussi intensément et profondément que possible, le sentiment qu'elle est déjà réelle. En pensant que vous avez atteint votre objectif, vous donnez à votre visualisation sa réalité. Vous provoquez l'état émotionnel à la faveur duquel cette réalité peut se traduire par un symbole magique.

Dites-vous: "Oui! Cela s'est réalisé!"

Vous pouvez alors vous demander: "Qu'est-ce que je ressens, maintenant que j'ai obtenu ce que je désire?"

Fermez les yeux et faites attention à ce que vous ressentez. Naturellement, vous êtes heureux, excité, exubérant, comblé et reconnaissant. Laissez-vous gagner par ces sentiments.

Imaginez aussi que vous vous tenez dans la cuisine de votre nouvelle demeure, que vous décrochez le téléphone pour appeler un ami et que vous lui dites: "Oh! Hal, cet endroit est formidable! C'est exactement ce que j'ai toujours désiré..." Et poursuivez en lui décrivant ce que vous éprouvez en vivant dans cette nouvelle maison.

Ou alors, imaginez-vous assis, savourant le confort luxueux de votre nouvelle voiture, roulant lentement dans une de vos rues ou sur l'une de vos routes préférées. Goûtez le plaisir monter en vous, né de ce désir satisfait. Mais peut-être votre partenaire ou ami est-il assis sur le siège du passager et lui chantez-vous avec enthousiasme les louanges de votre nouvelle acquisition: "Si tu savais comme elle aborde les virages avec douceeeuuur...."

N'hésitez pas à vous plonger totalement dans le vécu de cet état provoqué par anticipation. Imprégnez-vous de la conviction que "ça s'est vraiment réalisé". Vous n'êtes pas là pour rester spectateur. Votre participation à l'expérience doit être totale et vous devez ressentir profondément le fait d'avoir atteint votre objectif.

Qu'éprouvez-vous en vous trouvant dans le nouveau service dans lequel vous avez été promu et que vous convoitiez depuis longtemps, recevant des félicitations de vos collègues sous les regards des envieux et répondant d'un amical hochement de tête à votre adjoint tandis que vous vous coulez élégamment vers les portes de votre bureau personnel en foulant silencieusement la moquette épaisse...?

Quel que soit votre désir, imaginez le plaisir, l'excitation et la joie ressentis lorsque votre visualisation sera devenue réalité et laissez ces sentiments s'exprimer en toute liberté. Dansez à travers la pièce, riez de satisfaction ou souriez, bref, réjouissez-vous!

Quand vous ressentez la plénitude apportée par cette expérience, retirez-vous lentement de cette scène imaginaire. Laissez s'estomper, puis disparaître, vos émotions. Respirez profondément, détendez-vous et revenez à la réalité.

Maintenant que vous avez, par anticipation, provoqué l'état émotionnel qui précède, vous êtes prêt pour la phase suivante: l'élaboration d'un Symbole Magique.

PHASE 6: ELABORATION D'UN SYMBOLE MAGIQUE

Votre Symbole Magique peut être un sceau, une peinture ou la synthèse des deux.

Si vous décidez de créer un sceau, rédigez un texte traduisant clairement votre désir sur une feuille de papier. Si, par exemple, vous avez envisagé d'habiter une belle maison, vous pouvez écrire: "Je veux habiter une belle maison."

Ensuite réduisez cette affirmation en une phrase simple ne comportant pas plus de deux ou trois mots, comme: "belle maison". Ecrivez-la.

Otez alors toutes les lettres doublées, c'est le cas des *e* et des *l*. Puis rassemblez les lettres restantes. Vous obtenez "bmaison".

A partir de ces lettres, en donnant libre cours à vos talents de concepteur graphique, imaginez un symbole avec lequel vous êtes en résonance. Rappelez-vous: certaines lettres peuvent être plus grandes que d'autres. De plus, tous les styles et formes de caractères sont admis.

Si vous préférez cette solution, réalisez une peinture de votre vision avec des tubes ou des crayons de couleurs. Vous pouvez aussi peindre votre maison tant désirée et vous représenter à ses côtés – si c'est votre souhait – montrant ainsi que vous vous réjouissez de votre nouvelle demeure.

Enfin, vous pouvez aussi imaginer une synthèse d'un sceau et d'un tableau.

PHASE 7: HARMONIE AVEC LE SYMBOLE

Une fois que le Symbole Magique de votre visualisation est créé, assurez-vous que vous êtes en harmonie avec lui. Mettez-vous au centre de votre Cercle Magique et tenez votre symbole à deux mains en le regardant.

Vous sentez-vous en résonance positive avec lui? Traduit-il bien votre désir? Si c'est le cas, vous en éprouverez la sensation au tréfonds de vous-même et cette harmonie se traduira par une affirmation ou un jaillissement d'énergie créatrice provenant d'une origine inconnue. Vous prononcerez intérieurement un "oui" intuitif.

Si je ne prends pas mon parti, qui le prendra pour moi? Et si ce n'est pas maintenant, quand cela sera-t-il?

— FRITZ PERLS

Si vous avez un doute, écartez ce symbole et créez-en un autre qui sera en résonance avec vous.

Quand vous aurez imaginé celui qui vous plaît, débarrassez-vous de tout ce que vous avez écrit et dessiné auparavant et qui vous a permis de parvenir à ce résultat.

Mettez-vous debout au centre de votre Cercle Magique, puis tenez votre symbole à deux mains et regardez-le une fois encore. Enfin, dès que vous êtes prêt, levez-le à bout de bras et prononcez à haute voix: "Ceci est mon Symbole Magique. Je l'accepte comme l'expression de mon désir".

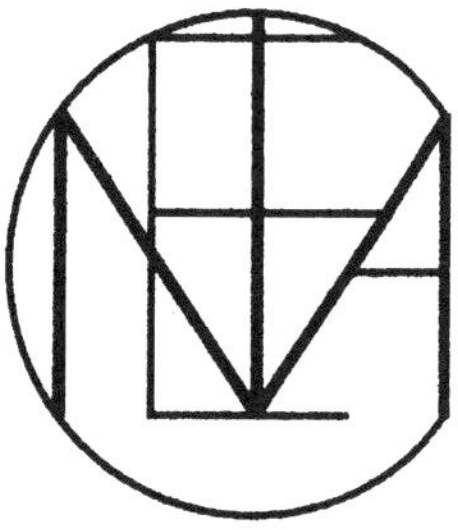

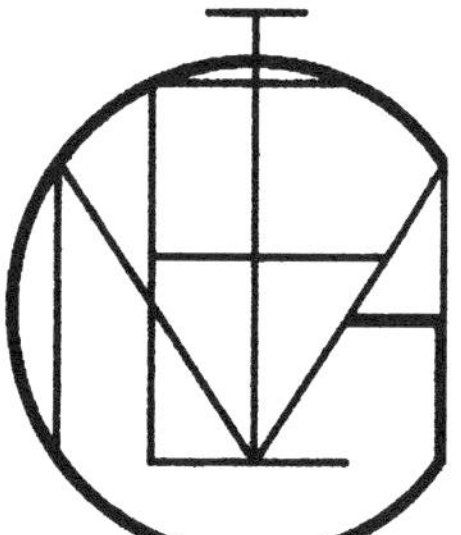

JE SUIS LE/LA MAGICIEN (NE)
JE SUIS LE/LA MAGICIEN (NE)
MAGI
1. Enoncez l'affirmation
2. Eliminez les lettres et ramenez au mot MAGIE
3. Signez.

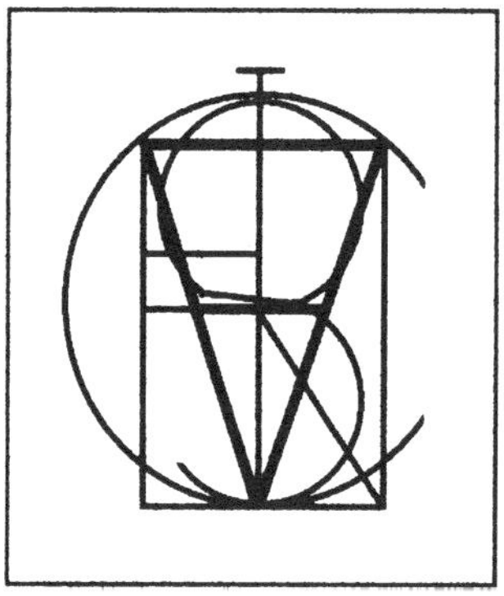

JE FAIS UN FILM À CÉSAR
FILM À CÉSAR
FILM-CÉSAR

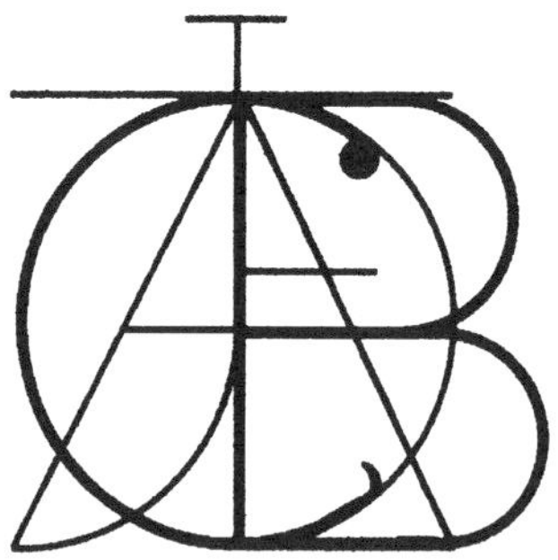

JE VEUX CRÉER UN JOB CRÉATIF
CRÉER JOB CRÉATIF
JOB-CRÉATIF

PHASE 8: MEMORISATION DU SYMBOLE

Après avoir reçu votre Symbole Magique, vous êtes prêt à le mémoriser dans les couches profondes de votre psychisme.

Placez-le sur votre autel afin de pouvoir le regarder confortablement assis dans votre Cercle Magique.

Puis fixez-le, pendant deux minutes, de la même manière que vous regarderiez un ami ou un objet vous inspirant le bien-être, c'est-à-dire avec douceur.

A propos, peut-être serez-vous intéressé d'apprendre que cela s'apparente à la pratique orientale consistant à regarder tankas, mandalas et autres motifs dessinés – en fait des symboles spirituels – qui se mémorisent dans les couches profondes de la psyché humaine.

Maintenant, fermez les yeux et imaginez que votre Symbole Magique grandit régulièrement jusqu'à atteindre une taille supérieure à la vôtre.

Puis, pensez que vous planez ou que vous marchez vers votre symbole jusqu'à vous fondre en lui. Reposez-vous en lui. Profitez de ce bien-être. Laissez-vous gagner par la détente née de cette nouvelle relation.

Il s'agit là d'une façon très efficace d'incarner votre Symbole Magique, lui permettant de faire partie de vous-même. Vous intégrez ainsi le schéma détaillé d'un processus, d'un nouvel évènement amorçant le déroulement d'un dénouement dont vous serez l'acteur et le spectateur.

Lorsque vous êtes prêt, désolidarisez-vous de lui et laissez-le rapetisser progressivement jusqu'à qu'il ne soit plus qu'un minuscule point disparaissant totalement.

Terminez par un Salut du Cœur, en lui faisant une révérence.

Remarques

Plusieurs séances vous seront nécessaires avant que vous ne soyez satisfait de votre symbole. Prenez votre temps, soyez patient et continuez à éprouver d'autres dessins jusqu'à ce que votre Symbole Magique soit la quintessence de votre vision.

Peut-être désirez-vous commencer par la création d'un symbole très élémentaire, quitte à lui ajouter, quotidiennement, d'autres éléments spécifiques jusqu'à ressentir intuitivement son achèvement.

Pensez à lui conserver sa simplicité, afin d'en faire perdurer aisément la projection mentale.

LA REPRODUCTION DE VOTRE SYMBOLE MAGIQUE

Afin de renforcer la mémorisation de votre Symbole Magique, peut-être souhaitez-vous le reproduire à plusieurs exemplaires que vous placerez en divers points-clés de votre logement: à côté de votre lit, dans la salle de bains et la cuisine.

Regardez-le souvent. Votre attitude générale à son égard doit être un mélange de sympathie et de coopération.

Journellement, consacrez quelques minutes à le visualiser en superposition avec différents objets situés à une certaine distance. Si vous êtes assis sous la véranda derrière la maison, imaginez-le, par exemple, imprimé sur le tronc d'un arbre au fond du jardin, sur un coteau éloigné ou sur un gros nuage rebondi.

Chaque fois que vous le voyez ou que vous le visualisez, votre psychisme s'en imprègne plus profondément, lui conférant davantage de signification et d'énergie. Ce mécanisme de mémorisation vous sera une aide appréciable lorsque vous entamerez la fusion de votre Symbole Magique avec votre énergie sexuelle orgastique.

L'EFFACEMENT D'UN SYMBOLE

Votre Symbole Magique s'efface lorsque vous le brûlez. Ainsi, son pouvoir et l'incantation qu'il traduit seront détruits. Ce feu doit être allumé selon le même mode intentionnel et rituel que pour son élaboration.

A cet effet, préparez une coupe spéciale en métal ou un foyer, à l'intérieur ou à l'extérieur de la maison, puis disposez autour les éléments d'un Cercle Magique.

Placez-y votre Symbole Magique, allumez-le avant de lever les bras vers les cieux et de prononcer: "Je déclare à présent que le pouvoir dont ce symbole est investi n'existe plus."

Par ailleurs, le pouvoir d'un Symbole Magique tend à disparaître automatiquement dès que l'objet de votre désir s'est manifesté dans la réalité.

L'ACCEPTATION D'UN RESULTAT DIFFERENT

Lorsque vous élaborez une visualisation de votre désir, il est important de le faire avec un grand souci du détail. Cependant, il faut être conscient que, dans la réalité, elle peut prendre une apparence différente de ce que vous aviez imaginé.

Cela peut sembler paradoxal et vous pouvez donc vous poser la question suivante: "Bien, mais pourquoi effectuer une visualisation aussi détaillée si la réalité doit être différente?"

Ce à quoi je ne peux que répondre: c'est ainsi que la magie s'exprime. C'est pourquoi il faut que votre énergie soit totalement focalisée sur l'élaboration de votre vision, qui elle-même doit être aussi nette et structurée que possible. Il en résultera un très puissant symbole pour la pratique de la magie sexuelle.

Or, simultanément, vous devez conserver votre souplesse d'esprit, car les attitudes rigides risquent de mettre en pièces votre côté créatif. En effet, l'essence de la magie est la transformation, la mutation pouvant se manifester spontanément et à l'improviste. Aussi est-il important de garder l'esprit ouvert et flexible, en évitant de céder à la séduction de l'idée fausse qu'on se fait de pouvoir maîtriser en permanence toutes les manifestations. L'univers vous réserve peut-être une très agréable surprise, alors, soyez prêt à l'accepter.

Maintenant que vous avez assimilé le truc consistant à élaborer une visualisation transformant votre environnement, vous êtes prêt à découvrir un autre type de désir, plus intime et plus profond: celui de changer.

EXERCICE:
ELABORATION D'UNE VISION DESTINEE A VOUS TRANSFORMER

Objectif et bienfaits

Cet exercice vous permettra de vous transformer, quel que soit votre objectif: accéder à une conscience plus aiguë, mieux vous connaître et gagner en sagesse, vous ouvrir davantage à l'amour d'autrui, développer vos aptitudes orgastiques.

On peut définir le désir de vous transformer par un "état d'autoguérison", car le fait que vous vouliez devenir plus aimant, plus courageux ou plus orgastique trahit ces carences dans votre vie présente. En d'autres termes, cela traduit un état négatif dont vous devez guérir pour qu'un autre, plus positif et répondant davantage à vos aspirations, puisse se manifester.

Si, par exemple, vous souhaitez développer vos capacités orgastiques, votre état négatif peut se traduire par: "Je n'ai pas une très bonne perception de mon corps pendant les rapports sexuels" ou "Je n'ai pas très souvent d'orgasme", ou encore "J'ai l'impression de ne pas savoir profiter de la détente née du plaisir que j'éprouve".

Guérir de cet état négatif et fixer l'état positif sont des phases importantes dans l'autotransformation.

Au cours de cet exercice, vous rétablirez la liaison avec votre Magicien Intérieur, que vous avez rencontré au chapitre 2, et vous ferez appel à sa coopération.

Il s'adressera à vous au nom de votre univers caché – démons invisibles, enfant traumatisé, aux couches les plus profondes de votre psychisme – afin qu'efficacement, vous l'intégriez à votre désir de transformation. C'est un moyen puissant d'intégrer vos énergies.

Préparation

- Vous pouvez exécuter cet exercice seul ou avec votre partenaire.
- Disposez les éléments de votre Cercle Magique.
- Il vous faudra un stylo et une feuille de papier.
- Consacrez une heure à cet exercice.

Pratique

PHASE 1: DEFINIR UN OBJECTIF DE GUERISON

Pénétrez dans le Cercle Magique.

Asseyez-vous confortablement, fermez les yeux et respirez profondément plusieurs fois.

Concentrez-vous sur l'instant présent, tout en vous libérant l'esprit de vos préoccupations et soucis habituels.

Quand vous êtes prêt, commencez à définir vos désirs et objectifs liés à votre perspective de transformation. Qui êtes-vous? Quels caractères souhaitez-vous développer en vous? Être plus aimant? Faire preuve d'une sensualité et d'une vitalité sexuelle plus grandes? Connaître le bonheur? Être plus confiant et plus énergique? Faire preuve d'une plus grande compréhension à l'égard de votre entourage immédiat et de ceux que vous aimez? Ou bien accéder à des états de conscience supérieurs porteurs d'un bonheur accru?

Prenez le temps de passer en revue vos désirs et dressez-en la liste sur une feuille de papier. Au bout de quelques minutes, une fois que c'est fait, choisissez-en un que vous aimeriez approfondir, puis rédigez-en l'énoncé sur une autre feuille.

Maintenant, pouvez-vous définir l'état négatif corollaire de ce désir?

Ainsi, dans le cas où vous souhaiteriez vivre davantage l'amour dans votre vie, la traduction négative de ce désir pourrait être: "Je n'inspire pas beaucoup de sympathie" ou "Je suis incapable de donner ou recevoir de l'amour".

Si, par ailleurs, vous voulez développer vos capacités et votre confiance, la traduction négative de ce désir peut être: "Je ne me sens pas apte à relever les défis de l'existence".

Rédigez cette expression négative sur votre feuille de papier.

PHASE 2: ADRESSEZ-VOUS A VOTRE MAGICIEN INTERIEUR

Vous allez maintenant vous mettre en relation avec votre Magicien Intérieur.

Fermez les yeux, évoquez l'instant où, au cours de votre cérémonie d'initiation en tant que magicien, vous vous teniez sur le seuil de votre Sanctuaire Intérieur. Revoyez-vous ouvrant la porte et parcourant le magnifique jardin vers la petite clairière où se trouvent deux sièges (vous pouvez vous rafraîchir la mémoire en relisant les pages consacrées à la cérémonie d'initiation, dans le chapitre 2).

Si vous regardez bien, c'est votre cœur qui répond.
— DE LUBIEZ

Asseyez-vous sur un des sièges et, silencieusement, invitez votre Magicien à se manifester. Sentez sa présence qui se rapproche, le bruissement de sa robe quand il s'asseoit sur l'autre siège et laissez son image apparaître en vous. Il est maintenant assis en face de vous.

Ressentez le fort lien d'amour et de confiance qui vous unit.

Posez-lui la question suivante: "Acceptes-tu de parler au nom de mon univers caché – de mes démons invisibles, de l'enfant traumatisé qui m'habite, du tréfonds de mon subconscient? J'ai besoin de leur coopération sans réserve pour élaborer une visualisation de transformation nette".

Il est probable que votre Magicien Intérieur accédera immédiatement à votre demande. Mais il peut aussi vous poser quelques questions, cherchant ainsi à mieux comprendre votre désir. Aussi, prenez le temps de lui exposer en détail la facette de vous-même que vous désirez transformer.

Si votre Magicien Intérieur vous refuse son aide, interprétez cela comme le signe d'un manque de sincérité de votre part. Faites le point et déterminez ce qui se passe en vous. Peut-être êtes-vous pressé de poursuivre l'exercice ou êtes-vous préoccupé par quelque chose d'autre, c'est-à-dire déconcentré.

Levez-vous, respirez plusieurs fois profondément, secouez-vous, débarassez-vous l'esprit de toute préoccupation, puis asseyez-vous, fermez les yeux avant de retourner à votre Sanctuaire et reposez-lui la question. Si vous êtes sincère, il vous répondra sûrement par l'affirmative.

PHASE 3: LA RAISON POSITIVE DE LA NEGATIVITE

Lorsque vous avez obtenu la coopération de votre Magicien Intérieur, montrez-lui la feuille de papier sur laquelle vous avez exprimé votre désir et l'état négatif dont vous souffrez. Demandez-lui ensuite de vous aider à éclaircir la raison de cette négativité.

En effet, les états négatifs par lesquels vous passez ont une cause peut-être ignorée. Vous les avez induits à la faveur d'une intention se voulant positive, pour vous protéger ou survivre, cela probablement au cours de votre prime enfance, période de vulnérabilité et d'impuissance.

Posez cette question à votre Magicien Intérieur: "Quelle est l'intention positive masquée par cet état négatif?"

Ecoutez attentivement sa réponse. Elle peut être exprimée par des mots, un sentiment, une révélation silencieuse, ou elle peut vous ramener à votre enfance afin que vous puissiez revivre le mode d'induction de cet état négatif.

Si, par exemple, votre structuration négative correspond à un manque de sensibilité et de réceptivité sensorielle pendant les rapports sexuels, il vous répondra peut-être: "Très jeune, vos sensations vous donnaient beaucoup de plaisir, mais vous faisaient également beaucoup souffrir, alors peut-être avez-vous préféré ne pas souffrir, donc vous avez appris à ne pas éprouver de sensations intenses. Maintenant, vous craignez vraiment de vous laisser aller pendant votre relation sexuelle. Vous pensez que vous deviendriez trop vunérable et que vous souffririez à nouveau. En fait, vous vous efforcez toujours de vous protéger."

Identifier et reconnaître la raison positive ayant induit l'état négatif qui vous affecte est une étape majeure sur la voie de la guérison et de la transformation. Aussi, écoutez bien votre Magicien Intérieur lorsqu'il vous explique pourquoi vous avez induit tel ou tel état négatif précis.

Quand il a terminé, demandez-lui: "Tu as parlé au nom de mon univers caché avec lequel j'ai parfois du mal à communiquer, au nom de l'enfant traumatisé qui réside en moi, mais également en celui de mes démons intérieurs et de mon subconscient. Alors, acceptent-ils ma recherche de nouvelles attitudes, d'autres solutions? Puis-je compter sur leur aide?

Là encore, si vous êtes sincère, il vous répondra par l'affirmative.

PHASE 4: EVOCATION D'UN ETAT DE POUVOIR

L'étape suivante consiste à élaborer une visualisation du désir souhaité.

En magie, cela s'appelle "l'évocation d'un état de pouvoir".

Fermez les yeux, puis commencez à respirer lentement et profondément.

Décrivez-vous, à haute voix, l'état que vous souhaitez connaître après transformation. Vous pouvez ainsi énoncer: "Je veux être plus aimant" ou "Je veux développer mes aptitudes orgastiques pendant les rapports sexuels".

Demandez à votre Magicien de vous montrer une période de votre vie où vous avez connu cet état, ce souvenir pouvant constituer une ressource précieuse et une clé sur lesquelles compter dans le processus d'autoguérison.

Si vous ne l'avez pas déjà vécu, demandez-lui de vous montrer un moment de votre existence où vous avez connu quelque chose d'analogue.

N'hésitez pas à vous plonger avec délectation dans le souvenir de cet instant où, par exemple, vous étiez dans les meilleurs dispositions orgastiques au cours des rapports sexuels ou quand vous avez senti votre cœur rayonner d'amour.

Mettez tous vos sens à contribution afin de vous plonger totalement dans l'expérience. Que celle-ci devienne votre réalité immédiate. Laissez-la prendre votre relais – exactement comme dans le chapitre 3, lorsque vous avez appris à fixer un état magique.

S'il évoque pour vous un instant vécu au cours d'une relation sexuelle ou un moment de plaisir, laissez votre corps épouser, par ses mouvements, l'harmonie de ce souvenir. Respirez plus profondément. Servez-vous de votre voix pour émettre des soupirs. Certaines sensations olfactives y sont peut-être associées, voire certaines sonorités émises au moment de l'orgasme. Evoquez-les pour vous-même.

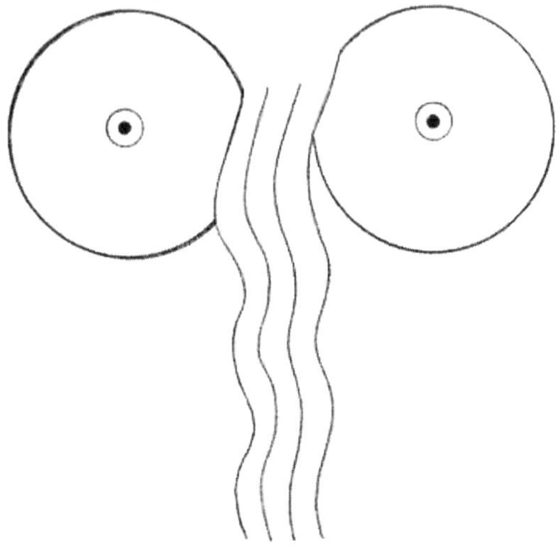

JE SUIS UNE FEMME ORGASTIQUE

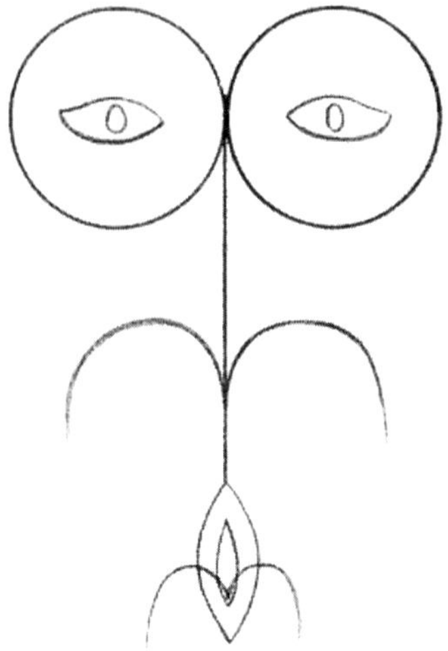

JE SUIS UNE FEMME ORGASTIQUE

Deux manières différentes de symboliser une affirmation

Quand vous sentez que vous allez atteindre le sommet de l'expérience, touchez votre corps, de la manière qui vous semble la plus commode et la plus adéquate, en un endroit vous paraissant accueillant et vous inspirant équilibre et recueillement. Vous vous surprendrez peut-être à placer une main sur votre cœur, votre abdomen ou à caresser délicatement le dos de votre autre main.

Par ce contact, vous mémorisez l'expérience.

Enoncez une affirmation par une déclaration positive du genre: "Je me sens détendu et prêt à l'orgasme" ou "Je déborde d'amour".

PHASE 5: ELABORATION D'UN SYMBOLE DE TRANSFORMATION

Lorsque vous avez mémorisé cet état positif, vous êtes en mesure de le traduire par un Symbole Magique. Or, pour ce faire, il est important que vous bénéficiiez de l'appui permanent de votre Magicien Intérieur.

Fermez les yeux et demandez-lui de vous inspirer un symbole représentant l'état positif que vous venez de vivre et que vous souhaitez voir se réaliser dans votre vie.

Attendez calmement, passivement et innocemment. Observez de quelles images mentales il inspire l'apparition. Mais ayez cela à l'esprit : votre Magicien Intérieur s'adresse à vous au nom de votre subconscient, aussi ces images seront-elles issues des profondeurs de votre psyché.

Ce symbole peut-être, par exemple, un animal, un cerf ou un dauphin, mais aussi un soleil éclatant, une radieuse lune argentée, une fleur ou un champ de maïs balayé par le vent. Mais il peut être également, abstrait: un motif particulier ou une couleur précise, un symbole mystérieux ou un sceau venu de nulle part. Il peut être enfin un objet très banal, comme un combiné téléphonique ou un porte-monnaie. Surtout, ne cédez pas à la tentation de censurer ou d'écarter les images apparues, car elles sont des clés menant au pouvoir occulte.

Tandis que le symbole – mais il peut y en avoir plusieurs – vous est transmis, rassemblez votre matériel de dessin et de peinture, puis commencez à le reproduire sur le papier, en esseyant de lui donner une réalité concrète. Cela peut se produire tout d'un coup, sous la forme d'une révélation soudaine. Ou bien le phénomène peut se dérouler en plusieurs temps: ainsi vous dessinerez peut-être une forme ou un motif élémentaire donné, avant de fermer à nouveau les yeux pour vous remettre en communication avec votre Magicien Intérieur et en recevoir davantage de détails.

Continuez jusqu'à ce que vous soyez certain que le symbole est en résonance avec votre désir, qu'il exprime bien l'âme, l'émotion et la vibration de votre transformation.

Une fois qu'il est achevé, le rôle que joue votre Magicien Intérieur au cours de cet exercice, n'a plus d'objet.

Remerciez-le, réjouissez-vous dans une Etreinte Unificatrice et dites-lui au revoir.

PHASE 6: ACCEPTATION ET MEMORISATION DE VOTRE SYMBOLE

Une fois votre symbole terminé, tenez-le à deux mains puis, après vous être placé au centre de votre Cercle Magique, levez-le vers les cieux et prononcez à haute voix: "Ceci est mon Symbole Magique et je le reçois comme expression de ma transformation".

Maintenant, vous pouvez entamer le processus de mémorisation de votre Symbole Magique. Placez-le sur votre autel, asseyez-vous confortablement à faible distance et fixez-le avec calme et douceur, comme vous le feriez pour un ami.

Au bout de deux à trois minutes, imaginez que votre symbole devient de plus en plus grand jusqu'à ce que vous vous intégriez à lui.

Pendant deux à trois minutes, reposez-vous en lui comme s'il faisait partie de vous-même.

Apportez une conclusion à l'exercice en vous en désolidarisant et en le laissant rapetisser progressivement jusqu'à n'être plus qu'un minuscule point avant de disparaître.

Achevez l'exercice par un Salut du Cœur et une révérence à l'adresse de votre Symbole Magique.

Remarques

Ces symboles ont un formidable pouvoir. Cela me rappelle Rachel qui, tandis qu'elle participait avec son mari à l'un de mes programmes, s'était plainte d'avoir tendance à bloquer son orgasme pendant les rapports sexuels, entraînant une vive douleur ou une crampe dans le vagin.

Je lui ai demandé d'évoquer la dernière fois où elle avait ressenti cette douleur et l'ai dirigée dans une démarche lui faisant revivre cette souffrance. Au bout d'un moment, elle fut capable de la ressentir à nouveau. Alors, je lui ai demandé si un symbole, quel qu'il fût – animal, objet ou mot – lui apparaissait mentalement, dans cette pénible situation.

Immédiatement, celui d'un lion rugissant lui apparut. "C'est bien!", lui dis-je, "Maintenant servez-vous de sa puissance, de son courage et de sa force pour exprimer ce que vous ressentez".

Elle commença sur-le-champ à rugir comme un lion en colère, en regardant son mari droit dans les yeux – ils étaient assis face à face – qui, lui-même, l'encourageait par d'autres rugissements. Ils continuèrent ainsi pendant environ une vingtaine de minutes, pendant que Rachel effectuait des va-et-vient pelviens en se concentrant sur ses sensations vaginales.

Ultérieurement, elle me rapporta que la douleur vaginale avait totalement disparu et que ses relations sexuelles s'étaient magiquement transformées. Le symbole léonin lui avait donné la force dont elle avait besoin pour exprimer et évacuer la rage refoulée provoquant cette souffrance.

Les symboles sont un mystère. Nous ne connaissons ni leur origine, ni la raison du moment où ils se manifestent. Mais, en magie, ils ont une importance énorme, car ils parlent un langage très antérieur à celui des mots et dont l'impact a un retentissement bien plus grand que n'importe quelle formulation élaborée par la sphère rationnelle et intellectuelle de notre psychisme.

Maintenant, nous arrivons au troisième type de désir se prêtant à l'élaboration d'une visualisation magique: celui d'une communication profonde avec une autre personne. Ce sujet est traité dans deux exercices: le premier se place dans l'optique d'une relation amoureuse, disons, une nouvelle idylle, alors que le second se place dans la perspective de l'approfondissement et de la valorisation d'une relation existante.

EXERCICE:
VISION DESTINEE A UNE NOUVELLE RELATION AMOUREUSE

Objectif et bienfaits

Admirable est l'instant où nous nous asseyons dans le palais,
toi et moi,
Deux silhouettes, deux visages, mais une seule âme, toi et moi.
Et les fleurs flamboieront, les oiseaux chanteront
et répandront sur nous l'immortalité,
A l'instant où nous entrerons dans le jardin, toi et moi.
Quel miracle, toi et moi,
Un seul amour, un seul être aimant, un seul feu, toi et moi.
— RUMI

En élaborant la vision d'un nouveau partenaire amoureux ou d'un ami intime, vous vous apprêtez à vivre une relation durable, enrichissante et répondant à vos attentes.

Vous adopterez la même démarche que précédemment, c'est-à-dire que créerez d'abord une visualisation détaillée de l'objet de votre désir, puis vous le traduirez par un symbole magique.

Le souhait d'instaurer une nouvelle relation amoureuse présente cependant un caractère plus subtil et plus complexe, car il met en jeu une autre personne. L'essentiel, dans cette optique et il faut s'en souvenir, est que vos efforts de création doivent couvrir une plage d'individualités aussi large que possible et ne pas se restreindre à une personne de connaissance.

Vous évitez ainsi de faire dépendre votre bonheur d'une seule personne déterminée et décidée à vous aimer ou non. Vous ne dépendrez ni de ses humeurs, ni de ses réactions, pas plus que vous ne serez entraîné dans une désagréable manipulation l'obligeant à se plier à votre volonté.

Donc, votre aspiration à chérir une autre personne doit être adressée à l'esprit d'amour présent dans tout cœur humain et transmise aux quatre coins du monde, comme une main tendue par-delà le temps et l'espace, à l'"âme sœur" inconnue qui vous attend. Tous les espoirs sont alors permis et la magie peut opérer, fidèle à ses voies mystérieuses et imprévisibles.

Préparation

- Disposez les éléments de votre Cercle Magique.
- Ayez un stylo et une feuille de papier à portée de main.
- Préparez vos matériels de dessin et de peinture.
- Portez votre robe de magicien.
- Consacrez une heure à cet exercice.

Pratique

PHASE 1: DESCRIPTION DE VOTRE NOUVEL AMOUR

Pénétrez dans votre Cercle Magique.

Asseyez-vous confortablement, fermez les yeux et accordez-vous quelques instants pour vous recueillir et vous concentrer sur le moment présent.

Portez votre attention sur votre respiration, en observant comment vous inspirez et expirez, excellent moyen de mettre fin à tout bavardage mental susceptible de vous distraire.

Dès que vous êtes prêt, prenez stylo et papier et rédigez la description de la personne que vous voudriez voir entrer dans votre vie. Ainsi pouvez-vous écrire : "Je recherche un homme, entre quarante et cinquante ans, présentant bien, affectueux, sans soucis financiers, en bonne santé, non-fumeur, aspirant à une relation profonde et intime, ayant le courage d'être franc et honnête, aimant la promenade, les dîners en ville, aller au concert, au théâtre, au cinéma..."

D'un certain point de vue, cette démarche s'apparente assez à la rédaction d'une annonce matrimoniale devant paraître dans un quotidien local.

Prenez votre temps, n'oubliez rien et savourez cette création. Cela revient exactement à fabriquer un personnage de récit imaginaire – fiction pouvant devenir réalité. Cependant, évitez de lui attribuer des traits physiques trop typés ; cela risquerait de restreindre le champ et la portée de votre invocation magique.

PHASE 2: SYMBOLISATION DE VOTRE NOUVEL AMOUR

Une fois que vous avez écrit les qualités souhaitées de votre nouvel amour, élaborez la représentation de son symbole ou de son tableau.

Vous pouvez vous y prendre de deux manières:

Représentez-vous l'amour que vous souhaitez rencontrer.

1. Créez un sceau en partant d'une phrase appropriée comme "nouvel amour" ou "nouvelle relation".
2. Imaginez un tableau le symbolisant. Là encore, je vous conseille de ne pas réaliser un portrait trop vivant ou trop détaillé. Il est préférable de le peindre en adoptant un style abstrait traduisant l'émotion qu'il vous inspire – étoile éclatante, oiseau magnifique, symbole phallique, rose

déposée sur un sentier baigné par le clair de lune ou voiture de sport au capot surmonté d'un énorme gobelet à café.

3. Réalisez une synthèse du sceau ou du tableau peint.

Assurez-vous que votre symbole capte bien l'émotion et la promesse souhaitées. Ne craignez pas de jeter les fruits insatisfaisants de vos efforts pour repartir sur de nouvelles bases.

En effet, plus le symbole imaginé répondra à votre attente, plus il vous sera aisé de rencontrer un nouvel amour.

PHASE 3: ENVOYEZ VOTRE MESSAGE VERS LES QUATRE POINTS CARDINAUX

Lorsque vous êtes certain que votre symbole est achevé, tenez-le des deux mains et levez-le vers les cieux en disant: "Je reçois ce symbole comme l'expression de mon désir d'un nouvel amour".

Selon un rituel spécifique, faites l'offrande de votre symbole: tenez-vous au centre de votre Cercle Magique et tournez-vous successivememnt vers chacun des quatre points cardinaux: nord, sud , est et ouest.

A chaque point cardinal, imaginez que l'énergie de votre symbole rayonne dans la direction correspondante. Lorsque vous aurez terminé, votre message d'amour aura été envoyé aux quatre coins du monde.

Placez alors votre symbole sur l'autel, puis asseyez-vous de manière à le regarder à votre aise et mémorisez-le en le fixant avec tendresse et amour – de la même manière que vous regarderiez l'être aimé.

Ensuite, fermez les yeux et imaginez que votre symbole s'agrandit au point de le pénétrer et de vous y reposer. Poétiquement parlant, vous habitez l'être aimé. Ainsi le lien est établi.

Au bout de quelques minutes, désolidarisez-vous et laissez-le rapetisser progressivement jusqu'à n'être plus qu'un point.

Terminez par un Salut du Cœur et adressez-lui une révérence.

Remarques

Il est important que vous réalisiez la description écrite de votre nouvel amour avant d'entamer la création d'un sceau à partir de phrases comme "nouvel amour" ou "nouvelle relation", ou avant de peindre un tableau.

J'ai déjà parlé de l'importance que revêt l'élaboration d'une vision nette. Dans le cas présent, c'est la description écrite de votre nouvel amour qui confère puissance et netteté à votre symbole.

Si vous choisissez de peindre ou de dessiner, veillez à faire figurer dans le tableau un petit carnet de notes symbolisant tout ce que vous avez rédigé à propos de cette personne.

Enfin, attendez-vous à une surprise lorsqu'elle se manifestera dans votre vie, car tout en incarnant exactement l'être recherché, elle pourra vous paraître bien différente de celle que vous imaginiez.

EXERCICE: VERS UNE VISION D'AMOUR COMMUNE, VALORISANTE SUR LE PLAN RELATIONNEL

Objectif et bienfaits

La création d'un Symbole Magique traduisant fidèlement la visualisation commune d'un amour et d'une intimité plus riches entre partenaires est peut-être la manière la plus agréable et la plus efficace de faire passer la magie sexuelle dans votre vie. En créant ensemble une visualisation commune, vous harnachez le pouvoir de l'énergie sexuelle selon un mode unique: en appliquant les principes du Tantrisme à lui-même.

En effet, la magie sexuelle fonctionne selon le principe de la fusion des énergies masculine et féminine. Il en est de même d'une relation amoureuse. Toutes deux peuvent être mises en parallèle puisqu'elles embrassent l'union alchimique du masculin et du féminin.

D'où l'instauration d'un cycle auto-entretenu à caractère positif: plus vous intégrez la magie sexuelle à votre relation, meilleure elle est, et dans ce cas, vous disposez de plus d'énergie pour la pratique de la magie sexuelle. Cela peut se comparer à un plaisir et une joie dont la courbe est exponentielle, vous faisant ainsi dépasser les difficultés rencontrées dans votre intimité et votre relation sexuelles, ou dans vos habitudes négatives qui les caractérise.

Préparation

- Convenez avec votre partenaire de ne passer qu'un quart d'heure ou vingt minutes seuls, dans des pièces séparées, pendant la première phase de cet exercice, puis de vous réunir pour la seconde.
- Placez vos matériels de dessin et de peinture à portée de main.
- Avant d'entamer cet exercice, prenez le temps de répandre sur vous votre huile ou votre parfum préféré et portez votre robe de magicien.
- Créez une atmosphère romantique. Allumez des cierges, brûlez de l'encens, passez de la musique douce.
- Consacrez une heure à cet exercice.

- A la fin, vous pouvez souhaiter disposer de plus de temps pour avoir un rapport sexuel.

Pratique

PHASE 1: VISUALISEZ L'OBJET DE VOTRE DESIR

Disposez les éléments de votre Cercle Magique pendant que votre partenaire en fait autant dans l'autre pièce.

Asseyez-vous confortablement au centre du Cercle Magique, fermez les yeux et respirez plusieurs fois profondément, en relâchant le corps à l'expiration.

Commencez mentalement à élaborer une visualisation du type de relation amoureuse que vous aimeriez vivre avec votre partenaire. Mettez vos sens à contribution, ainsi que votre voix, pour traduire les qualités que vous souhaitez y trouver.

Par exemple, vous pouvez déclarer: "Je veux qu'ensemble nous ouvrions de nouvelles portes au plaisir afin que la passion et la joie orgastique enflamment chacun de nous". Imaginez que vous rayonnez de plaisir, que votre peau est chaude et empourprée par l'excitation et qu'un profond sentiment de plénitude vous comble, comme un chat venant de laper un bol de crème.

Il est possible que vous désiriez mettre davantage d'affection dans votre relation; dans ce cas, vous direz: "Je souhaite plus de tendresse et de sensibilité dans nos rapports en général et dans nos relations sexuelles en particulier. Je désire que nous soyons chaleureux et caressants l'un avec l'autre, que chacun de nous réponde aux attentes de l'autre, enfin que nous prenions soin de nous réciproquement".

Mais peut-être désirerez-vous une plus grande intimité en communiant plus franchement. Vous direz alors: "Je souhaite que nous partagions davantage nos sentiments et que nous nous comprenions mieux. Je voudrais une telle harmonie entre nous que, même lorsque nous ne nous parlons pas, nous communiquions quand même".

PHASE 2: PARTAGEZ VOTRE VISION

Une fois que l'objet de votre désir est clair, réunissez-vous avec votre partenaire dans le Cercle Magique.

Asseyez-vous face-à-face.

Décidez qui sera respectivement le partenaire A et le B.

Puis A demande à B: "Par quelle vision souhaites-tu enrichir notre relation? Que désires-tu le plus ardemment?"

B, partagez alors votre visualisation avec A. Dites-lui par exemple: "Ma vision exprime une guérison et un soutien mutuels capables de nous aider à dépasser nos problèmes et à nous souvenir de notre état extatique originel".

Prenez le temps d'exposer votre visualisation dans sa totalité.

A, pendant votre écoute, faites preuve d'ouverture d'esprit et de réceptivité.

Lorsque B a terminé, inversez les rôles.

B demande alors: "Par quelle visualisation enrichis-tu notre relation?"

A répond.

Vous constaterez peut-être que vos visualisations se ressemblent, ce qui vous permet de passer directement à la phase trois et d'entamer ensemble l'élaboration d'un Symbole Magique.

Couple créant une visualisation commune d'amour et de prospérité. La coupe et le cœur représentent l'amour; le cercle, le soleil ou la passion. Les deux correspondent à la liberté et à l'amour, tandis que l'eau se déversant dans la coupe symbolise la prospérité.

Cependant, si vos visualisations sont différentes, l'un de vous peut exprimer l'ardent désir d'accorder plus d'importance aux rapports sexuels alors que l'autre peut souhaiter une plus grande intimité en d'autres domaines.

Si les deux sont compatibles, vous pouvez convenir d'imaginer deux symboles ou un seul, les synthétisant.

Par contre, si vous ne parvenez pas à vous mettre d'accord, il vous faut poursuivre ensemble cette recherche jusqu'à ce que vous trouviez un terrain d'entente, c'est-à-dire des visualisations compatibles entre elles.

Montrez-vous généreux l'un envers l'autre et soutenez-vous mutuellement. Aidez-vous réciproquement à découvrir des visualisations répondant à vos désirs et vous permettant d'évoluer ensemble vers des sommets de plaisir et d'harmonie de plus en plus élevés.

PHASE 3: CREEZ VOTRE SYMBOLE COMMUN

Commencez à peindre ou à dessiner le Symbole Magique traduisant votre vision, votre désir.

Si, avec votre partenaire, vous partagez la même idée, peignez-la ensemble sur une feuille de papier. Ajoutez chacun votre tour une touche créatrice au symbole, cela peut-être très amusant. Ou bien, l'un de vous, selon sa préférence, peut créer un sceau tandis que l'autre réalise un tableau. Etudiez la meilleure manière de travailler ensemble afin d'exprimer votre désir commun à travers un Symbole Magique.

Si les objets de vos désirs diffèrent, élaborez deux Symboles Magiques sur des feuilles séparées. Quand vous les avez terminés tous les deux, montrez-les-vous en expliquant ce qu'ils représentent.

Au cours de mes ateliers, nombreux sont les couples préférant réaliser la synthèse de leurs espoirs et de leurs aspirations dans un seul Symbole Magique. Par exemple, Nick et Marissa, deux enthousiastes débutants en magie sexuelle, avaient des idées différentes. Lui désirait une passion, une chaleur et une intensité plus grandes dans leur relation, alors qu'elle désirait que tous deux honorent et respectent la liberté de chacun.

Ensemble, ils réalisèrent un magnifique Symbole Magique, peignant une grande coupe d'argent décorée sur le pourtour de signes astrologiques et d'un cœur à la base, accompagnée de fontaines s'y déversant avant de la faire déborder. Enfin, au-dessus, ils représentèrent un soleil jaune d'or traversé par deux oiseaux.

"La coupe symbolisait notre amour, et l'eau s'y déversant notre souhait d'être davantage aimés et de jouir d'une énergie et d'une prospérité plus grandes", expliquait Marissa avant de poursuivre: "Quant aux oiseaux, ils représentaient notre liberté et le soleil, notre désir de vivre une plus grande passion. Lorsque notre symbole fut achevé, nous avons éprouvé tous deux la certitude d'avoir réalisé quelque chose de très particulier et nous l'avons immédiatement intégré à notre exercice".

PHASE 4: MEMORISATION DE VOTRE SYMBOLE COMMUN

Prenez le temps de créer un Symbole Magique dont vous êtes satisfaits tous les deux et n'hésitez pas à recommencer si les résultats de vos premiers efforts ne vous conviennent pas.

Quand vous avez terminé, placez-vous tous les deux au centre de votre Cercle Magique, puis levez votre symbole vers les cieux, avant de déclarer: "Ceci est notre Symbole Magique et nous l'acceptons comme l'expression de notre visualisation".

Placez-le alors sur votre autel, puis asseyez-vous ensemble à faible distance, en le regardant avec douceur et en laissant l'image se graver dans votre esprit.

Si vous avez créé deux symboles, célébrez séparément la cérémonie d'acceptation, puis placez-les tous les deux sur l'autel, avant de les regarder avec douceur en laissant les images se graver dans vos esprits. Pendant les premières minutes, fixez votre propre symbole, puis celui de votre partenaire. Ensuite, laissez-les imprégner votre cœur et votre esprit.

Concluez par un Salut du Cœur et adressez-leur une révérence.

Remarques

Il se peut que vous souhaitiez également explorer les possibilités d'une vision élaborée conjointement en vue d'une relation sexuelle donnée. En déterminant ensemble, et à l'avance, l'intention à laquelle vous désirez cette union charnelle – plus grande sensibilité de chacun aux besoins de l'autre, péliminaires sensuels prolongés ou style particulier dans l'expression de l'amour charnel – vous constaterez que vous pouvez grandement valoriser vos plaisir et intimité sexuels. Votre énergie sera plus focalisée, vos sensations plus aiguës et, par ailleurs, les modalités habituelles antérieures de vos rapports sexuels seront remplacées par d'autres, traduisant une approche nouvelle. Essayez et tirez vos conclusions.

EXERCICE:
LA RELATION SEXUELLE AVEC VOTRE SYMBOLE MAGIQUE

Objectif et bienfaits

Dans ce chapitre, vous avez appris comment élaborer des Symboles Magiques afin de les appliquer à tous les aspects de votre existence, pour vous transformer ainsi que vos relations et votre environnement.

Vous pouvez commencer dès maintenant à vous en servir dans l'alchimie qu'est la magie sexuelle. En effet, vous êtes en mesure d'agir de telle sorte que votre Symbole Magique fasse partie intégrante de votre relation sexuelle comme force vivante participant en filigrane au ballet que vous exécutez dans la passion et le plaisir de l'union charnelle, ajoutant ainsi piment, magie et mystère à cet acte intime.

C'est ainsi qu'il reçoit de vous, pouvoir, énergie sexuelle, notamment celle issue de votre acmé orgastique, enthousiasme et détermination dirigés vers la création de la réalité que vous voulez voir se manifester.

En fait, vous agissez comme un jardinier, si ce n'est que vous arrosez la plante de votre désir avec le suc intuitif de votre énergie sexuelle. Vous contribuerez ainsi à ce que votre symbole circule dans vos veines, muscles, organes et cerveau, ainsi que dans chacune de vos cellules. Comme vous le feriez avec un accumulateur, vous le "chargez" du caractère extatique et du fluide de votre amour.

Vous pouvez le faire tandis que vous êtes engagé avec votre partenaire dans une étreinte sexuelle ou, si vous êtes seul, que vous vous masturbez.

Préparation

- Disposez les éléments de votre Cercle Magique.
- Créez une atmosphère à la fois romantique et sensuelle en vous servant de lumière douce, de musique suggestive et d'encens.
- Aménagez à l'intérieur de votre Cercle Magique une zone confortable évoquant la volupté propice à un rapport sexuel. Ce peut être votre lit, un tapis ou un matelas épais, ou encore un cadre naturel extérieur comme un jardin ou la forêt.
- Seul ou avec votre partenaire, choisissez le Symbole Magique avec lequel vous souhaitez travailler.
- Portez votre robe de magicien.

Pratique

PHASE 1: COMMUNIQUEZ AVEC VOTRE SYMBOLE MAGIQUE

Avec votre partenaire, pénétrez dans votre Cercle Magique.

Tenez-vous au centre du cercle, face à face.

Fermez les yeux pendant un instant, puis respirez lentement et profondément plusieurs fois, en vous concentrant sur le moment présent. Enfin, secouez-vous légèrement tout en relâchant et en détendant vos muscles.

Dès que vous êtes suffisamment recueilli, présent à l'acte immédiat, ouvrez les yeux et regardez votre partenaire avec tendresse.

Echangez un Salut du Cœur et une révérence réciproque, puis rapprochez-vous dans une agréable Etreinte Unificatrice.

Apportez le Symbole Magique choisi et placez-le au centre du Cercle, entre vous.

Asseyez-vous face à face, de chaque côté du symbole.

Il est préférable, pour cet exercice, que vous vous asseyiez sur un coussin afin d'être proche du sol et pouvoir passer aisément de la position assise à la position couchée ou pour rouler sur le tapis avec votre partenaire.

Ensemble, contemplez votre symbole pendant deux ou trois minutes.

Fermez les yeux et, pendant deux ou trois autres minutes, contemplez mentalement le symbole, comme si vous assistiez à la projection d'un film sur votre écran intérieur.

Ouvrez les yeux, échangez vos impressions sur la manière dont vous entrez en résonance avec lui et percevez-le en tant qu'image ou localisé à une partie du corps. Votre pensée le traduit-elle en mots ou le percevez-vous sous forme de son ou de mantra?

PHASE 2: L'UNION CHARNELLE

Mettez le symbole de côté, puis rapprochez-vous.

Entamez doucement un rapport sexuel, en ouvrant vos robes respectives, puis en vous agressant légèrement en vous excitant l'un l'autre, selon la manière qui vous est agréable et vous fait plaisir.

A mesure que votre énergie sexuelle naît et s'amplifie, laissez-vous baigner par ces sensations agréables, sans essayer de vous rappeler votre Symbole Magique. Laissez-la s'accumuler jusqu'au moment où, telle un puissant courant, elle circule entre vous.

Dès que vous êtes tous deux absorbés par une délicieuse relation charnelle, arrêtez-vous. Marquez une pause. Ensemble, contemplez votre symbole sans vous concentrer. Ce n'est pas la peine d'essayer de faire quoi que ce soit d'autre. Contentez-vous de le regarder.

Au bout de quelques instants, fermez les yeux et visionnez-le mentalement. Puis, laissez son image s'évanouir et replongez-vous dans le plaisir de votre relation charnelle.

Répétez ce shéma plusieurs fois – relation sexuelle, interruption, contemplation de votre Symbole Magique, reprise de la relation sexuelle – jusqu'à ce que vous éprouviez tous deux le sentiment de l'avoir incorporé et de pouvoir le faire apparaître mentalement sans difficulté.

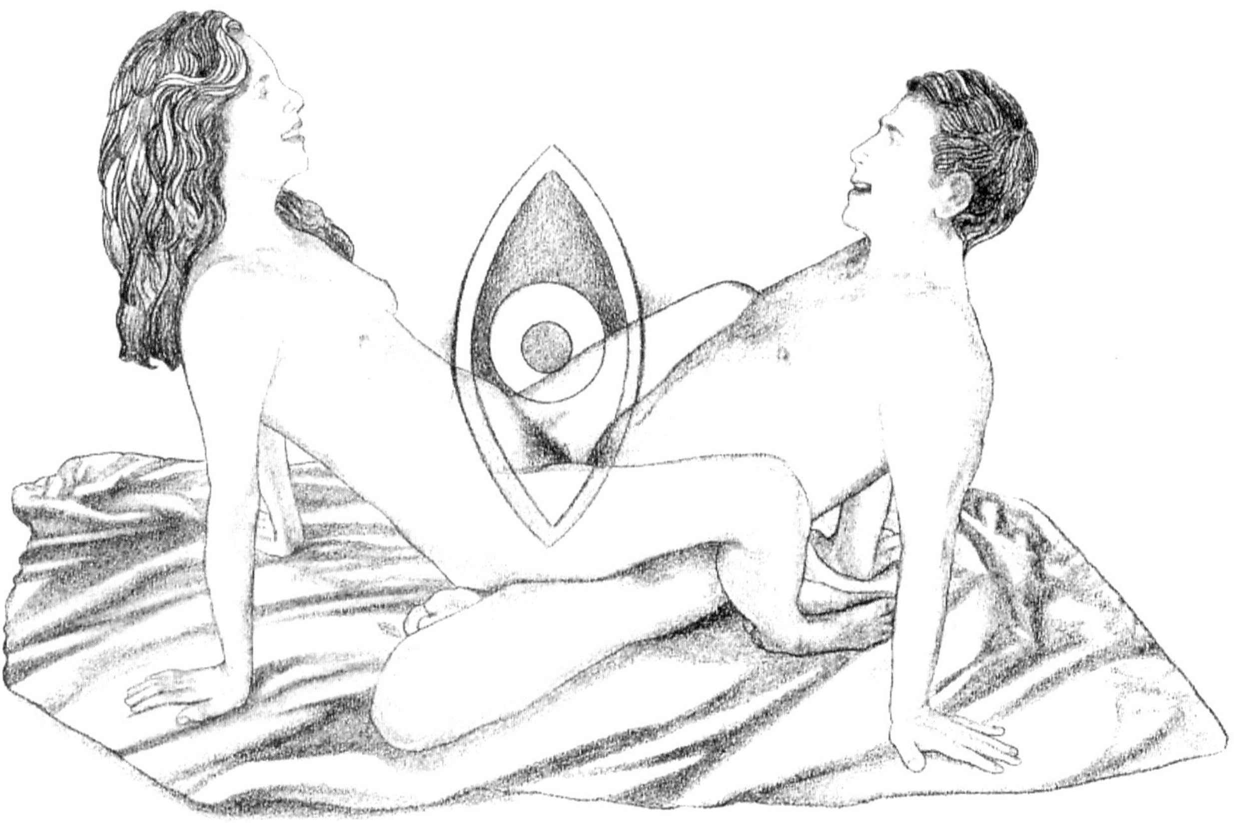

PHASE 3: FUSION DU SYMBOLE AVEC VOTRE ENERGIE SEXUELLE

Pendant votre relation charnelle, imaginez que vous guidez le symbole vers votre centre sexuel et que vous l'y faites pénétrer. Prêtez attention à la sensation produite par la présence du symbole de vos organes sexuels ou contemplez-le ainsi localisé, tourbillonnant et palpitant en vous, investi du pouvoir par le ballet de vos énergies sexuelles tandis qu'elles s'interpénètrent et se mêlent. Ainsi, vous répandez sur votre symbole les énergies ruisselantes de vos sécrétions sexuelles.

Mais vous pouvez éprouver le désir d'exprimer verbalement ce qui se passe. Ainsi, la femme peut dire: "*Mmm*, oui, je perçois la présence de notre symbole dans mon yoni (vagin) tandis qu'il se charge de l'énergie issue de ton vajra (pénis)". Et l'homme peut répondre: "Je sens la chaleur de notre union charnelle se déverser en lui". Il importe de laisser vos voix jouer leur rôle dans l'intensification de vos énergies respectives.

Parfois, s'il vous arrive de ne plus vous souvenir de votre Symbole

Fusion du symbole avec votre énergie sexuelle qui représente le yoni renfermant le soleil et la lune, fusion magique de l'amrita, c'est-à-dire celle des énergies masculine et féminine.

Magique, c'est que le processus en cours est parfaitement correct et naturel. En effet, réjouissez-vous parce que cela signifie que le symbole a été fortement mémorisé par votre subconscient et qu'il continue à agir, même lorsque vous n'y pensez pas consciemment.

PHASE 4: INTEGREZ VOTRE SYMBOLE A L'ORGASME

Convenez ensemble du moment où vous voulez faire culminer votre relation charnelle dans l'intensité finale de la libération orgastique. Echangez franchement vos impressions à ce propos lorsque vous êtes prêts tous les deux. L'un de vous pourra dire: "Déclenchons-nous nos orgasmes maintenant?" Ce à quoi l'autre répondra: "Attends. Je ne suis pas tout à fait prêt. Détendons-nous un instant. J'ai besoin d'être plus stimulé avant de me laisser aller".

Les gens qui aiment sont heureux
et les gens heureux aiment.
— KEN KEYES

Quand vous êtes prêts, jetez un ultime coup d'œil à votre Symbole Magique, fermez les yeux et refaites-le pénétrer dans votre centre sexuel. Quand l'orgasme s'annonce et que votre énergie va être libérée, imaginez la sensation produite par votre symbole éclatant en un million de morceaux, s'envolant vers l'univers, porté par la puissance explosive de votre libération orgastique.

Votre orgasme se calmant, laissez également toute réminiscence symbolique s'évanouir, afin qu'elle se dilue dans l'univers, émettant ainsi le message de votre désir.

Achevez l'exercice par un Salut du Cœur et adressez-vous mutuellement une révérence.

Félicitations! Vous venez de vivre votre première expérience de magie sexuelle.

Remarques

Si vous êtes seul, vous pouvez procéder de la même manière en intégrant votre Symbole Magique à votre plaisir sexuel. Parfois, même si vous avez un partenaire, vous pouvez souhaiter accomplir cet exercice seul, en vous excitant et en vous stimulant vous-même tout en contemplant votre Symbole Magique avant de visualiser sa présence dans votre sexe.

Pendant le rapport sexuel, il n'est pas nécessaire de penser à la signification du symbole. Vous devez seulement garder présente l'image de votre Symbole Magique et le laisser se "charger" de votre énergie sexuelle.

ORIENTEZ VOTRE ENERGIE SEXUELLE

Après avoir maîtrisé l'art de créer un Symbole Magique, vous apprendrez dans le chapitre suivant à orienter votre puissance sexuelle. Vous serez bientôt en mesure de réaliser sa fusion avec cette puissante énergie et de lui faire gravir les sept échelons de vos centres énergétiques lui permettant d'accéder au Réseau Astral.

En perspective de cette étape passionnante vous menant à l'alchimie de la magie, il serait souhaitable de choisir un Symbole Magique avec lequel vous aimeriez vous livrer à cette expérience. Aussi, choisissez-le à partir de ceux imaginés dans ce chapitre.

Mais vous avez peut-être présent à l'esprit un symbole se distinguant des autres par une force ou une signification particulière. Dans ce cas, décidez dès maintenant, en accord avec l'être aimé, de vous servir de ce Symbole Magique pour tous les autres exercices que comporte cette pédagogie. En effet, travailler avec le même symbole rend aisé le maintien de sa présence mentale, facteur qui, en retour, facilite l'assimilation de tout nouveau processus.

C H A P I T R E 6

ALCHIMIE SEXUELLE

Dynamisation de Votre Symbole Magique

Maintenant, le temps est venu de provoquer la fusion de votre énergie sexuelle avec la vision magique que vous avez élaborée dans le chapitre précédent. Les techniques employées au cours de cette phase de magie sexuelle constituent une approche dynamique moderne fondée sur l'antique science du Tantrisme.

Vous apprendrez d'abord à activer vos sept centres énergétiques corporels – les chakras – et à faire circuler l'énergie sexuelle pour connaître la plénitude orgastique. Ensuite, il vous sera expliqué comment utiliser cette énergie pour véhiculer votre Symbole Magique d'un chakra à l'autre en le chargeant de sept énergies subtiles différentes avant de lui faire prendre enfin son essor vers le Réseau Astral, cet immense et impalpable champ de force vibratoire par l'intermédiaire duquel les désirs peuvent se réaliser.

Les trois exercices que comporte ce chapitre – le Massage des Chakras, la Respiration des Chakras et la Musique des Chakras – dispensent un enseignement de grande portée. Lorsque vous les aurez effectués, vous aurez:

- acquis une perception et une connaissance claires de chacun de vos chakras.
- éveillé votre feu sexuel.
- harmonisé vos rythmes orgastiques et respiratoires.
- ouvert votre canal énergétique interne.
- relié votre chakra racine – c'est-à-dire votre centre sexuel – à votre chakra coronal ou centre extatique.
- employé de la visualisation pour faire gravir à votre Symbole Magique les sept échelons constitués par les chakras.
- connu ce qu'est le Réseau Astral.
- appris à travailler avec un partenaire dans un climat de réceptivité mutuelle, en dirigeant l'exercice et en prenant l'initiative dans un amour partagé, ainsi qu'en vous portant réciproquement vers l'acmé extatique.

Si votre sensibilité est à dominante proprioceptive et auditive, prêtez attention aux images et sons que vous inspire l'être aimé. Vous aurez peut-être la surprise d'entendre des paroles ou de la musique, ou encore serez-vous entraîné dans une danse.
— JEAN HOUSTON

Ces exercices vous font pénétrer dans un univers de sensations orgastiques absolument nouveau. En effet, lorsque vous faites passer l'énergie sexuelle par les chakras, vous découvrez inévitablement d'autres perceptions orgastiques enrichissant votre palette sensorielle en tant qu'amant et faisant de la relation sexuelle un art.

Savoir comment transformer votre énergie sexuelle à la faveur de son passage par les chakras peut modifier réellement votre existence. On constate avec incrédulité que ce que la plupart des gens entendent par amour est centré à 99% sur les trois chakras les plus inférieurs. En effet, nous ne dépassons que rarement ces sphères restreintes pour évoluer vers le royaume de la transformation spirituelle.

D'habitude, nous vivons l'orgasme génital comme une énergie explosive et débordante, s'exprimant en ondes dans nos organes sexuels, poussés par notre désir de posséder l'autre, d'être pris, de céder au caractère animal et sauvage de notre être, de "baiser" au sens primaire et grossier du terme.

Cette ardeur révèle des pièges bien connus que l'adepte de la magie sexuelle doit savoir reconnaître et transcender. En effet, nous avons tendance à penser, en ce qui concerne l'autre: "Tu es à moi et ne peux appartenir à personne d'autre" ou "Je ne peux pas vivre sans toi", ou "J'ai besoin de toi", ou encore "Si tu m'aimes, tu ne peux aimer personne d'autre".

Autrement dit, l'énergie induite par la relation charnelle est souvent mêlée à des sentiments de possession et de jalousie à l'origine desquels sont nos trois premiers chakras. C'est là que nous nous faisons prendre au piège d'une interaction sexuelle complexe entre désir et pouvoir, besoin et manque, estime de soi et dépendance.

Or, il n'est pas nécessaire que cela se produise. Quand vous apprenez à canaliser votre énergie orgastique, par exemple vers le quatrième chakra, vous pouvez vivre un "orgasme cardiaque". Dans ce cas, le flot d'énergie fortement activé, palpitant, peut vous faire éprouver une sensation comparable à celle ressentie en sautant d'un avion en parachute: le lâcher, l'acceptation, puis la détente évoluant vers l'amour, la joie, les larmes et enfin le rire. Dans ces conditions, posséder l'autre n'a pas de sens, car l'objet du besoin réside en soi. On éprouve un sentiment de plénitude, d'amour débordant, celui d'une fusion dans laquelle la distinction entre l'être aimant et l'être aimé n'existe plus.

Ces moments exquis étant accessibles au niveau d'un des chakras supérieurs, on imagine aisément la joie éprouvée à charger son Symbole Magique des caractères de tous les chakras tandis qu'il parcourt le corps.

Amour et moi sont un et la découverte de l'un ou l'autre est la réalisation des deux.
— PROVERBE HINDOU

A première vue, le mécanisme par lequel s'ouvrent les voies internes et s'opère le guidage de l'énergie sexuelle peut paraître étrange et semé d'obstacles. Ce n'est pas vraiment étonnant, car de nos jours la plupart d'entre nous ne sont pas versés dans les pratiques du Tantrisme. Cependant, il est vraiment facile à mettre en pratique – d'autant plus que vous mettez à profit des exercices concluants et de grande portée. Avec la pratique, vous constaterez bientôt que canaliser l'énergie de votre centre sexuel au sommet de votre corps n'est pas plus difficile que, disons, apprendre à faire de la bicyclette.

BILL ET JUDY OU L'ABANDON AU PLAISIR

Ce type de vécu n'est pas seulement réservé aux *tantrikas* expérimentés ayant derrière eux des années de pratique il est accessible à tous. Prenez le cas de Bill, accompagné de sa partenaire Judy, venus me voir en consultation privée. Ils étaient enthousiasmés à l'idée d'apprendre l'art de la magie sexuelle mais, comme c'est fréquemment le cas, il était évident qu'ils devaient d'abord résoudre quelques troubles sexuels.

Bill s'inquiétait de ce que son énergie sexuelle fût bloquée et son intérêt pour les relations amoureuses singulièrement diminué, au cours des deux mois précédents. Pendant notre conversation, il devint évident que Bill se trouvait devant un dilemne: il était las de remplir les fonctions de "commandant de navire", de prendre l'initiative de leurs rapports sexuels et la responsabilité des orgasmes de sa compagne, mais en même temps, il craignait d'en perdre le contrôle et de s'abandonner à elle.

Intuitivement, je perçus que le problème ne venait pas de Judy, mais de Bill. Il éprouvait lui aussi l'ardent désir, auquel il résistait simultanément, de se détendre et de *recevoir* le plaisir au lieu d'en être chaque fois l'acteur sexuel.

Au cours d'une série de séances, je leur fis accomplir les exercices de ce chapitre, avec pour point culminant la Musique des Chakras. Pendant cette dernière, Bill et Judy s'assirent sur le sol, l'un derrière l'autre, jambes croisées, de façon qu'il s'adosse à la poitrine de sa partenaire pour se détendre. Sous ma direction, Judy posa une main sur son Vajra (pénis) et l'autre sur la partie inférieure de l'abdomen de Bill. Puis, je le dirigeai dans la technique de l'activation de son énergie sexuelle pour l'amener aux chakras supérieurs, avec le soutien de Judy calquant son rythme respiratoire sur le sien tout en donnant de légères impulsions au Vajra pour stimuler son énergie sexuelle.

Bill poursuit:

"Chaque fois que nous inspirions ensemble, je percevais l'impulsion donnée à mon pénis par la main de Judy comme un très érotique et agréable chatouillement, entretenant la stimulation à la manière du battement régulier d'un tambour. C'est alors qu'une sensation de plaisir chaleureux, jamais éprouvée auparavant, commença à s'étendre à mon bassin. D'habitude, lorsque j'ai un rapport sexuel, je me concentre exclusivement sur les sensations perçues au niveau de mon pénis.

Je ne savais pas grand'chose des chakras, mais Margo guida la main de Judy d'abord vers mon ventre, puis vers mon plexus solaire et je ne tardai pas à sentir mon énergie sexuelle monter en moi. Je trouvais merveilleux le fait de me permettre cette détente tout en savourant ce qui se passait plutôt que de tout faire moi-même.

Lorsque Margo posa la main de Judy sur mon plexus solaire, je perçus, en premier, une sensation d'oppression avant d'avoir envie de pousser des cris perçants. J'entends Margo dire: "Libérez votre énergie". Je respirai profondément, commençai à crier – j'ignore quoi – et j'eus soudain l'impression que le soleil explosait à l'intérieur de mon plexus solaire.

Ce fut un rayonnement, un épanouissement m'inspirant un sentiment de masculinité, d'autorité légitime et pourtant j'étais passif. J'étais simplement le jouet d'un évènement. J'éprouvai une sensation de puissance perçue autrement, pendant que je sentais cette énergie redescendre vers mon pénis en érection dans mon slip. Cela me parut soudain très amusant, car c'était là le type de sexualité masculine que j'avais toujours souhaité. Aussi je ris et je criai "Aha!" en gesticulant. Judy riait aussi, ce fut comme si nous nous étreignions tout à fait autrement. C'était simplement magnifique.

Margo me guida dans l'ascension de tous les chakras, puis Judy et moi nous allongeâmes ensemble par terre un long moment, goûtant ce qui venait de se passer entre nous, habités par une grande tendresse et une grande sérénité".

Ce fut une nouvelle aube dans le comportement sexuel de Bill. Il était désormais apte à donner et recevoir, à permettre aux sensations sexuelles de se développer spontanément tout en s'efforçant de parvenir, lui et sa partenaire, à la libération orgastique. Cette nouvelle dimension découverte dans leur relation ouvrait la voie de leur initiation à la magie sexuelle pratiquée maintenant régulièrement avec des résultats impressionnants.

Les exercices présentés dans ce chapitre exigent au départ un effort physique soutenu, notamment au niveau de la respiration et du mouvement. On pourrait les assimiler à une sorte d'"aérobic sexuel". Mais une fois que vous avez attrapé le tour de main, l'effort n'est plus nécessaire. Il suffit de visualiser l'ouverture de votre canal intérieur – soit seul, soit dans le cadre d'une relation sexuelle – pour que l'énergie commence à circuler. Votre pratique devient alors une méditation sans effort.

JOUEZ DE VOTRE FLÛTE INTERIEURE, OUVREZ LE CANAL ENERGETIQUE

Dans maintes cultures, on sait parfaitement que le corps physique est parcouru par des méridiens ou réseaux, permettant à l'énergie de circuler. Ainsi, en acupuncture, un réseau complexe de méridiens relie les organes vitaux, tels les reins et les poumons, considérés comme des sources énergétiques vitales pour l'organisme. Si on implante des aiguilles en certains points clés de ces méridiens, l'énergie orgastique est stimulée et libérée afin de parcourir le réseau et corriger tous les déséquilibres existants. C'est ainsi que votre bonne santé est maintenue dans votre organisme.

Si aujourd'hui mille hommes parfaits devaient apparaître, cela ne m'étonnerait pas.
Si aujourd'hui mille magnifiques types de femmes apparaissaient, je ne serais pas étonné.
Je vois aujourd'hui ce qui fait les êtres les meilleurs:
Grandir au grand air, manger et dormir avec la terre.
— WALT WHITMAN
Song of the Open Road

De manière analogue, il existe d'invisibles méridiens guidant l'énergie sexuelle dans votre corps. Le principal est un canal vertical partant du périnée, point situé entre les organes génitaux et l'anus, qui s'élève suivant l'axe du corps jusqu'au sommet du crâne. Je lui ai donné le nom de "Flûte Intérieure" parce que, lorsque vous savez comment en jouer, vous pouvez créer la plus belle "musique" orgastique qui soit, vous permettant ainsi de vivre des expériences extrêmement agréables.

On découvre sept centres énergétiques – ou stations d'alimentation en carburant – répartis le long de cette route intérieure. Ils transforment et relancent votre énergie sexuelle, l'aidant à poursuivre son mouvement ascendant. La terminologie traditionnelle hindoue et bouddhiste leur attribue le nom de *chakras*, siginifiant "roue" ou "vortex", en raison du mode rotatif qui caractérise la captation de l'énergie en ces points stratégiques. Dailleurs, l'existence des chakras est également en accord avec les découvertes les plus récentes,

La Flûte Intérieure

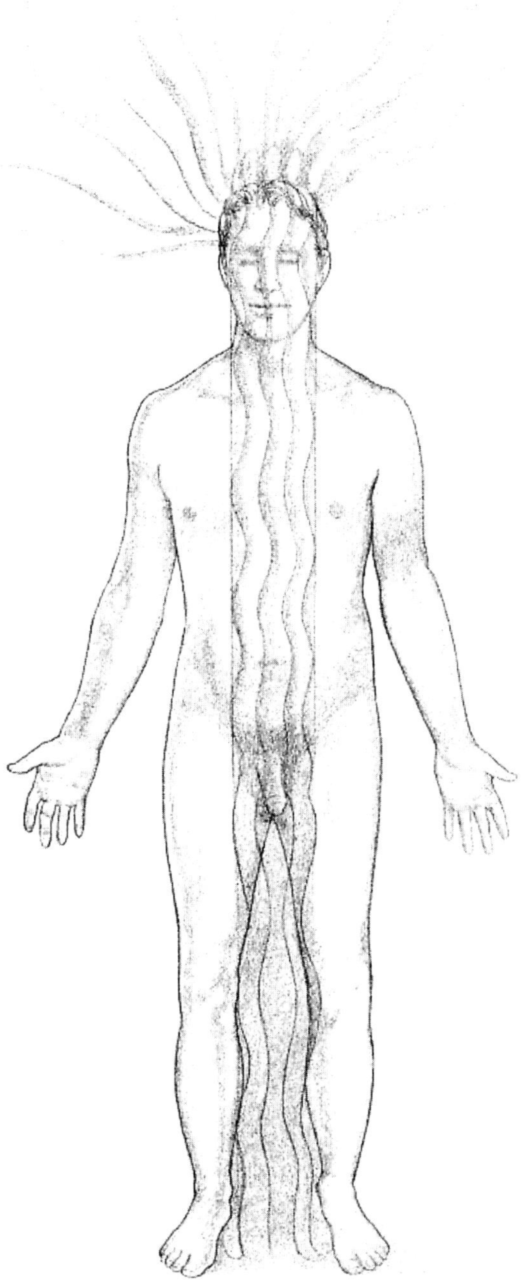

notamment celle du système segmentaire corporel développé par Wilhelm Reich, pionnier de la psychothérapie.

Au cours de mes ateliers, lorsque je présente le concept d'énergie sexuelle traversant les sept chakras, je demande parfois aux participants de s'imaginer accomplissant avec leur partenaire, pendant leur lune de miel, un voyage de sept jours en voiture de Paris à Rome. Chaque jour leur fait découvrir des paysages différents et, parce que leur périple a un caractère magique, ils constatent que le paysage extérieur reflète leurs dispositions d'esprit.

Le premier jour, ils s'arrêtent pour se promener en forêt et se transforment en animaux espiègles se poursuivant parmi les arbres avant de s'accoupler avec violence et avidité sur un lit de fougères et de mousse. Le second jour, ils errent à l'aventure dans une vieille cité et leur humeur perdant de son impétuosité, se fait chaleureuse et avenante, un peu comme s'ils dégustaient un vin millésimé. Le jour suivant, épanouis et ragaillardis, ils atteignent la Méditerranée où ils se divertissent en mer, au soleil. Le quatrième jour, ils se rendent dans un restaurant où un violoniste joue des airs romantiques ; leur cœur déborde d'amour accompagné d'un soupçon de tristesse à l'évocation des amants passés par là avant eux. Le cinquième jour, ils prennent plaisir à chanter ensemble tandis que leur voiture file sur la route. Le lendemain, ils escaladent une montagne dans les Alpes françaises et jouissent d'une vue panoramique en grimpant vers la cime. Et là, leur amour clair et pur est porté sur de nouveaux sommets. Enfin, le septième jour, ils roulent vers Rome, se sentant comblés au terme de leur voyage.

Je me sers de ce récit pour illustrer une certaine vérité à propos du courant énergétique sexuel passant par les sept chakras, itinéraire qui risque d'être bien plus passionnant que le précédent. En parcourant cet itinéraire intérieur, vous découvrirez combien l'énergie induite par la relation sexuelle se transforme en passant d'un chakra à un autre. Chaque panneau indicateur d'étape vous fera vivre une expérience unique et donnera une saveur différente au plaisir orgastique.

Par ailleurs, vous apprendrez à faire circuler votre énergie selon un mode ondulatoire puissant afin d'optimiser vos sensations orgastiques et ouvrir la voie à la magie sexuelle. Lorsque vous aurez acquis une parfaite maîtrise de cette faculté, votre Symbole Magique sera le cavalier chevauchant une onde d'énergie orgastique partant de votre centre sexuel pour atteindre directement le sommet de votre tête, avant de prendre son essor vers le cosmos.

L'ayant atteint, vous serez en mesure de diffuser votre vision magique à travers les champs de forces vibratoires auxquels je donne le nom de Réseau Astral. En raison de sa nature mystérieuse, il est peut-être opportun que j'explique maintenant son rôle et que je revienne en arrière afin de décrire les chakras les uns après les autres.

LE RESEAU ASTRAL

Il est l'ultime destination de cette énergie orgastique considérable que vous projetterez à travers votre corps, ainsi que votre Symbole Magique, en pratiquant la magie sexuelle.

On peut étudier ce réseau de différents points de vue. Ainsi, C. G. Jung, l'un des pionniers de la psychologie, inventa le terme de *synchronicité* pour désigner la coïncidence significative entre deux événements sans lien apparent où hasard et probabilité ne sont pas les seuls facteurs en cause.

Dans ses écrits, Jung donne maints exemples de synchronicité, parmi lesquels l'expérience vécue par J. W. Dunne, un anglais qui, en 1902 durant la Guerre des Bœrs en Afrique du Sud, rêva qu'il se tenait sur un volcan, menacé par une éruption catastrophique. Il tentait désespérément de faire monter une opération de secours, par des fonctionnaires français en poste sur l'île voisine, pouvant épargner des milliers de vies humaines. Or, quelques jours plus tard, Dunne reçoit un exemplaire d'un quotidien titrant cette affreuse nouvelle: "Catastrophe volcanique à la Martinique: une ville rayée de la carte sous une avalanche de flammes. 40.000 morts." Il y avait un lien inexplicable, mais irréfutable et significatif entre son rêve et l'éruption volcanique effective.

Des expériences faisant appel à la télépathie collective, à l'astrologie et à la perception extrasensorielle convainquirent Jung de l'existence de la synchronicité comme puissante force universelle, non seulement en tant que lien entre les individus et les évènements naturels, comme la catastrophe de la Martinique, mais aussi en tant que réseau de communication mentale entre humains.

La notion de synchronicité évoque la puissante image d'un champ de force invisible auquel l'univers, visible ou invisible serait perméable et nous relierait à un immense réseau hypersensible et hautement réceptif dont nous ne savons que peu de chose. Le concept de Jung étaye mon approche de la magie, car si un sujet peut avoir la vision d'un évènement par l'intermédiaire de ce réseau, il est possible que le même sujet soit en mesure d'élaborer une vision influençant les évènements par le biais du même réseau. Autrement dit, si un évènement peut induire une vision, la réciproque est vraie.

Lorsque j'ai présenté le concept de Réseau Astral, dans le chapitre 1, j'ai cité les travaux de Rupert Sheldrake sur des champs morphiques, d'après lesquels toute expérience vécu humaine se répétant dans le temps crée une empreinte énergétique, ou champ morphique, au sein de la résille vibratoire des champs électromagnétiques qui constituent l'étoffe de l'univers. Le sujet qui sait comment élaborer des visions en résonance avec ces champs morphiques est en mesure, à mon avis, de reproduire toutes les expériences souhaitées.

J'ai également cité la conception de l'univers selon Deepak Chopra, pour laquelle le corps humain n'est pas considéré comme un objet matériel distinct des autres, mais comme le prolongement de "champs infinis porteurs d'énergie et d'information embrassant l'univers". Donc, nous posséderions la faculté potentielle d'accéder à ces champs qui, faisant partie intégrante de l'univers et de nous-mêmes, nous permettraient ainsi d'exploiter des forces universelles considérables et de façonner les évènements en harmonie avec notre vision.

Etat d'ouverture permettant d'accéder au huitième chakra, présent au sein du Réseau Astral.

La meilleure preuve de l'existence du Réseau Astral réside dans votre expérience personnelle. En effet, la véritable intelligence des choses se manifeste lorsque vous pratiquez la magie sexuelle, que vous élaborez une vision en résonance avec le Réseau Astral et qu'il réagit de manière adéquate. De fait, une seule expérience personnelle de ce type a plus de valeur que mille discussions théoriques.

Considéré d'un point de vue pratique, le plus important à retenir à propos du Réseau Astral est que vous pouvez y accéder en élaborant une visualisation synthétique fidèle de votre désir, traduite dans un Symbole Magique comme celui que vous avez imaginé dans le chapitre précédent.

Dieu me respecte quand je travaille,
Mais Il m'aime aussi quand je chante.
-- RABINDRANATH TAGORE

La fusion de votre Symbole Magique avec votre énergie sexuelle amorce un processus de transmutation alchimique se poursuivant tandis que vous lui faites "monter la gamme" de votre Flûte Intérieure, ou, en d'autres termes, que vous lui faites gravir l'échelle des sept centres énergétiques où il se purifie toujours davantage – exactement de la même manière qu'on raffine le pétrole brut pour en extraire un carburant à haut indice d'octane – avant de s'élancer par le sommet de votre tête, correspondant au septième chakra (coronal).

C'est au niveau de ce chakra, dernier centre énergétique du corps, que votre conscience rencontre l'univers avec lequel elle fusionne, il correspond donc au point de liaison naturel avec le champ de force universel que représente le Réseau Astral. En effet, le point idéal d'accession à ce réseau est situé immédiatement au-dessus de votre crâne, je l'appelle parfois le "huitième chakra".

Votre symbole, votre visualisation, en quelque sorte la description détaillée de votre désir va être perçu sur le Réseau Astral comme une forte empreinte ou résonance et marquera de son impact tout être et toute chose autour de vous.

Vous n'entendrez probablement aucun son lorsque votre Symbole Magique atteindra le Réseau Astral, bien qu'il soit en service permanent. Vous aurez la même impression qu'en déambulant dans un central téléphonique hautement perfectionné où vous ne percevrez pas les centaines de conversations qui passent par lui. Vous entendrez tout au plus un discret bourdonnement ou la vibration d'une note solitaire. Mais il est plus probable que vous aurez l'impression de pénétrer dans un espace vide et calme, comme si vous entriez dans une grotte profonde et silencieuse.

Après avoir décrit, aussi fidèlement que je le pouvais, la destination de votre Symbole Magique, je voudrais maintenant ramener notre ascenseur au bas de la Flûte Intérieure pour vous expliquer le rôle transformateur de vos sept centres énergétiques.

LES CENTRES ENERGETIQUES, NOTES DE VOTRE FLÛTE INTERIEURE

Lorsque vous pratiquez la magie, vous ne vous cantonnez pas au plan physique, celui des objets matériels, vous étendez votre action à d'autres dimensions opératives puisque vous empruntez des voies invisibles et que vous puisez à des courants bioénergétiques pour influer sur la relation existant entre vous et le monde environnant. Vous employez des forces invisibles pour obtenir les résultats désirés. Vous êtes en fait un alchimiste manipulant des énergies subtiles agissant sur de nombreux plans.

Considérée de ce point de vue, l'aptitude à canaliser l'énergie en lui faisant "monter la gamme" de votre Flûte Intérieure est extrêmement précieuse car c'est ainsi qu'elle perd de son caractère grossier, brut et matériel, pour gagner en subtilité et en finesse. En effet, plus vous vous élevez, plus votre énergie s'affine. En tant que magicien, il est important que vous viviez ces transformations subtiles afin de pouvoir apprendre à manipuler l'énergie sur de multiples plans.

A mesure que l'énergie passera d'un chakra à l'autre, vous lèverez les blocages énergétiques et émotionnels qui vous ont empêché jusqu'ici de vivre votre plénitude potentielle. Pour illustrer ces blocages, il suffit de considérer l'attitude de la société à l'égard des relations sexuelles. En effet, durant les quelques millénaires d'évolution sociale qui viennent de s'écouler, nous avons décidé collectivement de rejeter l'énergie sexuelle issue du premier chakra. Ainsi la relation sexuelle naturelle, innocente et intuitive a-t-elle été lourdement condamnée, en particulier par l'institution religieuse, comme une chose vile et inférieure, comparée aux idéaux élevés auxquels doivent aspirer hommes et femmes civilisés, sans exception: les "péchés de chair" s'opposent à la purification spirituelle qu'exige notre salut.

Las! En dépit de nos efforts, nous n'avons pas été capables de porter l'énergie sexuelle plus haut que le troisième chakra, celui qui, comme vous allez le constater, est étroitement lié aux questions de pouvoir : depuis la recherche de la domination au lit – "Non, pas ce soir, mon chéri; j'ai mal à la tête" – aux atteintes à l'intégrité de la personne, que sont les sévices, le harcèlement sexuel ou le viol.

Par contre, vous prendrez un tournant décisif lorsque vous parviendrez à porter l'énergie sexuelle au niveau du quatrième chakra ou centre énergétique cardiaque, dont le caractère essentiel est l'amour. De cette position avantageuse permettant une plus grande compréhension, nous pouvons réhabiliter et restaurer le premier chakra dans toute sa beauté naturelle sans nous laisser prendre au piège des passions qui, d'habitude, régissent nos instincts sexuels primaires.

Les sept chakras. Le premier symbolise la survie, l'équilibre et la matérialité; le second (nombril), la circulation de l'énergie et l'équilibre; le troisième, le rayonnement et l'épanouissement; le quatrième, l'amour et la compassion; le cinquième, la communication et l'expression de la vérité; le sixième, la créativité; le septième (coronal), la transcendance.

Vous rencontrerez probablement des blocages énergétiques affectant plusieurs de vos chakras, alors que d'autres vous inspireront un sentiment de liberté et de clarté. A mesure que vous comprendrez la raison de ces blocages et que vous les leverez, tous vos chakras commenceront à retrouver leur harmonie fonctionnelle vitale, permettant ainsi à votre énergie d'opérer son mouvement ascendant.

Voici les correspondances entre couleurs et chakras: premier, rouge; second, orange; troisième, jaune; quatrième, vert; cinquième, bleu; sixième, violet et septième, blanc.

Voici maintenant une description des caractères propres à chacun des sept chakras ou centres énergétiques:

1. Centre Sexuel

Ce chakra est situé au niveau des organes sexuels, mais s'étend au bassin, aux jambes et aux pieds. Il correspond à ce que Reich appelle le "segment pelvien". C'est là que s'expriment nos liens avec la terre, notre conscience de connaissances solides et notre sexualité. C'est aussi là que réside la source de notre énergie vitale et de notre bien-être.

ASPECT NEGATIF Lorsque ce chakra est bloqué, nous vivons un état caractérisé par une crainte profonde pour notre survie. Nous nous inquiétons de ne pas avoir assez, d'éprouver le besoin d'en avoir plus, qu'il s'agisse de rapports sexuels, de nourriture ou d'argent. Par ailleurs, nous avons tendance à nous méfier et à contenir notre énergie. Il nous arrive aussi parfois d'essayer de cacher notre corps et d'éprouver la honte de nos organes sexuels et de nos désirs en ce domaine.

ASPECT POSITIF Lorsque ce chakra est débloqué et que l'empreinte des souvenirs sexuels traumatisants est effacée, nous transcendons nos peurs et accédons à l'état orgastique. La vie nous apporte ce dont nous avons besoin et nous en sommes satisfaits. Nous nous sentons plein de vie, sexuellement désirables, communicatifs, sociables et séduisants sans aucune gêne ni honte.

La couleur de ce chakra est le rouge foncé.

2. Centre Hara

Il est localisé dans la partie inférieure de l'abdomen, trois travers de doigt au-dessous du nombril. Reich l'appelle "segment abdominal". Ce chakra nous met en liaison avec les sentiments que nous éprouvons, la sensation d'équilibre physique et la conscience de l'élégance dans le mouvement. Cette sphère peut se comparer au fourneau de l'organisme. En effet, sur le plan physique, l'abdomen assimile et consomme l'énergie, mais il commande également notre "digestion" émotionnelle en régulant nos sentiments et la nature de nos émotions.

ASPECT NEGATIF Quand ce chakra est bloqué, nous avons tendance à craindre d'extérioriser nos émotions, notamment la colère et la peur. Le corps perd son bien-être fonctionnel et son équilibre. Nous nous sentons maladroits dans nos gestes et nos évolutions au sein de notre environnement.

ASPECT POSITIF Lorsque ce chakra se débloque, d'habitude une catharsis s'opère à la faveur d'émotions refoulées s'évacuant par le biais de cris – parfois perçants – de grognements, etc... Nos mouvements retrouvent leur élégance naturelle et leur fluidité. Par ailleurs, nous avons conscience que l'énergie circule librement dans notre corps. La relation sexuelle devient alors une danse dans laquelle deux corps se fondent dans le même mouvement naturel et harmonieux.

La couleur correspondante à ce chakra est l'orange.

3. Centre du Plexus Solaire

Wilhem Reich désigne ce centre par le terme de "segment diaphragmatique" puisqu'il est situé sous la cage thoracique, dans le creux épigastrique. Ce troisième chakra est en rapport avec la respiration, l'épanouissement, l'énergie et le pouvoir. De lui dépendent l'importance du pouvoir que nous nous octroyons, celle de notre rayonnement en présence d'autrui et la conscience du "qui je suis".

ASPECT NEGATIF Bloqué, ce chakra limite notre accès naturel au pouvoir dont découle notre tendance à manipuler autrui pour lui prouver notre puissance et notre domination. Cette attitude est dictée par notre sentiment profond du "Je ne possède pas les qualités nécessaires pour le faire moi-même", mais également par une piètre estime de soi et un besoin permanent d'attirer l'attention. Le blocage de ce chakra rend difficile le maintien d'une érection et incite la femme à simuler l'orgasme.

ASPECT POSITIF Lorsque ce chakra est baigné d'énergie, nous avons immédiatement conscience de nous affirmer et confiance en nous. Soudain, nous n'avons plus peur de dire qui nous sommes, ce que nous pensons et ressentons. C'est l'affirmation intérieure du "Je suis en parfait accord avec moi-même". Le lien entre pouvoir et sexualité selon de saines modalités, nous permet d'extérioriser notre énergie brute et d'avoir des rapports sexuels se plaçant sur un pied d'égalité.

La couleur correspondante est le jaune.

4. Centre Cardiaque

Situé au centre de la poitrine, le chakra cardiaque, que Reich appelle "segment thoracique", assume la fonction de transformateur alchimique du corps. En raison des trois chakras situés respectivement au-dessous et au-dessus de lui, il marque un changement d'orientation dans l'ascension de l'énergie. En effet, au-dessous du cœur, la montée de l'énergie sexuelle est entravée par une attraction gravitationnelle, c'est-à-dire une tendance à se déplacer vers le bas dans l'éjaculation et plutôt vers le haut dans la béatitude. Par contre, dès qu'elle parvient au cœur, elle est libérée et peut sans difficulté poursuivre son parcours ascendant, via les trois chakras supérieurs.

Le cœur évoque amour, compassion, confiance, attentions et pérennité affective. Ces sentiments se développent en nous à la faveur des liens qu'enfants nous nouons avec nos mères. Mais à l'âge adulte, nous leur donnons un nouvel élan né de la gaieté, de la vulnérabilité et de l'innocence presque infantiles qui nous caractérisent, notamment dans la relation sexuelle.

ASPECT NEGATIF Le blocage de ce chakra entraîne une sensation de tristesse, de perte et d'ardent désir, surtout après la cassure d'une relation amoureuse. Souvent nous ressentons la solitude à laquelle s'ajoute le sentiment de: "Personne ne se soucie de moi". La relation sexuelle devient alors mécanique et monotone.

ASPECT POSITIF Lorsque l'énergie sexuelle débloque le quatrième chakra, la tristesse disparaît sous forme de pleurs suivis d'un soulagement. Puis viennent le rire et la joie, le sentiment de s'ouvrir à la compréhension, à la compassion, à l'estime de soi, enfin ceux de gratitude et de totalité. Par ailleurs, une étroite relation entre amour et rapport sexuel s'établit et les deux partenaires prennent conscience de ce qu'ils se fondent l'un en l'autre, annulant toutes les frontières entre eux.

La couleur correspondante est le vert.

5. *Centre de la gorge*

Ce chakra, situé au centre de la gorge, que Reich désigne sous le nom de "segment laryngé", s'étend aux joues, à la bouche et à la partie inférieure du visage. C'est là que notre énergie acquiert timbre et tonalité puisqu'elle s'extériorise et se communique à autrui par la voix. Ce cinquième chakra est également le tremplin vers la créativité et les sphères supérieures de l'âme.

ASPECT NEGATIF Lorsque ce chakra est bloqué, nous refoulons constamment notre authenticité par désir de nous conformer à ce que les autres disent ou veulent. C'est le chakra où, enfants, nous avons appris à étouffer l'expression de soi pour répondre aux souhaits de nos parents.

ASPECT POSITIF Quand ce chakra de la gorge est débloqué par l'énergie sexuelle, l'expression vocale se libère pour exprimer nos multiples aspirations. Nous disons alors ce dont nous avons besoin, ce que nous aimons, la manière dont nous voyons les choses, notamment nos relations intimes et sexuelles. Dans ces dernières, notre joie s'exprime sous différentes formes:

chants, cris, gémissements, fou rires, en disant des bêtises ou encore par un babillage de nourrisson. Il existe un lien très étroit entre notre sexualité et notre voix comme si notre phonation, notre gorge pouvait être le siège d'un orgasme. En effet, toute la zone maxillaire se relâche, entraînant le désir de faire des grimaces et d'étirer nos muscles faciaux.

La couleur correspondante est le bleu.

6. Centre du Troisième Œil

Le sixième chakra ou troisième œil, situé à équidistance entre les sourcils, est appelé par Reich, le "segment oculaire". Il correspond à notre salle de cinéma personnelle où l'imagination, l'intuition et la perception déterminent la façon dont nous nous voyons ainsi que le monde alentour. C'est là que visions et symboles marquent notre subconscient de leur empreinte et que de soudaines bribes de connaissance peuvent s'y manifester spontanément, apparemment issues de nulle part. Il est aussi le lien de la communication non verbale, profonde, qui s'établit par l'intermédiaire des yeux, ces "fenêtres de l'âme".

ASPECT NEGATIF Le blocage de ce chakra nous incite à nous dissimuler, à ne pas souhaiter regarder autrui dans les yeux ou montrer notre être intérieur. Il y a un regard las et mort qui traduit l'absence de projet intérieur – l'ignorance de notre but dans la vie et de notre avenir – révélant que le sens du sacré fait défaut à notre sexualité.

ASPECT POSITIF Lorsque l'énergie sexuelle débloque le sixième chakra, nous éprouvons une sensation d'épanouissement intérieur au niveau de la tête comme si soudain notre crâne grossissait. Dans ces conditions, l'accès aux états méditatifs, à la paix et au silence est aisé. En tant qu'organes de la vue, nos yeux, et donc notre regard, deviennent clairs et vivants, tandis que notre œil intérieur perçoit la lumière et les couleurs. Cet état s'accompagne, dans la relation sexuelle, d'une impression de grande liberté, d'évoluer au-delà des limites corporelles. Nous constatons également que nous avons la faculté de scruter les profondeurs du regard d'autrui, ouvrant ainsi la porte de l'authentique intimité et de la compréhension mutuelle.

La couleur correspondante est le violet.

7. Centre Coronal

Le septième centre, situé au sommet de la tête et que Reich appelle: "segment sommital", est le chakra où résident l'âme et le passage vers l'univers. En tant que tel, il est le point de rencontre de la matière et de l'esprit, de la terre et des cieux. Il est la porte par laquelle nous pénètrent les énergies supérieures, telles que les communications provenant d'êtres illuminés, de maîtres, de guides et par laquelle il nous est accordé d'accéder aux états de transe profonde. C'est aussi le passage vers le Réseau Astral.

ASPECT NEGATIF Dans le cas où le septième chakra est bloqué, la conscience d'être un élément essentiel au sein d'un tout cosmique organisé nous échappe. Nous sommes dans l'incapacité de croire que la vie nous donnera ce qui nous est nécessaire, éprouvant ainsi le sentiment d'être isolés dans un univers hostile.

ASPECT POSITIF Quand l'énergie sexuelle débloque le septième chakra, nous sommes en état de communion extatique avec la totalité de l'existence – expérience se définissant comme un "orgasme cosmique". Les frontières du moi s'estompent pour disparaître et font place à un sentiment paisible de fusion avec toute chose dans l'unité.

La couleur correspondante est le blanc.

L'EVEIL DES CHAKRAS

Les chakras correspondent à une cartographie énergétique en perpétuelle évolution, sur laquelle on peut agir de bien des manières. Pour les éveiller, certaines techniques mises en œuvre au cours de l'antiquité indienne et tibétaine sont extrêmement élaborées, faisant appel à des schémas d'une complexité labyrinthique, à des mantras secrets, à des rituels minutieux et à l'invocation de divinités. Dans un autre système, fondé sur la polarité des chakras, dont chacun est porteur d'une charge énergétique positive ou négative, l'adepte apprend comment réguler le courant énergétique s'établissant entre eux.

Cependant, mon propos étant de vous faire acquérir une certaine maîtrise de la magie sexuelle, la méthode simple et efficace que j'emploie pour activer les chakras est à la portée de tous les candidats magiciens.

Quand vous comprenez intégralement une chose, vous comprenez tout.

— PROVERBE ZEN

A titre d'encouragement, je voudrais vous raconter l'histoire de Céleste, une femme d'origine française habitant le Nouveau-Mexique qui pratiquait "le secouement des Chakras" – technique que vous apprendrez dans ce chapitre – lors d'un de mes ateliers. Au bout de quelques jours, elle se sentit frustrée parce que rien ne se produisait et, pire encore, elle avait le sentiment de ne pas comprendre le schéma des chakras qu'elle travaillait, mais poursuivait néanmoins sa pratique.

Assise sur un tapis, les yeux clos, elle imprimait à son bassin un mouvement de balancier tout en respirant énergiquement, s'efforçant ainsi de faire monter l'énergie de son centre sexuel à son chakra coronal, afin de lever ce qu'elle percevait comme un blocage de la circulation de son énergie.

Laissons-la poursuivre:

> Je m'étais convaincue que je perdais mon temps, quand tout à coup, j'ai senti que l'énergie, tel un reptile lové à la base de ma colonne vertébrale, s'élançait à travers mon corps en se déroulant et se déplaçait à la vitesse de la lumière, comme un feu liquide se projetant à la verticale, passant par ma gorge avant de jaillir de mon crâne comme un rayon laser.
>
> J'entendais des sonorités étranges et étonnantes sortant de ma gorge, mais à quelque distance de moi, comme si j'observais la scène d'un œil intérieur dont je n'avais jamais eu conscience. Puis mon corps se mit à s'échauffer et une vague grossissante d'énergie m'enveloppa. Cette énergie rayonnait de l'extrémité de mes doigts au sommet de ma chevelure et m'envahissait de telle façon que mon corps semblait fait de lumière plutôt que de matière palpable.
>
> C'est alors que je vis mes chakras. Ils étaient de forme concave comme la lentille d'une optique, plus grand qu'une main, constitués d'une substance compacte mais translucide, et tournaient comme les hélices d'un avion. Je voyais aussi des couleurs, notamment celles des étincelles vert et or dansant dans mon cœur. Je ressentais un immense besoin de m'aimer et de m'accepter, mais également celui de me rappeler que cette expérience n'est pas une illusion mais une chose merveilleuse, bien réelle et de grande valeur.
>
> Je pénétrai ensuite dans un espace éternel de sérénité, de paix et d'unité absolues, comme si je participais à l'univers entier. Lorsque j'ai réintégré mon corps, je me suis immédiatement demandé si je n'avais pas rêvé, mais j'ai découvert que je pouvais encore concentrer ma vision intérieure sur les chakras et voir tourner les couleurs de leurs disques.

La vie est passion. Or, la passion est la conscience absolue d'être vivant en chaque fibre de notre être, une conscience sublimée et l'aptitude à se sentir à la fois en paix et plain d'entrain. Elle est la conscience du moi en tant que courant rythmique en harmonie avec le courant universel.

— AZUL

De telles expériences sont très fréquentes. Cependant, même s'il est caractérisé par la spontanéité et l'imprévu, il est l'aboutissement d'un sérieux travail de base et d'une soigneuse préparation du "terrain". Ce que Céleste a vécu est un encouragement à l'adresse de tous les penseurs férus de logique et de rationalité qui, rêvent secrètement de connaître des états de conscience mystiques, mais se font la réflexion suivante: "Très bien, mais quoi qu'il en soit, il se peut que certains vivent effectivement cela, mais ce ne sera probablement pas mon cas".

Détrompez-vous: cela peut être votre cas et ça le sera, à condition d'effectuer les exercices présentés dans ce chapitre. En outre, je voudrais insister sur le fait qu'il est inutile d'essayer de reproduire l'expérience de Céleste, car, contrairement à elle, vous pouvez ne pas "voir" vos chakras. En effet, vous pouvez vivre leur activation selon des modalités bien différentes et ainsi vous serez peut-être littéralement inondé de sentiments intenses et sublimes changeant à mesure que l'énergie s'élève d'un chakra à l'autre. Ou bien vous entendrez une musique ou des sonorités magnifiques, comme celles imaginées par les moines tibétains utilisant toute une gamme de "cloches guérisseuses" correspondant aux sept chakras. Vous pouvez aussi pénétrer le sens de votre vie à la faveur de profondes intuitions, mais également éprouver un bien-être et un contentement sereins, comme si vous arriviez chez vous après un long voyage. Nul ne peut prédire ce que vous vivrez quand vous commencerez à canaliser votre énergie sexuelle.

Toutefois, ce qu'on peut prédire, c'est que si vous mettez en pratique les techniques destinées à débloquer vos voies énergétiques, vous serez capable de faire monter l'énergie orgastique jusqu'à votre chakra coronal et, au-delà, vers le Réseau Astral, sans vous soucier de ce qui peut se produire lorsqu'elle franchit tel ou tel chakra.

Maintenant, je vous invite à découvrir une série d'exercices vous faisant vivre immédiatement l'ascension des chakras par votre énergie et votre symbole sexuels. D'une compréhension aisée, ils comportent toutefois de nombreuses phases ; il est donc important de progresser lentement, afin d'en acquérir successivement une parfaite maîtrise.

Je souhaiterais également insister sur le fait que ces exercices sont extrêmement salutaires sur les plans physique et psychique. De fait, ils tonifient les muscles, oxygènent le cerveau, revitalisent le système endocrinien, développent votre aptitude au plaisir orgastique et vous aident à célébrer le bonheur d'habiter un corps vivant et vibrant. Ils sont également amusants à effectuer, en particulier lorsqu'on travaille avec un partenaire.

EXERCICE: LE MASSAGE DES CHAKRAS

Objectif et bienfaits

Ce massage, très agréable, dynamise les sept chakras, ouvrant ainsi la voie à la magie sexuelle. Dans cet exercice, vous allez utiliser l'un des Symboles Magiques que vous avez élaborés dans le chapitre précédent.

Le massage des chakras consiste à les marquer successivement de l'empreinte de votre Symbole Magique, tout en augmentant et en affinant son pouvoir à mesure qu'il s'élève vers le Réseau Astral.

Préparation

- Cet exercice s'effectue à deux.
- Disposez les éléments de votre Cercle Magique.

- Il vous faut une table de massage ou, si vous préférez, un matelas posé sur le sol. Dans les deux cas, ils doivent se trouver dans votre Cercle Magique et être couverts d'un drap propre.
- Deux oreillers vous seront nécessaires, un grand et un petit, afin d'améliorer votre confort.
- Vous aurez aussi besoin d'huile de massage. Il en existe correspondant exactement à tel ou tel chakra (voir index), et se révélant utiles dans ce cas. Mais une huile de bonne qualité pour tous massages convient parfaitement.
- Une agréable température ambiante est indispensable pour permettre la nudité.
- Apportez votre Symbole Magique avec vous.
- Prenez le temps de créer un climat sensuel et magique dans la pièce. Allumez un cierge, brûlez de l'encens, passez de la musique douce, portez des vêtements frais et soyeux dont dont vous aimez le contact avec la peau. N'hésitez pas à donner à ce massage un caractère gai, érotique et sensuel.
- Consacrez chacun quarante minutes à ce massage.

Pratique

PHASE 1: EVEIL SENSUEL

Choisissez qui sera le partenaire A (sujet massé) et le B (sujet massant). Vous inverserez les rôles ensuite.

Asseyez-vous sur des coussins, face à face. Puis, placez le Symbole Magique de A sur le sol entre vous. Fermez les yeux. Prenez le temps de vous recueillir et de vous détendre en respirant lentement et profondément.

A l'émission d'un signal convenu à l'avance – par exemple, le léger contact d'un doigt sur le genou – vous ouvrez les yeux et vous fixez le symbole placé entre vous.

Votre regard doit être réceptif et contemplatif, afin de permettre au symbole d'imprégner vos corps par la vue et la respiration.

Au bout de quelques minutes, quittez le symbole des yeux et regardez-vous en laissant un sentiment de confiance et d'amour s'installer. Puis, ensemble, vous allez pratiquer la magie sexuelle.

A, levez-vous et enlevez lentement vos vêtements, en savourant le plaisir sensuel d'exposer votre corps nu au regard de votre partenaire. Puis, fermez les yeux et caressez-vous lentement de manière érotique, attentif à votre sensibilité.

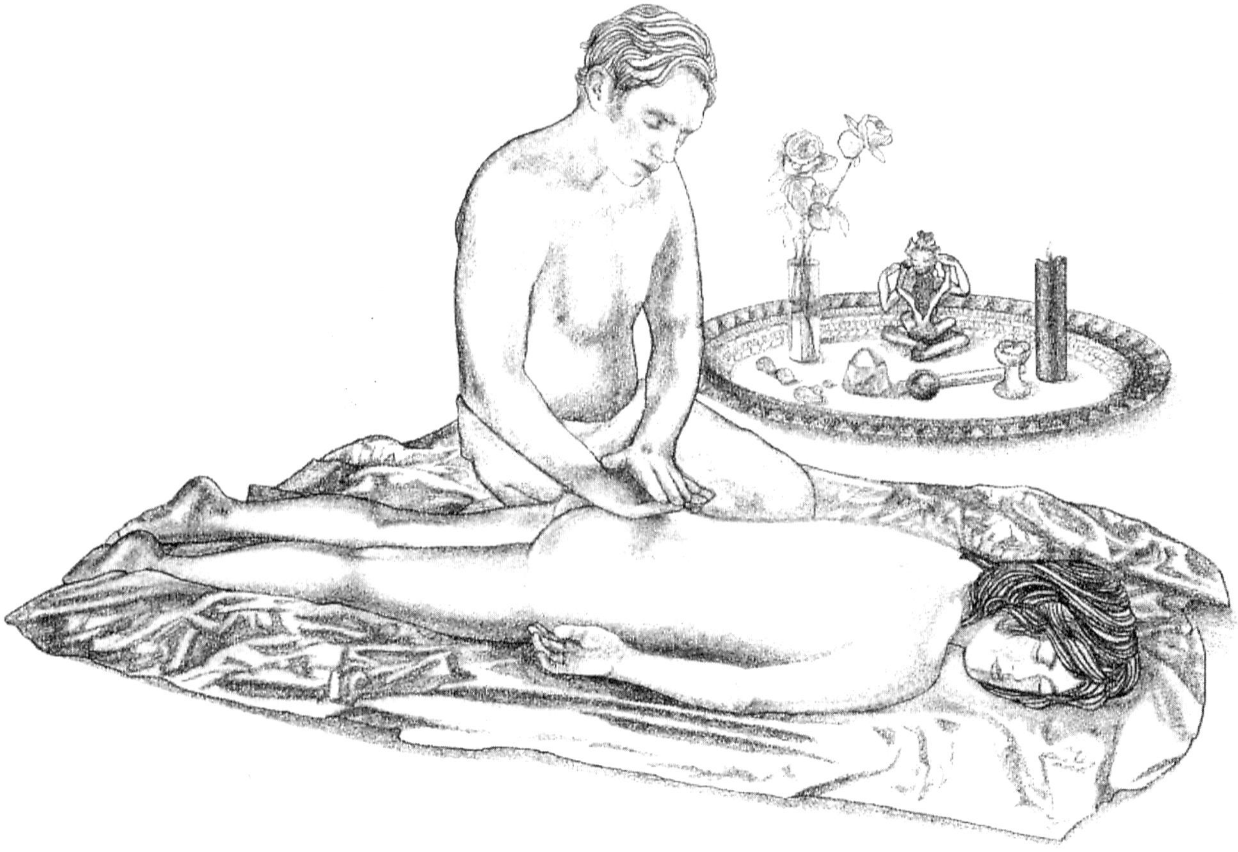

Le massage – ou dynamisation – des chakras.

B, regardez le corps de A. Contemplez les sources cachées d'énergie sexuelle et sensuelle donnant vie à ce magnifique instrument à fins d'alchimie et de magie. Vous allez en jouer comme un musicien expérimenté éveille en lui d'invisibles harmonies.

PHASE 2: HARMONISATION

A, lorsque vous êtes prêt, allongez-vous sur le ventre, corps, cou et tête parfaitement alignés pour que l'énergie puisse circuler librement. Veillez à être à l'aise et mettez un grand coussin sous la partie supérieure de votre poitrine et un petit sous votre front.

B, si vous opérez sur une table de massage, placez-vous debout sur le côté gauche de votre partenaire si c'est sur un matelas, asseyez-vous à gauche. Posez alors la main droite sur le sacrum de A, c'est-à-dire à l'endroit où la colonne vertébrale rejoint les fesses. Placez ensuite la main gauche au centre du segment rachidien supérieur, juste derrière le chakra cardiaque.

A, commencez à respirer lentement et profondément par la bouche, tout en restant détendu et réceptif.

B, prenez le temps de vous synchroniser avec le rythme respiratoire de votre partenaire, en inspirant et expirant par la bouche. Puis, fermez les yeux et entrez en profonde synchronicité avec votre partenaire. Imprimez à votre zone pelvienne un léger balancement puis, des deux mains, effectuez un massage sensuel, presque un effleurement longitudinal et ascendant de tout le corps. En même temps, savourez le plaisir que vous donnez à l'être aimé.

PHASE 3: DYNAMISATION DES CHAKRAS

Quand vous êtes prêt, placez vos deux mains sur le sacrum, à la base de la colonne vertébrale juste entre les fesses, et. dynamisez le premier chakra de votre partenaire.

Pour cela, mettez vos deux mains l'une sur l'autre et à l'aide d'huile massez la zone sacrée par petits mouvements circulaires effectués dans le sens des aiguilles d'une montre ou en sens inverse, tout en respirant profondément par la bouche pour calquer votre rythme sur celui de votre partenaire, sans hâte, de façon à les harmoniser agréablement avec le massage.

Puis B, regardez la couleur rouge foncé émise par votre massage qui s'étend au sacrum, aux fesses, au sexe, ainsi qu'au bassin de A et adressez-vous à lui: "Vois la couleur rouge s'écouler de mes mains dans ton premier chakra".

A, quant à vous, visualisez cette zone corporelle devenue rouge, apportant ainsi guérison et vitalité à votre centre sexuel.

Continuez jusqu'à ce que vous soyez tous les deux en harmonie avec cette visualisation.

B, lorsque vous prêt, passez à l'étape suivante. Représentez-vous le Symbole Magique de votre partenaire et imaginez-le pénétrant dans son premier chakra. Puis dites-lui: "Je vois ton symbole flotter dans ton centre sexuel".

A, vous le voyez tournoyer dans votre sexe, votre bassin et vos lombes tandis qu'il fusionne avec l'énergie rouge foncé activée dans cette zone. Poursuivez cette visualisation pendant le massage du premier chakra.

B, au bout de deux ou trois minutes, cessez vos mouvements et restez immobile un instant, mains posées sur le sacrum de votre partenaire.

Maintenant, tous les deux, mettez-vous "à l'écoute" du premier chakra et soyez attentifs à ce qui se passe. Peut-être y percevez-vous une sensation de chaleur ou un éclat de lumière rouge, y voyez-vous flotter votre symbole dans un lac d'énergie ou y éprouvez-vous une sensation de lumière, d'obscurité ou encore d'énergie se déplaçant en spirale ou s'écoulant entre la partie postérieure et antérieure du corps. Contentez-vous d'observer.

B, faites glisser lentement vos mains du sacrum de A vers le haut de sa colonne en imaginant que vous déplacez son symbole vers le second chakra, situé dans le creux des reins à hauteur du nombril. Informez-en votre partenaire.

A, tandis que vous sentez les mains de B remonter le long de votre colonne vertébrale, visualisez la montée de votre symbole du premier chakra au second.

B, placez vos mains sur le second chakra de votre partenaire pendant quelques instants et calquez votre respiration sur la sienne pour être en harmonie puis, lentement, commencez à masser la région lombaire par de petits mouvements circulaires rapides et rythmés.

Visualisez maintenant, sur cette zone, une couleur orangée émise par vos mains et inondant le second chakra de A pour lui apporter vigueur et force, tout en colorant le symbole flottant là comme en suspension dans un liquide. Dites-lui ce que vous faites afin de communier dans cette vision.

Reproduisez ces différentes séquences pour tous les autres chakras de votre partenaire, en élevant son symbole successivement d'un chakra à l'autre, tout en inondant la zone correspondante de la couleur adéquate et en marquant chaque centre énergétique de son empreinte.

Pendant ce massage, faites des mouvements lents et méthodiques pour qu'il vous soit un plaisir et respirez profondément par la bouche.

Seuls ceux qui aiment peuvent traverser le cercle de feu du mandala. Ouvre ton cœur, parce que dans cet acte créateur, Dieu recherche Dieu.

— PROVERBE SOUFI

PHASE 4: LIAISON AVEC LE RESEAU ASTRAL

B, lorsque vous atteignez le septième chakra, n'utilisez que l'extrémité de vos doigts pour masser en effleurant d'un mouvement circulaire le sommet du crâne de A. Quand vous avez terminé, marquez une pause, laissez reposer délicatement l'extrémité de vos doigts sur le sommet de sa tête, puis retirez-les en fermant vos yeux et visualisez ensemble l'ascension de son symbole à l'extérieur de son chakra coronal. Il plane dans l'espace situé immédiatement au-dessus de son crâne. Retenez votre souffle un moment, tout en contemplant l'éclat rayonnant et limpide de votre symbole, dynamisé et purifié par son voyage à travers les chakras. Cette zone est celle du "huitième chakra", point où vous pouvez vous mettre en communication avec le Réseau Astral.

Détendez-vous et respirez normalement.

Ensemble, poursuivez pendant quelques minutes votre vision du Symbole Magique parvenu au niveau du huitième chakra.

PHASE 5: RETOUR DE L'ENERGIE A SON POINT DE DEPART

B, quand vous êtes prêt, placez-vous près des pieds de votre partenaire, saisissez chacun d'eux et, avec douceur, massez-les en les comprimant énergiquement pendant quelques minutes. Cela fera redescendre l'énergie ayant été animée d'un mouvement ascendant à l'intérieur du corps.

A, respirez profondément, expirez en visualisant la descente de l'énergie à l'intérieur de votre corps, de votre.tête à vos pieds.

B, lorsque vous avez terminé, asseyez-vous tranquillement à côté de A pendant qualques minutes, afin de permettre à chacun d'assimiler cette expérience de portée considérable.

Une fois prêt, asseyez-vous face à face et échangez vos "ressentis" respectifs.

A, remerciez B de vous avoir fait vivre cette agréable expérience.

Terminez par une Etreinte Unificatrice et un Salut du Cœur.

Inversez les rôles. B devient la personne massée et A celle qui masse. Appliquez-vous à bien commencer l'exercice comme précédemment, en vous asseyant face à face, le symbole posé entre vous et procédezde façon identique, sans rien omettre.

Remarques

Il est fréquent que pendant le Massage des Chakras, les deux partenaires ressentent une excitation sexuelle, en particulier lors du massage des deux premiers chakras. C'est le signe que tout va bien. Faites-lui bon accueil, car elle vous aidera à stimuler vos chakras et à renforcer votre courant énergétique.

Lorsqu'on vous masse, il se peut que vous perceviez certains chakras plus intensément que d'autres, ce qui est naturel, notamment au début. En conséquence, prenez le temps de dynamiser et stimuler ceux que vous ne percevez que faiblement ou qui vous paraissent manquer de sensibilité.

Quand vous massez, faites participer tout votre corps et non pas seulement vos mains et vos bras. Exécutez vos mouvements à partir de l'abdomen, en imprimant à vos hanches une rotation synchronisée avec celle, circulaire, de vos mains.

Le massage des chakras intègre plusieurs éléments: la respiration, le massage lui-même, la visualisation des couleurs et celle du symbole. Or, deux partenaires oublient facilement un ou plusieurs d'entre eux en se concentrant sur un autre.

Aussi, dans le cas où vous constateriez que vous avez oublié de respirer profondément, de visualiser votre symbole ou une couleur donnée, n'ayez surtout pas l'impression d'avoir commis une erreur. Revenez à votre respiration, elle est la source à laquelle vous vous abreuvez dans les instants de doute, elle doit être profonde, laissez-vous imprégner des sensations induites par le massage, visualisez la couleur correspondant au chakra et intégrez le symbole.

Maintenant que vous avez sensibilisé chaque centre énergétique par le Massage des Chakras, vous êtes prêt à passer à un exercice dont l'impact sur les chakras est plus important.

EXERCICE: LA RESPIRATION DES CHAKRAS

Objectif et bienfaits

Cet exercice va vous permettre de continuer à dynamiser les sept chakras en débouchant votre Flûte Intérieure pour que votre énergie sexuelle et votre Symbole Magique puissent s'élever en empruntant ensemble la voie des sept centres énergétiques menant au Réseau Astral.

Il est particulièrement adapté à la mise en œuvre des Trois Clés – respiration, mouvement et sonorités – présentés dans le chapitre trois. Comme vous le constaterez, elles sont des aides inestimables dans l'activation de votre énergie et l'ouverture des voies lui permettant de circuler.

Préparation

- Cet exercice peut s'effectuer en solo ou à deux.
- Disposez les éléments de votre Cercle Magique.
- La musique rythmique peut être profitable à cet exercice. Une cassette audio spécialement destinée à la respiration des chakras est disponible (voir dans la rubrique Sources Documentaires, la Liste Musicale), mais vous pouvez vous en passer.
- Vous combinerez respiration, mouvement et visualisation tout en vous concentrant successivement, pendant deux à trois minutes, sur chacun des sept chakras, aussi serait-il souhaitable de disposer d'une minuterie pour en contrôler la durée.
- Vous utiliserez votre Symbole Magique.
- Au cours de cet exercice, votre corps s'échauffera, aussi sera-t-il préférable d'être nu ou de porter des vêtements amples et légers.
- Il est souhaitable de l'effectuer à jeun ou au moins une heure après un repas. En fait, le meilleur moment se situe avant le petit déjeuner.
- Si vous désirez faire du bruit, assurez-vous que vous vous trouvez

dans un lieu où vous ne dérangerez pas les autres et où eux ne vous dérangeront pas. En effet, il est important que vous puissiez l'effectuer ensemble d'une seule traite, sans être interrompus par des appels téléphoniques, carillons de porte ou questions de spectateurs curieux.

- Par ailleurs, cet exercice exige une intense activité physique. Laissez de côté toute gêne éventuelle et investissez-vous totalement, notamment sur le plan corporel. Si cela peut vous aider, imaginez-vous participant à n'importe quelle thérapie respiratoire, comme une séance de rebirthing, ou devenu guerrier primitif exécutant une danse de guerre tribale.
- D'habitude, cet exercice s'effectue debout, mais les personnes sujettes à la fatigue ou aux pathologies lombaires peuvent le faire allongées sur le dos, genoux pliés et pieds posés à plat sur le sol.
- Votre respiration énergique étant faite par la bouche, vous aurez certainement la gorge sèche, aussi est-il souhaitable d'avoir un verre d'eau à portée de main.
- Consacrez une heure à cet exercice.

Pratique

PHASE 1: AMORCAGE PUBO-COCCYGIEN

Placez-vous debout au centre de votre Cercle Magique, pieds écartés d'une largeur d'épaules, plantes à plat sur le sol, genoux légèrement fléchis et bras pendants le long du corps, détendus. Fermez les yeux et concentrez-vous sur l'éveil de vos sensations internes corporelles.

Respirez plusieurs fois profondément, détendez-vous et concentrez-vous sur votre zone génitale, en particulier sur le grand muscle, appelé pubo-coccygien, situé entre l'anus et le sexe les rattachant tous les deux au bassin. Essayez de le contracter et de le relâcher. L'impression produite est celle d'un clapet s'ouvrant et se fermant autour des organes génitaux ; c'est d'ailleurs lui qui travaille quand vous urinez.

Consacrez quelques instants à exécuter une série de dix brefs réflexes constricteurs successifs que j'ai appelé dans *L'art de l'extase sexuelle* le "pompage pubo-coccygien". Cette action stimule votre énergie sexuelle et vous aide à vous concentrer sur votre sphère génitale.

Reposez-vous un instant et entamez une autre série de dix pompages, cette fois en basculant votre bassin vers le haut et en arrière tout en cambrant légèrement vos reins. Contractez votre pubo-coccygien et basculez vers l'arrière, puis relâchez-le en laissant redescendre votre bassin vers l'avant. Ces mouvements se conjuguent aisément et naturellement (voir illustration).

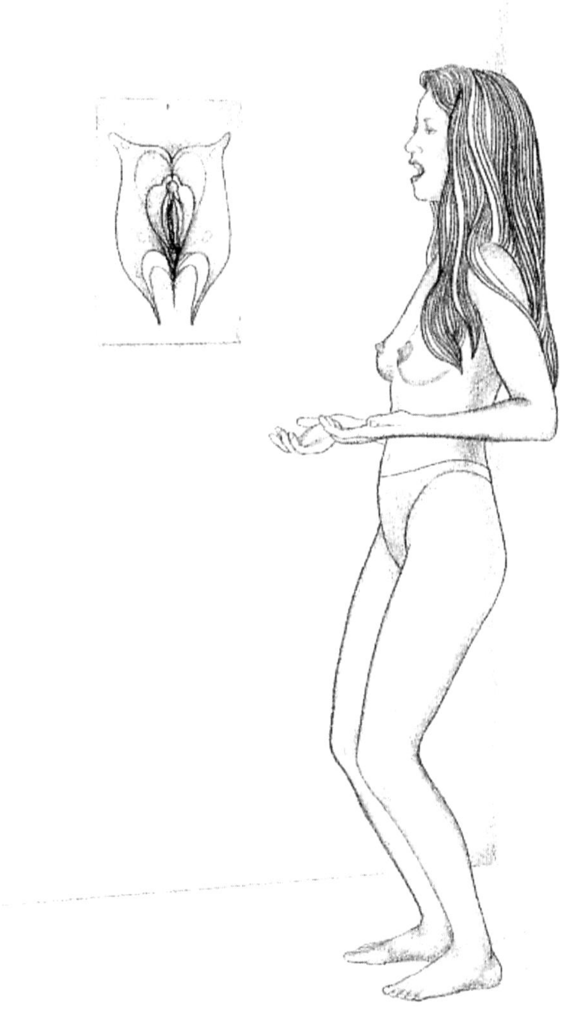

Respiration des chakras et intégration du symbole magique à ces chakras.

Après une brève pause, entamez une troisième série de pompages pubo-coccygiens, mais en y faisant participer le souffle. Inspirez fortement par la bouche tandis que vous contractez ce muscle en basculant les hanches vers l'arrière et expirez en le relâchant et en avançant le bassin.

Les trois opérations – pompage pubo-coccygien, basculement pelvien et respiration – se combinent aisément. Faites participer progressivement tout votre corps en pliant les genoux tandis que vous avancez votre bassin et synchronisez mouvements et respiration. A l'expiration, émettez des sonorités comme "Hou!", "Unff!" ou Huu!" et sensibilisez-vous aux vibrations qu'elles induisent dans votre premier chakra.

Quand vous avez attrapé le coup, vous êtes prêt à effectuer la totalité de l'exercice.

PHASE 2: INTEGRATION DU SYMBOLE MAGIQUE A LA RESPIRATION DES CHAKRAS

Si vous le souhaitez, mettez de la musique.

Placez votre Symbole Magique à l'intérieur du cercle et posez-le sur le sol ou fixez-le au mur qui vous fait face.

Reprenez la position précédente, pieds à plat sur le sol, genoux légèrement fléchis et bras pendants le long du corps.

Inspirez profondément en contractant le muscle pubo-coccygien et en basculant le bassin vers l'arrière.

Expirez énergiquement en émettant la sonorité de votre choix, en relâchant le pubo-coccygien et en avançant le bassin.

Poursuivez cette combinaison sur un rythme soutenu en émettant une sonorité dont les vibrations doivent s'étendre à votre centre sexuel et à vos organes génitaux. Plus vous vous investirez pendant les premières minutes, plus vous induirez d'énergie sexuelle et plus puissant sera l'effet obtenu.

Soyez attentif aux fourmillements, à la chaleur et à l'énergie gagnant votre bassin, sources vivifiantes de votre centre sexuel. Visualisez cette énergie en lui attribuant la couleur rouge foncé.

Quand vous sentez que votre premier chakra est activé et dynamisé, regardez votre Symbole Magique.

Inspirez en imaginant que vous l'absorbez ou plutôt que vous l'aspirez par votre centre sexuel.

Visualisez-le à l'intérieur de vos organes génitaux et sentez combien il se charge d'énergie sexuelle, imprégné de cette couleur rouge foncé. Contractez votre muscle et remuez les hanches.

Prenez le temps de fixer solidement votre symbole dans votre centre sexuel. D'habitude, cela prend deux à trois minutes par chakra, mais le premier peut exiger plus de temps puiqu'il est le point de départ.

Quand vous sentez que votre Symbole Magique est chargé d'énergie sexuelle, concentrez-vous sur votre second chakra, situé au-dessous du nombril. Il est votre centre hara, c'est-à-dire le point d'équilibre dans les arts martiaux.

Emettez une sonorité dont les vibrations s'étendent à votre abdomen. Pour cela, jouez avec elle jusqu'à obtenir la résonance de votre second chakra. Représentez-vous la couleur orange baignant votre abdomen et soyez attentif à la fluidité ainsi qu'aux mouvemnts corporels élégants issus de votre point d'équilibre.

Lorsque vous êtes prêt, visualisez votre Symbole Magique, s'élevant de vos organes sexuels à la partie inférieure de votre abdomen, où il se chargera de votre énergie.

Ce faisant, respirez énergiquement par la bouche, pratiquez le pompage pubo-coccygien et basculez votre bassin. (Pendant toute la durée de cet exercice, vous devez garder le pied sur l'accélérateur!). Continuez à alimenter votre symbole d'énergie de couleur orange tandis qu'il plane, comme en suspension dans un liquide, à l'intérieur de votre second chakra.

Au bout de deux à trois minutes, focalisez votre conscience sur votre plexus solaire où se trouve votre centre de pouvoir et renforcez votre sentiment de puissance. Dilatez votre poitrine, respirez énergiquement, bougez votre corps et haussez le ton afin de faire vibrer votre troisième chakra. A ce niveau, il tiendra davantage du "Ho!" que du "Huu!" Choisissez-le en harmonie avec vous. Représentez-vous la couleur jaune rayonnant à travers de votre poitrine.

Une fois prêt, visualisez votre symbole s'élevant en vous de votre abdomen à votre plexus solaire et chargez-le de votre énergie colorée en jaune. Inspirez et expirez énergiquement par la bouche en vous concentrant sur votre plexus solaire.

Au bout de deux à trois minutes, focalisez votre attention sur votre centre cardiaque ou quatrième chakra situé au centre de votre poitrine. Modifiez le ton de votre voix pour le faire vibrer. Cette sonorité peut être un "Ah!" explosif, comme si vous étiez surpris par la sensation émise par l'énergie sexuelle au moment où elle atteint votre cœur. Inspirez et expirez, remuez épaules et bras tout en étirant votre poitrine, et votre énergie colorée en vert inondera votre centre cardiaque. Faites ensuite monter votre symbole vers ce chakra pour qu'il acquière les caractères du cœur.

Observez si votre rythme respiratoire et vos mouvements s'accélèrent à mesure que vous passez d'un chakra à l'autre. Si tel est le cas, tout va bien, mais continuez à respirer profondément par la bouche tout en vous concentrant sur chacun d'eux.

Deux ou trois minutes plus tard, déplacez votre conscience des choses vers votre gorge, ou cinquième chakra, et observez la couleur bleue qui baigne votre gorge.

Efforcez-vous de conserver la souplesse de votre gorge et de votre bouche tandis que vous respirez énergiquement. En effet, plus vous dynamisez le centre de la gorge, plus vous avez de facilité pour débloquer votre centre sexuel, car il existe un lien étroit et profond entre eux.

Amenez ensuite votre symbole au niveau du chakra de la gorge, en

Epanouissez votre amour mutuel jusqu'à ce qu'il transcende l'amour humain – jusqu'à ce qu'il embrasse l'humanité tout entière, les êtres vivants et toutes choses, comme l'œuvre du Créateur.
— KRIYANADA

l'imprégnant de la couleur bleue. En inspirant, sentez comme vous aspirez la vie à grandes goulées, exprimant ainsi votre désir d'être pleinement vivant.

Attendez deux à trois minutes, puis concentrez-vous sur le point situé entre vos sourcils, ou sixième chakra, centre du "troisième œil". Haussez le ton afin qu'il vibre derrière votre front. Respirez énergiquement et représentez-vous la couleur violette baignant ce chakra.

Amenez votre Symbole Magique au centre de votre front, en veillant à ce que vos paupières soient closes et votre attention dirigée vers l'intérieur. Là, vos yeux se tournent doucement vers le haut pour voir la lumière violette former une aura autour de votre symbole ; ou bien vous le verrez planer dans l'espace, ou encore vous éprouverez une sensation de picotements derrière le front. Peut-être y puiserez-vous de nouvelles intuitions concernant votre symbole. Laissez cela s'opérer tandis que vous respirez et remuez.

Au bout de deux à trois minutes, concentrez-vous sur le sommet de votre tête, ou septième chakra. Haussez le ton afin qu'il vous donne l'impression de communiquer à l'intérieur des vibrations situées au sommet de votre crâne. Vous verrez une lumière blanche et peut-être perdrez-vous la notion de séparation entre votre tête et l'espace environnant. Vous éprouverez la sensation que votre forme matérielle n'est qu'un élément s'intégrant à une perception sans limites du moi. Tout en continuant à respirer et à remuer, savourez ces impressions de diffusion et de dissolution dans l'espace.

Après deux à trois minutes, inspirez profondément et projetez votre Symbole Magique hors de votre vertex, en le laissant planer dans l'espace. Retenez votre souffle quelques secondes tandis que vous regardez votre symbole en suspension au-dessus de votre tête, rayonnant d'un vif éclat limpide et dynamisé, communiquant avec le Réseau Astral par d'invisibles longueurs d'ondes.

Dès que vous sentez votre Symbole Magique planer librement au-dessus de votre tête, respirez normalement et détendez-vous. Interrompez tout mouvement. Que cet instant vous soit éternel. Restez conscient de la résonance de votre Symbole Magique avec le Réseau Astral.

Après une pause, laissez-le s'éloigner de votre tête comme un oiseau prenant son essor vers un arbre lointain, rapetissant progressivement jusqu'à n'être qu'un point à l'horizon avant de disparaître complètement.

Inspirez profondément.

En expirant lentement, laissez votre énergie redescendre dans votre corps. Suivez sa chute empruntant successsivement ses centres énergétiques (chakras) de la gorge, du cœur, du plexus solaire, du hara et du sex. Observez-la ensuite descendant lentement dans vos jambes, vos pieds, avant de s'enfoncer dans le sol. Sentez comme elle imprègne la terre, vous donnant l'impression d'un ciel pur et dégagé.

Reposez-vous quelques instants, puis répétez cet exercice chronologiquement deux fois encore, en veillant toujours, après avoir accédé au Réseau Astral, situé au-dessus de vous, à faire redescendre votre énergie en terre à travers votre corps. Le déroulement complet de la séquence, comportant trois respirations des chakras, prend environ une heure.

Remarques

Certains participants posent la question suivante: "Que se passe-t-il si, intérieurement, je ne vois rien pendant le déroulement de cet exercice?"

Rappelez-vous que l'énergie peut se manifester de différentes manières: couleurs, sonorités, sensations corporelles, images, formes, messages, paroles, voire même saveurs et senteurs. Il est inutile d'essayer de faire en sorte que tout se produise en même temps. Commencez par vous concentrer sur Trois Clés – respiration, mouvement, sonorités – puis laissez le processus se dérouler à sa guise.

Par ailleurs, la respiration énergique et profonde par la bouche, pendant la durée de l'exercice, vous apporte la charge énergétique nécessaire pour accéder aux états de conscience amplifiés liés à la communication avec les chakras successifs.

Certaines personnes peuvent souffrir de crampes dans la partie inférieure de la cage thoracique ou dans l'abdomen. Dans ce cas, ralentissez le rythme, détendez-vous, puis reprenez-le une fois la crampe passée.

Comme pour tout exercice faisant appel à l'ascension des chakras par l'énergie, il est important de le terminer en la renvoyant à la terre. En effet par exemple, si vous n'enracinez pas l'énergie de votre troisième chakra vous pouvez ressentir des vertiges ou souffrir de maux de tête et, de ce fait, avoir du mal à vous concentrer sur vos tâches quotidiennes.

Bien qu'il soit préférable de répéter trois fois de suite cet exercice en une seule séance, vous pouvez n'en effectuer qu'une seule si vous manquez de temps.

Selon votre goût, vous pouvez rassembler sur la même cassette sept morceaux de musique d'inspirations différentes, chacun correspondant à un chakra et ne devant pas durer plus de deux à trois minutes. Vous vous les passerez suivant l'évolution de cet exercice. D'autre part, vous noterez que votre cadence respiratoire s'accélère avec la montée de votre énergie d'un chakra à l'autre et que vos sons se font plus aiguës ; donc le rythme de la musique doit suivre cette cadence.

EXERCICE: L'ONDULATION DES CHAKRAS

Objectis et bienfaits

Magnifique exercice à effectuer avec l'être aimé, l'Ondulation des Chakras est le couronnement de votre vécu des deux exercices précédents. Il vous enseigne comment orienter l'énergie sexuelle par l'intermédiaire de vos chakras, comment développer et faire circuler l'énergie orgastique, et comment vous aider mutuellement à ce que votre Symbole Magique emprunte la

L'exercice intitulé l'Ondulation des Chakras consiste à rétablir les circuits énergétiques entre les chakras inférieurs du centre sexuel et chacun des autres chakras.

voie des sept chakras afin qu'il accède au Réseau Astral. Il aide également les partenaires à accorder mutuellement leurs rythmes tout en harmonisant leurs énergies. Enfin, il est une étape majeure sur la voie menant à la maîtrise de la magie sexuelle.

Préparation

- Cet exercice s'effectue à deux.
- Vous pouvez être nu ou porter des vêtements amples ne vous bridant pas la taille. Si vous êtes dans le premier cas, assurez-vous que la température de la pièce est suffisante pour vous sentir à l'aise.
- Sur le sol, pour vous asseoir, mettez un tapis, un matelas ou un futon épais ainsi que des oreillers.
- Veillez également à disposer d'huile de massage ou d'un lubrifiant sexuel à base aqueuse, au cas où vous en auriez besoin pendant la stimulation sexuelle.
- La musique étant importante, mes morceaux préférés figurent dans la liste en annexe. Vous pouvez en choisir un seul ou réaliser une suite préenregistrée de plusieurs, d'inspirations différentes, en harmonie avec tel ou tel chakra.
- Utilisez votre Symbole Magique.
- Consacrez une heure à cet exercice.

Pratique

PHASE 1: POSITION POUR L'ONDULATION DES CHAKRAS

Pénétrez ensemble dans le Cercle Magique.

Placez-vous debout, face à face, au centre du cercle.

Accueillez-vous mutuellement par un Salut du Cœur, suivi d'une Etreinte Unificatrice. Soyez attentif au courant d'amour et de confiance passant entre vous dès le début de cet exercice passionnant.

Choisissez qui sera respectivement A et B. Pour la clarté de l'exposé et l'agrément de la lecture, convenons au préalable que A est l'acteur et B son soutien. Les rôles seront inversés ensuite.

A, étant la première à pratiquer l'Ondulation des Chakras, B devra la soutenir et l'encourager en faisant preuve de sensibilité.

B, asseyez-vous sur le sol, jambes croisées dans la position du demi lotus (voir illustration). Peut-être préférerez-vous vous appuyer contre un mur ou bénéficier d'un soutien ferme au niveau lombaire.

A, asseyez-vous face à votre partenaire, dos contre sa poitrine et fesses entre ses cuisses (voir illustration). Toutefois, ne vous appuyez pas trop lourdement contre lui et maintenez votre colonne vertébrale droite, mais sans tension.

B, peut-être devrez-vous placer un petit coussin entre votre sexe et le bas de la colonne vertébrale de votre partenaire pour le protéger des chocs, étant donné que cet exercice peut prendre un caractère violent.

Tous les deux, prenez le temps de choisir une position confortable.

Placez votre Symbole Magique sur le sol, face à vous.

A, quand vous êtes prêt, prenez la main gauche de B et placez-la sur votre zone génitale, en choisissant un endroit qui provoque des picotements ou des fourmillements analogues à ceux éprouvés lors d'un rapport sexuel.

A, si vous êtes une femme, la meilleure position consiste à placer l'extrémité de ses doigts en léger contact avec votre clitoris. Si cela vous paraît trop direct, dites-lui de poser sa main sur votre "mont de vénus", c'est-à-dire l'os pubien qui se trouve juste au-dessus du clitoris.

Si vous êtes un homme, la meilleure position consiste à lui faire presser le périnée avec l'extrémité de ses doigts, zone située entre les testicules et l'anus. Si cette position vous est inconfortable, dites-lui de tenir votre pénis ou de poser sa main sur votre os pubien, juste à la racine pénienne. Savourez cette agréable sensation, première stimulation sexuelle et promesse de plaisir.

Prenez maintenant la main droite de votre partenaire et placez-la sur la zone inférieure de votre abdomen, juste au-dessous de votre nombril. Lorsque vous êtes à l'aise tous les deux, vous êtes prêts à jouer la Musique des Chakras.

PHASE 2: ACTIVATION DU FEU SEXUEL

A, fermez les yeux, détendez-vous, respirez lentement et profondément par la bouche. A l'inspiration, sentez la descente de votre souffle.

B, vous jouez un rôle de soutien, aussi est-il important de suivre votre guide: fermez les yeux et harmonisez votre respiration avec la sienne de façon à favoriser une magnifique occasion de privilégier la receptivité en faisant abstraction de votre volonté. En même temps, stimulez délicatement sa zone génitale par des pressions et des caresses de vos doigts de la main gauche. Laissez-vous guider par A quant à la manière la plus agréable de le faire.

Ensemble, prenez le temps de synchroniser harmonieusement le rythme respiratoire et, délicatement, les stimulations sexuelles.

B, évitez toute stimulation excessive conduisant A à obtenir un orgasme libérateur, entraînant des difficultés à canaliser son énergie dans un mouvement ascendant. Une très légère stimulation clitoridienne ou pénienne suffit à l'activation de l'énergie sexuelle. Donc agissez avec délicatesse.

A, vous êtes en train d'activer un feu sexuel au sein de votre premier chakra. Respirez énergiquement par la bouche. A l'inspiration, contractez votre muscle pubo-coccygien en basculant légèrement le bassin vers l'arrière, tandis que votre premier chakra aspire l'énergie. A l'expiration, relâchez votre pubo-coccygien, détendez votre bassin et poursuivez jusqu'à ce qu'il vous picote, chaud et pétillant de vie.

PHASE 3: ALLER D'UN CHAKRA A L'AUTRE

Premier chakra. A, lorsque vous sentez que votre premier chakra est activé, visualisez la force vitale de couleur rouge irradiant de vie et d'énergie votre bassin. Vous engendrez alors feu, chaleur, désir et excitation au niveau de votre centre sexuel. N'hésitez pas à exprimer vos sentiments sous différentes formes: sonorités, gémissements, murmures ou grognements et prenez le temps de produire une forte charge énergétique capable de remplir votre premier chakra.

Quand vous êtes prêt, ouvrez les yeux et regardez votre Symbole Magique posé sur le sol, face à vous. Inspirez énergiquement par la bouche et sentez comme votre symbole est aspiré dans votre premier chakra, marquant l'ardente énergie rouge de son empreinte.

B, votre aide consiste à visualiser la couleur rouge s'étendant de vos mains au centre sexuel de votre partenaire. Pendant ce temps, de la main gauche, continuez à stimuler son sexe par petites touches successives.

Ensemble, respirez énergiquement.

A, fermez les yeux et fixez attentivement l'image de votre symbole dans votre premier chakra. Respirez, pratiquez le pompage pubo-coccygien, remuez vos hanches et n'hésitez pas à gémir tout en chargeant votre symbole de la chaude énergie rouge.

La vie est une fête. Célébrez la vie sous toutes ses formes. Laissez la rivière couler en vous, ayez confiance en la vie. Acceptez-vous comme vous êtes et la rivière coulera spontanément vers l'océan.
— OSHO

Second chakra. A, lorsque vous êtes prêt, concentrez-vous sur votre second chakra, au niveau de votre abdomen, là où est posée la main droite de votre partenaire.

Inspirez, l'énergie sexuelle s'élève dans votre abdomen, et visualisez la couleur orange propageant le feu à travers votre abdomen, agitant vos émotions les plus profondes. Expirez en laissant l'énergie sexuelle refluer vers votre centre génital.

Et tout en inspirant et expirant, elle décrit une boucle entre vos premier et second chakras.

Quand vous sentez que votre abdomen a accumulé chaleur et énergie, visualisez l'ascension de votre Symbole Magique à travers votre corps, puis son arrêt au second chakra. Laissez-le alors s'imprégner totalement de la couleur orange.

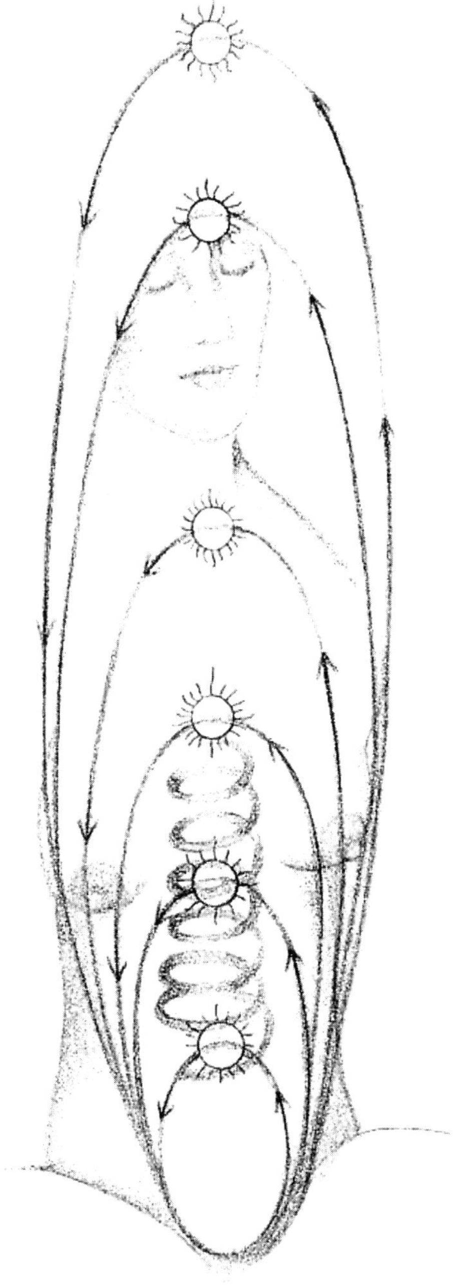

La manière de faire circuler l'énergie entre le premier et le septième chakra.

Gardez les yeux fermés. Restez concentré sur vous-même, sur vos sensations génitales, entretenant votre excitation par le pompage pubo-coccygien et associant tous ces instruments de magie sexuelle au sein de votre orchestre privé. Voilà comment jouer la Musique des Chakras.

Vous saurez que vos deux premiers chakras sont reliés quand vous sentirez un feu brûler dans votre abdomen. Ce peut être un feu doux ou ardent, mais quoi qu'il en soit, vous l'avez allumé, vous l'entretenez et le chaudron bouillonne, les énergies sont libérées et transmutées. Que vous soyez femme ou homme, vous accédez en vous-même au caractère sauvage des énergies originelles de l'amour et de la vie.

Tandis que vous activez votre second chakra, ses caractères uniques se manifestent, vous donnant peut-être envie de grogner comme un animal sauvage ou de ressentir le soudain jaillissement d'émotions refoulées, ou encore de percevoir un mouvement fluide et rayonnant issu de votre centre hara, emportant votre corps dans une danse exotique.

Que votre corps participe totalement. Décrivez des cercles avec vos hanches, faites mouvoir votre torse, tracez des arabesques dans l'air avec les mains pour stimuler votre visualisation et aider l'énergie à circuler. Augmentez la charge énergétique de votre second chakra jusqu'à sentir votre abdomen chaud et palpitant. Contemplez-y votre symbole se consumant d'un feu orange.

B, continuez à synchroniser votre respiration avec celle de votre partenaire tout en poursuivant, de votre main gauche, la délicate stimulation de son sexe.

Troisième chakra. A, quand vous sentez que votre abdomen est plein d'énergie, prenez la main droite de B et déplacez-la vers votre plexus solaire ou troisième chakra, centre du pouvoir. Inspirez profondément par la bouche en visualisant votre énergie sexuelle s'élevant de votre premier vers votre troisième chakra. Au moment où elle atteint votre plexus solaire, visualisez une couleur jaune éclatante se diffusant à ce niveau.

Votre énergie décrit maintenant une boucle plus grande, traçant des cercles entre vos premier et troisième chakras. Inspirez en faisant monter l'énergie le long de votre colonne vertébrale et laissez-la refluer vers le bas en empruntant la face antérieure de votre corps. Vous tracez ainsi avec elle de grands cercles. Une fois le cercle stabilisé, visualisez votre Symbole Magique s'élevant à travers votre corps avant de s'arrêter dans votre troisème chakra. Contemplez-le, rayonnant tel un éclatant soleil jaune d'or, au sein de votre plexus solaire.

Votre énergie sexuelle relève maintenant le défi d'activer votre centre de pouvoir, éveillant ainsi votre conscience du "Je suis!" en tant que radieuse expression du moi. Communiquez avec votre pouvoir intérieur, sentez votre force, votre confiance en vous se développer et laissez cette sensation s'épanouir dans un joyeux cri ou plutôt dans l'exclamation suivante: "Mais oui! Je suis moi et je m'aime!"

Si des sentiments tels que celui de ne pas être "à la hauteur" apparaissent, ils peuvent se traduire par un étranglement ou un blocage interne au niveau au troisième chakra. Octroyez-vous alors la permission de grogner ou de crier, vous servant ainsi des sonorités pour forcer le goulot d'étranglement et libérer la puissante énergie s'y étant accumulée.

Quatrième chakra. A, dès que vous percevez la force ou le rayonnement baignant votre plexus solaire, prenez la main droite de votre partenaire et placez-la sur votre centre cardiaque, situé au milieu de votre poitrine. Tandis que votre partenaire poursuit sa délicate et fréquente stimulation de votre sexe, inspirez profondément, recueillant au passage vos diverses sensations véhiculées par votre souffle pour l'amener de vos organes génitaux à votre cœur.

Au moment où l'énergie parvient à votre centre cardiaque, visualisez une magnifique couleur verte inondant votre poitrine. Elle induit la guérison, l'amour, l'espoir et le renouveau. Que cette énergie décrive des cercles entre vos premier et quatrième chakras. Lorsque vous êtes prêt, faites s'élever votre Symbole Magique vers le point central de votre poitrine où il s'imprégnera de la couleur verte.

Respirez énergiquement et profondément, de façon à dégager votre poitrine. Que vos mains et vos bras tracent des arabesques, amplifiant ainsi le mouvement de l'énergie et le rythme de votre respiration.

Souvent, l'épanouissement de l'énergie dans votre poitrine provoque tristesse ou désir ardent. Les larmes peuvent apparaître, aussi laissez-les s'épancher librement, elles relâchent les tensions et guérissent les traumatismes passés, afin que les larmes de tristesse se muent en larmes de gratitude pour cette profonde ouverture. Tandis que votre centre cardiaque s'ouvre, vous communiquez avec l'enfant qui est en vous. – c'est-à-dire l'innocence, la gaieté et le rire. Ne refoulez rien, laissez vos émotions s'exprimer librement.

Cinquième chakra. A, prenez la main de votre partenaire et placez-la sur votre chakra de la gorge. Puis inspirez, faisant ainsi s'élever l'énergie sexuelle de votre premier chakra à votre gorge et quand elle y parvient, elle la baigne d'une couleur bleu foncé. Faites-lui décrire des cercles entre vos premier et cinquième chakra puis, lorsque vous êtes prêt, élevez votre Symbole Magique de votre poitrine à votre gorge, pour qu'il s'imprègne d'une radieuse couleur bleue.

Le déblocage du chakra de la gorge libère votre voix, c'est-à-dire l'expression vocale du "Je" acteur que vous êtes réellement, celui qui a été longtemps étouffé par les injonctions parentales, comme "reste tranquille". Or, le temps est maintenant venu de l'exprimer, de le chanter et de le partager. Libérez-vous, mais peut-être éprouverez-vous un sentiment d'étouffement à ce moment-là. Alors, aidez-la par l'emploi de sonorités. N'hésitez pas à dire des bêtises ou à baragouiner. Savourez la joie d'exprimer votre "Je" authentique, dans ce qu'on pourrait définir comme un orgasme laryngé, au nom de toutes les fois où vous vous êtes contenu.

La magie est recherche de soi, alors que le mysticisme est abandon de soi.
— The Book of Magic

Sixième chakra. A, prenez la main de votre partenaire et faites-lui toucher légèrement votre troisième œil de l'extrémité de votre médius, puis inspirez, faisant ainsi s'élever l'énergie sexuelle jusqu'à votre sixième chakra et, au moment de l'atteindre, visualisez la couleur violette se propageant à travers votre tête. Respirez profondément, puis faites-lui décrire des boucles entre votre premier chakra et le troisème œil. L'énergie doit maintenant parcourir une longue distance, aussi restez en liaison avec votre centre sexuel par des mouvements corporels, par le pompage pubo-coccygien, ainsi qu'en traçant des cercles avec vos mains et vos bras en inspirant et en expirant.

Quand vous êtes prêt, faites s'élever votre symbole vers le centre de votre tête, afin qu'il puisse flotter sur une mer violette. Tandis que votre troisième œil s'"ouvre", vous éprouvez une sensation d'espace, de liberté et de vision d'ensemble, comme celle d'un aigle planant en altitude. Tout est plus paisible, plus épanoui, les problèmes existentiels semblent bien lointains, vous vous tenez au-dessus des nuages, dans un ciel clair et infini.

Septième chakra. A, placez la main de votre partenaire sur votre chakra coronal, et très délicatement, du bout des doigts faites-lui effleurer votre vertex. Inspirez, faisant ainsi s'élever l'énergie à travers votre corps puis, tandis qu'elle entre en contact avec le sommet de votre tête, contemplez-le, brillant d'une lumière blanche, légère et pure. Imprégnez-vous en et embrassez toutes les couleurs de l'arc-en-ciel.

Faites décrire des cercles à votre énergie entre vos premier et septième chakras, tout en respirant énergiquement et profondément. Lorsque vous êtes prêt, déplacez votre Symbole Magique vers le sommet de votre tête, puis visualisez-le, brillant et éclatant de blancheur lumineuse.

Maintenant, autour de vous, règnent un silence et une paix infinis. L'énergie sexuelle est transmutée en extase éternelle. Vous êtes relié à l'univers entier, comme si tout ce qui a été créé faisait maintenant partie intégrante de vous-même, comme si chaque cellule de votre corps était le reflet du ballet cosmique au sein duquel vous évoluez.

Le Réseau Astral. De cet espace, vous allez envoyer votre Symbole Magique dans le Réseau Astral. Contractez votre muscle pubo-coccygien et inspirez profondément, propulsant ainsi votre symbole du sommet de votre tête dans l'espace situé au-dessus. En retenant votre souffle quelques instants, contemplez-le, suspendu au-dessus de vous, rayonnant de lumière blanche.

Détendez-vous et respirez normalement, soutenu par votre partenaire. Maintenant, vous avez accompli votre tâche. Votre symbole dispose de toute l'énergie nécessaire pour se graver sur l'immense champ énergétique du Réseau Astral et se dissoudre au sein de ce réseau de communication télépathique vous reliant à l'univers. Soyez certain que votre message a été reçu, que votre appel a été entendu et qu'il recevra une réponse en temps voulu.

Restez plusieurs minutes dans cet état proche de la transe, caractérisé par la profondeur et la détente, et continuez de visualiser votre symbole planant juste au-dessus de votre tête.

Lorsque vous êtes prêt, regardez s'éloigner lentement en planant votre Symbole Magique au-dessus de votre tête. Observez-le, rapetissant de plus en plus jusqu'à n'être qu'un point lointain et minuscule avant de s'évanouir dans l'espace.

PHASE 4: MISE A LA TERRE DE L'ENERGIE

Respirez profondément puis, tandis que vous expirez lentement, faites refluer votre énergie sexuelle vers le bas de votre corps. Observez-la, redescendant par votre chakra coronal avant de passer successivement par le troisième œil, le chakra du corps, la poitrine, l'abdomen et le bassin. Laissez-la ensuite descendre par vos jambes jusqu'à vos pieds, avant de pénétrer en terre.

Quand vous avez repris contact avec le sol, éloignez-vous lentement de votre partenaire et, ensemble, allongez-vous par terre et détendez-vous, sans rien faire, pendant environ dix minutes. Ce laps de temps vous permettra d'assimiler ce vécu particulier.

Dès que vous êtes prêts tous les deux, asseyez-vous et échangez vos impressions.

Concluez par une Etreinte Unificatrice et un Salut du Cœur.

Il est important, avant d'inverser les rôles, de marquer une pause, de prendre une douche et de ventiler la pièce avant de vivre une nouvelle expérience.

Remarques

La Musique des Chakras représente une manipulation évoluée de l'énergie et, comme telle, il ne faut pas la réduire à un ensemble de pratiques rigides, car l'énergie emprunte souvent des voies tortueuses imprévues révélant des aspects de vous-même que vous ne soupçonniez pas.

N'oublions pas que la magie consiste essentiellement à cultiver une faculté psychique permettant à quelqu'un de voir sous la surface de la réalité ordinaire.
— COLIN WILSON

Vous pouvez ainsi commencer avec l'intention de faire traverser à votre énergie sexuelle tous ces centres énergétiques avant d'atteindre le Réseau Astral. Vous pouvez éprouver, au niveau de votre chakra du cœur ou de la gorge, une soudaine et exquise sensation orgastique, réduisant toute la partition à cette seule "note". Accueillez-la favorablement et calquez spontanément et naturellement vos mouvements sur les modulations énergétiques. En effet, les indications données pour cet exercice ne sont pas que des schémas directeurs vous aidant à découvrir vos potentialités extatiques personnelles.

Par ailleurs, vous risquez de perdre de vue votre Symbole Magique au cours de ce genre d'expériences, car il est déjà mémorisé dans les profondeurs de votre subconscient. Il continuera à remplir sa tâche. En effet, les êtres humains émettent en permanence sur des longueurs d'ondes télépathiques et le fait d'élaborer un symbole et d'en imprégner votre énergie sexuelle vous garantit qu'un puissant message sera diffusé – notamment s'il se dissout au cours d'un orgasme dans l'un de vos chakras.

Vous constaterez que chaque fois que vous pratiquez l'Ondulation des Chakras, vous vivrez une expérience différente, mais que ces vécus successifs peuvent servir la cause de la magie sexuelle. Il n'y a pas nécessairement contradiction entre votre plaisir, votre extase et votre désir de magie.

B, vous devez vous concentrer sur votre rôle de soutien, notamment en calquant vos mouvemnts sur ceux de votre partenaire. Veillez à ne pas adopter une posture ou une position assise désagréable pour lui. Vous pouvez aussi l'aider à respirer profondément et de manière rythmée tout au long de l'exercice en respirant vous-même à son rythme, votre bouche près de l'oreille de A.

L'ORGASME SEXUEL AMPLIFIE

Maintenant que vous avez découvert les phases élémentaires de l'alchimie sexuelle – passage de l'énergie sexuelle par les sept chakras corporels, ainsi que l'harmonisation souffle – mouvement – visualisation -, vous êtes prêt à valoriser encore davantage votre source d'énergie sexuelle. Ainsi, dans les deux chapitres suivants, vous apprendrez à développer vos potentialités orgastiques, en produisant de fortes charges énergétiques destinées à la magie sexuelle. Vous êtes en passe de devenir un habile pratiquant de la magie sexuelle.

CHAPITRE 7

MAGIE DE SHAKTI:
Alchimie de l'Orgasme Féminin

Toute femme sait qu'elle détient une prodigieuse aptitude à l'amour qui peut prendre maintes formes, de la mère nourricière à l'amante impétueuse et extatique en passant par la partenaire toute dévouée dans une relation confiante. Pour elle, s'ouvrir à cet amour afin de s'y épanouir et en être comblée, est peut-être le plus grand acte à accomplir.

La clef ouvrant la porte de l'amour est l'orgasme sexuel amplifié. Il est la racine par laquelle se nourrit l'arbre d'amour féminin, son fondement terrestre, son obscure et féconde source invisible d'énergie vitale, à partir de laquelle il peut atteindre une hauteur considérable, s'épanouissant dans la spectaculaire luxuriance des magnifiques fleurs parfumées de l'amour.

Au risque de faire paraître presque superflue la suite de cet ouvrage, je dois dire qu'une femme réellement orgastique n'a pas besoin d'autres outils pour pratiquer la magie. Son rayonnement, son énergie pétillante, son ardeur sexuelle et son cœur débordant d'amour la parent d'un attrait si magnétique qu'elle fait venir naturellement et sans effort tout ce dont elle a besoin.

Mais combien de femmes peuvent-elles prétendre connaître cet état magique, qui est à la fois notre potentiel et notre droit de naissance ? Même aujourd'hui, dans le contexte d'une culture relativement libérale, qui a pris conscience de la répression dont les femmes ont été l'objet et qui commence à réparer les dommages qui lui ont été causés par des siècles de domination masculine, l'art d'accéder à des états orgastiques pleinement satisfaisants reste insaisissable pour l'immense majorité d'entre elles et ce d'une manière frustrante.

Dans ce chapitre, elles apprennent les secrets leur permettant de vivre des orgasmes extatiques, intenses et prolongés, tandis que leurs partenaires masculins apprennent l'art subtil de donner ce plaisir absolu à celles qu'ils aiment. Par ailleurs, au cas où cette démarche serait jugée trop partiale, les hommes trouveront, dans le chapitre suivant, les secrets de l'orgasme masculin amplifié. Comme la plupart des femmes se sont vu refuser la plénitude potentielle du plaisir orgastique, la plupart des hommes se sont installés dans une situation qui est bien loin de leur faire connaître l'authentique satisfaction sexuelle, se contentant d'une résolution tensionnelle éjaculatoire locale et purement génitale, au lieu de baigner dans les exquises sensations que donne l'orgasme intégral.

Par ailleurs, femmes et hommes ont la possibilité d'orienter leur énergie orgastique accrue vers la pratique de la magie sexuelle. Dans le chapitre précédent, au cours de l'exercice intitulé La Musique des Chakras, vous avez

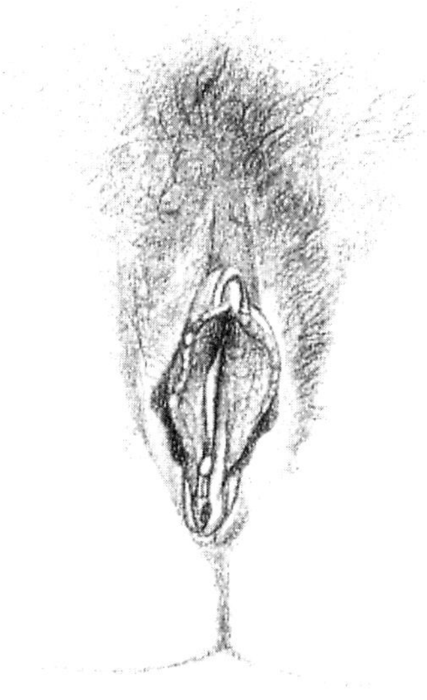

Yoni "au naturel"

Icône représentant un yoni rayonnant d'énergie. Sculpture sur bois du XIXème siècle provenant du sud de l'Inde.

appris comment stimuler votre énergie sexuelle et la canaliser en la faisant passer par les sept chakras. Or, ce n'était qu'un point de départ. Ayant ouvert la voie intérieure, vous êtes maintenant prêt à produire une puissance orgastique optimum pour en faire le carburant alchimique de votre transformation, en vous servant de l'éventail complet de vos sensations orgastiques pour modifier votre vision et lui donner une force remarquable.

Privés de cette énergie incroyablement puissante, le cérémonial et le rituel magiques ressemblent à une jolie voiture sans moteur: elle a belle allure, les voisins l'admirent, mais elle ne peut aller nulle part. En effet, l'orgasme sexuel fournit le moteur, la puissance, l'impulsion et le dynamisme qui propulse le véhicule de votre magie vers le but choisi.

Vénus cède aux caresses, non à la contrainte.

— PUBLILIUS
Proverbes moraux

Dans ce chapitre, vous allez vous concentrer sur les principes fondamentaux de l'orgasme amplifié. Vous ne travaillerez ni avec votre Symbole Magique, ni avec les sept centres énergétiques, parce qu'apprendre à induire des états orgastiques est en soi un défi suffisant.

Il exige toute votre attention. Ultérieurement, lorsque vous aurez acquis la maîtrise de cette technique indispensable, il vous sera facile d'intégrer les autres phases de la magie sexuelle.

Vous découvrirez également que le mécanisme d'amplification de votre potentiel orgastique s'accompagne d'un processus de guérison profonde de votre aptitude à l'intimité relationnelle avec l'être aimé. Comme vous le constaterez, lorsque deux amants parcourent les délicates étapes menant à l'orgasme amplifié, ainsi que celles, aussi importantes, de l'entraide dans l'accession à cette expérience, ils assimilent tous les éléments indispensables à une relation dynamique et satisfaisante, marquée notamment par une communication profonde, le courage, la sincérité, la sensibilité et la confiance.

GUERIR DU PASSE

Aujourd'hui encore, le psychisme féminin est influencé par des siècles de répression patriarcale. Cela signifie que jusqu'à une période récente, cette société à dominante masculine nous conditionnait à penser que notre objectif majeur dans l'existence était de servir l'homme dans ses besoins et ses plaisirs, notamment dans le domaine sexuel. Son plaisir était la règle, tant au regard de sa satisfaction sexuelle immédiate que du but qu'il s'était fixé de procréer une descendance masculine héritière de son nom, de ses biens et de son rang social. Et si la femme en retirait quelque plaisir sexuel, celui-ci n'était que les miettes tombées de l'assiette masculine au cours du repas.

A cette époque, la plupart des femmes ignoraient l'existence de l'orgasme et le faible pourcentage en ayant pris connaissance était suffisamment intelligent pour ne pas en parler. En effet, la dernière chose que l'homme désirait apprendre était que sa partenaire "inférieure" puisse éprouver davantage de plaisir que lui.

Il existe quantité de documents et de preuves à ce propos pour que je ne revienne pas sur ce triste et douloureux sujet. Cependant, il est important que les femmes comprennent ce qu'est la réalisation de leurs potentialités orgastiques et oublient les séquelles de ce conditionnement antérieur, en particulier dans le domaine délicat de la satisfaction sexuelle.

Eros est la force poussant l'enfant à s'allonger sur les genoux de sa mère, celle qui fait naître la passion magique entre amants de tous âges et qui, dans sa plus haute expression, attire les âmes vers l'amour. Eros est la force de Shakti. Il est l'enfant d'Aphrodite.
— ANDREW HARVEY

Cet héritage tire son origine de nos racines religieuses, c'est-à-dire dans la mutation historique s'étant produite au moment où les religions patriarcales comme le judaïsme, le christianisme et l'islam ont réussi à supplanter toutes les formes de culte voué à une divinité féminine ou maternelle, condamnant ainsi la sexualité féminine. Il devrait en être ainsi, car l'essence de cette religion incarnée par la déesse-mère était la fécondité et le renouveau de la vie par l'union charnelle. La sexualité avait, par l'intermédiaire de la déesse, un rôle naturel et sacré à jouer dans la religion et par conséquent au sein de la société.

L'anéantissement de la déesse-mère dépendait, en grande partie, de la capacité du clergé patriarcal a condamner la relation charnelle et à faire éprouver à la population un sentiment de culpabilité envers les élans sexuels naturels. Par ailleurs, grâce à une stratégie admirable par son impact durable, prêtres et prophètes parvinrent à créer un puissant mythe faisant porter aux femmes la responsablité de notre honte quant à la sexualité, privant encore davantage de ses racines l'influence de la déesse-mère dans la pratique religieuse.

C'est en répandant le mythe d'Adam et Eve que les prêtres démontrèrent comment la première femme fit succomber le premier homme à la tentation de commettre le péché originel. En effet, ce fut Eve qui incita Adam à désobéir à Yaweh et à manger le fruit de l'Arbre de la Connaissance.

Et quelle fut l'aurore de leur connaissance? Non la compréhension soudaine des lois de la nature permettant de faire du feu ou façonner une roue. Non la découverte de la poésie, de la musique, de la danse ou de la peinture. Mais, la première "connaissance" d'Adam et Eve fut la découverte de leur nudité ou, en d'autres termes, qu'ils étaient des êtres sexués, pourvus d'organes génitaux, l'une d'un vagin et l'autre d'un pénis, qu'ils couvrirent honteusement de feuilles de figuier. Seulement, cette dissimulation se révéla vaine face à un tyran omniscient et implacable, si bien qu'ils furent chassés du Jardin d'Eden et tout cela à cause d'une femme.

Cet héritage de honte et de condamnation se perpétue dans le subconscient de toutes les femmes. Même de nos jours, lorsqu'elles revendiquent leur égalité avec les hommes, qu'elles affichent une forte tendance à prouver leur valeur en les imitant et en les concurrençant dans la course à la réussite au sein d'une société patriarcale, plutôt que d'honorer leurs authentiques caractères féminins et en les réintégrant à leur cadre de pensée.

Sur le plan sexuel, cette tendance se manifeste par un effort pour se mesurer à l'homme sur le terrain d'un athlétisme sexuel poussant les deux partenaires à se concentrer sur l'aspect fonctionnel et la performance réalisée, ainsi qu'à s'efforcer d'atteindre un niveau d'excitation et de détente optima. Hélas, dans ces conditions, la femme ne peut parvenir qu'à un orgasme superficiel, sans grande portée, ne pouvant la baigner dans l'extase attendue.

Sous des allures de libération superficielle, les femmes souffrent encore d'une blessure sexuelle ne se refermant pas. Toutes sortes de convictions et de peurs profondément enracinées empêchent l'écoulement naturel de leur énergie orgastique. Parmi ces convictions et ces craintes, citons: "Je ne peux pas demander ce que je veux, car je ne le mérite pas"; "Je ne devrais pas éprouver ce plaisir"; "C'est à l'homme de me donner le plaisir, et je dois me contenter de ce qu'il me donne" ou "Si je me laisse vraiment aller à exprimer mon énergie orgastique, il pensera que j'en fais trop".

A la faveur de mon travail avec les femmes au cours des quinze dernières années, j'ai découvert un triste secret revenant constamment dans leurs propos: la conviction de leur indignité face au plaisir de la jouissance sexuelle les convainquant que ce vice rédhibitoire les obligeait à ne se valoriser qu'au service de l'homme et de son plaisir. Il est temps de remédier à ce déséquilibre. Donc, il faut que les femmes vivent leur authentique libération en tant qu'êtres féminins "sexualisés" à part entière.

ALCHIMIE CURATIVE DE L'ORGASME

Le préjudice causé à la société humaine par la condamnation du rapport sexuel est incalculable. Au lieu d'admettre cette relation femme-homme comme un acte naturel, sain et porteur de béatitude, nous en avons fait un acte furtif hanté par le sentiment de culpabilité. Au lieu de célébrer le sexe et lui reconnaître sa force vitale créatrice et féconde, nous avons tenté de le cacher derrière des portes fermées à clef et même de feindre son inexistence.

Les conséquences négatives de cette attitude erronée dépassent largement le cadre du rapport sexuel et celui de la marée montante de la pornographie, de la prostitution, du viol, des sévices et du harcèlement sexuels que connaît actuellement notre société. Elle influence toute notre conception de l'univers.

A titre d'exemple, des efforts énormes et méritoires sont actuellement faits pour guérir l'environnement général de ses blessures, pour mettre un terme à la destruction de la biosphère planétaire, ainsi que pour apporter la paix aux factions ethniques, nationales et religieuses se faisant la guerre.

Cependant, comment l'un ou l'autre de ces objectifs pourrait-il être atteint quand la source même de l'amour humain est polluée? Comment l'amour de la planète et l'amour mutuel pourraient-ils s'épanouir et s'étendre alors que l'enseignement fondamental de l'institution religieuse démontre que la force vitale sexuelle est mauvaise en soi, que la chair est corrompue, enfin qu'un immense et infranchissable fossé sépare le monde spirituel de celui auquel participe le plaisir terrestre.

Intellectuellement, nous pouvons penser que nous nous sommes débarassés de mythes nocifs comme celui d'Eve et du Péché Originel, mais il suffit de porter notre regard sur l'état déplorable du comportement sexuel pour réaliser que cette propagande pluriséculaire agit encore dans notre subconscient. L'ancien paradigme n'a pas été remplacé et nous ne sommes pas encore sortis de la prison qu'est l'histoire partriarcale.

Mais heureusement, nous disposons de moyens simples et efficaces pour nous libérer de ce conditionnement primitif. L'évolution vers la véritable libération sexuelle consiste pour la femme à emprunter la voie sacrée débutant avec les premiers remous du plaisir sexuel ressentis dans ses organes génitaux et s'achevant en un orgasme prolongé pleinement satisfaisant. Par cet acte créatif choyant son corps et favorisant l'extase, la femme peut à nouveau communiquer avec la déesse mythique, mais en tant que vivant principe de l'intégralité féminine.

La résurgence du principe féminin sacré va de pair avec la renaissance de celui du plaisir de la femme, ainsi qu'avec la mise en équilibre des prérogatives masculine et féminine quant au vécu du plaisir sexuel.

L'extase sexuelle féminine a une très haute valeur, car c'est une force curative magique. Aimée comme il convient, sexuellement satisfaite, la femme devient une déesse dotée de facultés magiques: amour rayonnant, dévouement, attentions, gratitude et gaieté. Elle a le pouvoir de rendre sa place légitime à la force vitale née de la relation sexuelle, dans le temple de l'entendement humain, ouvrant ainsi la voie à la guérison et à la transformation planétaires.

Un des facteurs importants de cette guérison est le fait de reconnaître que principes masculin et féminin ne sont pas en opposition, enfermés dans une lutte sans fin pour la domination, mais complémentaires, appelés à s'unir dans un ballet de l'énergie inspirée par le Tantrisme, inondant les partenaires d'une liesse orgastique.

La guérison se manifeste aussi sous la forme d'une profonde compréhension entre homme et femme. Ainsi, au cours des exercices suivants, les deux partenaires apprennent à communiquer selon des modalités nouvelles.

Notamment, la femme apprend à demander ce qu'elle désire, enseignant à son partenaire comment lui donner du plaisir, décrivant ses sensations, identifiant toute résistance tandis qu'elle s'élève vers les sommets du plaisir orgastique, assimilant l'art de s'abandonner et de se laisser aller à l'extase.

Quant à l'homme, il apprend à la caresser et à la stimuler sexuellement, afin de la porter à l'acmé de l'excitation. Ce faisant, il savoure l'immense satisfaction de la servir avec joie et de son plein gré, évaluant à sa juste mesure l'interdépendance instaurée entre eux lorsqu'ils se disposent à la relation sexuelle en égaux véritables.

En effet, ce n'est que sur les bases de cette égalité absolue qu'ensemble ils peuvent vivre la complémentarité de leurs rôles en tant que co-créateurs de l'extase.

ANATOMIE DE L'ORGASME FEMININ: LE CLITORIS ET LE POINT G

Avant de vous présenter l'alchimie amplifiant le "ressenti" féminin de l'orgasme, je voudrais décrire l'anatomie des organes sexuels de la femme. Comme je l'expliquais dans *L'Art de l'extase sexuelle*, une connaissance fonctionnelle approfondie des organes génitaux est indispensable aux personnes souhaitant épanouir leur potentiel orgastique.

Vous allez explorer, au sein des organes sexuels féminins, deux zones qui déclenchent l'orgasme: le clitoris qui est à l'origine de l'orgasme externe, plus souvent qualifié de clitoridien, et le point dit G qui est à l'origine d'un orgasme plus profond, qualifié de vaginal. Vous allez apprendre comment stimuler ces zones, d'abord séparément puis ensemble pour parvenir à un orgasme combiné pouvant s'étendre à toute la région pelvienne, voire au corps entier.

En pensant constamment à la Déesse, on se transforme en son image.
— TANTRA HINDOU

Je propose aux lectrices de considérer la description suivante comme un exercice et de s'asseoir face à une glace pour explorer leur vagin pendant que je le décris. Quant à l'homme, il peut étudier celui de sa partenaire qui, alors, préférera s'allonger confortablement sur des coussins, puis écarter les cuisses avant d'inviter son compagnon à observer en détail cette partie de sa sphère sexuelle, habituellement dissimulée.

Le vagin est bordé et protégé par des replis cutanés souples, les lèvres. Quand celles-ci sont écartées, vous voyez l'orifice vaginal conduisant au canal vaginal (voir illustration p. 246). et au-dessus, au point de jonction des lèvres ou parfois légèrement plus haut, se trouve le clitoris qui ressemble à une petite perle ronde ou à un bouton. Un capuchon de peau le recouvre qui, tiré en arrière, découvre son extrémité délicate. Juste au-dessous, le corps du clitoris

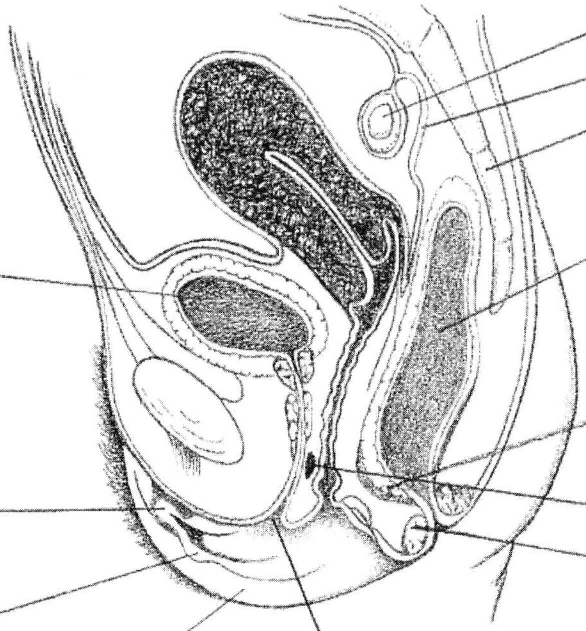

Anatomie des organes sexuels féminins

se ramifie en deux branches prolongées de chaque côté à l'intérieur du canal vaginal. Bien que vous ne puissiez voir que son extrémité, au toucher, vous en sentez le corps juste sous la peau.

D'après des recherches sérieuses, la grande majorité des femmes éprouvant un orgasme y parviennent par la stimulation manuelle de leur clitoris, opérée par elles-mêmes ou par leur partenaire. Seule une faible minorité éprouve un orgasme clitoridien lors de la pénétration par le pénis et une minorité encore plus faible éprouve un orgasme vaginal, plus profond. C'est pourquoi il est si important de savoir comment stimuler le clitoris avant l'intromission pénienne.

Comme vous pouvez le constater aisément par un léger toucher de son extrémité, le clitoris est éminemment mobile. Il peut se déplacer – et il le fait effectivement – pendant le rapport sexuel, effectuant des va-et-vient lui permettant de se glisser par l'orifice vaginal. Quand une femme commence à être sexuellement excitée, son clitoris tend à se rétracter pour se dissimuler à nouveau sous son capuchon. Si, en revanche, son excitation diminue, mais qu'elle est encore sensibilisée, il réapparaît.

La configuration anatomique du clitoris varie beaucoup. Dans son livre *Sex for One*, Betty Dodson rapporte que des femmes qui s'étaient réunies pour examiner et comparer leurs organes sexuels respectifs, ont découvert que "lorsque le capuchon est tiré en arrière pour dégager le clitoris, les différences sont étonnantes, certains ayant la taille de délicates et minuscules perles, d'autres ayant l'aspect de gros joyaux proéminents."

Ces femmes n'établirent aucune relation entre la taille de leur clitoris et l'intensité du plaisir qu'il pouvait leur procurer. Autrement dit, leur plaisir n'était pas proportionnel à sa taille, tous paraissant donner entière satisfaction, à condition d'être convenablement sollicités.

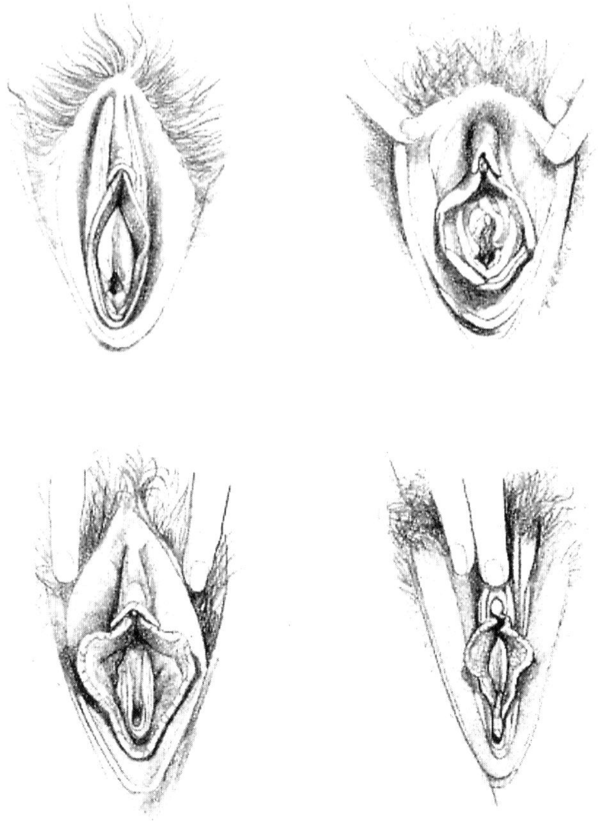

Différents types de yonis montrant l'importante variété anatomique des organes sexuels féminins, d'après les dessins de Betty Dodson pour *Sex for One*.

Sa caractéristique la plus remarquable est, comme maintes femmes le savent, son incroyable sensibilité. Comme vous le découvrirez au cours du premier exercice proposé dans ce chapitre, plus cette zone inductrice de plaisir est stimulée, plus elle devient sensible.

La seconde zone inductrice de plaisir orgastique est le point G, ainsi nommé d'après le nom de son découvreur Ernst von Grafenberg, médecin allemand ; il se trouve à l'intérieur du vagin, derrière l'os pubien, sur la voûte du canal vaginal.

Le meilleur moyen de le localiser consiste à poser un doigt sur la pointe du clitoris et de le déplacer ensuite lentement vers le bas jusqu'au bord interne supérieur de l'orifice vaginal et de l'introduire sur une distance comprise entre 4 et 5 cm, en veillant à rester sur la voûte du canal vaginal. On le localise avec précision au caractère tactile ferme ou finement côtelé de la muqueuse, le faisant ainsi ressembler à un petit bouton présentant de minuscules aspérités, alors que le reste de la paroi vaginale est souple. Le meilleur moment pour le palper se situe peu après l'orgasme, lorsqu'il gagne en taille et en sensibilité.

Il existe plusieurs théories expliquant pourquoi le point G est sensible, la plus intéressante étant que les voies neurologiques véhiculant le plaisir issu du clitoris transitent par cette zone vers la colonne vertébrale. Il existe également un lien neurologique entre le point G et la vessie donnant, lorsque cette zone est stimulée, la sensation illusoire du besoin d'uriner.

Par ailleurs, le point G se situe au sein d'un tissu spongieux renfermant les "glandes de Bartholin" qui, lorsqu'elles sont stimulées, libèrent des sécrétions de type prostatique sous la forme d'une éjaculation féminine.

Provoquer l'excitation sexuelle, puis l'orgasme par le massage du point G est un art subtil que je présente dans le second exercice de ce chapitre. Ayant acquis la maîtrise de l'art consistant à stimuler le clitoris et le point G, vous serez prêt à explorer les potentialités offerte par l'orgasme combiné, amplifié et né de la stimulation simultanée des deux zones inductrices de plaisir.

En pratique, la technique de l'orgasme amplifié se décompose en trois phases:

1. Stimulation clitoridienne et orgasme clitoridien.
2. Stimulation du point G et orgasme vaginal.
3. Stimulation simultanée du clitoris et du point G, conduisant à un orgasme amplifié ou combiné.

Une fois que vous avez acquis l'habileté requise, vous êtes en mesure d'exécuter les trois phases en une seule séance.

VAINCRE LA GENE INITIALE

Chez une femme, l'expérience consistant à écarter les jambes pour permettre à un homme d'examiner son Yoni ou vagin peut-être un véritable cauchemar. Présenter ses organes génitaux pour un examen détaillé est un acte très délicat provoquant des sentiments d'insécurité, de vulnérabilité et de gêne.

Dans la relation sexuelle ordinaire, la femme est comblée de sensations sécurisantes tandis que l'homme l'étreint et maintient avec elle un contact physique étroit pendant qu'il caresse son Yoni et le pénètre de son Vajra. Or, au cours de cet exercice, l'homme et la femme adoptent une approche presque scientifique s'apparentant au fait de prendre une loupe et de la tenir devant le sexe de la partenaire, révélant ainsi non seulement son anatomie, mais également la manière dont vous considérez vos organes génitaux et votre droit au plaisir sexuel, qui pourrait se traduire par les questions suivantes: "Est-ce que je mérite ce plaisir?", "Puis-je me l'accorder?" ou "Puis-je m'y abandonner?"

Considère la femme comme une déesse, mais aussi de qui elle tient son énergie spécifique et honore-la dans sa condition de déesse.
— UTARA TANTRA

Malgré ces doutes, vous allez vous accorder la liberté de vous renverser en arrière pour vous mettre en état de réceptivité, en permettant à un homme de vous caresser aussi longtemps qu'il convient pour que vous vous sentiez totalement orgastique. Vous méritez cet instant. Vous l'avez attendu patiemment suffisamment longtemps.

La grandeur de ce geste réside en ceci: bien qu'au cours de cet exercice vous soyez vulnérable et en situation de réceptivité, vous la femme, avez l'initiative du déroulement des évènements. En effet, c'est vous qui allez découvrir comment et où vous souhaitez que l'homme aimé vous prodigue des caresses, explorant chaque millimètre carré de votre sexe en lui apportant la conscience sensitive de ce qu'il vit et lui indiquant avec précision comment caresser chaque zone érogène.

Savoir que vous avez l'initiative vous donnera le courage de vaincre les résistances rencontrées pendant la stimulation clitoridienne, consciente du fait que vous pouvez interrompre, à tout moment, les caresses qui vous sont prodiguées ou en modifier la nature.

Une chose encore: beaucoup de femmes constatent que le massage clitoridien et vaginal a un effet curatif et sensibilisant sur le tissu cicatriciel de cette zone, ce qui est délicieux dans les suites d'accouchements difficiles. Toutefois, si vous souffrez d'une infection vaginale ou d'autres pathologies de l'appareil génital, abstenez-vous de vous faire masser à moins que votre médecin ne vous y ait autorisée.

EXERCICE: CARESSES ET PLAISIR CLITORIDIENS

Objectif et bienfaits

En tant que personne à laquelle le plaisir va être donné, vous, la femme, allez vivre cet exercice comme l'un des moments d'extase et de remise en cause positive les plus intenses de votre existence. En effet, pendant des siècles, cet élément de votre anatomie sexuelle est resté caché, souvent considéré avec indifférence, comme un appendice inachevé négligeable. Il était notre coupable secret, le bouton floral que nous seules savons comment caresser pour que le plaisir s'y épanouisse dans sa plénitude.

La majorité des femmes ne se rendent pas compte qu'il leur est possible d'apprendre à un homme comment acquérir l'habileté et la maîrise des caresses qui le font s'ouvrir.

Cet exercice vous permet de savourer et célébrer sans réserve le plaisir sexuel émanant et s'élevant de votre clitoris, évacuant ainsi les convictions dévalorisantes que vous pouvez nourrir à propos de vos organes sexuels.

En tant que femme et magicienne, vous êtes sur le point d'entrer dans une ère nouvelle qui accroîtera l'estime que vous avez de vous-même et intégrera l'alchimie de votre potentiel orgastique. Profitez de cette séance pour laisser la déesse de l'amour s'épanouir. Vous le méritez bien!

Sachez que la clé permettant de passer d'une relation sexuelle satisfaisante à une autre transcendante, consiste à vivre ce présent dans sa plénitude tout en incitant votre partenaire à vous prodiguer exactement les caresses que vous aimez, ce qui en échange valorisera son habileté en tant qu'amant hors-pair.

Voici ce que vous apportera cet exercice:

- Une connaissance approfondie des organes sexuels féminins.
- Une conscience renouvelée des zones érogènes inductrices de plaisir sexuel et deux manières de les caresser.
- Il vous ouvrira la voie des états extatiques accessibles par l'orgasme sexuel.
- La conscience de tous blocages psychologiques ou émotionnels pouvant s'opposer à la libre circulation de votre énergie orgastique et le moyen de les lever.
- Une plus grande qualité de communication entre partenaires amoureux, d'où un sentiment plus profond d'intimité.
- A vous la femme, il apprend comment devenir responsable de votre bien-être sexuel.

- Il vous aidera, en tant que femme, dans l'apprentissage de la confiance en autrui.
- A vous l'homme, il apprendra comment porter la femme à l'extase orgastique.
- Il vous aidera, vous, l'homme, à vous sentir reconnu comme donneur de caresses et de plaisir, mais aussi comme soutien et amant adroit.

Préparation et pratique

- Au cours de cet exercice, vous vous adresserez l'un à l'autre en employant vos noms magiques. Ainsi continuerai-je à employer ici les noms des divinités présidant à l'union tantrique, c'est-à-dire Shakti et Shiva.
- Il peut être amusant et utile de créer, préalablement à l'exercice, un climat d'anticipation sexuelle comme, par exemple, le fait de se préparer à un rendez-vous particulier. En début de journée, Shiva peut ainsi appeler Shakti au téléphone pour prononcer les paroles magiques, certain de commencer à provoquer son excitation, comme: "Je te désire, je désire que ton plaisir coule sur mes doigts, je désire ton humidité, je désire que tu me sois totalement ouverte..."
- Shiva, il se peut que vous vouliez offrir à Shakti de la lingerie érotique afin qu'elle la porte au moment de l'exercice. Ou bien préférez-vous l'emmener au restaurant puis flirter avec elle sous la table, avant de laisser vos mains errer à la recherche de son intimité. Mettez votre imagination à contribution pour créer une aura d'excitation érotique et sexuelle entre vous deux. Faites preuve de créativité.
- Shiva, vous êtes également celui qui dispose les éléments du Cercle Magique, aussi prenez le temps d'embellir l'espace dans lequel vous allez évoluer, en l'ornant d'éléments que Shakti apprécie. Disposez des coussins à motifs colorés, un joli drap pour qu'elle s'allonge dessus, des fleurs, de l'encens et des bougies. Créez une ambiance sonore douce en passant une discrète musique de fond. Vous pouvez aussi disposer des objets rassurants pour celle que vous aimez, comme son nounours préféré ou certaines lames de tarot et, bien sûr, son Symbole Magique. Vous renforcerez chez elle le sentiment d'estime de soi ainsi que son amour pour vous, voyant quel soin vous apportez à la création d'un environnement sécurisant et sacré destiné à favoriser et nourrir son plaisir.
- Shakti, pendant que Shiva dispose les éléments du Cercle Magique,

prenez une douche ou un bain relaxant, caressez-vous le corps avec de l'huile, puis mettez une touche de parfum et imprégnez-vous du sentiment que vous méritez le luxe de soins et d'attentions dont vous êtes l'objet, un peu comme si vous étiez le personnage le plus important au monde. Portez des vêtements au contact doux et soyeux, par exemple, une robe kimono s'ouvrant par devant.

- Shiva et Shakti, allez à votre rythme en veillant à acquérir la maîtrise de chacune des phases successives.
- Il serait judicieux d'avoir à portée de main une carafe d'eau ou de jus de fruit, cet exercice donnant soif.
- Par ailleurs, la pièce doit être à une température suffisante permettant d'être peu vêtus.
- Vous devez aussi disposer de lubrifiant. En effet, le massage clitoridien avec un lubrifiant à base d'huile, comme la vaseline, est préférable puisqu'il permet une stimulation prolongée du clitoris sans présenter l'inconvénient d'un assèchement trop rapide, comme c'est le cas des lubrifiants à base aqueuse.
- Shiva, vérifiez que vos ongles sont taillés et lisses.
- Shakti, assurez-vous que votre vessie est vide.
- Accordez-vous soixante à quatre-vingt-dix minutes pour cet exercice et faites en sorte de ne pas être dérangés.

PHASE 1: PRELIMINAIRES SENSUELS

Shiva, lorsque la pièce est prête pour l'exercice, faites entrer Shakti dans le Cercle Magique. Montrez-vous attentionné, gai et rassurant. C'est en fait le moment idéal pour qu'ensemble vous dansiez quelques minutes afin de chasser nervosité ou tension.

Accueillez-vous mutuellement par un Salut du Cœur.

Rejoignez-vous dans une longue Etreinte Unificatrice, en respirant profondément et en synchronisme.

Shiva, retirez doucement sa robe et invitez-la à s'allonger sur les coussins ou, si elle préfère garder sa robe, à l'ouvrir pour dégager ses cuisses et son bassin.

Puis asseyez-vous, jambes croisées, sur son côté gauche, tout près d'elle et accordez-vous quelques minutes afin de prendre tous deux une position confortable pour la durée de l'exercice. D'après mon expérience, la position idéale est la suivante:

Shakti, écartez vos jambes en posant la gauche sur un oreiller lui-même placé sur le genou gauche de Shiva.

Shiva, posez votre coude et votre avant-bras gauches sur le même oreiller.

Shakti, posez votre genou droit sur un autre oreiller pour que vos jambes prennent une position écartée confortable et tenez vos genoux légèrement fléchis.

Shiva, placez un oreiller sur votre cuisse droite, sur laquelle s'appuiera votre avant-bras droit.

Ô, toi, reclus, si tu aspires au paradis,rends-toi vite en ce lieu où demeure la femme de désir.
— KUTTNI MAHA TYAN TANTRA

Shiva, demandez à Shakti : "Es-tu à ton aise?" Si ce n'est pas le cas, essayez d'autres positions en modifiant celle des coussins jusqu'à ce que vous soyez tous les deux à votre aise.

Veillez à ce que le lubrifiant soit à portée de main, de façon à l'atteindre facilement.

Ensemble, fermez les yeux pendant quelques instants et pratiquez la respiration abdominale profonde. Prenez le temps de vous recueillir et de vous concentrer sur ce qui va se passer.

Shiva, mettez-vous "à l'écoute" de votre partenaire en posant doucement votre main gauche sur le Yoni de Shakti et votre main droite sur son chakra du cœur, au milieu de sa poitrine.

Plongez avec tendresse votre regard dans ses yeux et commencez à respirer en harmonie avec elle. Sentez comme votre cœur palpite d'amour pour cet être aimé qui vous offre sa vulnérabilité.

Shiva, lorsque vous êtes prêt, commencez à caresser légèrement Shakti sur tout le corps, soit du bout des doigts, soit avec des plumes. Ce faisant, incitez-la à respirer profondément par la bouche tout en restant détendue et réceptive aux caresses. Parlez-lui avec douceur, sur un ton sécurisant; que vos chuchotements lui soient une caresse verbale: "Détends-toi simplement, ma chérie, et accueille favorablement le présent que je t'apporte. Tu n'as rien à faire, aucun objectif à atteindre... tout cela n'est que pour ton plaisir".

En l'effleurant des doigts, caressez tout son corps, en particulier ses lèvres, son cou, ses mamelons, son ventre, son "mont de Vénus" et exercez une très légère traction sur sa toison pubienne, caressez ses cuisses, ses pieds en veillant à ce que chaque zone corporelle ait sa part d'amour et de réconfort. Rien ne presse.

Shakti, vous avez là l'occasion de parvenir à une détente plus profonde à la faveur d'une humeur propice à la réceptivité, autorisez-vous à savourer le plaisir répandu en vous et oubliez les choses à faire et les gens qui vous préoccupent.

PHASE 2: NE PRECIPITEZ RIEN

Shiva, observez Shakti; son langage corporel vous indiquera le moment où elle sera prête pour que vous entamiez le massage de son clitoris. En effet, par la douceur de vos caresses, son excitation sexuelle commence à poindre. Vous constaterez que ses cuisses s'écartent davantage, dégageant son Yoni et son bassin commence à se soulever légèrement, rompant le contact de ses hanches avec le drap vous invitant à explorer son sexe de vos caresses.

En cas de doute, demandez à Shakti "Est-ce le moment, ma chérie?" Elle peut alors acquiescer d'un hochement de tête ou laisser échapper un petit soupir, mais elle peut dire aussi "Non, s'il te plaît, caresse encore un petit peu la région de mon cou et de mes épaules, c'est si bon".

Shiva, rappelez-vous qu'il s'agit de fonctionner sur un mode réactionnel, d'agir en suivant les indications de Shakti, en apprenant à la caresser de façon à lui apporter le maximum de plaisir.

Shakti, n'oubliez pas que c'est à vous qu'est donné le plaisir et que c'est vous qui dirigez les caresses de votre partenaire. Ne craignez pas de dire exactemant ce que vous désirez. C'est en effet, le moment de tout vous offrir à vous-même.

PHASE 3: COMMENT EXCITER LE CLITORIS

Shiva, mettez une grande quantité de lubrifiant sur vos doigts et commencez par caresser superficiellement son Yoni. Faites de délicats attouchements des crêtes supérieures de ses lèvres, comme avec une plume. Exercez une légère et douce traction sur sa toison pubienne. Puis placez votre main de telle sorte qu'elle couvre entièrement son Yoni et faites-la vibrer.

Ecartez ses lèvres, comme les ailes d'un papillon pour épanouir totalement son Yoni, puis passez vos doigts lubrifiés sur leur périphérie interne, près de l'orifice vaginal et ensuite, tout autour du clitoris. Enfin, lorsqu'elles sont largement ouvertes, soufflez doucement dessus votre haleine chaude.

Maintenant, refermez les lèvres du Yoni en les pressant doucement l'une contre l'autre et massez-les à l'extérieur en remontant du bas vers le clitoris. Avec une grande quantité de lubrifiant, poursuivez le massage interne des lèvres du Yoni, en glissant légèrement vers le mont de Vénus avant de descendre vers l'anus.

Shiva, titillez le clitoris de Shakti par un contact, un chatouillement ou une caresse occasionnelle prometteurs de plus de plaisir, comme si vous lui déclariez: "Par ce léger contact comme les ailes d'un oiseau en vol, je te promets davantage de plaisir, je rends hommage à ta fragilité et à ta sensibilité; je te montre que je peux être sensible et attentionné, en harmonie avec toi, je suis à ton écoute pour faire éclore ton plaisir".

Le fait d'employer beaucoup de lubrifiant est extrêmement agréable pour Shakti ; en revanche, lorsque vos doigts sont secs, ils provoquent un léger étirement superficiel et désagréable de la muqueuse de son Yoni.

PHASE 4: STIMULATION DU CLITORIS

Shiva, vous pouvez maintenant commencer à frictionner très légèrement le clitoris de Shakti, tout en le laissant encore recouvert de son capuchon. Commencez doucement, à la manière d'une caresse, puis passez à l'exploration des possibilités offertes par les gestes de massage apportant beaucoup de plaisir sexuel à une femme.

Caresse de base à deux doigts. Commencez par elle. Votre pouce et votre index sont placés à l'endroit où le clitoris s'abrite et est invisible, c'est-à-dire juste au-dessous de la pointe, là où il disparaît sous la peau.

Dans cette position, vous tenez le corps du clitoris entre le pouce et l'index et pouvez le faire rouler entre vos deux doigts. Faites des essais jusqu'à trouver ce point, puis commencez à le masser de manière uniforme, en procédant par friction ascendante et descendante sur ses deux côtés, tout en recherchant la cadence la plus agréable. Pour beaucoup de femmes, elle est d'une caresse par seconde.

Ce mouvement a été surnommé la "caresse du pain beurré" parce qu'elle est la façon la plus simple et la plus aisée de caresser le clitoris pour entraîner le plaisir.

Caresse clitoridienne

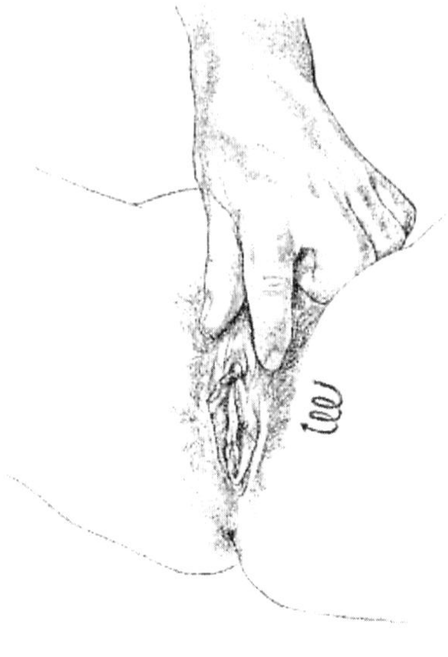

Caresse de base à deux doigts

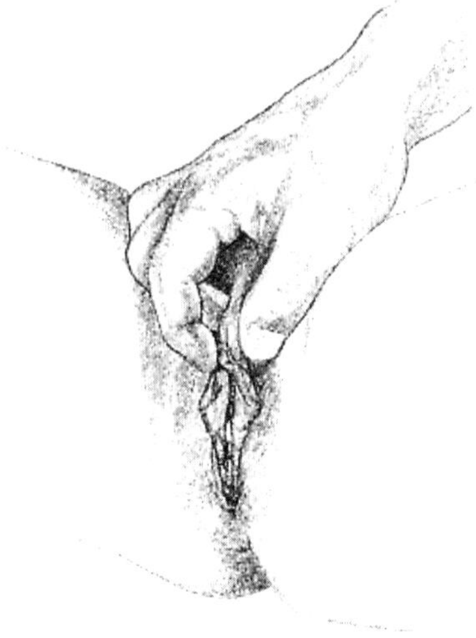

Caresse racine-pointe

Double caresse. Attendez un moment, puis essayez cette autre caresse.

Du pouce, frottez de haut en bas et inversement, le corps du clitoris sur un côté, tout en effectuant de légers mouvements circulaires sur l'autre côté.

Caresse racine-pointe. Placez votre pouce, immobile, sur un des côtés du corps clitoridien puis, de votre index, caressez l'autre côté en exécutant de petits mouvements circulaires allant de la racine à la pointe.

Caresse de la pointe. Tenez le corps du clitoris entre le pouce et le medius, puis servez-vous de votre index pour masser très légèrement sa pointe, le capuchon le couvrant encore.

Titillement à trois doigts. Servez-vous de vos pouce et medius pour maîtriser la racine du clitoris laissant ainsi votre index libre pour masser l'extrémité.

Stimulation directe du clitoris. Une fois que Shakti est fortement sensibilisée, ramenez le capuchon clitoridien en arrière avec le pouce et le medius puis, de l'index, stimulez directement la pointe en procédant à une légère friction cadencée.

L'index de Shiva se déplace au niveau des lèvres du vagin, effectuant de petits mouvements circulaires du clitoris (midi) au périnée (18 heures).

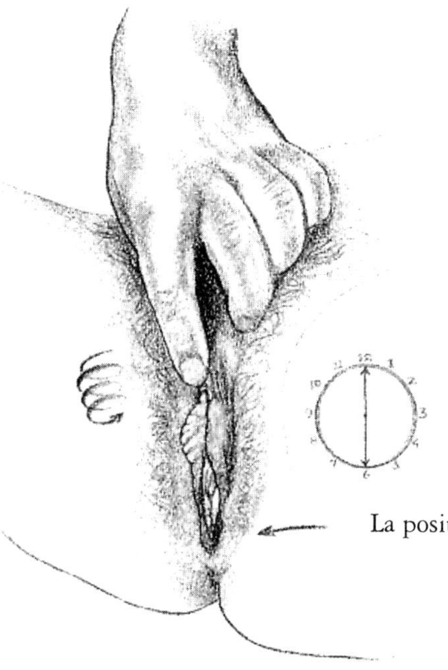

La position 18 h.

Demandez à Shakti "Qu'éprouves-tu? Désires-tu que mes caresses soient plus appuyées ou plus légères?" Rappelez-vous: cela ne vous est possible que lorsque Shakti est déjà excitée et que son clitoris est tumescent, sinon le contact direct avec sa pointe risque d'être trop accentué pour être réellement agréable.

Une fois que Shakti est sexuellement sensibilisée, le corps du clitoris et son extrémité se raidissent et gonflent pour former une petite protubérance saillante. En vous servant toujours de la même prise de base de cette protubérance, vous pouvez procéder par caresses latérales et verticales, en va-et-vient, presque comme si vous stimuliez un pénis en érection. Vous pouvez aussi agir par impulsions, par compressions et relâchements rapides ainsi qu'en exécutant des mouvements circulaires.

Ainsi, en vous servant de deux ou trois doigts, vous accomplirez une surprenante diversité de mouvements.

Dressez un inventaire. Prenez le temps d'étudier toutes les variantes possibles, en veillant à fonctionner ensemble sur le mode rétroactif, par un échange d'informations permanent.

Shakti, vous serez tentée de vous perdre dans votre plaisir. Vous aurez peut-être du mal à parler ou à communiquer avec Shiva. Or, il est important que vous restiez consciente de chaque sensation, que vous continuiez à exprimer ce que vous ressentez, ce que vous aimez, ce que vous voulez modifier. La communication est la clé de cet exercice.

Il s'agit d'une œuvre de grand art. En effet, vous apprenez à Shiva l'art subtil de provoquer la sensbilisation orgastique d'une zone extrêmement limitée de votre corps, mais très sensible.

Aussi ne saurais-je trop vous conseiller de fonctionner sur le mode rétroactif (comme une "boucle de rétroaction") à chaque caresse donnée. Si vous éprouvez des difficultés, demandez à Shiva de répéter telle ou telle caresse pendant environ une minute, puis de rester au même endroit en respectant le même rythme afin de vous permettre de trouver les mots justes décrivant ce que vous ressentez. Quand vous êtes prête, demandez à Shiva de passer à une autre caresse, en procédant systématiquement, comme s'il s'agissait de vous apprendre à masser d'une certaine façon.

Shakti, vous êtes à la recherche d'un point minuscule où naissent les sensations les plus agréables. Il peut vous être révélé lors d'un tout petit mouvement circulaire effectué sur le côté gauche du corps clitoridien, ou par le mouvement de va-et-vient bilatéral du pouce et de l'index des deux côtés du corps clitoridien.

Prenez le temps de dresser l'inventaire des caresses et des rythmes les plus agréables.

"*Horloge du plaisir*". Prendre le "système horaire" comme référence lorsqu'on caresse le Yoni peut révéler une image précieuse pour la localisation des zones clitoridiennes ou péri-clitoridiennes particulièrement inductrices de plaisir.

Shiva, imaginez mentalement un cadran d'horloge entourant le clitoris de Shakti, de telle sorte que son point le plus élevé, c'est-à-dire le plus proche du midi et le point le plus bas, c'est-à-dire le plus proche de l'orifice vaginal, corresponde à la position des aiguilles à 18 heures.

Faites le tour du cadran avec vos doigts, en explorant les possibilités présentées par chaque point. Avec votre index, effectuez de minuscules mouvements circulaires et lorsque Shakti gémit de plaisir, informez-la que – par exemple – "Ce point correspond à 3 heures" ou "celui-ci correspond à 9 heures".

PHASE 5: EXCITATION GRADUEE

Shiva, lorsque vous êtes certain d'avoir acquis la maîtrise des différentes caresses de massage du clitoris de Shakti, choisissez-en une que vous lui prodiguerez pendant plusieurs minutes. En effet, vous pouvez explorer maintenant votre aptitude à élever graduellement le niveau d'excitation sexuelle de Shakti.

Portez Shakti à l'acmé de l'excitation à la faveur d'une cadence lente et régulière d'environ une caresse par seconde. Puis, lorsqu'elle est au bord de l'orgasme, réduisez-la pour qu'elle ait le temps de se détendre et d'assimiler cette énergie.

Shakti, vous pouvez aider Shiva à savoir quand réduire cette cadence en lui disant "Je suis tout près, maintenant".

Shiva, lorsque Shakti est prête, accentuez la stimulation de son clitoris afin de l'aider à franchir un seuil de plaisir supérieur, avant de réduire à nouveau la cadence. Cela revient à l'aider à parcourir une série d'étapes orgastiques, chacune plus riche de plaisir que la précédente.

ECHELLE D'EVALUATION DU PLAISIR

Shakti, l'une des manières de faire connaître à Shiva votre niveau de sensibilisation consiste à communiquer avec lui par le biais d'une échelle d'évaluation du plaisir graduée de zéro à dix.

Si, par exemple, vous dites "trois", il comprendra que vous êtes légèrement excitée. Si vous dites "six", cela lui indiquera que vous commencez à être vraiment excitée, et si vous dites "neuf", il sera averti de la très grande proximité de votre orgasme. Quant au nombre "dix", il signifiera que vous avez dépassé le seuil orgastique.

Shiva, observez bien l'attitude de votre partenaire, afin d'apprendre comment "lire" son niveau de sensibilisation ou d'excitation. A mesure que leur intensité augmente, guettez l'apparition des signes suivants:

1. Les mamelons se raidissent et deviennent plus foncés.
2. Le bassin se soulève et s'abaisse.
3. Les reins se cambrent.
4. Les orteils et les doigts se recourbent.
5. L'orifice vaginal devient plus foncé et se congestionne.
6. Le canal vaginal apparaît plus nettement.
7. Le clitoris se raidit davantage et devient plus visible.

DIFFUSION DE L'ENERGIE ORGASTIQUE

Shiva, lorsque l'excitation sexuelle de Shakti atteint un niveau d'intensité élevé, faites diffuser l'énergie sexuelle en déplaçant vos doigts vers la partie inférieure des grandes lèvres du vagin, puis en passant la main sur le périnée, près de l'anus. Répétez ce va-et-vient de caresses ascendantes et descendantes.

Shakti, vous pouvez également favoriser la diffusion de votre énergie orgastique de la manière suivante: respirez profondément en laissant chaque expiration parcourir votre corps jusqu'à votre Yoni. Caressez-vous alors le ventre, les seins et les épaules. Par ailleurs, vous constaterez l'existence d'une relation entre vos mamelons et votre clitoris, si bien que vous aurez peut-être envie de les caresser et de les étreindre.

Restez détendue et réceptive. Lorsque vous êtes bien excitée, vous pouvez rechercher rapidement la détente orgastique, aussi essayez de discerner si vous parvenez à vous détendre pendant la montée de cette énergie, laissez-la se propager à votre bassin plutôt que de vous contracter en essayant d'obtenir une résorption tensionnelle par le biais d'un violent orgasme.

La femme que tu aimes, tu ne dois pas la posséder.

— AZUL

Si vous estimez que vos sensations prennent trop d'intensité, demandez à Shiva de réduire le rythme de son massage, de vous caresser autrement ou de déplacer ses doigts vers une autre zone de votre Yoni. Si, au contraire, tout vous paraît très bien, dites "Oui, oui!" ou émettez des sonorités agréables. En effet, vocaliser contribue à élever votre niveau d'excitation et transmet un message d'encouragement à votre partenaire.

PHASE 6: ORGASME CLITORIDIEN

Shakti, vous saurez que vous approchez de l'orgasme quand vous sentirez, à la racine de votre clitoris, un picotement, un bourdonnement ou un courant d'excitation issu de vos profondeurs intimes montant avec régularité vers la surface. Accueillez favorablement cette sensation en lui accordant toute votre attention. Et prévenez Shiva par un "Oui, maintenant je vais jouir!"

Shiva, observez attentivement votre partenaire afin d'apprendre par quels signes se traduit l'acmé sexuel d'une femme. Ainsi chez elle, l'orgasme est immédiatement précédé par une respiration superficielle et son corps s'immobilise, un peu comme si elle écoutait, attendant que naisse en elle l'ultime sensation. En effet, ce qu'elle éprouve au niveau de son clitoris devient si agréable que des mouvements corporels désordonnés l'empêcherait de les vivre dans toute leur intensité. Ou bien, elle peut contracter les muscles de ses cuisses et de ses jambes, au point de soulever ses pieds du matelas.

Tandis que Shakti entre dans la phase orgastique, vous sentirez des contractions faire palpiter son clitoris et son vagin. Le premier devient si sensible qu'il ne peut être que très délicatement stimulé ou pas du tout.

Son orgasme précède une période allant de trois minutes à une demie heure pendant laquelle Shakti ne souhaitera pas que cette délicate "zone gâchette" soit caressée.

Shiva, continuez à communiquer avec elle. Au bout de quelques minutes, demandez-lui si vous pouvez poursuivre le massage. Parfois, l'orgasme intégral d'une femme se décompose en nombreux petits orgasmes s'additionnant les uns aux autres. Si bien que sa première réaction peut être "C'est parfait. Voilà, j'ai eu mon orgasme" alors qu'à la faveur d'une légère stimulation, elle se rend vite compte qu'elle est prête à continuer, appelant une excitation encore plus forte.

PHASE 7: POUR UNE CONCLUSION ELEGANTE

Il est important, pour Shiva et Shakti, de clore cet échange avec tendresse et sensibilité. Vous avez vécu ensemble une expérience profondément émouvante que tout geste brusque, en rompant le courant énergétique établi entre vous, perturberait et rendrait émotionnellement douloureuse.

Shiva et Shakti, lorsque chacun de vous éprouve le sentiment que l'échange est terminé, demandez à votre partenaire : "Est-ce le bon moment pour faire une pause?" ou : "Je suis satisfaite, es-tu d'accord pour arrêter?"

Formulez votre proposition sous la forme de question, mais de telle sorte que votre partenaire se sente intégrée et respectée. En effet, le fait de clore l'échange doit être la conséquence d'un accord bilatéral.

Je vous propose un rituel simple pour mettre un terme à votre échange, je l'appelle "fermer la porte".

Shiva, placez votre main droite sur le chakra du cœur de Shakti, puis appliquez la paume de votre main gauche sur son mont de Vénus, en veillant à ce que vos doigts recouvrent les lèvres de son Yoni et en exerçant une légère pression, contribuant ainsi à ce que son énergie sexuelle reflue en elle.

Regardez-vous dans les yeux pendant quelques instants, puis fermez-les, attentifs à la manière dont l'énergie concentrée sur le clitoris de Shakti parcourt maintenant son corps.

Les cinq points principaux de la stimulation clitoridienne

Voici les cinq points principaux de la stimulation clitoridienne:

1. Préliminaires érotiques
2. Maîtrise des caresses
3. Stimulation rythmique
4. Excitation graduée
5. Accession à la plénitude orgastique

Remarques

REMERCIEMENTS A SHIVA

Shakti, il importe qu'à la fin de l'échange vous exprimiez vos remerciements à Shiva et que vous le récompensiez d'avoir accompli sa tâche avec brio. Montrez-lui votre gratitude et à quel point vous appréciez ce qu'il a fait. Couvrez-le de compliments, étreignez-le et, si vous le jugez opportun, honorez-le d'un rapport sexuel qui sera sa récompense finale.

Souvenez-vous qu'au cours de cet exercice, l'homme est souvent aussi vulnérable que la femme. En effet, on peut le comparer à un musicien novice apprenant à jouer de l'instrument érotique appartenant à Shakti et découvrant comment faire naître les notes justes du plaisir orgastique. Aussi voudra-t-il avoir la garantie que son auditoire été sensible à la beauté du concert.

LES FRUITS DE LA PERSEVERANCE

Shiva, l'exploration de toutes les caresses destinées à la stimulation clitoridienne peut s'étaler sur trois séances, aussi ne soyez pas pressé d'"en avoir fini", car par nécessité l'acquisition de l'habileté en ce domaine prend du temps.

Au début, cet apprentissage exige une certaine patience et de l'endurance. Soyez donc prêt à accomplir "une tâche de longue haleine", donnant du plaisir à Shakti tout en lui apportant votre soutien et votre régularité afin qu'elle puisse se détendre, vous faire confiance et lever ses blocages, pour atteindre et vivre la plénitude du plaisir orgastique.

Shakti, c'est vous qui décidez de la durée de votre stimulation et du moment où Shiva est devenu un maître habile dans l'art de vous donner un orgasme clitoridien comme vous l'êtes vous-même. Vous pouvez donc vous abandonner à une détente complète entre ses mains expertes.

Shiva, lorsque vous stimulez le clitoris de Shakti, vous pouvez avoir l'impression que vos doigts deviennent des antennes si sensibles que non seulement ils donnent le plaisir, mais le reçoivent également. Peut-être sentirez-vous que la chaleur et l'ardente énergie de Shakti se déversent en vous et qu'elles vous excitent, provoquant une érection. Vous avez là, l'occasion de vivre une magnifique expérience.

Cependant, le fait de prodiguer un massage clitoridien peut exiger de vous une certaine dose de technicité. Alors, soyez patient et vous récolterez les fruits de votre persévérance.

RESTER CONCENTREE SUR LE PLAISIR

Shakti, il y a des moments où vous aurez du mal à communiquer avec Shiva. Cela se produit lorsque vous vous "perdez" dans le plaisir, lorsque vous rencontrez une résistance ou encore lorsque telle pensée ou telle idée capte votre attention et vous distrait de l'exercice.

Shiva, vous pouvez apprendre à "lire" Shakti, en notant le moment où elle se fait silencieuse, où elle paraît s'abandonner momentanément, ou lorsque son bassin s'immobilise, ou encore qu'il commence à se soustraire à vos caresses.

Si elle ne dit rien, posez-lui gentiment une question, comme "Que ressens-tu?"

Soyez économe de paroles. En effet, entamer une conversation risque fort de vous distraire de l'exercice, interrompant ainsi le courant d'énergie sexuelle. Ainsi la question "Que se passe-t-il?" implique une longue explication. Il est préférable de poser des questions simples et précises comme "Est-ce que c'est bon?", "Encore, là?" ou "Dois-je appuyer davantage?"

L'éternel féminin est l'artisan de notre élévation.

— GŒTHE

Shakti, la clé d'une bonne communication sexuelle consiste à toujours parler d'abord de ce que vous aimez, puis à demander à Shiva ce que vous voudriez qu'il change dans sa manière de faire. Il est ainsi préférable de dire "C'est bon, mais j'aimerais essayer..." plutôt que "Hé, ça ne va pas". Vous reconnaissez par là qu'il fait psychologiquement preuve à votre égard d'ouverture d'esprit et de disponibilité. De même qu'une attitude réactionnelle critique le découragerait probablement. Votre attitude positive respecte la bonne volonté qu'il met à vous prodiguer ses caresses.

Observez comment la pensée vous emmène loin de l'extase. Vous êtes, par exemple, détendue, vous abandonnant au plaisir stimulant des caresses quand, brusquement, vous pensez aux enfants qui sont à l'école ou aux articles d'épicerie qu'il vous faut acheter pour le dîner... avant que vous n'en ayez conscience, vous ne ressentez plus rien: vous vous êtes coupée de vos sensations.

Resaisissez-vous lorsque cela se produit et revenez au présent. Voici un excellent conseil: simultanément, pratiquez l'expiration profonde et concentrez-vous exclusivement sur votre Yoni en vous le représentant intérieurement d'une manière vivante (comme décrit dans le chapitre 3). En même temps, livrez-vous à une visualisation vous permettant de chasser vers le bas toute votre énergie pour qu'elle pénètre dans votre Yoni, tandis que le sang afflue à votre clitoris et à vos lèvres. Vous commencerez immédiatement à être sensoriellement plus réceptive. C'est une véritable clé permettant d'augmenter le plaisir fémminin.

La faculté d'adaptation universelle par son étendue originelle est le caractère essentiel de la femme.
— JOSE ARGUELLES

ELOGE DE LA VACUITE

Shiva, prenez garde à ne pas entamer une séance avec des idées préconçues quant à ce que désire Shakti, à sa façon de se comporter, à l'objectif à atteindre, ou avec la ferme conviction que vous devez lui faire connaître l'orgasme cosmique absolu dans la demie heure suivante. Shakti, cela vaut également pour vous.

Si je me réfère à mon expérience, beaucoup de personnes s'engagent dans cet exercice en nourrissant des attentes très variées, les exposant à une déception superflue lorsqu'il s'achève sur une conclusion totalement différente.

Abordez chaque séance avec un esprit nouveau, en débutant ou en imaginant que vous êtes une coupe vide en attente d'un contenu inconnu. Il est également inutile de savoir ce qui va se passer et d'essayer d'atteindre un objectif fixé à l'avance. Soyez ouverts à toute sensation et à toute expérience à venir. Plus vous êtes détendus et calmes, mieux c'est.

MAÎTRISE DE L'EXCITATION SEXUELLE

Shakti, une fois que vous êtes capable d'aborder l'orgasme avec aisance, vous pouvez ajouter une dimension nouvelle et passionnante à cet exercice. Par ailleurs, vous pouvez maintenant laisser Shiva décider de la durée de la séance, c'est-à-dire s'arrêter lorsqu'il est fatigué ou qu'il éprouve une gêne quelconque.

Cela vous place devant un défi puisque vous vous trouvez alors dans un état d'hypersensibilisation sexuelle sans détente orgastique, vous sentant très excitée et attendant davantage, mais en vain.

Donc pour vous, cela consiste à vous détendre en intégrant votre énergie sexuelle, c'est-à-dire en laissant votre corps l'absorber. Cette étape ardue est importante parce qu'elle permet l'accumulation d'une forte charge orgastique à fins de magie sexuelle. Cette sensation peut se révéler délicieuse.

Laura et Ted, deux partenaires adeptes de la magie sexuelle, décrivent ici les obstacles jalonnant cette étape, mais aussi les satisfactions recueillies. Ils pratiquaient la stimulation clitoridienne depuis environ deux semaines, au cours de maints échanges qui s'achevaient dans la plénitude d'un orgasme clitoridien, quand... mais je laisse la parole à Laura:

> Un soir, Ted s'est arrêté environ un quart d'heure après que nous eûmes commencé cette séance, disant qu'il était fatigué et qu'il n'avait pas la force de continuer. Cela s'est produit au moment où je commençais à être très excitée, au point de connaître mon premier acmé prononcé.
>
> Bien qu'il ait été convenu que Ted déciderait du rythme sur lequel se déroulerait notre séance, j'éprouvais fortement l'envie de dire: "Non, attends tu ne peux pas me faire ça. Tu ne peux pas me laisser comme ça". Mais c'est alors que j'ai pensé: "Bon, après tout pourquoi ne pas suivre simplement l'exercice et voir ce qui se passe?"
>
> En quittant le divan, je sentais mon minou palpiter d'énergie et de désir. Tandis que Ted se dirigeait vers la salle de bains pour prendre une douche et se disposer à aller se coucher, je me surpris à aller et venir nerveusement dans la maison, en proie à une très vive excitation sexuelle. Je n'étais pas "à prendre avec des pincettes", nous pratiquions ensemble ce massage depuis deux semaines, et je m'étais follement amusée.
>
> Au bout d'un moment, j'estimai que je n'avais qu'à aller voir Ted et lui demander de me donner enfin mon orgasme, mais je me sentis embarrassée et un peu comme une salope à bon marché devant mendier ses rapports sexuels ; aussi ne le fis-je pas mais en contre-partie la colère monta en moi et je pensai: "Quel est ce saligaud sans attentions qui laisse une femme comme cela?"
>
> Et là, je me mis à rire en comprenant soudain ce que peuvent ressentir les garçons lorsqu'ils sont au comble de l'excitation, littéralement prêts à éclater et que leur petite amie se contente de les embrasser sur la joue en leur disant bonsoir. Mais, mon clitoris me faisait mal, n'appelant que l'orgasme pour se détendre.
>
> Je songeai à me masturber, mais je voulais voir où cette énergie aboutirait si je me contentais de "rester sur ma faim". J'entendis Ted se coucher et ce fut le silence dans la maison. J'éteignis la lumière de l'escalier, fis glisser mon peignoir et tirai les rideaux pour bénéficier de l'éclairage de la ville. Puis, je me mis à déambuler lentement de pièce en pièce, nue, touchant de temps à autre délicatement mon corps, me détendant autant que je le pouvais et m'abandonnant aux sensations lancinantes de mon sexe. Je cédai à l'agrément de la situation, m'octroyant le droit d'être ainsi.
>
> "Peu à peu, je pris conscience d'une sorte de volupté qui gagnait tout mon corps, d'une délicieuse sensation rappelant le contact de la soie au niveau de mon minou, me baignant toute entière. Alors, je saisis une écharpe en soie et, en jouant, je la fis glisser sur mon corps, sur mon cou et le long de mes jambes.

La sagesse féminine ne s'accorde avec aucun droit régissant le mouvement des étoiles mortes ou des atomes dans un espace vide. Cette sagesse est liée à la terre et y participe, comme à la croissance organique. La conscience matriarcale est la sagesse de la terre.
— ERICH NEUMANN

J'éprouvais, sur ma peau, une sensation de fraîcheur et de douceur. Le plaisir montait en moi d'une façon différente, exquise. Tout ce que je touchais respirait la sensualité: le poli du dessus de table, le fin cordon des rideaux, la douceur du tapis...

"Au bout d'un moment, je ne désirai plus d'orgasme. Je me sentais toujours aussi sensuelle, même extrêment sensuelle, très érotisée et je n'éprouvais pas le besoin de pousser les choses plus loin. Cette sensation nouvelle m'était vraiment très agréable. Cela se prolongea environ deux heures quand je commançai à ressentir la fatigue ; j'allai donc me coucher et quand je vis Ted, endormi, roulé en boule, profondément endormi, j'éprouvai de la gratitude envers lui puisque grâce à sa fatigue j'avais pu connaître cette extraordinaire expérience. Je me suis endormie, heureuse et comblée".

Ce qu'a vécu Laura montre la manière dont on peut transformer l'énergie sexuelle. En effet, le clitoris est l'élément le plus *Yang* des organes sexuels féminins, autrement dit, il présente des caractères masculins. Ainsi, lorsqu'il est sensibilisé, il peut se montrer très exigeant, vous entraînant vers l'acmé en vous faisant penser : "Il faut que je fasse immédiatement quelques chose".

C'est exactement le sentiment qu'éprouvent d'ordinaire les hommes lorsque leur intérêt sexuel est éveillé, aussi réjouissez-vous de l'occasion qui vous est offerte d'approfondir votre compréhension des pulsions biologiques masculines. A ce stade de l'exercice, toute l'astuce consiste à rester au bord de votre désir, sans toutefois y céder. C'est ainsi que l'énergie peut s'orienter ensuite dans une toute nouvelle direction.

ECHEC AU SABOTAGE SEXUEL

Comme je l'ai déjà signalé, lorsqu'il s'agit de nous accorder à nous-mêmes le plaisir sexuel, un nombre étonnant d'entre nous, les femmes, doutent que nous le méritions.

Dans la pièce de théâtre que nous jouions dans notre enfance, beaucoup d'entre nous étaient éduquées dans le respect d'un scénario confiant le premier rôle à Papa, elles-mêmes n'étant là que pour jouer les "figurantes". Nous devions toujours faire quelque chose, donner quelque chose ou servir quelqu'un afin de valoriser notre rôle dans la pièce. D'où notre difficulté à éprouver le sentiment que nous méritons le plaisir, que nous pouvons rester simplement allongées pour le recevoir.

Nous sommes porteuses de magie et notre cercle de soutien est un cercle de puissance mystique. C'est un privilège féminin que de connaître la magie, de la pratiquer et de l'utiliser pour le bien du monde.
— MARIANNE WILLIAMSON

En outre aujourd'hui, de nombreuses femmes ont cultivé une personnalité à l'allure masculine et dynamique afin de lutter sur un pied d'égalité avec les hommes dans une société à caractère encore essentiellement patriarcal. Et cela peut nous gêner quand il s'agit de se montrer douce, ouverte, vulnérable et réceptive.

Aussi ces difficultés se manifestent-elles fréquemment sous le masque de maintes stratégies destinées à saboter les situations dans lesquelles la satisfaction sexuelle nous est offerte.

Ainsi Renée, pédago-thérapeute, d'environ trente-cinq ans et participante à mes ateliers de magie sexuelle, n'avait aucune difficulté pour assimuler les techniques exposées dans les chapitres précédents de cet ouvrage. Or, lorsque son partenaire commença à lui pratiquer la stimulation clitoridienne, tout changea.

Elle raconte elle-même:

> "J'avais énormément de mal à respecter l'accord passé avec Mike, mon partenaire, au terme duquel, il me ferait la stimulation clitoridienne, une fois par jour, entre quatorze et quinze heures. C'était le moment où ça marchait le mieux pour nous, mais, bien qu'exerçant à mon compte et programmant mes horaires comme je le voulais, je me sentais coupable de quitter mon travail pour aller m'allonger et me disposer à l'orgasme.
>
> D'une manière ou d'une autre, je finissais par arriver en retard ou je me trouvais en train de parler au téléphone jusqu'à la dernière minute avant de rejoindre Mike, si bien que je n'étais pas dans la meilleure disposition d'esprit, jusqu'à ce que finalement Mike me fît asseoir en me disant: "Renée, que se passe-t-il? J'ai l'impression que tu m'accordes une grande faveur en venant à ces séances, alors que c'est toi qui reçois mes caresses!"
>
> Au début, j'ai essayé de nier, mais il continua à me le faire remarquer, de telle sorte que j'ai du l'admettre. Par la suite, j'ai accordé davantage d'attention à ce que je faisais avant chaque séance et, bien que continuant à me sentir coupable ou m'inquiétant de ne pouvoir consacrer le temps prévu pour cela, je veillais à arriver à l'heure aux séances et m'y investissais totalement.
>
> Or, même dans ces conditions, je continuais à être gênée, juste au moment où je devais m'allonger et écarter les jambes. C'était comme si j'abandonnais tout contrôle sur mon intimité la plus profonde. J'étais honteuse, je me dévalorisais à mes propres yeux de ne pouvoir que me prêter au jeu, me dévêtir, m'allonger et m'offrir ainsi. Ensuite pourtant, je me disais "Au diable tout cela. C'est pour moi que je le fais. Peu m'importe que ce soit distingué ou non – c'est formidable !"
>
> Une heure et demie plus tard, je retournais à mon bureau, heureuse de cet orgasme et regardant le monde d'un autre œil. D'évidence, les préoccupations professionnelles se relativisaient, en fait je les exagérais pour ne pas m'investir totalement dans les séances d'échange. Par ailleurs, certains clients commençaient à me faire des commentaires flatteurs sur mon allure, ce qui me rendit plus détendue.
>
> Je me souviens particulièrement d'une séance, qui fut pour moi une pensée décisive. Nous venions de passer un long moment à chercher une caresse me convenant vraiment, quand Mike adopta un rythme régulier semblant devoir durer l'éternité. J'ai alors éprouvé des craintes, du genre: "Ce n'est pas

pour moi; je n'y arriverai jamais; je n'y parviendrai pas; je ne suis pas vraiment un être orgastique; je suis trop lente; il va se lasser..."

Mais Mike continua à me masser régulièrement, de façon détendue tout en me réconfortant jusqu'à ce que j'atteigne l'orgasme le plus extraordinaire de ma vie. Cela m'apprit que j'avais tort de me sous-estimer, et cela m'inspira une formidable confiance en Mike.

Après avoir appris les différentes manières de provoquer un orgasme clitoridien, la nouvelle étape consiste à vous faire découvrir le point G.

EXERCICE: MASSAGE ET ORGASME VAGINAUX (AU NIVEAU DU POINT G)

Objectif et bienfaits

A la faveur de cet exercice, vous allez découvrir le plaisir que Shakti peut éprouver par le massage et la stimulation du point G. En effet, ce massage évacue toutes les impressions douloureuses ou négatives liées à cet élément du Yoni, permettant ainsi à la femme d'élargir la plage de son plaisir sexuel et d'accéder plus facilement à l'orgasme vaginal.

Cette séance peut être la prolongation immédiate de l'exercice précédent ou être indépendante.

Préparation

- Shiva participe à la disposition des éléments du Cercle Magique pour accueillir Shakti dans un climat sensuel et sécurisant.
- Shakti, empressée, se régale à l'avance, prête à se détendre et à jouir des attentions qui lui seront prodiguées.
- Rappelez-vous de l'utilité de disposer d'une carafe d'eau ou de jus de fruits pour étancher votre soif. Veillez également à ce que la température de la pièce soit suffisante pour vous éviter toute gêne lorsque vous serez nue.
- Comme au cours de l'exercice précédent, Shiva écoute et soutient sa partenaire qui le guide dans ses gestes et se place en situation de réceptivité.
- Les meilleurs lubrifiants pour massage vaginal sont les gelées à base aqueuse. En effet, ceux à base huileuses ont tendance à obstruer les pores de la muqueuse vaginale, empêchant ainsi la lubrification naturelle.

- Shiva, veillez à ce que vos ongles soient coupés court, propres et lisses.
- Shakti, assurez-vous que votre vessie est vide.
- Accordez-vous une heure et demie pour cet exercice.

Pratique

PHASE 1: PRELIMINAIRES SENSUELS CLITORIDIENS

Shiva, invitez Shakti à pénétrer dans le Cercle Magique et aidez-la à s'allonger dans la position prise précédemment pour le massage clitoridien ou peut-être préférerez-vous vous asseoir juste entre ses jambes.

Veillez à disposer de plusieurs oreillers pour supporter le poids de vos avant-bras, afin que vos mains ne se fatiguent pas. Placez aussi les deux types de lubrifiants à votre portée.

Mettez-vous ensuite en harmonie avec votre partenaire: placez une main sur son centre cardiaque, l'autre sur son Yoni et synchronisez vos respirations. Regardez-la dans les yeux, sensible au lien d'amour, d'accueil et de compassion vous unissant dans ce vécu sacré. Chassez toutes vos préoccupations pour profiter de ce moment d'exception.

Shiva, caressez le corps de Shakti en prenant votre temps. Plus son intérêt sexuel sera éveillé par ces délicieuses caresses, plus il lui sera facile de s'abandonner au plaisir.

Caressez le Yoni de Shakti en utilisant du lubrifiant à discrétion. Commencez par les grandes lèvres, avant d'écarter les petites pour décrire des cercles autour de l'orifice vaginal. Lorsque vous sentez qu'elle est prête, concentrez-vous sur son clitoris, d'abord en variant vos caresses, puis en choisissant l'une d'elles pour adopter un rythme lent et régulier lui donnant du plaisir.

PHASE 2: SUR LA VOIE DU POINT G

Shiva, tandis que vous stimulez son clitoris, laissez glisser votre main libre entre ses jambes sous le sacrum, en exerçant une légère pression du pouce contre l'orifice de son vagin.

Prenez le temps d'amener Shakti à un niveau élevé d'excitation clitoridienne. Vous constaterez alors qu'à la faveur de cette excitation, votre pouce est progessivement aspiré par une série de palpitations ou plutôt de contractions vaginales, l'accueillant comme un pénis.

Ainsi le contact de votre pouce, vous aide-t-il à "lire" le degré d'excitation de Shakti. Lorsque les tissus péri-vaginaux se congestionnent, se gonflent, lorsqu'elle lubrifie et que son vagin se soulève comme s'il voulait avaler votre pouce, vous devez stimuler son point G.

Demandez-lui: "Puis-je m'inroduire en toi?" si elle dit "oui", faites glisser lentement et doucement votre pouce à l'extérieur de son Yoni et, à la place, vous mettrez vos index et medius de la même main.

Paume de la main tournée vers le haut, recourbez légèrement vos deux doigts en crosse de façon, qu'une fois à l'intérieur, ils puissent exercer une pression contre la voûte du Yoni, c'est-à-dire dans la position "midi".

Veillez à ce qu'ils soient bien enduits de lubrifiant aqueux avant de les introduire dans le vagin de Shakti.

Tout en pénétrant son Yoni, continuez à masser légèrement son clitoris de l'autre main.

PHASE 3: DECOUVERTE DU POINT G

Le point G se présente comme une petite bosse de taille d'un pois située sur la voûte du canal vaginal et au-dessous de l'os pubien. Les tissus présentent une certaine rugosité analogue à celle de la langue d'un chat, différant ainsi du reste de la muqueuse vaginale périphérique. Il vous faudra explorer cette zone en exerçant une assez forte pression jusqu'à ce que Shakti la détecte par une sensibilité particulière.

Shakti, si chez vous cette zone n'a jamais été stimulée, la pression des doigts de Shiva peut se traduire par une sensation de brûlure ou une réaction nerveuse aiguë analogue à un frisson parcourant superficiellement votre Yoni. Autrement dit, la sensation risque de ne pas être agréable au début. Mais, vous pouvez également percevoir immédiatement une chaleureuse note de plaisir ou ne rien ressentir de particulier.

Si vous éprouvez le besoin d'uriner, rappelez-vous qu'il s'agit probablement d'une illusion due à la liaison neurologique avec votre vessie puisque vous l'avez vidée avant cet exercice.

En conséquence, faites votre possible pour ne pas interrompre cette séance.

Il est important que vous ne vous découragiez pas suite aux sensations de gêne éprouvées au niveau du point G. En effet, comme toute zone de votre corps n'ayant pas été touchée, elle proteste temporairement par une gêne ou une douleur accompagnant le début de la résorption des tensions présentées.

Shiva, dès que vous avez trouvé le point G, retirez votre autre main du clitoris de Shakti et placez-la sur son abdomen. Elle doit être capable de percevoir les sensations issues de son point G en l'absence de toute autre stimulation.

Shakti, il vous est bénéfique de remuer pendant la stimulation de votre point G. Basculez votre bassin, pratiquez le pompage pubo-coccygien, respirez fortement et exprimez-vous par votre voix, en détendant votre gorge et votre cou, pour respirer et gémir.

Comment pénétrer à l'intérieur du vagin et trouver le point G.

Rappelez-vous: les Trois Clés permettant d'amplifier vos sentiments et vos sensations sont la respiration, le mouvement et les sonorités.

PHASE 4: CARESSES DESTINEES AU POINT G

Shiva, vous pouvez exercer une pression assez accentuée, plus prononcée que vous ne vous y attendiez, avant que votre partenaire éprouve quelque sensation. Voici donc trois caresses de base permettant de stimuler le point G et consistant à introduire index et médius dans le Yoni de Shakti. Essayez-les, en vérifiant laquelle lui donne le plus de plaisir.

1. Exécutez votre massage selon un tracé en zig-zag en croisant vos mouvements sur toute la zone concernée, ce qui détendra le point G et les tissus voisins.
2. Procédez par va-et-vient, en déplaçant vos doigts sur la voûte du vagin, de son orifice au col de l'utérus. De cette manière, il ne font que passer sur le point G, sans s'y arrêter.
3. Placez les deux doigts directement sur le point G, puis commencez à exercer une pression discontinue et assez forte sur cette zone, en lui donnant le rythme d'une pulsation.

Shakti, la pression exercée dépend de vous qui êtes le guide, donc veillez à pratiquer à fond la rétroaction avec Shiva, sous forme d'information.

Shiva, essayez différentes caresses et pressions d'intensité variable. Décrivez des cercles autour du point G. Exercez une pression discontinue sur le même point. Exécutez des va-et-vient de l'orifice vaginal au col utérin.

PHASE 5: SENSIBILISATION ET EXCITATION DU POINT G

Shiva, vous saurez que vous avez trouvé la bonne caresse et le bon rythme quand Shakti jouira sous vos doigts. Bientôt, son bassin se soulèvera pour imprimer un mouvement rythmique, à ses hanches, comme si vous la pénétriez avec votre pénis.

Shakti, dites à Shiva ce que vous désirez vraiment. Vous pouvez prononcer des paroles du genre: "Oui, oui, c'est ça; continue" ou : "Oh, oui, c'est bon; donne-le moi!" Il peut vous être très agréable d'appeler ainsi, sans retenue, votre plaisir.

Shiva, ce signal vous indique le moment de caresser le point G de Shakti d'une manière rythmée, afin de l'aider à s'élever vers de nouveaux sommets du plaisir sexuel. Toutefois, soyez prêt à observer des modifications inattendues : sur le point G, une caresse, peut donner beaucoup de plaisir, et peut cesser d'être stimulante l'instant suivant.

Elle est la Femme originelle. Elle est l'être suprême dont l'essence est joie immanente et paisible. Elle est au sommet de l'incomparable pour l'éternité, la mer de tout ce qui bouge ou est immobile, le miroir sans tache dans lequel se dévoile la forme radieuse de Shiva.

— KAMA KALA VISLASA SUTRA

Shakti, si cela se produit, n'hésitez pas à demander une modification des caresses, et vous Shiva, suivez ses indications.

Shiva, servez-vous de votre main libre pour exerçer de l'extérieur une pression sur le point G, cela par l'intermédiaire de la partie inférieure de l'abdomen de Shakti. Par ailleurs, c'est un bon moyen d'amplifier la perception féminine du point G. On peut aussi frictionner la partie inférieure de l'abdomen et la zone correspondante aux ovaires.

Shakti, laissez ces sensations s'étendre à votre zone pelvienne et à votre corps. Vous pouvez favoriser la propagation de l'énergie en vous massant les seins et d'autres zones érogènes ou sensibles aux caresses.

PHASE 6: ORGASME VAGINAL (POINT G)

Shakti, ne cédez pas à l'envie d'avoir un orgasme au niveau du point G, c'est-à-dire un orgasme vaginal, cela risquerait de créer une tension et une déception superflues. Au cours de cette séance, vous apprenez à connaître votre point G et sa manière de réagir à la stimulation.

Cependant, si vous parvenez effectivement au bord de l'orgasme, vous constaterez que votre point G n'exige plus d'être massé comme précédemment et que seul un toucher léger est nécessaire. Dites-le à votre partenaire, car plus l'excitation est forte, moins la stimulation est nécessaire.

En effet, une stimulation légère, mais prolongée est susceptible de provoquer un orgasme vaginal intense accompagné de contractions s'étendant loin à l'intérieur du canal vaginal. Cet orgasme peut être accompagné par la libération d'un liquide éjaculatoire provenant de petites glandes situées près de l'urèthre. Détendez-vous et laissez le phénomène se produire. Les sensations éprouvées alors peuvent se prolonger pendant une période allant d'une à cinq minutes, parfois davantage.

Shakti, laissez Shiva stimuler votre point G jusqu'à ce que votre appétit de plaisir sexuel soit satisfait.

Remerciez Shiva pour sa généreuse contribution à votre éveil sexuel.

Concluez la séance par un Salut du Cœur.

Les cinq étapes de la stimulation du point G

Voici les cinq étapes de stimulation du point G:

1. Préliminaires érotiques
2. Stimulation clitoridienne
3. Découverte du point G
4. Acquisition de la maîtrise des caresses
5. Montée de l'excitation

Remarques

SENSIBILISATION GRADUEE DU POINT G

Shakti, si vous ressentez une forte tension dans la zone de votre point G ou si vous éprouvez une sensation de douleur ou de brûlure, réduisez singulièrement la durée de la première séance, disons à cinq minutes, ou bien continuez jusqu'à ce que vous désiriez arrêter. Sentez-vous libre de progresser à l'allure vous convenant.

Peut-être constaterez-vous que votre point G présente maintes modalités sensorielles, certaines génératrices de tension, d'autres agréables. Aussi, trois ou quatre séances vous seront-elles nécessaires avant que ce point ne devienne sensible au plaisir.

Rappelez-vous que les réactions féminines varient beaucoup. Certaines femmes éprouvent immédiatement du plaisir, d'autres n'éprouvent rien de particulier, alors que d'autres encore découvrent d'autres zones vaginales sensibles à la stimulation. J'ai, pour ma part, découvert plusieurs de ces zones réparties notamment le long de la voûte du canal vaginal, dans l'alignement du point G, entre son orifice et le col de l'utérus.

CHAQUE SEANCE EST PORTEUSE D'ENSEIGNEMENT

Comme j'y faisais allusion dans l'exercice précédent, l'un des obstacles les plus importants au plaisir sexuel est l'attente d'une chose précise. En effet, nous avons tendance à aborder tel ou tel exercice avec une idée préconçue quant au bénéfice que nous pouvons en tirer et lorsque la réalité ne répond pas à nos attentes, nous éprouvons le sentiment d'avoir échoué.

Il s'agit là d'un malentendu, car si je me réfère à mon expérience, chaque séance est porteuse d'un enseignement profond, quelle que soit la manière dont elle se déroule. La meilleure façon d'aborder chaque séance consiste donc à l'entamer sans apriori et sans savoir ce qui va se passer. Si je puis me permettre cette comparaison, je vous fournis une carte routière générale, mais l'itinéraire réel comporte de nombreux et charmants détours à explorer, car vous évoluez en territoire inconnu.

EXERCICE: ALCHIMIE DE L'ORGASME FEMININ MIXTE

Objectif et bienfaits

Il s'agit de faire vivre à la femme l'ultime expérience de l'orgasme prolongé, en combinant stimulation clitoridienne et vaginale (point G) dans l'épanouissement sans fin d'une subtile réaction orgastique.

Préparation

Shiva, préparez le Cercle Magique et créez une atmosphère empreinte de beauté sereine. Veillez à disposer, à portée de main, de suffisamment de lubrifiants et d'un pichet d'eau.

Shakti, offrez-vous un bain – ou une douche – somptueux et prolongé, en vous servant de vos huiles préférées pour vous bichonner.

Accordez-vous une heure à une heure et demie pour cet exercice.

Pratique

PHASE 1: L'ENTREE AU JARDIN

Shiva, conduisez Shakti à l'intérieur du Cercle Magique et aidez-la à s'allonger confortablement.

Une fois que vous serez installés tous les deux, entamez les préliminaires en caressant délicatement le corps de Shakti, puis en caressant et en taquinant son Yoni pour finalement vous concentrer sur son clitoris.

Lorsqu'elle est prête, commencez à stimuler son clitoris à la faveur d'une caresse appropriée.

Laissez l'index et le médius de votre main libre à l'entrée de son Yoni. Surtout, ne vous hâtez pas d'y pénétrer, attendez à la porte, laissez l'excitation de Shakti croître jusqu'à ce que vos doigts soient entraînés à l'intérieur de son vagin par un mouvement d'aspiration pulsatile. C'est le moment de lui demander : "Puis-je entrer?" ou, si vous préférez employer une tournure plus poétique : "Puis-je entrer dans ton jardin sacré?"

Entamez alors la stimulation de son point G, puis après avoir trouvé la meilleure position digitale, cherchez la caresse et la pression adéquates.

Adoptez ensuite, pour vous y tenir, un rythme permettant la stimulation simultanée de son point G et de son clitoris ou, si elle préfère cette solution, alternez les deux types de caresse.

PHASE 2: CARESSES A DOUBLE EFFET

Shiva, il existe trois principaux types de caresses destinées à stimuler Shakti pour qu'elle ait un orgasme mixte:

1. Laissez vos doigts en place sur son point G, tout en effectuant peu ou pas de mouvements pendant que, de l'autre main, vous stimulez son clitoris de manière rythmée.

2. Laissez vos doigts en place sur son clitoris en effectuant peu ou pas de mouvements, tandis que vous stimulez énergiquement son point G.

3. Imprimez aux doigts de vos deux mains un mouvement combiné, rythmé. Par exemple, vous pouvez faire glisser vos doigts d'une main sur son clitoris dans un mouvement descendant vers l'orifice de son Yoni, tandis que les autres, placés sur son point G, exécutent un mouvement en appui vers l'intérieur du vagin. Vos deux mains se déplacent ainsi en sens contraires, comme pour se rejoindre dans un mouvement de massage à double effet.

Vous pouvez également saisir le corps du clitoris de Shakti avec deux doigts et en stimuler la pointe avec un troisième, pendant que de l'autre main vous effectuez des mouvements de va-et-vient sur son point G.

Nombreuses sont les variantes subtiles à explorer tandis que vous assimilez l'art de donner à Shakti un maximum de plaisir à la faveur de caresses combinées. C'est comme si les doigts de vos deux mains dialoguaient.

Shakti, vous devez guider Shiva, lui dire comment s'y prendre, quelle combinaison de caresses est la meilleure et à quel moment vous désirez explorer les possibilités d'une autre variante. Une bonne communication est essentiel-

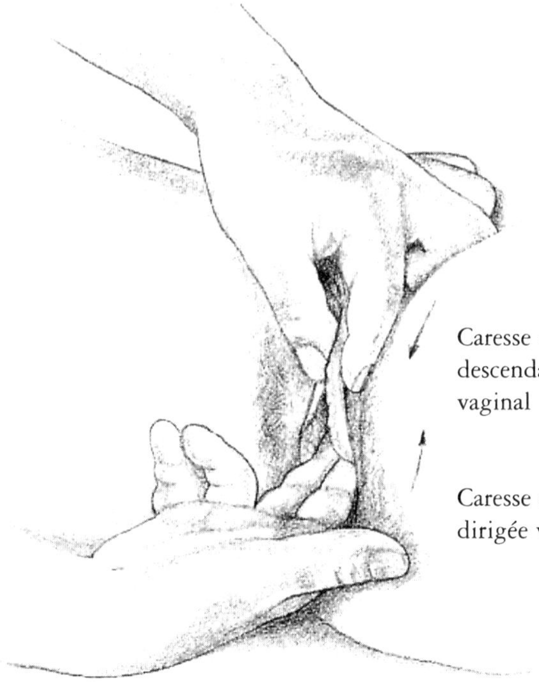

Caresse clitoridienne descendant vers l'orifice vaginal

Caresse ascendante dirigée vers le point G

Les caresses à double effet: elles consistent à agir sur le clitoris en insistant sur les mouvements descendants, tout en stimulant le point G en insistant sur les mouvements ascendants.

le dans la recherche et la découverte des caresses appropriées. Mais rappelez-vous que vous devez rester positive dans vos commentaires: "Oui, j'aime ça. Maintenant, essaie ceci..."

PHASE 3: AMPLIFICATION DE L'ORGASME

Une fois que vous avez trouvé la meilleure combinaison de caresses, faites-le savoir à Shiva afin qu'il continue sur le même rythme pendant un assez long moment. En effet, une stimulation régulière est nécessaire pour que vous puissiez vous détendre et accroître lentement votre excitation en perspective de l'orgasme.

Shiva, plus l'excitation de Shakti est forte, plus vos caresses doivent être prodiguées sur un rythme régulier. Lorsque votre partenaire semble approcher de l'acmé, ralentissez, promettez-lui le plaisir, mais faites-la patienter. Augmentez progressivement son excitation, par paliers, en l'amenant plusieurs fois au bord de l'orgasme, mais sans franchir le pas.

G signifie Grandeur, Bien, Glorieux, "Goddess" (Déesse). Trouvez le point G et vous aurez trouvé le chemin menant chez vous.
— Dr ZANGPO

Shakti, vous êtes en mesure de provoquer une sensation vraiment excitante se propageant à l'infini, comme le caillou fait naître à la surface de la mare – vous, en l'occurence – des ondes continuant à s'agrandir jusqu'à ce qu'elles atteignent le rivage. Votre corps se détend de plus en plus, tandis que votre excitation sexuelle s'accroît toujours davantage.

Pensez à utiliser les Trois Clés, ainsi que le pompage pubo-coccygien, pour augmenter et propager vos sensations orgastiques.

Votre premier orgasme, probablement explosif, s'accompagnera de contractions à caractère pulsatile à l'intérieur de votre Yoni ainsi que d'une libération d'énergie importante s'étendant à la totalité de la sphère pelvienne. Ultérieurement, il est possible de continuer, car vous pouvez vivre plusieurs orgasmes de ce type, mais à condition que Shiva ne déplace ni ne remue les mains pendant la durée de l'orgasme.

PHASE 4: SENSATIONS AGREABLES INVOLONTAIRES

Shiva, lorsque le premier orgasme amplifié de Shakti est passé, entamez une nouvelle et lente stimulation de son clitoris et de son point G, afin de lui faire atteindre des sommets de plaisir encore plus intense.

Shakti, à partir de maintenant, vos sensations orgastiques auront probablement un caractère plus subtil, s'apparentant à un ruissellement énergétique, analogue à un courant perceptible sous forme d'une sensation agréable continuant à circuler et à palpiter à l'intérieur de votre bassin, voire même à baigner d'autres zones de votre corps. Et pourtant, vous ne faites rien. C'est involontaire. Vous vivez un "évènement".

Vous vivez alors une extase vous donnant l'impression de planer dans un état de profonde relaxation et de méditation, dans lequel votre corps est si sensible qu'il n'exige qu'une très légère stimulation. Cela peut durer aussi longtemps que vous le souhaitez.

Une femme, participant à un travail de groupe, décrit cet état dans les termes suivants:

> J'ai eu cette incroyable surprise: l'orgasme se prolongeait de lui-même. J'avais l'impression d'avoir capté une nouvelle fréquence de plaisir, comme si l'extase était en permanence à ma disposition, mais j'ignorais dans quel sens déplacer l'aiguille sur le cadran pour trouver la bonne longueur d'onde.
>
> Une fois la séance terminée, les sensations persistaient. J'essayais de me lever, lentement, guettant le moment où elles disparaîtraient, si elles le faisaient. Mais ce ne fut pas le cas, aussi ai-je alors commencé à tournoyer lentement sur place, comme un soufi, les bras levés au-dessus de ma tête.
>
> J'avais l'impression que mon orgasme effectuait des va-et-vient du haut en bas de mon corps, de mes pieds à ma tête et, à travers moi, du centre de la terre jusqu'aux étoiles".

Les cinq étapes de l'orgasme mixte

Voici les cinq étapes menant à l'orgasme mixte:

1. Stimulation clitoridienne
2. Stimulation combinée du clitoris et du point G
3. Induction graduée de l'excitation sexuelle
4. Premier orgasme amplifié
5. Sensations subtiles persistantes

Remarques

LAISSER L'ORGASME SE PRODUIRE

Au début, une bonne communication entre partenaires est nécessaire pour découvrir la combinaison de caresses adaptée simultanément à la stimulation clitoridienne et au massage du point G. Par la suite, elle est précieuse si Shakti cesse de parler pour simplement se détendre, pendant que Shiva maintient un rythme régulier afin qu'elle vive cette exquise expérience dans un état de réceptivité totale.

Pour que cela se produise, les deux partenaires doivent s'entendre de manière approfondie tant du point de vue des nombreux et différents aspects de la stimulation clitoridienne que de celle du point G. Ces conditions étant remplies, Shakti peut s'allonger et laisser l'orgasme se produire.

UNE REACTION ORGASTIQUE PLUS RAPIDE

L'un des grands avantages de cette technique est son excellente introduction à la relation sexuelle ordinaire. En effet, après avoir vécu l'orgasme mixte, la plupart des femmes sont en mesure de jouir d'une réaction orgastique plus rapide au moment de la pénétration pénienne.

En outre, les recherches ont montré que l'orgasme amplifié de cette manière équilibre les hémisphères cérébraux gauche et droit, de même qu'il augmente la production d'endorphines, permettant à celles le pratiquant d'être plus détendues, plus heureuses et en meilleure santé, puisque c'est un réducteur de tension et de stress. Certes, cela est déjà de la magie en soi!

COMMENT ABORDER L'ORGASME AVEC AISANCE

Après avoir mis en pratique, pendant nombre d'années, les techniques de l'orgasme amplifié et appris à intégrer ces vécus d'exception à ma vie amoureuse, je me rends compte que mon approche du sujet est passablement différente de celle proposant d'autres spécialistes en ce domaine.

C H A P I T R E 8

MAGIE DE SHIVA

ou Alchimie de l'Orgasme Masculin

Vous, les hommes, êtes au seuil de ce que je considère comme une grande aventure – dans une lignée différente, mais toute aussi grande que la découverte de l'Amérique par Christophe Colomb, que la conquête de l'Everest ou le fait de marcher sur la lune. Elle consiste à découvrir, honorer et cultiver la puissance magique contenue dans votre Vajra – littéralement "coup de foudre" – c'est-à-dire vos organes sexuels.

Lorsqu'elle s'exprime dans sa plénitude, elle introduit la virilité, l'autorité et le ravissement dans votre vie amoureuse et elle vous inspire un profond sentiment de royauté. Les bons amants sont les empereurs naturels de ce monde parce qu'ils sont enracinés dans leur virilité, à l'aise avec eux-mêmes, tout comme ils sont aimés et fort appréciés de leurs partenaires féminines.

Depuis très longtemps, le Vajra a été adoré comme symbole de fécondité par l'intermédiaire duquel la terre produit de nouvelles récoltes, les troupeaux se reproduisent, la tribu se nourrit, prospère et renforce sa puissance. Un Occidental peut avoir du mal à célébrer ainsi la puissance sexuelle masculine, mais celle-ci est réelle. Aujourd'hui, beaucoup d'hommes ont le sentiment d'être agressés simplement parce qu'ils sont hommes, mais il n'en a pas toujours été ainsi. En effet, vous méritez qu'un hymne vous soit spécialement dédié, un "hymne au Vajra" ; aussi détendez-vous et amusez-vous tandis que j'en chante quelques couplets à votre intention.

Chaque printemps, au Japon, votre virilité est représentée par de grandes sculptures agrandies au point d'atteindre des proportions gigantesques – véritable érection cosmique – et participe à des défilés à travers les rues des villes pour célébrer les dieux de la fécondité et du renouveau, fêtes accompagnées, bien sûr, de force chants et copieuses libations, notamment de saké. Dionysos, dieu grec de l'extase, pris d'ivresse, incarne également l'énergie phallique et incite la population à danser, faire la fête et s'affranchir momentanément du formalisme rigide de la société pour s'abandonner à un état d'absence de retenue, d'orgie et d'extase.

En Europe du nord, Pan, dieu cornu mi-bouc mi-homme, est représenté sous l'aspect d'une divinité hilare ou souriante, régissant la nature, le règne animal et se déplaçant en arborant une forte érection symbolisant le plaisir permanent, bref un être constamment prêt à l'acte sexuel.

Ces entités mythologiques représentent les énergies dynamiques faisant partie de vous-même et correspondent à votre propre force phallique ainsi qu'aux caractères qui en émanent: masculinité, énergie, puissance, virilité, créativité, courage, engagement, faculté de décision, de prise sur les évènements ainsi qu'aptitude à modeler et à maîtriser des forces considérables.

Symbole phallique traditionnel de l'Inde représentant le lingam (pénis) engagé dans le Yoni (vagin).

Si cet éloge paraît trop dithyrambique pour être vrai, c'est seulement parce que les hommes traversent actuellement une période marquée par la confusion quant aux rôles qu'ils ont à jouer dans leurs relations avec les femmes.

En effet, ayant dans une certaine mesure, reconnu que dans le passé ils s'étaient imposés aux femmes et les avaient exploitées avec brutalité, beaucoup d'hommes essaient aujourd'hui de prouver qu'ils sont capables de se montrer aussi tendres, doux et sensibles que leurs partenaires amoureuses.

Toute pensée, toute passion, toute joie
Tout ce qui agite cette forme mortelle,
N'est que servante de l'Amour,
Qui nourrit son feu sacré.
— SAMUEL TAYLOR COLERIDGE
Love

Alors, imaginez leur surprise lorsqu'ils découvrent que les femmes ne veulent pas vraiment de cette masculinité d'une modernité outrancière – en tout cas pas au prix de la perte de cette force mâle qu'elles apprécient tant. A vrai dire, elles ne veulent pas plus d'hommes soucieux de leur plaisir au point d'en perdre eux-mêmes la notion de leur identité, de leur force et de leur caractère résolu, que de patriarches agressifs et autoritaires, sûrs d'eux et dominateurs.

Il ne faut donc pas s'étonner outre mesure si l'homme d'aujourd'hui est un être passablement en colère et embarrassé. On peut bien lui pardonner de lever les bras au ciel de désespoir, pour déclarer : "Parfait, j'abandonne! Mais que diable suis-je censé être: dur ou tendre, dominateur ou passif, masculin ou féminin?" Alors, bien souvent, avant d'obtenir une réponse à cette question, il adhère à la branche locale du mouvement des hommes pour partager ses malheurs avec ses congénères en mal affectif, eux aussi victimes de la "nouvelle sexualité" des années 90.

ENERGIE MASCULINE NATURELLE

A votre adresse, les hommes, j'ai quelques nouvelles très positives en réponse à ce dilemme. Pour un grand nombre de femmes – en fait, peut-être toutes, au tréfonds d'elles-mêmes – il n'y a rien de plus beau, de plus exquis, de plus "passionnant" qu'un homme plongeant ses racines dans son énergie masculine naturelle, forte et virile.

Cependant, il importe de comprendre que lorsque j'emploie le terme d'"énergie masculine naturelle", je fais référence à un phénomène comportemental différent du *machisme* que l'on confondait dans le passé avec la virilité. En effet, la masculinité naturelle ne s'acquiert pas en absorbant des stéroïdes pour obtenir un torse musclé pas plus qu'en "besognant" une femme pendant une demi-heure sans éjaculer ou en s'efforçant d'offrir une image du calme et de l'insouciance par la mise entre parenthèses de ses sentiments. Ces signes trahissent une masculinité artificielle, affectée, un chauvinisme phallocratique, bref l'image stéréotypée du macho, qui n'est en fait qu'une imposture sexuelle.

La raison pour laquelle tant d'hommes choisissent de cultiver cette apparence trompeuse est un antagonisme profond entre la biologie et les idéaux de la civilisation. Aussi, est-il intéressant de porter notre regard sur ces forces contradictoires pour comprendre la dynamique dans laquelle nos malheureux héros ont été entraînés.

Les lois biologiques placent les hommes dans la même catégorie que n'importe quelle meute constituée d'animaux mâles sains: ils vivent en groupes fraternels, se chevauchent à tour de rôle, se donnent des bourrades, rivalisent en force, deviennent sesceptibles lorsque la période de rut commence, avant de se rouer de coups pour décider lequel d'entre eux aura le premier les faveurs des femelles attendant patiemment l'issue de ces joutes.

Cependant, les règles auxquelles obéissent les conventions sociales énoncent que ce genre de comportement est *animal*, mais qu'il ne saurait être digne d'un homme civilisé. Elles énoncent également que les élans sexuels masculins doivent être parfaitement maîtrisés et, le plus souvent, refoulés, notamment pendant ces années "interminables" de l'adolescence, c'est-à-dire quand l'organisme est soumis à l'impétuosité d'hormones appelant à une forte activité sexuelle.

De plus, ces règles énoncent clairement que les hommes ne peuvent donner libre cours à leur instinct animal de la compétition que dans certaines circonstances ou sur certaines scènes comme les terrains de football, les séances boursières ou une guerre occasionnelle. En dehors de cette plage d'activités bien précises, ils doivent contenir leurs énergies instinctives et se comporter dans le respect du formalisme et des convenances sociales, en particulier avec les femmes.

Cette combinaison de forces apparemment antagonistes, animale et sociale, a entraîné l'apparition d'une masculinité mutante unique dans le règne animal. Ainsi, le mâle humain est-il censé ressembler à un homme, agir comme tel, mais en faisant preuves d'autres qualités artificielles, comme ne jamais montrer qu'il a peur, même si cette réaction est naturelle et ne jamais se trahir par une "faiblesse": pleurs, tristesse ou désarroi. Par ailleurs, il doit non seulement se maîtriser en permanence, mais également maîriser la situation dans laquelle il se trouve.

Il ne faut pas s'étonner de ce que cette condition artificielle faite aux hommes les ait laissés dans un état permanent – et frustrant – de film en "arrêt sur image", c'est-à-dire prêts à agir, mais d'ordinaire sans passer à l'acte, exposant leur masculinité et leur virilité tout en ne les vivant que rarement comme leur réalité personnelle. Dans ces conditions stressantes, l'acmé masculin est devenu une sorte d'éternuement, correspondant au relâchement soudain d'une tension contenue, si bien que le plaisir accessible tant à l'homme qu'à la femme est beaucoup plus bref qu'il ne peut ou doit l'être. C'est pourquoi les

On ne peut être fort sans amour, car l'amour n'est pas une émotion hors de propos; il est le sang de la vie, l'énergie unissant ce qui est distinct.

— PAUL TILLICH
L'Eternel Présent

statistiques rapportent que la durée moyenne de l'orgasme masculin est de deux à dix minutes après le début de l'excitation. Il n'y a donc, à la faveur d'une éjaculation aussi brutale et rapide, que peu de place pour la magie sexuelle.

Qui plus est, de nos jours, l'homme doit affronter les conséquences féministes qu'ont entraînées ses longues années d'autorité patriarcale. Dans la guerre actuelle entre les sexes, il est dépeint comme le sale type, le malfaiteur, le rôdeur déguisé en être humain civilisé, parfait en costume cravate, mais soumis à l'influence de toutes sortes d'hormones dangereuses et de pulsions obscènes faisant de lui un maniaque sexuel en puissance, rempli du désir aveugle et inconscient pouvant sur-le-champ transformer toute femme en sa victime impuissante.

LA FORCE, CONDITION DU RAPPROCHEMENT SEXUEL?

Si vous les hommes, pensez que cet assassinat de votre personnalité collective confine à une sorte de génocide sexuel, j'ai tendance à être d'accord avec vous. Certes, vous avez abusé de votre autorité dans le passé, mais vous y avez peut-être été volontairement aidés par la tendance instinctive des femmes à rechercher, puis à s'unir aux hommes exerçant le plus de pouvoir.

J'en veux pour preuve et référence le très curieux et intéressant thème de recherche mondiale sur lequel a travaillé David M. Buss, professeur de psychologie à l'Université Ann Arbor du Michigan. Dans son ouvrage intitulé *L'évolution du désir,* Buss montre combien, même aujourd'hui, l'écrasante majorité des femmes à travers le monde – tous pays et toutes cultures confondus – sont encore attirées par les hommes nimbés d'une aura leur inspirant le sentiment d'être capables de prendre soin d'elles, de subvenir à leurs besoins, de les protéger et de les nourrir.

Pourquoi donc les femmes rechercheraient-elles les hommes forts? Pour le professeur Buss, la réponse réside dans notre psychologie évolutive, dans un instinct de survie développé sur des millénaires marqués par une vie de nomades pratiquant chasse et cueillette dans un milieu sauvage et fréquemment hostile. Buss avance l'argument selon lequel, dans ces conditions d'existence primitives, les femmes gravitaient naturellement autour de leurs congénères masculins les plus aptes à les protéger et à subvenir à leurs besoins pendant la grossesse et les premiers mois de maternité, période durant laquelle les nouveaux-nés limitaient leur indépendance.

Avec le temps, cette stratégie antique mais efficace marqua notre psychologie de son empreinte indélébile. Comme Buss le fait remarquer "Si au cours de l'histoire évolutive, les femmes ont préféré les hommes de ressources, de pouvoir et d'un rang social leur permettant de maîtriser ces ressources, alors, avec le temps, elles ont commandé l'évolution des mécanismes qui, chez l'homme, président à la recherche du rang et du pouvoir".

Autrement dit, en faisant du pouvoir un critère de rapprochement sexuel, nos sœurs des origines émettaient vers les hommes des messages leur indiquant qu'ils devaient être grands, forts, riches et maîtriser la situation. Aussi, impatients d'adopter l'attitude ayant le plus de chances d'impressionner le beau sexe, réagirent-ils à ces messages en présentant des caractères phallocratiques, autocratiques et autoritaires plus marqués.

Bien que les conclusions de Buss soient discutables d'un point de vue profane, elles semblent cohérentes parce qu'elles permettent d'aborder avec une plus grande ouverture d'esprit la question de la responsabilité de l'inégalité multiséculaire entre les sexes – je considère qu'il serait écœurant que sa théorie serve de prétexte à quelque idéologie de la supériorité masculine.

La question ici n'est pas de blamer personne pour la laideur et les chagrins de notre passé, mais de savoir comment nous libérer du carcan des idées, habitudes et croyances transmises depuis les origines pour découvrir notre véritable aptitude à l'épanouissement sexuel.

Actuellement, comme je le dis, les hommes ont une mauvaise image de marque auprès des femmes. Aussi, dans l'intention de rétablir l'équilibre, beaucoup d'entre eux déploient aujourd'hui des efforts herculéens pour satisfaire leurs partenaires féminines sur le plan sexuel. Ainsi, abandonnant le plus pur style traditionnel des cow-boys urbains sautant en selle pour une brève chevauchée, ils ont lu avec application les ouvrages enseignant l'art et la manière de satisfaire une femme et conduisent avec patience et sensibilité leurs partenaires amoureuses aux sommets de l'orgasme avant de s'autoriser la détente éjaculatoire à laquelle ils aspirent pourtant secrètement.

En termes de plaisir féminin, ce nouveau comportement représente une évolution importante, mais l'expérience orgastique masculine reste d'ordinaire limitée aux mêmes brèves convulsions génitales qu'il l'était avant que les mots historiques d'"orgasme féminin" fussent prononcés. En outre, les halètements essoufflés et les gémissements de celle qu'il aime lui prouvent à l'évidence qu'elle possède une bien plus grande aptitude que lui à la jouissance sexuelle, fait auquel il n'était pas confronté quand lui seul comptait.

En tant qu'être sexuel, l'homme reste sur la réserve: il se maîtrise et, sur le plan fonctionnel, se conforme à un idéal socialement admissible. Il peut avoir élargi sa perspective de telle sorte qu'il intègre la satisfaction sexuelle de la femme au lieu d'ignorer ses besoins en ce domaine ; il n'en reste pas moins que ce n'est pas le cas de l'aptitude masculine à vivre l'orgasme. Aussi, au lieu d'être célébré comme l'instrument d'un plaisir sans fin, son Vajra, organe sexuel magique, est souvent perçu par l'homme comme une source de frustration et de déception, notamment en ces instants délicats et souvent déprimants, suivant immédiatement l'éjaculation, lorsqu'elle a été particulièrement productive.

INITIATION A LA NOUVELLE MASCULINITE

En ce qui concerne la magie sexuelle, il est essentiel que l'homme reconquière son énergie, qu'il l'honore et la développe pour que l'alchimie consistant à charger un Symbole Magique de l'énergie orgastique combinée d'un homme et d'une femme enlacés dans une étreinte tantrique puisse s'opérer à un niveau énergétique optimum. L'objectif de ce chapitre est d'induire une énergie sexuelle masculine saine et virile capable de rencontrer l'énergie féminine dans une union extatique propice à l'accomplissement d'une magie sexuelle efficace.

Le processus conduisant à l'aboutissement de cette démarche est extrêmement agréable. En effet, il porte en lui la gratification supplémentaire née du fait qu'aucune autre exigence ne pèse sur un ego masculin déjà surchargé en raison de l'obligation ressentie d'un résultat sur le plan fonctionnel, entraînant souvent des efforts héroïques tendus vers quelque objectif lointain et difficilement accessible.

Au lieu de cela, il réside dans un état de relaxation, de lâcher prise, laissant les évènements se produire spontanément plutôt que de les contraindre à se matérialiser sur commande. J'aimerais dire à mes lecteurs: vous en avez assez fait ; maintenant, c'est à vous de vous allonger sur le dos et d'adopter une attitude réceptive.

Au cours des exercices suivants, vous serez invité à savourer le plaisir sur un mode passif pendant que votre partenaire amoureuse stimulera d'abord votre pénis, puis votre prostate, pour enfin vous donner un orgasme mixte en stimulant simultanément ces deux zones. Vous apprendrez ainsi à acquérir une profonde réceptivité, afin que votre énergie sexuelle soit non pas chassée à l'extérieur à la faveur de l'éjaculation, mais absorbée par votre corps et pour que vos aptitudes orgastiques se développent.

Vous avez l'occasion, par ce voyage passionnant, d'être initié à un nouveau type de masculinité et à une nouvelle forme de virilité. Mais cette initiation tantrique peut parfois être difficile. Elle risque de vous faire connaître des moments où vous n'aurez pas d'érection alors que vous pensez devoir en

Portez votre plaisir à son apogée énergétique, puis servez-vous en comme carburant de votre fusée spirituelle.
— MAHA TANTRA ACANA

avoir une, et d'autres où vous voudrez éjaculer alors que vous êtes invité à retenir votre énergie.

C'est en relevant triomphalement ces défis que vous acquerrez une perception plus profonde de la notion de virilité. Vous constaterez alors que vous êtes porté par une courbe de plaisir ascendante menant à des sommets toujours plus élevés de réalisation sexuelle.

En fait, pour vous, la remise en question la plus importante dans cette initiation à l'alchimie sexuelle masculine consiste à développer la force intérieure vous permettant de vous désolidariser du désir éjaculatoire, c'est-à-dire votre besoin d'épanchement, votre impulsion à libérer votre tension sexuelle. En revanche, il est plus aisé et plus agréable d'adopter une attitude de réceptivité à l'égard de la marée d'énergie orgastique envahissante qui monte à mesure que l'éjaculation est contenue.

Au début, vous éprouverez un sentiment désagréable de renoncement momentané à l'éjaculation, c'est-à-dire à votre mode orgastique purement génital et habituel. Vous risquez de vous sentir frustré, voire même de vous mettre en colère. Or, il s'agit d'un exercice de discipline et vous devez faire preuve d'une volonté suffisante pour différer un temps votre satisfaction et apprendre comment amplifier vos sensations sexuelles, dans la perspective d'un orgasme corporel total, sans commune mesure avec le précédent, très localisé.

En effet, les retombées positives en seront énormes, non seulement sur le plan de la magie sexuelle, mais aussi dans le domaine des relations sexuelles ordinaires. Pour vous, cette aptitude nouvelle à maîtriser le réflexe éjaculatoire, signifie que vous pouvez décider du moment où vous éjaculerez ou de prolonger l'étreinte dans la contention, vous permettant de faire connaître la plénitude orgastique à votre partenaire féminine tout en savourant vous-même de sublimes sensations.

LES TROIS PHASES QUE COMPORTE L'AMPLIFICATION DE L'ORGASME MASCULIN

Les exercices destinés à amplifier l'orgasme masculin correspondent à trois phases successives.

Phase 1

La femme stimule le Vajra, ou pénis masculin, pour que l'homme parvienne au bord de l'éjaculation, en veillant à interrompre l'excitation juste en deçà du point de non-retour, permettant ainsi à l'énergie sexuelle de se propager à travers le corps de son partenaire.

Phase 2

La stimulation du Vajra est combinée avec la stimulation externe de la prostate par massage de la zone périnéale, contribuant ainsi à enrichir la plage des sensations sexuelles masculines.

Phase 3

La stimulation du Vajra est associée à un massage direct et interne de la prostate, conduisant à un orgasme intense et prolongé.

Ce processus triphasique permet à l'homme de développer pas à pas sa capacité orgastique en accédant successivement à des sommets d'excitation sexuelle situés en deçà de l'éjaculation, puis à se détendre, baigné par les sensations induites, avant de s'élever à nouveau vers des sommets d'excitation supérieurs.

Il atteint finalement un point où l'éjaculation ne se produit pas et fait place à un flot continu de plaisir orgastique parcourant ses organes sexuels, pour s'étendre à son bassin, avant de se propager à tout son corps. Lorsqu'il choisit enfin de ne plus se contenir, l'éjaculation dure plus longtemps, accompagnée de sensations orgastiques beaucoup plus intenses.

Mais avant que nous n'entamions ces exercices, il est opportun d'étudier l'anatomie des organes sexuels masculins.

ANATOMIE DES ORGANES SEXUELS MASCULINS

Le Vajra, ou pénis, se présente sous l'aspect d'un mécanisme assez simple, ne comportant ni os, ni muscles, composé en majeure partie de tissus spongieux. Lorsque l'intérêt sexuel d'un homme est éveillé, ces tissus spongieux se congestionnent, provoquant la turgescence et le raidissement du Vajra, le transformant en un instrument de plaisir efficace et merveilleusement dynamisé.

Chez l'homme d'aujourd'hui, le Vajra se présente sous deux aspects différents: soit sous son aspect originel, c'est-à-dire doté de son prépuce, soit sous l'aspect qu'il a après circoncision, c'est-à-dire après l'ablation de tout ou partie du prépuce. Dans les deux cas, il est apte à satisfaire sexuellement son propriétaire et sa partenaire.

Le corps du Vajra prend naissance juste sous le monticule pubien et s'achève par une tête, ou gland, ressemblant assez au chapeau lisse d'un cham-

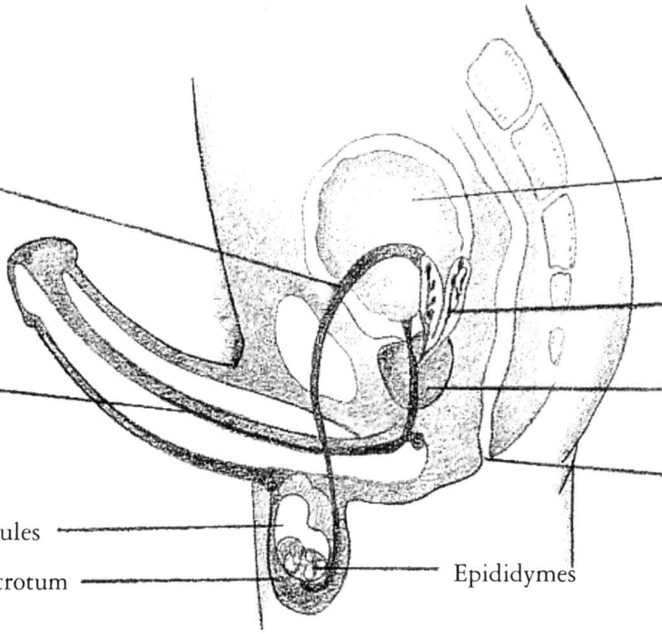

Anatomie des organes sexuels masculins.

pignon, si ce n'est que dans le cas présent, la texture de sa surface change, la peau couvrant d'habitude le corps cédant la place à la rondeur polie du gland dont la couleur est plus foncée que la peau du corps de la verge, située au-dessous.

Au sommet du gland, se trouve un petit orifice indiquant l'extrémité de l'urètre, petit canal véhiculant les déchets organiques liquides provenant des reins pour les éliminer sous forme d'urine par le Vajra. Ce canal est également la voie empruntée par un mélange fluide issu de la prostate et des testicules, mélange chassé à l'extérieur lors de l'éjaculation, via le Vajra.

Sur la face inférieure, juste au-dessous du point de jonction entre la peau du corps de la verge et le gland, se trouve une zone particulièrement sensible, le frein. Lorqu'il est correctement stimulé, ce point est une remarquable source de plaisir sexuel et c'est d'ailleurs pourquoi je le considère comme l'aquivalent masculin du clitoris.

Lorsqu'un homme est sexuellement excité, le sperme monte des testicules vers la prostate en empruntant le canal déférent. La prostate, petite glande s'apparentant à un marron par sa forme et sa taille, est située à l'intérieur du corps, dans le petit bassin, entre le Vajra et l'anus.

Vous sentirez votre prostate en exerçant une pression sur le point périnéal, situé à mi-chemin entre le scrotum et l'anus. Vous détecterez au toucher une zone molle, spongieuse; c'est là que se stimule cette glande. Lorsque vous êtes en érection, votre prostate vous donne l'impression d'en être le point de départ, comme si elle faisait partie de votre verge. Sur le plan anatomique, il n'en est rien, mais en ce qui concerne la manière dont elle est perçue, il existe une relation précise entre elles.

Si, chez l'homme, le frein peut se comparer au clitoris féminin, la prostate peut également se comparer au point G, car il procure des sensations orgastiques à la fois plus durables et plus profondes. Les possibilités de ces deux zones érogènes sont explorées dans les exercices suivants.

A l'instant de l'acmé sexuel, des contractions musculaires péri-prostatiques chassent un mélange de spermatozoïdes et de liquide prostatique qui emprunte l'urèthre pour sortir par le méat situé au sommet du gland, à l'extrémité du Vajra.

EXERCICE: STIMULATION DU VAJRA

Objectif et bienfaits

Hommes, au cours des exercices suivants, votre partenaire amoureuse caressera votre sexe de plusieurs manières, à la fois nouvelles et exquises, vous permettant ainsi d'accéder à toute une gamme de sensations sexuelles nouvelles et d'épanouir vos capacités orgastiques pour vous préparer à la magie sexuelle. Elle vous amènera au bord de l'éjaculation, puis vous aidera à vous détendre et à laisser cette énergie se propager à votre corps avant de vous faire atteindre un sommet d'excitation supérieur et ainsi de suite.

Je m'adresse maintenant aux couples monogames: vous avez une magnifique occasion d'enrichir vos relations sexuelles ordinaires d'une flamme et d'une profondeur nouvelles, en modifiant des rôles et des comportements pouvant, avec le temps, se figer, devenir monotones ou ternes. Vous allez maintenant rallumer l'enthousiasme et l'énergie vous poussant l'un vers l'autre en tant que partenaires sexuels, amplifiant ainsi des milliers de fois votre plaisir mutuel.

Cette technique – bien que ne s'adressant pas exclusivement à eux – est également parfaitement adaptée aux hommes dont l'âge s'échelonne entre cinquante et quatre-vingts ans, car ce type de stimulation sexuelle est indépendant du fait de jouir ou non de la plénitude érectile et elle ne fait appel à aucun athlétisme sexuel, contrairement à ce qu'exigent parfois certains types de relation sexuelle, comme le changement fréquent de position, mais aussi l'appui prolongé sur les bras, les épaules ou les genoux.

Shiva, le succès de cette séance dépend de votre aptitude à devenir réceptif, à abandonner votre rôle directeur, celui du partenaire prenant l'initiative de prodiguer le plaisir sexuel, pour au lieu de cela incarner les caractères plus féminins que sont l'offrande de soi, la réceptivité et la confiance. Cependant, vous devez rester celui qui guide et renseigne Shakti sur la manière de vous donner du plaisir, orientant ses gestes, celui qui fonctionne avec elle selon le principe de la rétroaction permanente

Shakti, cet exercice vous offre la remarquable occasion de cultiver le sentiment de confiance en vous et de pouvoir. En effet, vous êtes la co-créatrice, la partenaire sur un pied d'égalité, celle par qui l'extase est vécue. Vous prendrez d'autant plus de plaisir à cet exercice que vous comprendrez que ce que vous faites, vous le faites pour vous-même et que vous pouvez déclarer "Oui, je suis curieuse et excitée... je désire vivement acquérir la maîtrise de l'art consistant à donner du plaisir à un homme... je désire savoir comment son sexe réagit... je désire l'entendre gémir d'extase sous mes caresses... je désire éprouver le sentiment de mon habileté en tant qu'amante et celle qui fait naître ces sensations chez lui, tout en restant centrée sur moi-même".

Cependant, veillez à ne pas tomber dans le piège consistant à submerger Shiva d'attentions et à prendre le contrôle de l'exercice, cela pouvant l'empêcher d'exprimer ses désirs et de vivre la plénitude de son plaisir. Laissez-le vous dire comment stimuler son Vajra et suivez avec précision ses suggestions.

Je vous déclare à tous deux que la réussite de cet exercice dépendra de votre aptitude à créer et entretenir un puissant lien affectif de soutien réciproque. Je mets l'accent sur ce point parce que certains couples peuvent être tentés de sauter les phases initiales de l'exercice à la faveur de l'ardeur mise à explorer les possibilités de stimulation immédiate du Vajra. Or, les phases initiales, notamment celles liant affectivement les deux amants, sont une aide déterminante dans la préparation d'une séance couronnée de succès.

Préparation

- Stimulation et massage du Vajra nécessitent l'emploi d'une quantité importante d'un lubrifiant de bonne qualité. Il est donc préférable d'employer une huile organique, comme l'huile d'olive, pouvant être utilisée à discrétion et en toute innocuité sur la peau délicate du Vajra. D'ailleurs, on peut l'employer aussi pour masser d'autres zones corporelles. Mais n'importe quelle huile de massage organique convient à cet usage.

- Shiva, convenez d'un mot-code défini utilisable lorsque vous approchez du point d'éjaculation et désirez que Shakti cesse de stimuler votre vajra. Vous pouvez prononcer "maintenant" ou "arrête" pour lui indiquer l'instant où elle doit cesser toute stimulation.

- Shakti, cette fois, c'est vous qui disposez les éléments du Cercle Magique pour Shiva. Introduisez-y tous les objets porteurs d'une forte connotation masculine, tels que tambours, sculptures masculines, plumes, photos, symboles phalliques, etc... Créez une atmosphère feutrée par un éclairage tamisé et faites appel à l'encens, aux cierges. Peut-être préférerez-vous y introduire un clin d'œil humoristique comme, par exemple, une reproduction de King Kong. Veillez à porter des vêtements sexy, comme un chemisier transparent, ou restez nue, excepté un magnifique *lungi* drapé autour de vos hanches et une fleur glissée dans vos cheveux. Quoi que vous choisissiez, vérifiez que vos vêtements vous offrent une totale liberté de mouvement.
- Shiva, accordez-vous le temps de vous laver conscencieusement, en insistant sur votre sexe et votre anus. Parfumez-vous à votre eau de toilette préférée et préparez-vous à être bichonné par Shakti. Enfin, veillez à ce que votre vessie est vide.
- Shakti, veillez à ce que vos ongles soient taillés et lisses.
- Accordez-vous une heure à une heure et demie pour cet exercice et assurez-vous que vous ne serez pas dérangés.

PHASE 1: LE LIEN AFFECTIF

Shakti, introduisez Shiva dans le Cercle Magique. Aidez-le à se sentir bien accueilli, détendu et à l'aise. Vous désirerez peut-être danser ensemble pendant quelques minutes pour éliminer les tensions résiduelles

Accueillez-vous réciproquement par un Salut du Cœur.

Savourez une longue Etreinte Unificatrice, tout en respirant profondément sur un mode synchrone.

Asseyez-vous face à face sur des coussins.

Shakti, placez votre main droite sur le cœur de Shiva, puis prenez sa main droite et posez-la sur votre cœur. Regardez-vous tendrement en synchronisant vos respirations et en "écoutant" battre le cœur de l'autre. Respirez lentement et profondément. Soyez sensibles au courant d'amour et de confiance passant entre vous tandis que vous vous lancez dans cette nouvelle et passionnante aventure.

Shakti, trempez vos doigts dans une huile ou un parfum spécial et bénissez les trois principaux chakras de Shiva. Touchez son monticule pubien et bénissez-le en disant: "Que la porte de ton plaisir s'ouvre grand pour toi aujourd'hui".

Puis oignez le chakra du cœur de Shiva avec l'huile, en disant : "Que nos cœurs se fondent dans l'amour et la confiance".

Le yang ne peut agir qu'avec l'aide du yin et le yin ne peut croître qu'en présence du yang.
— L'Empereur Jaune

Touchez ensuite délicatement son troisième œil avec le majeur , en prononçant ces mots: "Que ton orgasme épanouisse ta vision et ta compréhension".

Shakti, lorsque la bénédiction est terminée, aidez Shiva à s'allonger confortablement parmi les coussins en position semi-assise. Puis, asseyez-vous entre ses jambes et glissez les vôtres sous les siennes et placez des oreillers sur vos coussins pour qu'il puisse y appuyer ses genoux (voir illustration). Mais vous préférerez peut-être vous agenouiller comme le font les japonais, un coussin placé sous les cuisses. Certaines femmes aime s'asseoir à côté et près du corps de l'homme. D'autres préfèrent l'emploi d'une table de massage pour que l'homme soit allongé et la femme debout.

Toutefois, si je me réfère à mon expérience, la position la plus intime, c'est quand Shiva est étendu en arrière sur de grands oreillers et que Shakti est assise entre ses jambes, près de son Vajra ; mais cette position vous contraint à changer de temps en temps la position de vos jambes pendant l'exercice.

Shakti, ouvrez lentement la robe de Shiva, découvrant ainsi la face antérieure de son corps.

Caressez tout son corps en l'incitant à respirer profondément par la bouche. Vous-même, synchronisez votre respiration avec la sienne.

Si Shiva vous paraît un peu trop grave, chatouillez-le et soufflez-lui dans l'oreille, mordillez-lui un lobe, mordez-le légèrement à la gorge, sucez-lui le gros orteil, taquinez-lui le corps de vos seins, caressez-lui la peau de votre chevelure, bref créez une atmosphère empreinte de légèreté et d'humour, pour l'amener à vous faire confiance et à se détendre.

Massez-lui la poitrine, jouez avec ses mamelons en les comprimant légèrement et en les taquinant. Faites ensuite glisser vos mains au-dessous du creux des reins et massez énergiquement sa zone sacrée. En effet, nombre de tensions sexuelles se concentrent au niveau de la petite zone en forme de V située à la jonction des lombes et des fesses.

Mettez votre main en forme de coupe et soutenez les testicules de Shiva en touchant son périnée avec l'extrémité du medius. Cette position permet au Vajra de s'appuyer sur le plat de votre main (voir illustration). Placez votre main libre sur le centre cardiaque de Shiva, au milieu de sa poitrine.

Dans cette position, regardez-le avec tendresse, en lui accordant tout votre amour et toute votre attention. En cet instant, il est l'élu et toute votre énergie est tendue vers lui. Profitez-en pour chasser de votre esprit toute pensée indésirable et éviter toute distraction.

Shiva, ouvrez-vous à l'amour de votre partenaire et sensibilisez-vous à votre état de réceptivité, tel le verre attendant d'être rempli d'un vin délicieux et sombre.

PHASE 2: MANIPULATIONS, CARESSES ET EFFLEUREMENTS STIMULANT LE VAJRA

Shakti, quand vous êtes prête, demandez à Shiva "Commençons-nous la séance maintenant?" Si Shiva réponds "oui" vous pouvez commencer à stimuler son Vajra en vous servant de toutes ou certaines des caresses suivantes.

Caresses croisées Shakti, commencez par la caresse croisée, correspondant à une manière jolie et commode d'aborder la stimulation du Vajra et imaginée par deux de mes proches amis, Terumi et Leonard Leinow.

Posez les mains sur les genoux de Shiva, main gauche sur son genou droit et main droite sur son genou gauche.

Ensuite, votre main droite restant immobile, déplacez lentement votre main gauche en remontant la cuisse de Shiva, pour la faire passer sur son Vajra et ses testicules – veillez à ce que ce contact soit effectif – puis sur son abdomen avant qu'elle n'atteigne le mamelon gauche. Vous le caressez ainsi en diagonale du genou droit au mamelon gauche.

Au moment où votre main gauche passe sur les organes génitaux de Shiva, votre main droite amorce un trajet analogue lui faisant remonter lentement sa cuisse gauche. Puis, tandis que votre main gauche arrive à destination, la droite caresse les organes génitaux de Shiva avant de poursuivre sa route vers l'autre mamelon. Votre main gauche revient ainsi à son genou et entame un nouveau trajet tandis que la droite passe sur son abdomen pour se diriger vers le mamelon gauche.

Cela peut sembler complexe, mais en pratique, cette caresse s'exécute très facilement. Prenez le temps d'établir un courant régulier de caresses croisées en veillant toujours à ce que vos mains caressent le Vajra de Shiva en passant sur lui.

Caresse "midi-minuit" Ces gestes consistent à caresser directement le Vajra.

Du plat des mains et des doigts, caressez le Vajra en remontant des testicules à l'extrémité du gland. Alternez mouvements ascendants des mains gauche et droite à la faveur d'une série de mouvements exécutés en continu et à cadence régulière. Cette caresse exige que le Vajra soit plaqué contre l'abdomen de Shiva. Utilisez l'huile à discrétion.

Elle est extrêmement agréable, car les mains de Shakti passent sur le frein, situé sur la face inférieure du Vajra, là où se rejoignent le gland et le corps de la verge.

Etirement de la hampe phallique Enduisez abondamment d'huile le Vajra de Shiva. Tenez-en la base d'une main, exerçant une légère pression vers le bas,

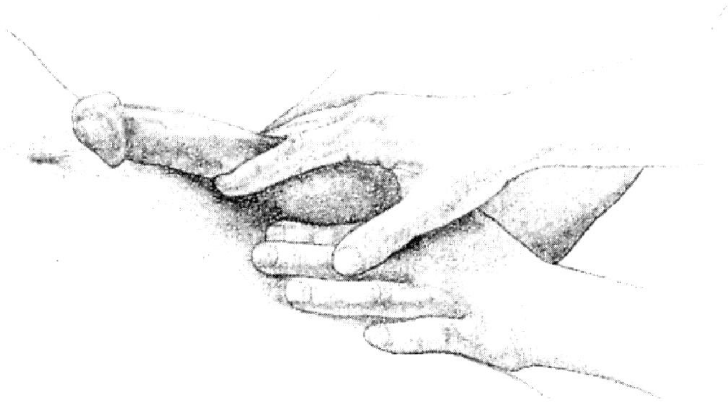

Caresse "midi-minuit"

Manipulations, caresses et effleurements stimulant le Vajra.

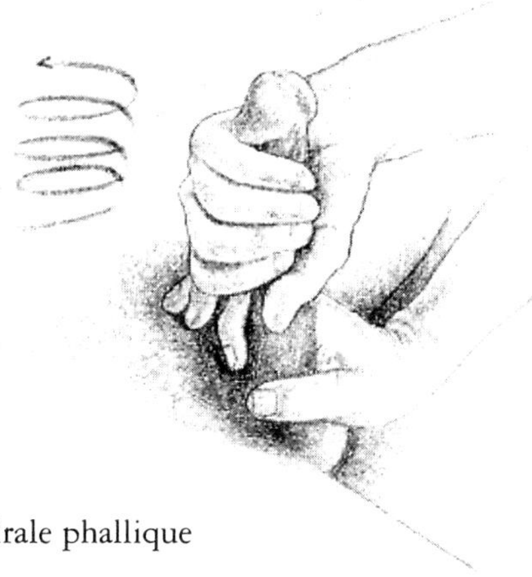

Spirale phallique

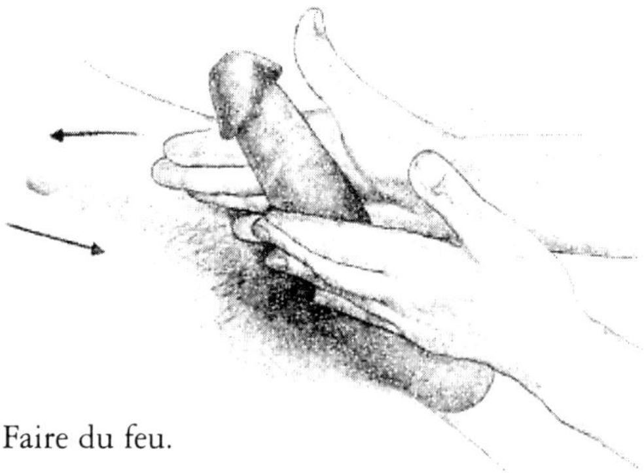

Faire du feu.

puis de l'autre, caressez en remontant directement de la base à l'extrémité de la verge.

Spirale phallique D'une main, tenez le Vajra par la base puis, de l'autre, décrivez un mouvement circulaire autour de la verge, en commençant par le bas pour monter ensuite en spirale vers le gland.

Le manège Tenez le Vajra des deux mains, puis faites-leur accomplir des mouvements rotatifs opposés autour de la hampe phallique. Accompagnez harmonieusement les mouvements de vos mains par des mouvements exécutés d'avant en arrière et inversement.

Shakti, ce type de caresse fait participer votre corps tout entier. Balancez-vous d'avant en arrière et inversement, en vous pliant à hauteur des hanches, tandis que vous inspirez et expirez profondément, vous inclinant respectivement d'arrière en avant, sans oublier les rotations de vos mains autour du Vajra.

Caressez-le ainsi tout en plongeant votre regard dans le sien, cela peut être à la fois délicieux et plein de gaieté malicieuse. D'ailleurs, on peut assimiler cette caresse, les gestes et les mouvements qui l'accompagnent à une partie de manège dans un parc d'attractions.

Faire du feu Paumes placées à la verticale et face à face, de chaque côté du Vajra, exercez une pression sur la hampe phallique et faites exécuter à vos mains des mouvements de va-et-vient en sens opposé, comme si vous essayiez d'allumer un feu en frottant une baguette de bois. Démarrez à la base du Vajra, montez ensuite vers le gland, puis revenez à la base de la verge.

Le petit tambour Avec l'index et le médius d'une main, plaquez le gland du Vajra de Shiva contre l'abdomen de ce dernier, puis avec les doigts de l'autre main, exécutez une danse légère sur la face inférieure de la verge. Vous pouvez en jouer comme d'un petit tambour, vous servant non seulement du bout de vos doigts, mais aussi de leur face interne.

Caresse sans prépuce Si Shiva n'a pas été circoncis, son gland est protégé par le prépuce. Stimuler le gland à travers le prépuce le recouvrant est agréable. Aussi, lorsque son excitation croît, dégagez-le délicatement du prépuce et stimulez-le directement par le biais d'un léger massage effectué de bas en haut et inversement, en employant le lubrifiant à discrétion.

PHASE 3: MONTEE DE L'EXCITATION SEXUELLE

Le moment est maintenant venu pour Shiva d'entamer l'ascension régulière allant le mener vers le premier acmé de son excitation sexuelle. Le moyen le plus commode d'y parvenir consiste à stimuler son Vajra de façon rythmique et prolongée.

Shakti, lubrifiez abondamment le Vajra de Shiva, puis tenez-en la base d'une main. De l'autre, saisissez la hampe phallique en l'enveloppant de la paume et des doigts, puis commencez à exécuter des mouvements énergétiques de va-et-vient le long de la verge. Cette manière de procéder est la caresse de base dont ont besoin nombre d'hommes pour atteindre l'orgasme, mais il en existe plusieurs variantes.

En effet, la caresse peut comporter un va-et-vient le long de la hampe phallique seulement ou concerner également le gland, ou bien encore ne les grouper qu'une fois sur deux.

Une autre variante consiste à caresser avec le pouce en exerçant une pression sur le frein tandis que la main passe du corps de la verge au gland. Ainsi, à la fin du mouvement ascendant, se produit une sorte de "rupture" ou d'"effleurement" impliquant une oscillation du poignet envoyant une exquise onde de plaisir dans le frein.

Shiva, indiquez à Shakti les caresses et les gestes les plus efficaces. Avec elle, fonctionnez autant que possible selon le principe de la rétroaction à propos du rythme, de la vigueur et de la vitesse les plus générateurs de plaisir, afin qu'elle puisse vous prodiguer exactement les caresses appropriées.

Shakti, certains hommes apprécient un mouvement énergique et rapide alors que d'autres préfèrent des gestes plus nuancés. Surtout, ne vous inquiétez pas si Shiva n'atteint pas sur-le-champ l'apogée de l'excitation ou si elle n'apparaît pas tout de suite. En effet, il fonctionne maintenant selon un mode privilégiant la réceptivité, aussi peut-il avoir du mal à atteindre l'acmé. Restez concentrée, gardez votre confiance en vous, familiarisez-vous avec la stimulation prolongée et efforcez-vous d'acquérir un rythme invariable.

Beaucoup de femmes ne sont pas accoutumées à ce type de stimulation énergique et rapide ; aussi écoutez et suivez attentivement les indications données par Shiva. Laissez-le vous indiquer la pression, la vitesse et la vigueur des caresses qu'il apprécie. S'il est muet, demandez-lui : "C'est bien, comme ça?" ou : "Est-ce que c'est excitant?" En effet, la communication entre vous doit être étroite et précise.

Shiva, vous pouvez ressentir une insensibilisation pénienne au cours de la stimulation. Dans ce cas, demandez à Shakti d'abandonner provisoirement votre Vajra pour masser votre corps en partant de la verge vers la poitrine, afin que l'énergie s'étende à votre centre cardiaque. Ensuite, au bout de quelques minutes, elle peut revenir progressivement à votre Vajra, en taquinant la hampe, en effleurant le frein, sans oublier de caresser le gland avant de reprendre la stimulation rythmique.

PHASE 4: ACME SANS EJACULATION

Shakti, vous passez maintenant d'une stimulation érogène générale du Vajra de Shiva à une méthode de stimulation l'amenant au bord de l'éjaculation sans toutefois franchir le point de non-retour.

Accélérez la cadence, en stimulant son Vajra sur un mode plus dynamique, propre à le conduire au pic orgastique.

Shiva, le moment est maintenant venu de laisser vraiment monter votre excitation et de vous érotiser réellement à l'approche de votre sommet pré-éjaculatoire. Accordez toute votre attention aux sensations issues de votre Vajra. Cédez à votre désir et à votre excitation. Remuez. Projetez votre bassin vers le haut pour sentir plus intensément les caresses prodiguées par Shakti. Expirez énergiquement par la bouche afin de chasser votre énergie vers vos organes génitaux. Si vous le jugez utile, pratiquez le pompage pubo-coccygien en contractant les muscles des zones périnéale et anale à la faveur de spasmes rythmiques, énergétiques et brefs.

Shakti, amenez Shiva au "quasi-orgasme", c'est-à-dire sans qu'il atteigne exactement le point d'éjaculation. Cela signifie que vous devez cesser toute stimulation au moins trois à cinq secondes avant que le réflexe éjaculatoire se déclenche. Vous saurez, à l'observation des signes suivants, que Shiva approche de l'orgasme:

1. Les muscles de ses cuisses et de son estomac commencent à se contracter.
2. Il se cambre, tendant son bassin vers vous.
3. Ses testicules remontent en se contractant.
4. Son profil respiratoire se modifie. Certains hommes respirent sensiblement plus vite, d'autres plus lentement.
5. Son gland devient plus sombre.
6. Son Vajra devient très ferme et les veines font saillie tandis qu'il se congestionne.
7. Son Vajra donne l'impression d'être animé d'une vie et d'un dynamisme incroyables.
8. On constate fréquemment qu'un liquide clair s'écoule par le méat urinaire.

Shiva, lorsque vous sentez que votre niveau d'excitation sexuelle culmine et vous amène presque au seuil de l'éjaculation, servez-vous du mot-code convenu avec Shakti : dites-lui : "Arrête !"

Shakti, cessez toute stimulation du Vajra. Exercez une forte pression avec l'index et le médius d'une main sur le point périnéal de Shiva tout en tenant son Vajra de l'autre. Cela l'aidera à ne pas éjaculer.

Ou bien, si nécessaire, vous exercez une pression accentuée avec les pouces et les doigts des deux mains sur la hampe phallique, juste au-dessous du gland (voir illutration). Mais ce procédé ne s'emploie d'habitude que lorsque Shiva est trop près de l'éjaculation et qu'il a besoin d'une aide extérieure pour l'empêcher.

Shiva, respirez énergiquement et profondément pour remplir vos poumons d'air, favorisant ainsi la propagation de l'énergie à toute votre région pelvienne. Faites en sorte que tout votre corps se détende chaque fois que vous expirez, pratiquant le lâcher-prise pour vous placer en condition de réceptivité à l'égard des exquises sensations rayonnant de votre sexe.

Shakti, le désir d'éjaculer qu'éprouve votre partenaire disparaîtra en quelques instants. Quand vous sentez qu'il est prêt, demandez-lui : "Puis-je recommencer?"

Si Shiva dit "oui", reprenez la stimulation de son Vajra. Au cours des vingt minutes ou de la demi-heure suivantes, faites culminer son plaisir sexuel de trois à six fois de suite.

Si vous le jugez tous deux opportun, vous pouvez conclure la séance en accordant l'ultime bénédiction au Vajra de Shiva, c'est-à-dire en le stimulant jusqu'à ce qu'il atteigne le point d'éjaculation.

Shiva et Shakti, asseyez-vous ou allongez-vous calmement côte à côte pendant quelques minutes afin d'assimiler l'expérience de grande portée que vous venez de partager.

Shiva, veillez à exprimer à Shakti combien vous lui êtes reconnaissant de vous avoir donné tant de plaisir et récompensez-la par une Etreinte Unificatrice.

Echangez ensuite vos impressions sur ce que vous avez vécu et ce qui s'est passé pendant cet exercice.

Concluez par un Salut du Cœur.

Les cinq points élémentaires à retenir concernant la stimulation du Vajra

Voici les cinq points dont il faut se souvenir lorqu'on stimule le Vajra:

1. Etablissez un lien affectif solide.
2. Débutez par des préliminaires érotiques malicieux.
3. Explorez les possibilités de différentes caresses péniennes.
4. Pratiquez la stimulation rythmique.
5. Portez plusieurs fois l'excitation à son apogée, mais sans provoquer l'éjaculation.

ABANDONNER L'IMAGE DE LA "FORCE MUETTE"

Shiva, comme vous le savez probablement, les hommes n'ont pas l'habitude de s'exprimer verbalement, que ce soit avant, pendant ou après la relation sexuelle ; aussi la véritable remise en question que je vous propose consiste à abandonner ce style de comportement fait de "force muette" pour une attitude de communication permanente, plus avenante.

Une bonne manière de tourner la difficulté consiste à garder les yeux ouverts, afin de regarder votre partenaire pendant qu'elle vous caresse. Ou, si vous ressentez le besoin de les fermer à certains moments pour savourer dans leur plénitude les sensations montant de votre sexe, optez pour la solution alternative des yeux ouverts et fermés.

Votre volonté de décrire ce que vous ressentez est essentielle, car autrement Shakti est dans l'impossibilité de développer son habileté pour vous faire vivre des apogées extatiques toujours plus élevés. Commentez-lui chaque caresse différente: comment vous la ressentez, quelle qualité de toucher vous préférez, si la pression exercée doit être plus forte ou plus légère, quel type de stimulation vous excite le plus.

L'érection est comparable à l'eau et au feu: tous deux peuvent tuer un homme ou une femme, ou les servir, en fonction de leur mode d'emploi.

— PAO
The Plane Master

Ne cédez pas à la tentation de dire "C'est parfait!" pour commenter toutes caresses provoquées par Shakti, car cela ne l'aide pas à gagner en habileté. Ayez toujours une communication positive, en respectant la bonne volonté de Shakti dans les attentions qu'elle a pour vous.

Shakti, lorsque votre partenaire commence à se détendre et à s'amuser, plongeant dans une transe bienheureuse, ne le perturbez plus en lui posant des questions. Mais il est important de maintenir la communication en lui posant des questions brèves, simples, auxquelles il puisse répondre en quelques mots, du genre : "Est-ce que c'est bon?" ou : "Dois-je essayer quelque chose d'autre?"

UNE PREMIERE EXPERIENCE HEUREUSE

L'expérience positive des états orgastiques amplifiés tient à une interaction subtile entre technique, communication et créativité. Ainsi, Bob et Sarah, vivant ensemble depuis sept ans, avaient fait l'expérience de plusieurs méthodes tantriques, mais ne s'étaient jamais livrés à cet exercice. Dans les lignes suivantes, Bob fait le récit de leur première expérience:

> J'ai pris une douche pendant que Sarah préparait la pièce. Auparavant, je lui avais parlé de l'idée de Margo d'employer de l'huile d'olive comme lubrifiant et nous nous étions mis d'accord pour en faire l'essai, mais uniquement pour le cas où nous en aurions besoin, ayant gardé différents lubrifiants huileux et aqueux à portée de main.
>
> J'ai mis mon peignoir préféré et Sarah m'a conduit dans la chambre. Elle

avait recouvert le lit d'un drap de satin blanc et placé une serviette à l'endroit où je devais m'asseoir pour le cas où de l'huile coulerait. Un étalage de grands coussins était disposé à la tête du lit si bien que je pouvais me renverser en arrière dans une position mi-assise mi-couchée, dans un style très royal. Il y avait de la musique, l'atmosphère était à la fois détendante et accueillante.

C'était très agréable de s'allonger, là, pour observer Sarah ôtant sa robe et découvrant son corps bien fait Elle exécuta alors une ravissante danse improvisée, avant de venir s'asseoir entre mes jambes. Puis nous avons échangé un Salut du Cœur et placé nos mains sur le cœur l'un de l'autre. Ensuite, elle oignit mes trois chakras principaux, prononçant à chaque fois une invocation pour, finalement, entamer un massage léger mais total de mon corps.

Bien que prenant plaisir à ce qu'elle faisait, je commençais à ressentir de l'impatience et je pensais : "Bon, tout ça est très agréable, mais quand allons-nous en venir au fait? Quand va-t-elle commencer à caresser mon Vajra?"

Intuitive, Sarah me demanda : "Bob, t'inquiètes-tu au sujet de l'heure?" Je dus admettre que c'était vrai, car il était convenu que nous consacrerions une heure à cette séance et une bonne partie de ce temps s'était déjà écoulée. Je pensais que la période vraiment agréable risquait d'être abrégée.

Sachant ce qui me tracassait, nous avons facilement résolu le problème en convenant de poursuivre la séance jusqu'à ce que nous ayons exécuté d'un bout à l'autre toutes les phases de l'exercice dont nous avons évalué la durée entre une heure et demie et deux heures. Je pouvais donc vraiment me détendre et jouir de chaque instant.

C'était également important pour Sarah. En effet, elle me dit avoir réellement besoin de sentir entre nous un courant affectif pour prendre plaisir à ce qu'elle faisait et mon impatience rendait difficile la création de ce lien.

J'ai beaucoup apprécié le moment où elle plaça sa main en coupe sous mes testicules, plongeant son regard dans le mien. C'est alors qu'elle entama une caresse croisée, si bien que mon Vajra entra très tôt en érection.

Je me rendis compte que j'aimais avoir beaucoup d'huile sur mon Vajra. Plus il y en avait, plus les sensations éprouvées étaient agréables et m'excitaient sexuellement, aussi réclamai-je "davantage d'huile", requête à laquelle Sarah s'empressa d'accéder.

Puis elle se mit à explorer les différentes caresses. Toute cette attention portée à mon pénis, c'était tout simplement délicieux. Pour une fois, je n'avais pas à me soucier de donner du plaisir à ma compagne. Je ne pouvais que me prélasser dans le somptueux bain de plaisir que m'offraient son attention exclusive et les sensations éprouvées au niveau de mon Vajra.

Il était important pour Sarah de pouvoir adapter en toute liberté chaque caresse à son style personnel, or certaines se révélaient plus efficaces que d'autres. L'une de nos préférées était le manège en raison non seulement de son caractère érotique, mais aussi parce que nous trouvions amusant les mouvements de balencement et de torsion combinés nous rappelant vraiment les parties de manège sur un champ de foire.

Pendant ce temps, je me sentais sexuellement très excité, mon Vajra était très en forme, mais je n'éprouvais aucune difficulté à empêcher l'éjaculation. En fait, je n'étais pas au bord de l'orgasme, et cela était probablement dû au fait suivant: dès que Sarah commença à caresser mon Vajra, je me détendis beaucoup, prenant plaisir à tout.

Mais cela me posa un problème quand, pour la première fois, arriva le moment de porter l'excitation à son apogée. Sarah fit appel à la caresse de base, mais je ne ressentis rien d'exceptionnel. Je lui proposai de lui montrer comment s'y prendre, mais c'est alors que je constatai que cela ne changeait rien. Mon érection était ferme, mais j'étais incapable d'approcher de l'acmé.

A ce stade, Sarah déclara qu'il ne lui était pas vraiment agréable de répéter tout le temps la même caresse de base. Elle se mit donc à jouer d'une grande variété de caresses, usant d'huile à discrétion.

La réaction fut la suivante: mon corps se mit à remuer de façon sensuelle. J'observai d'abord une certaine réserve, gêné, pensant : "d'accord, c'est ainsi que se comportent les femmes lorsqu'elles sont excitées, mais pas les hommes" ; cependant c'était si bon que je cédai à la tentation.

Sarah prodiguait toutes sortes de caresses à mon Vajra et je projetais mon bassin vers elle, cambré, me pasant les mains sur le visage et la poitrine, soupirant, gémissant, grognant et soudain, l'excitation sexuelle monta vraiment.

A ma grande surprise, Sarah commençait aussi à être excitée. Elle me rapporta plus tard que mes mouvements provoquaient un jaillissement d'énergie masculine dans son sexe, ce qui l'excitait beaucoup. Aussi, était-elle très heureuse, versant l'huile sur mon Vajara et mon corps, me laissant presser mes hanches contre son estomac pendant qu'elle frottait ma verge entre ses seins et pressait mes mamelons.

La frénésie et l'excitation s'emparaient de nous, lorsque j'atteignis mon premier acmé orgastique et prononçai "maintenant" , mot-code convenu pour que nous cessions tout mouvement, une exquise sensation baignait mon Vajra, mais j'appréciais aussi comme le fait de remuer ainsi avait débloqué des voies énergétiques à l'intérieur de mon corps: bassin, abdomen, poitrine et gorge s'étaient libérés et imprégnés d'énergie vitale ; donc le plaisir, au lieu de rester localisé, se propageait en moi.

Cet apogée se prolongea environ quatre à cinq minutes sans que j'éjacule, avant que je demande à Sarah de me conduire à la plénitude orgastique. Elle était à ce moment si excitée qu'elle tortillait de la croupe sur le drap tout en caressant mon Vajra, si bien que je plongeai les doigts dans l'huile et les glissai entre ses jambes pour atteindre son clitoris et le caresser pendant qu'elle m'amenait à l'orgasme final.

Nous atteignîmes ensemble l'orgasme, riant sans retenue, nous balançant au rythme des spasmes du plaisir, ruisselants de sperme et d'huile. C'était formidable. J'ai rarement passé un aussi bon moment. Cette expérience renforça l'amour et l'affection de notre couple ; c'était comme si nous vivions une nouvelle lune de miel.

INTRODUCTION A UNE ZONE EROGENE INTERDITE

Maintenant que la zone "antérieure" des organes sexuels de Shiva a été l'objet d'attentions aussi délicates, le moment est venu de découvrir les moyens permettant de provoquer l'excitation sexuelle au niveau de leur zone "postérieure". Au cours de l'exercice suivant, Shakti masse la région périnéale de Shiva, située entre ses testicules et son anus, stimulant ainsi la prostate sous-jacente (voir illustration relative à l'anatomie masculine).

Mais avant de vous présenter cette technique, il est utile d'examiner certains comportements sociaux qui inhibent l'aptitude masculine à éprouver du plaisir au niveau des zones prostatique et anale. Vous constaterez que vous allez à contre-courant de tabous, ainsi que de notions et d'impulsions s'y opposant.

Très tôt, et souvent prématurément, les enfants sont soumis à une "éducation sphinctérienne" comportant notamment la contraction du sphincter anal et des muscles péri-prostatiques afin de retenir leur selle. Si leurs efforts en ce sens se révèlent infructueux, ils doivent affronter une attitude sentencieuse et dégoûtée dirigée immanquablement contre eux, porteuse d'un puissant message signifiant que cette attitude est inadmissible et apprennent que cette zone corporelle est forcément sale.

Par ailleurs, il a été prouvé que le démenti émotionnel, notamment celui de la colère, est étroitement lié à la contraction de la musculature anale. Si, par exemple, votre patron s'est montré désagréable ou brutal envers vous pendant votre travail et que vous soyez très en colère après lui, mais sans pouvoir l'extérioriser, vous contractez automatiquement votre musculature péri-anale. Ce faisant, votre respiration devient superficielle, votre estomac se serre et tout courant énergétique est interrompu vers les zones anale et pelvienne.

Un troisième facteur générateur de tensions est représenté par le style coïtal universellement admis, qualifié de "position du missionnaire" et consistant pour l'homme, allongé sur la femme, à exercer des poussées répétées sur le mode du va-et-vient énergétique et puissant, en utilisant son bassin pour favoriser la pénétration de son Vajra dans le Yoni de sa partenaire. Ce type d'étreinte peut être fort amusant et très agréable, mais lorsqu'il devient une habitude pratiquée sur un rythme soutenu et répétitif, il induit des tensions musculaires dans les zones fessière et anale, notamment au niveau de la prostate où naît l'impulsion de poussée coïtale.

La peur de l'homosexualité constitue un quatrième facteur de tension. En effet, l'idée d'éprouver du plaisir par des caresses et une stimulation de cette zone risque de faire éprouver un sentiment de menace à tout homme cultivant une forte image hétérosexuelle.

Enfin, les examens médicaux désagréables concernant la prostate, auxquels presque tous les hommes doivent se soumettre à un moment donné, sont également générateurs de tensions. En effet, la gêne causée par un toucher rectal lors d'une consultation médicale persiste après le choc initial. En outre, ces dernières années, la prostate est devenue un souci médical majeur en raison de la fréquence du cancer touchant cette glande.

Pour toutes ces raisons, la région anale est devenue un territoire difficile à explorer et à considérer comme érogène. Mais il est heureusement possible de remédier à ce conditionnement social traumatisant. Vous voici maintenant placé devant un nouveau défi à relever: relâcher la musculature de cette zone interdite et tendue, lui permettre de guérir de son passé, d'être l'objet de caresses attentionnées pour qu'elle soit source de grand plaisir indépendamment de tout tabou ou jugement d'ordre culturel. Le moment est venu pour nous toutes de reconnaître que cet élément anatomique masculin mérite autant de soins et d'attention qu'un autre.

EXERCICE: STIMULATION PROSTATIQUE EXTERNE

Objectif et bienfaits

Il a pour but d'approfondir le vécu et la connaissance sensorielle masculins de ce volet sexuel par la stimulation prostatique. Cette dernière se pratique par voie externe en massant la zone périnéale, située entre les testicules et l'anus. Cette technique ouvre la voie permettant de vivre de multiples orgasmes que nous qualifierons d'implosifs par contraste avec l'orgasme explosif qu'est l'éjaculation ordinaire.

Shiva, la stimulation prostatique vous fait éprouver un orgasme comparable à celui que la stimulation du point G fait vivre à la femme. Vous apprécierez ainsi la manière dont le plaisir sexuel peut s'étendre de votre Vajra à votre prostate de la même façon que celui de la femme s'étend de son clitoris à son point G.

La stimulation combinée de votre Vajra et de votre prostate vous permet de combiner deux types de plaisir différents: respectivement celui provoquant des sensations centrifuges, et l'autre des sensations centripètes.

En effet, lorsque vous éjaculez, vos muscles péri-prostatiques présentent une réaction réflexe, caractérisée par une série de pulsations ou plutôt de contractions concourant à projeter le sperme à l'extérieur par l'urètre. En revanche, la stimulation prostatique vous fait vivre un flot durable de sensations agréables n'exigeant pas l'éjaculation.

Préparation

- Soyez douce et affectueuse en vous livrant à l'exploration de cette zone. De fait, le massage prostatique risque d'entraîner temporairement une légère sensation de gêne, d'ailleurs naturelle lorsqu'on sensibilise une zone corporelle délaissée. Ainsi, il est préférable de ne pas masser directement la prostate plus de cinq à sept minutes lors des premières séances.

- Si vous avez récemment souffert d'une inflammation ou d'une infection prostatique, ou bien si vous présentez des antécédents de pathologie prostatique, vous ne devez pas pratiquer ce massage à moins que votre médecin ne vous y ait autorisé.
- Shiva, veillez à prendre une douche préalable en vous lavant soigneusement le sexe et l'anus. En effet, l'un des facteurs les plus importants présidant à une stimulation prostatique commode et confortable pour les partenaires est la certitude de la propreté anale.
- Shakti, vous pouvez adopter, si vous le préférez, l'attitude de l'étudiante en médecine, consistant en l'occurence à vous concentrer afin de réussir une habile stimulation à la faveur d'essais successifs et d'un échange permanent d'informations.
- Shakti, disposez les éléments du Cercle Magique pendant que Shiva se prépare pour le massage.
- Assurez-vous que vos ongles sont courts et lisses.
- Si vous le souhaitez, vous pouvez porter des gants de latex à titre de mesure d'hygiène complémentaire.
- Servez-vous largement d'un lubrifiant à base huileuse.
- Consacrez trois-quarts d'heure à cet exercice.

PHASE 1: MASSAGE ENERGETIQUE PRELIMINAIRE

Shakti, accueillez Shiva dans votre Cercle Magique.

Commencez par un Salut du Cœur et une Etreinte Unificatrice prolongée.

Shakti, ôtez sa robe à l'être aimé et aidez-le à s'allonger par terre à plat ventre. Vous pouvez, si vous le souhaitez, travailler sur une table de massage.

Commencez par lui faire un massage énergique et profond de la zone fessière périphérique, mais également des lombes, du sacrum et du haut des cuisses. Cette phase préparatoire à la stimulation prostatique est importante. Articulez vos gestes de massage autour de votre centre hara – qui est celui de l'équilibre, situé au-dessous du nombril – en faisant participer tout votre corps.

Soyez malicieuse, amusez-vous, le massage des fesses évoquant assez bien le pétrissage de la pâte à pain.

Achevez ce massage en plaçant une main sur chaque fesse, puis en les secouant énergiquement pendant deux à trois minutes avant d'exécuter un mouvement descendant des mains sur les faces postérieures des jambes de Shiva, en partant des fesses jusqu'aux pieds, ensuite vous tapoterez chaque plante pour enraciner l'énergie.

Vivez votre individualité comme une feuille saine, ainsi vous sentirez couler en vous la sève de la vigne qu'est votre moi intime.
— The Bird Tribe Book

PHASE 2: EVEIL DE LA FOUDRE (STIMULATION DU VAJRA)

Shakti, lorsque vous avez terminé, demandez à Shiva de se tourner sur le dos, puis de se renverser en position semi-assise, soutenu par des coussins ou des oreillers.

Prenez le temps de vous mettre à l'unisson de Shiva, en soutenant son sexe d'une main formée en coupe pendant que vous placez l'autre sur son centre cardiaque. Regardez-le avec tendresse, sensible à la confiance et à l'excitation réciproque qui vous unit. Dites-lui quelque chose d'émouvant, du genre : "Tout cela est pour toi, je t'aime, abandonne-toi simplement à mes caresses".

Ensemble, respirez profondément et de manière synchrone.

Shakti, comme c'était le cas pour la stimulation de votre point G, il importe que Shiva soit au sommet de l'excitation sexuelle avant que vous ne commenciez à caresser sa prostate. En effet, la turgescence du Vajra contribue au relâchement et à la résorption des tensions affectant la zone péri-prostatique.

Lubrifiez le Vajra de Shiva en utilisant l'huile à discrétion, puis commencez à stimuler ce sceptre de pouvoir au moyen de caresses que vous avez apprises. N'hésitez pas à épuiser le répertoire de votre savoir-faire et des caresses pour que votre partenaire accède à la joie et aux délices orgastiques, puis adoptez un rythme régulier qui le portera au sommet de l'excitation sexuelle.

Shiva, servez-vous de votre mot-code pour que la stimulation cesse en-deçà du point de non-retour.

Shakti, cessez toute stimulation, en laissant votre main posée sur son Vajra.

Shiva, détendez-vous, respirez lentement et profondément, en laissant votre bassin absorber vos sensations orgastiques.pour s'en imprégner. Vous êtes maintenant prêt à la stimulation prostatique.

PHASE 3: MASSAGE DE LA ZONE PERINEALE

Shakti, après avoir stimulé le Vajra de votre partenaire pendant un quart d'heure ou vingt minutes, l'amenant ainsi à plusieurs acmés, demandez-lui : "Maintenant, je voudrais porter mon attention sur ta prostate. Es-tu d'accord ?".

S'il répond "oui", commencez à explorer la zone périnéale.

Shakti, caressez la surface cutanée comprise entre les testicules et l'anus de Shiva. Palpez le monticule situé juste au-dessous des testicules et constituant la racine de son Vajra, puis suivez-le vers l'arrière en direction de l'anus, là où vos doigts rencontrent une zone charnue, molle et dépressive. Celle-ci correspond au périnée, c'est-à-dire l'endroit où est située la prostate à l'intérieur du corps.

Palpez les deux grosses tubérosités osseuses constituant les ischions du bassin de Shiva, située à la partie inférieure des fesses et suivez-les en descendant vers le périnée. Vous sentirez à nouveau sous vos doigts une zone molle, charnue et dépressive.

Shiva, vous découvrirez probablement que cette zone, faisant rarement l'objet d'un toucher, est parfaitement insensible, aussi donnez à Shakti tout le temps qu'il lui faut pour la détecter. En effet, mieux elle connaîtra ce territoire, plus elle vous donnera de plaisir par la suite.

Shakti, les gestes suivants ont pour but de délier et détendre la zone périnéale, pour la sensibiliser et lui donner vie en résorbant les tensions. Vous préférerez peut-être, par commodité, placer un petit coussin sous les fesses de Shiva pour rendre cette zone plus accessible.

Pression digitale Shakti, exercez une pression des doigts sur la zone située entre les testicules et l'anus, en palpant pour savoir où elle est ferme et où elle est molle. Vous constaterez probablement que cette zone dépressive tolère une pression s'exerçant à la fois en profondeur et avec fermeté sur la zone recouvrant la prostate.

Pour trouver le point le plus érogène, faites des essais en exerçant cette pression avec l'index et le medius, guidée par votre partenaire: "Oui, ici, maintenant, essaie plus haut, redescends légèrement..."

Shiva, tandis que Shakti continue le massage, commencez à pratiquer le pompage pubo-coccygien en contractant les muscles situés autour du périnée et de l'anus lorsque vous respirez profondément par la bouche. Cela contribuera à relâcher toutes les tensions corporelles.

Guidez Shakti en lui disant ce que vous ressentez et indiquez-lui l'intensité de la pression qu'elle doit exercer.

Pression exercée avec les jointures Shakti, fermez le poing et exercez une légère pression des jointures sur toute la zone périnéale. Maintenez une communication étroite avec Shiva, en lui demandant : "La pression est-elle assez forte? Qu'en est-il si je m'y prends comme ça?"

Une fois que vous connaîtrez précisément le point érogène et la pression à exercer, vous vous souviendrez ensuite comment vous servir d'un doigt ou d'une jointure pour empêcher Shiva d'éjaculer lors d'une forte excitation.

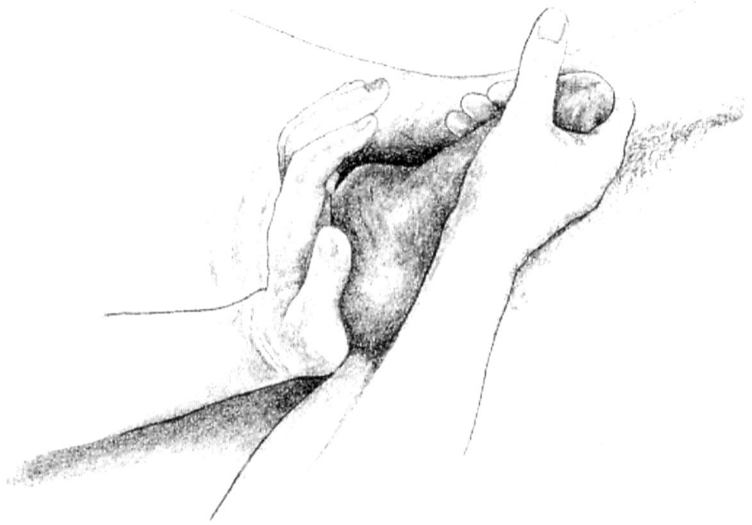

Stimulation externe de la prostate: combinaison des vibrations induites au niveau périnéal avec les caresses péniennes

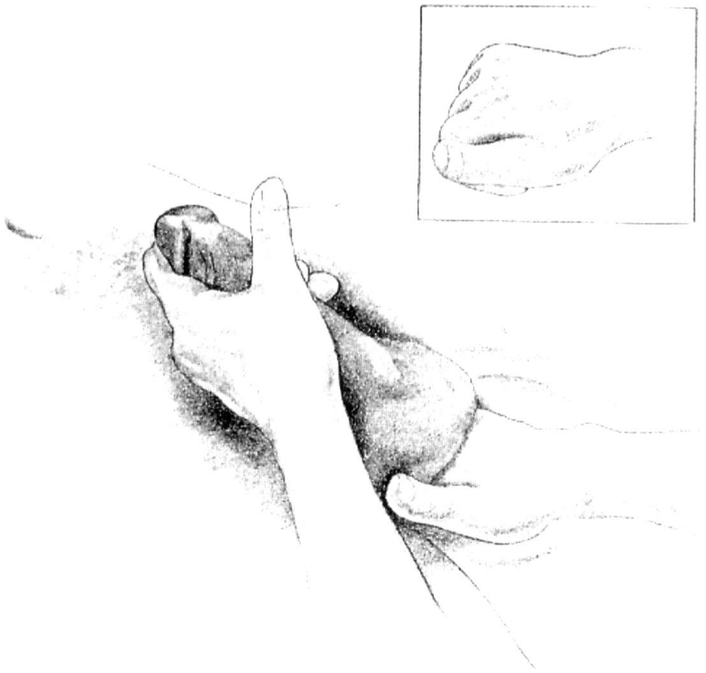

Stimulation externe de la prostate: vibrations et pression induites et exercée au niveau périnéal avec le poing

Vibrations induites avec le poing Fermez le poing et exercez une pression avec le plat des premières phalanges – situées entre les premier et second groupes de jointures – sur le plancher périnéal. Secouez votre poignet de façon à faire trembler cette zone, comme si vous vouliez que ces vibrations, telles des pulsations, se transmettent à la prostate par l'intermédiaire du périnée. De votre main libre, massez la poitrine et l'abdomen de Shiva.

Vibrations induites avec les deux mains Déplacez vos doigts vers la base de la colonne vertébrale de Shiva (zone coccygienne), de telle sorte que le "talon" de votre main comprime son périnée. Posez la main gauche sur la partie inférieure de l'abdomen. Toute la partie inférieure de son bassin repose maintenant entre vos mains. En faisant participer tout votre corps et en articulant votre mouvement autour de votre hara, faites vibrer cette zone en agitant vos mains.

PHASE 4: MONTEE DE L'EXCITATION SEXUELLE

Shakti, maintenant que vous avez dynamisé la zone située autour du périnée de Shiva, vous pouvez essayer de stimuler simultanément son Vajra et sa prostate.

Huilez le Vajra puis caressez la hampe selon votre préférence, amenant cette baguette magique à une érection palpitante de vie.

Une fois l'érection déclenchée, stimulez le périnée de votre main libre en exerçant une pression accentuée des doigts ou des jointures. Massez-le en exécutant soit des mouvements circulaires, soit une friction de haut en bas, soit de rapides compressions-décompressions de ce point érogène, analogues à des pulsations.

Commencez alors à masser le Vajra et la zone périnéale de Shiva à la même cadence, gestes favorisant la montée de l'excitation sexuelle grâce aux caresses couplées et régulières, sans pour autant qu'il soit trop attentif aux sensations éprouvées au niveau de sa verge.

La pierre philosophale transmute le métal vil en or, comme au cœur du joyau, amour et passion transforment l'individu en pure conscience.
— *Alchimie tantrique*

Voici l'ensemble de gestes valant la peine d'être essayés: saisir le Vajra de votre main droite en le tenant par la base. Puis, refermez le pouce et l'index gauches en anneau autour des bourses – juste au-dessous de la verge – de façon qu'elles reposent en entier dans la paume de votre main tandis qu'avec le plat des premières phalanges, vous exercez une pression sur le périnée.

Testez ces positions relatives des mains permettant de caresser la verge avec la droite en faisant vibrer le périnée de la gauche.

Shiva, dites à Shakti ce que vous ressentez et indiquez-lui la vigueur, la pression et la cadence adéquates.

Voici une excellente indication: Shiva, lors des phases initiales, pendant que Shakti se familiarise avec le massage prostatique externe, vous désirerez peut-être stimuler vous-même votre Vajra. Vous pouvez aussi atteindre un premier apogée de l'excitation sexuelle, en ouvrant votre conscience sensorielle aux sensations nouvelles induites par Shakti. Cela peut être très excitant pour vous, mais donne également à votre partenaire plus de liberté pour se concentrer sur la zone périnéale.

Shakti, si vous avez du mal à caresser le périnée de Shiva en vous plaçant face à lui, demandez-lui d'écarter davantage ses jambes et asseyez-vous à angle droit par rapport à sa zone génitale.

PHASE 5: L'ACME COMBINE

Shakti, amenez Shiva à l'acmé orgastique en lui prodiguant une forte stimulation combinée du Vajra et du périnée.

Shiva, n'hésitez pas à vraiment rechercher votre plaisir: respirez énergiquement, remuez, émettez des sonorités. Accordez toute votre attention à vos sensations et cherchez à les accentuer en invitant Shakti à vous stimuler par tout moyen lui permettant de vous exciter davantage.

Au moment de l'acmé, faites cesser toute stimulation en utilisant le mot-code.

Shiva, relâchez votre corps, respirez lentement et profondément en vous concentrant sur les délicieuses ondes de plaisir parcourant votre bassin. Abandonnez-vous à ces sensations, même si elles vous apparaissent étranges et nouvelles. Cédez-leur. Sentez combien le Vajra et la prostate se complètent harmonieusement dans ce ballet orgastique.

Reprenez ce processus autant de fois que vous le souhaitez.

Concluez la séance par une Etreinte Unificatrice.

Shiva, remerciez Shakti de sa bonne volonté pour accéder à de nouvelles dimensions du plaisir.

Marquez une brève pause, puis échangez vos impressions.

Achevez par un Salut du Cœur.

Les cinq points essentiels du massage périnéal

Voici les cinq points essentiels dont il faut se souvenir lorsqu'on procède à la stimulation prostatique externe:

1. Commencez par un énergique massage de la zone péri-fessière.
2. Stimulez le Vajra avant d'aborder la zone périnéale.
3. Etudiez différentes caresses périnéales.
4. Pratiquez la stimulation rythmique combinée du Vajra et du périnée.
5. Pratiquez l'acmé sans éjaculation.

ASSOCIER FORTE EXCITATION ET RECEPTIVITE

Shiva, la première difficulté rencontrée risque d'être le massage de la zone périnéale par Shakti parce que plus vous détendez vos régions anale et prostatique, moins l'excitation est forte au niveau de votre Vajra.

Or, vous pouvez remédier à cette tendance en demandant à Shakti de continuer à stimuler votre Vajra tout en massant votre périnée, mais ne vous inquiétez pas si effectivement votre érection disparaît: c'est une étape nécessaire sur la voie d'un plaisir orgastique fortement amplifié.

En effet, il ne s'agit pas de concentrer votre attention sur le maintien de l'érection, mais d'explorer et de savourer les possibilités offertes par les nouvelles sensations induites au sein de votre zone péri-prostatique. C'est là que Shakti vous aide à épanouir la réceptivité de votre sexualité.

Lorsque, avec l'aide de Shakti, vous aurez acquis l'habileté vous permettant d'associer la forte excitation sexuelle à la détente et à la réceptivité, vous serez en mesure de vivre un plaisir orgastique prolongé pouvant durer de dix à vingt minutes. Cela se produit lorque vos zones péri-prostatique et péri-anale sont à la fois détendues et sensibilisées.

MESURE D'HYGIENE PARTICULIERE

Nous allons maintenant passer à la troisième et dernière phase consistant à explorer l'alchimie de l'orgasme masculin, au cours de laquelle Shakti va pratiquer la stimulation prostatique interne, en introduisant délicatement ses doigts dans le canal anal de Shiva pour masser directement cette glande.

Cependant, auparavant, je recommande à Shiva de prendre une mesure d'hygiène particulière. En effet, il est préférable qu'il prenne une douche rectale comme les femmes en prennent une vaginale, bien qu'il existe certaines réticences tenant du tabou, chez les hommes hétérosexuels. Cette pratique peut en effet inspirer à certains de désagréables sentiments à connotation homosexuelle, ou évoquer chez eux le risque de se voir considérer, par leur partenaire, comme des hommes "efféminés".

Cependant, je peux assurer que cette pratique simple et sans détour sera fort appréciée de votre compagne. Elle vous sera reconnaissante de prendre cette mesure d'hygiène, sachant que dans cet exercice, vous apportez un soutien total à son rôle. En outre, la douche rectale ou lavement évacuateur, utilisant de l'eau tiède, sensibilisera la zone péri-prostatique, d'où un plaisir amplifié.

Réalisez cela aussi choquant ou gênant qu'il puisse paraître, ce lavement s'apparente assez au nettoyage du sous-sol de votre maison. En effet, ce faisant, vous éliminez les "déchets émotionnels" – tensions et zones d'induration fonctionnelle induites par la colère contenue, l'éducation sphinctérienne précoce, etc... – qui se sont accumulés dans cette région du corps depuis votre enfance.

Si je me réfère à l'expérience acquise dans l'initiation de nombreux couples au massage prostatique interne, le plaisir masculin amplifié n'est pas son seul résultat positif: il entraîne également une sédation de la douleur liée aux hémorroïdes, en même temps qu'il en réduit le volume et qu'il préserve la santé et la vitalité de la prostate.

EXERCICE: STIMULATION PROSTATIQUE INTERNE

Objectif et bienfaits

Son but est de faire connaître à Shiva les sensations orgastiques finales et mixtes résultant des stimulations prostatique interne et pénienne (Vajra) simultanées. Cet exercice lui fait vivre l'expérience tantrique consistant à mettre en équilibre ses composantes énergétiques masculine et féminine: une énergie masculine forte est stimulée au niveau de son Vajra tandis que des sensations féminines caractérisées par une plus grande réceptivité sont induites au niveau de sa zone prostatique.

Après cette expérience, Shiva est en mesure d'approfondir sa connaissance de Shakti, car il sait ce qu'est éprouver du plaisir par pénétration.

Autre bienfait de cette pratique: une plus grande sensibilité du Vajra de Shiva lorsqu'il est en contact avec le Yoni de Shakti pendant le coït.

Elle procure également les sensations les plus intenses et les plus dynamisantes accessibles à l'orgasme masculin qui se révèlent fort précieuses dans la pratique de la magie sexuelle.

Shiva, au cours de cet exercice, vous atteignez les racines de l'énergie créatrice masculine. Vous pénétrez la zone où sperme et liquide prostatique se mêlent, honorant de vos attentions cette partie de votre temple terrestre. Ce faisant, vous éprouverez le surplus d'excitation consistant à découvrir une zone érogène toute nouvelle et négligée auparavant.

Linga et Shakti sont en conformité réciproque, car autrement, comment une nouvelle vie pourrait-elle naître? Ainsi le désir lie l'homme à la femme dans une union passionnée.*

— *Kama Sutra*

* NdT: Lingam signifie "marque", "signe distinctif", "sexe", etc. et désigne aussi le Phallus de Shiva.

Préparation

- Shakti, il est important qu'en prévision d'un massage prostatique interne vos ongles soient taillés courts, limés, arrondis et dépourvus d'envies* ou d'angles aigus.

---

*NdT: envies: filets de peau autour de l'ongle.

- Si vous le souhaitez, vous pouvez acheter des gants en latex pour la stimulation prostatique interne. Ils permettent également de protéger la fragile et sensible muqueuse rectale des aspérités digitales.
- Ayez à portée de main des mouchoirs ou des serviettes en papier.
- Shiva, afin de procéder à votre lavement, achetez une petite poche "de voyage" prévue à cet effet, dans une grande pharmacie. Ou bien, demandez à Shakti de le faire pour vous. Prévoyez deux gobelets d'eau chaude, additionnés de quelques gouttes d'un bactéricide naturel (comme l'huile essentielle de lavande), à titre de mesure d'hygiène complémentaire. Quand vous avez terminé, prenez une douche et préparez-vous à être dorloté.
- Shakti, c'est à vous de disposer les éléments du Cercle Magique. En prévision de votre future tâche délicate, apportez un soin particulier à l'instauration d'une ambiance affectueuse et protectrice à l'intention de Shiva.
- Accordez-vous une heure et demie pour cet exercice.

PHASE 1: MONTEE DE L'EXCITATION PENIENNE

Shakti, conduisez Shiva à l'intérieur du Cercle Magique.

Commencez par une danse rythmique assez vive, sautillez et "enracinez" l'énergie afin de vous sentir tous les deux recueillis et dynamisés.

Shakti, invitez alors Shiva à se renverser sur de grands oreillers et asseyez-vous près de son sexe, comme dans l'exercice précédent.

De même que pour la stimulation prostatique externe, il est préférable de commencer par stimuler le Vajra de Shiva, entraînant une congestion de la zone péri-prostatique, un relâchement des tensions éventuelles et une prise de conscience de cette glande invisible.

Veillez à ce que Shiva soit bien excité en l'amenant à un premier acmé par des caresses de son Vajra. Approchez au moins une fois le point de non-retour.

Il importe que vous restiez en contact digital avec son Vajra pendant tout le temps où vous palpez sa prostate, le stimulant ainsi de temps à autre pour, notamment, conforter Shiva dans le sentiment de sa sexualité masculine et dans sa confiance en vos caresses.

PHASE 2: ANNONCEZ-VOUS

Shakti, oignez l'anus et le sillon interfessier de Shiva, puis commencez à masser et à caresser lentement le pourtour externe de l'anus. Servez-vous du lubrifiant à discrétion. Il se peut que pour Shiva cette sensation soit à la fois nouvelle et excitante mais elle peut également l'effrayer, aussi ne vous précipitez pas.

Demandez-lui ce qu'il ressent.

Shiva, si vous êtes nerveux, pratiquez le pompage pubo-coccygien et faites basculer votre bassin d'avant en arrière, tout en respirant énergiquement par la bouche, sans oublier d'émettre des sonorités. Cette préparation dynamique contribuera à faire affluer le sang vers cette zone, apportant une énergie et une vitalité nouvelle, tout en aidant les tensions à se dissiper.

Shakti, quand vous êtes prête et sans que vos doigts quittent l'anus de Shiva, marquez une pause à la porte et demandez : "Est-ce que je peux entrer?"

Si Shiva dit "oui", exercez une légère pression de l'index sur l'orifice anal en vous servant abondamment de lubrifiant.

Shiva, en pratiquant un pompage pubbo-coccygien modéré, ainsi qu'en contractant vos muscles péri-anaux et ceux de la zone périnéale, vous constaterez que l'index de Shakti est aspiré par l'orifice anal.

PHASE 3: PENETRATION ANALE

Shakti, franchissez très doucement l'anus avec votre medius ou votre index. Ce faisant, vous sentirez le sphincter anal de Shiva (anneau musculaire situé à la périphérie de l'orifice anal) se tendre et devenir ferme. Quand cela se produit, arrêtez-vous et patientez pour que la zone se relâche. A mesure que la tension diminue, faites onduler votre doigt très doucement pendant quelques instants, puis pénétrez un petit peu plus profondément. Progressez très lentement en faisant appel à toute votre sensibilité tactile afin de permettre à cette zone de se détendre.

Une fois que votre doigt a pénétré d'environ deux centimètres et demi, recourbez-le en crosse et commencez à le faire glisser sur le pourtour interne du sphincter anal tout en exerçant lentement une pression. Au bout d'un moment, vous pouvez aussi le faire vibrer légèrement.

Shiva, respirez profondément par la bouche tandis que Shakti masse le pourtour interne de votre sphincter. Si vous constatez de nombreuses tensions à ce niveau, peut-être estimerez-vous qu'il est préférable de consacrer une autre séance, ou plus, à obtenir une meilleure détente. Surtout, ne cédez pas à la tentation de passer outre à toute gêne ou douleur. Soyez très doux avec vous-même. Guidez Shakti afin que la pénétration et la stimulation se fassent à une cadence et un rythme agréable pour vous.

PHASE 4: RENCONTRE AVEC LA PROSTATE

Shakti, vous saurez que vous pouvez pénétrer plus profondément lorsque l'anus de Shiva sera détendu et aura perdu sa fermeté. En effet, les muscles de cette zone s'habituent à votre toucher, donc vos mouvements de pénétration sont bien accueillis.

Stimulation prostatique et pénienne simultanées.

Poursuivez votre exploration du sphincter anal et demandez à Shiva ce qu'il ressent. Surtout, restez en communication étroite.

Introduisez votre doigt plus profondément dans le rectum en le recourbant légèrement vers le haut, jusqu'à ce que vous rencontriez une masse ronde et ferme de tissus de la taille d'un marron. C'est la prostate.

Shiva, vous éprouverez probablement une sensation à la fois vive et inaccoutumée – en fait, elle peut être agréable ou simplement étrange – lorsque le doigt de Shakti exercera une pression sur votre prostate. A ce moment-là, prévenez votre compagne qu'elle a trouvé le bon endroit.

Prenez votre temps afin d'explorer l'intégralité de cette zone.

Mais je voudrais une fois encore garantir à Shiva qu'il n'y a pas lieu de s'inquiéter s'il constate une perte d'érection. Il est plus important que vous amélioriez ensemble votre compréhension en ce domaine.

PHASE 5: STIMULATION PROSTATIQUE

Shiva, au début, vos sensations lorsque Shakti comprime votre prostate peuvent ne pas être agréables et vous paraître étranges. Ou bien, il se peut que vous ressentiez peu de chose. En effet, tout comme le point G, la prostate peut parfois ne pas être sensible à la stimulation et ne devenir la source d'agréables sensations qu'au bout de deux ou trois séances.

Shakti, commencez à stimuler doucement cette zone prostatique. Ce type de massage se décompose en trois caresses de base:

1. Avec le doigt, effectuez un mouvement en zigzag à la surface de la prostate et des tissus voisins.
2. Du doigt, exécutez un mouvement longitudinal à la surface de cette glande.
3. En maintenant votre doigt sur la prostate, imprimez-lui de légères secousses, comme si vous vouliez la faire vibrer.

Shiva, vous pouvez également pratiquer le pompage pubo-coccygien et effectuer de légères rotations pelviennes pendant que Shakti stimule votre prostate. Mais peut-être préférerez-vous rester immobile afin de percevoir les sensations avec plus d'acuité.

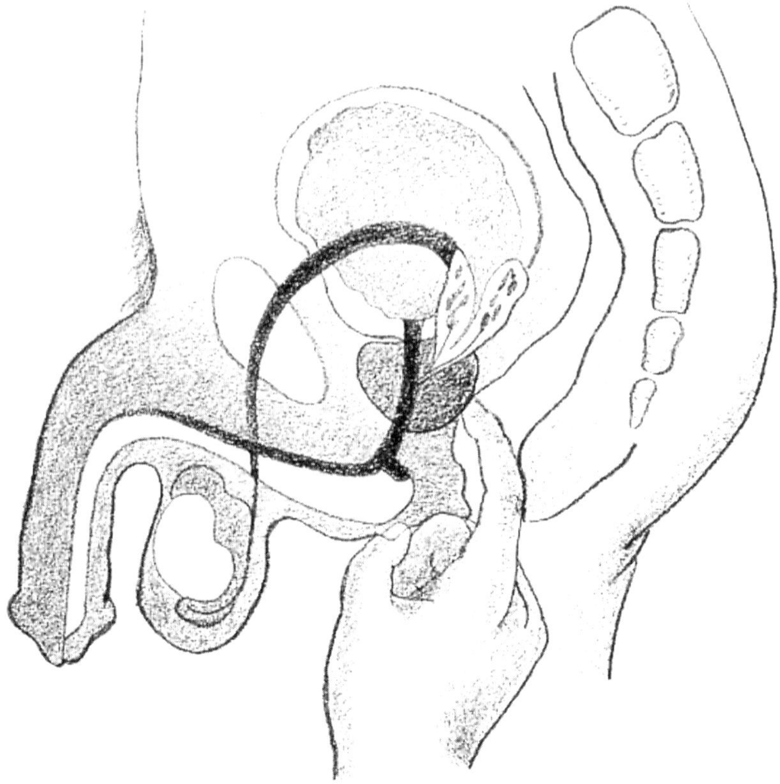

Comment stimuler la prostate par la voie anale.

Le meilleur moyen de dissiper les tensions est de demander à Shakti de faire vibrer son doigt sur la prostate pendant qu'elle stimule votre pénis de l'autre main. A moins que vous ne préfériez vous concentrer exclusivement sur les sensations issues de cette glande.

Respirez énergiquement par la bouche, envoyant ainsi une énergie nouvelle à votre bassin. Informez clairement Shakti sur la manière dont vous désirez qu'elle caresse votre prostate afin de la sensibiliser à devenir une source de plaisir.

Shakti, procédez avec douceur et servez-vous du lubrifiant à discrétion. Au début, le massage prostatique ne doit pas durer plus de cinq minutes et sachez toujours vous arrêter si des sensations douloureuses apparaissent.

PHASE 6: STIMULATION COMBINEE DU VAJRA ET DE LA PROSTATE

Shiva, dès que votre prostate est sensibilisée et que vous êtes familiarisé avec les sensations éprouvées au niveau de cette zone, vous pouvez demander à Shakti d'amplifier votre expérience sensorielle en procédant simultanément au massage de votre prostate et à la stimulation de votre Vajra.

Shakti, essayez, tout en massant d'un doigt la prostate de Shiva, de commencer à stimuler son Vajra de l'autre main. N'hésitez pas à utiliser quantité de lubrifiant.

Voici maintenant une caresse combinée que j'appelle "Rencontre de deux amies".

Rencontre de deux amies Dans l'intention de décrire cette caresse combinée, imaginons que Shakti tient le Vajra de la main droite pendant que son index gauche exerce une légère pression sur la prostate de Shiva.

Shakti, stimulez d'abord énergiquement le Vajra de votre main droite, en laissant votre index gauche immobile sur la prostate. Quand d'agréables sensations commencent à parcourir le Vajra – la plénitude érectile n'est pas nécessaire -, entamez vos caresses combinées: introduisez votre index gauche plus loin dans le rectum pour qu'il caresse la prostate en passant dessus, pendant que, de la main droite, vous exécutez un mouvement descendant le long du Vajra.

Votre index gauche, à l'intérieur du rectum de Shiva semble ainsi rejoindre votre main droite, située à la base de son Vajra, comme deux amies se rencontrant. Faites alors reculer votre index tout en caressant la hampe phallique en remontant, à l'instar de deux amies qui se séparent, puis réenfoncez votre index pendant que vous caressez le Vajra d'un mouvement descendant, telles deux amies qui se retrouvent, et ainsi de suite.

Mais vous pouvez apporter des variantes à cette caresse de base. Ainsi,

vous pouvez caresser la hampe phallique tout en imprimant des vibrations à la prostate ou en exécutant des mouvements en zig-zag autour d'elle.

Shiva, c'est à vous de guider Shakti en lui fournissant des informations claires, en lui indiquant les caresses efficaces, la manière dont vous désirez qu'elle vous les prodigue, l'intensité des pressions à exercer et les rythmes qui les rendent agréables. Ne soyez pas avare de détails précis.

Rappelez-vous: la sensibilisation de votre prostate exigera peut-être plusieurs séances et Shakti aura peut-être besoin de temps pour trouver exactement les caresses appropriées vous amenant à l'orgasme, aussi ne vous pressez pas.

Voici une indication précieuse: comme lors de l'exercice précédent, Shiva trouvera peut-être excitant de stimuler lui-même son Vajra pendant que Shakti stimulera sa prostate de façon rythmique. Essayez cette technique.

La rencontre de deux amis. Cette caresse consiste à donner à l'homme un orgasme mixte par des stimulations pénienne et prostatique simultanées.

PHASE 7: ABANDONNEZ-VOUS AUX ONDES ORGASTIQUES

Shakti, adoptez un rythme de massage régulier en combinant les caresses procurant du plaisir à Shiva.

Demandez-lui "Es-tu prêt pour l'acmé?"

S'il répond "oui", intensifiez la stimulation des deux zones en tenant fermement son Vajra, pendant que vous exécutez les mouvements de haut en bas et inversement et que vous faites vibrer votre index sur la prostate.

Shiva, vous voudrez peut-être mettre en œuvre les Trois Clés pour donner plus d'intensité aux sensations qui se diffusent au niveau de votre sexe et de votre bassin. Dans ce cas, respirez plus vite et plus profondément, laissez votre corps s'exprimer par d'énergiques projections pelviennes et n'hésitez pas à émettre des sonorités reflétant vos sensations. Mais vous pouvez aussi avoir envie de vous détendre profondément, à la faveur d'une grande réceptivité aux exquises sensations induites par Shakti.

Partez à la recherche de l'extase, de votre plaisir et de votre excitation, quelle que soit la manière qui vous convient pour y parvenir, sur la voie vous menant vers de nouveaux sommets orgastiques.

Lorsque l'instant précédant immédiatement l'éjaculation approche, servez-vous de votre mot-clé et dites "Maintenant".

Shakti, cessez toute stimulation, mais continuez à exercer une pression de l'index sur la prostate de Shiva, ce qui l'aidera à ne pas éjaculer.

Shiva, c'est maintenant le moment de vous détendre complètement. Accordez votre attention à l'excitation orgastique produite au niveau de toute votre zone pelvienne. Abandonnez-vous à ces étonnantes sensations, à leur vibrations, qu'elles soient au niveau de votre bassin, de votre abdomen ou de vos cuisses, diffusant ainsi dans votre corps des ondes de plaisir orgastique. Respirez lentement et profondément.

Quand vous êtes prêt, recommencez. Demandez à Shakti de stimuler simultanément vos deux zones érogènes. Poursuivez ainsi afin d'atteindre successivement des sommets d'excitation sexuelle toujours plus élevés.

Vos acmés successifs se traduisent chacun par de délicieuses ondes d'énergie sexuelle s'amplifiant, devenant plus intenses et plus durables chaque fois. Qu'elles inondent votre corps. "Perdez-vous" en elles. Ressentez, sans qu'une vive stimulation soit nécessaire, s'écouler le flot continu et durable d'une subtile excitation orgastique interne.

Maintenant, la réserve et la maîtrise ne s'imposent plus parce que vous vous êtes totalement abandonné. Ne faites rien. Cet évènement surgit simplement dans votre expérience, comme si vous flottiez doucement, porté par le courant d'une rivière de plaisir orgastique.

Cela correspond au réflexe d'écoulement porteur d'extase orgastique sans que l'éjaculation soit nécessaire. Il peut se prolonger pendant dix à vingt minutes, voire même davantage.

Shiva, si vous souhaitez clore la séance dans la plénitude d'une éjaculation orgastique, demandez à Shakti de vous offrir cet ultime plaisir, ou bien, si vous préférez, allongez-vous calmement jusqu'à ce que vos sensations d'écoulement orgastique disparaissent toutes seules.

Je n'ai jamais de rapport sexuel le matin; c'est mauvais pour la voix. Par ailleurs, vous ne savez jamais qui vous allez rencontrer l'après-midi.

— ENRICO CARUSO

Shakti, au bout d'un moment, demandez à Shiva si vous pouvez retirer votre doigt de son anus. Si oui, procédez très lentement, puis retirez votre gant de latex avec une serviette en papier.

Après une pause, redressez-vous et rapprochez-vous dans une Etreinte Unificatrice.

Shiva, remerciez Shakti de la générosité dont elle a fait preuve en vous donnant autant de plaisir.

Echangez vos impressions.

Concluez par un Salut du Cœur.

Les cinq points essentiels de l'orgasme mixte

Voici les cinq points essentiels dont il faut se souvenir lors de la stimulation prostatique interne:

1. Stimulez le Vajra.
2. Pénétrez doucement le rectum.
3. Testez les caresses prostatiques.
4. Elaborez une stimulation mixte de la prostate et du Vajra.
5. Pratiquez l'acmé à répétition, mais sans éjaculation, jusqu'à ce que le réflexe d'écoulement orgastique se produire.

Remarques

C'EST EN FORGEANT...

Shiva et Shakti, au cours de votre apprentissage des techniques de stimulation mixte, vous connaîtrez des moments où vous éprouverez le sentiment que ce que vous faites ne mène à rien.

Dans ces moments-là, vous penserez peut-être : "Oh, ça ne marche pas", vous vous découragerez et aurez l'impression que vos efforts n'aboutiront pas.

Respirer énergiquement par la bouche est une des clés vous permettant de remédier à cela. Ce type de respiration entretient le dynamisme de votre corps, tout en vous aidant à rester conscient et attentif, ainsi qu'à vous concentrer sur chaque phase de l'exercice, sans oublier d'explorer aussi bien les moments d'accalmie que ceux marqués par une vive excitation.

Le fait d'essayer nombre de caresses et de gestes érogènes différents maintiendra votre intérêt pour l'exercice. Il vous sera parfois utile de vous concentrer exclusivement sur le Vajra, d'autres fois sur la prostate, ou sur des caresses combinées, mais aussi sur d'autres zones érogènes comme l'orifice rectal.

En ce domaine, une communication positive apportant un soutien confiant est très importante. Souvenez-vous de l'établir à propos des sensations éprouvées, des caresses, des sentiments, de l'énergie. Evitez la critique, les plaintes, mais gardez-vous aussi d'abuser de la bonne volonté montrée par votre partenaire.

SENSATION DE CHALEUR AU NIVEAU DE LA PROSTATE

Shakti, il se peut que les toutes premières fois où vous pénétrerez l'anus de votre partenaire, vous ayez l'impression qu'une chaleur intense et ardente diffuse à l'intérieur de vos doigts, provenant soit de la prostate, soit d'un autre point situé à l'intérieur du rectum.

La perception de chaleur signifie que des tensions se sont accumulées à cet endroit et qu'elles se résorbent à votre contact. Si vous maintenez votre doigt à l'endroit où la chaleur est la plus vive en lui imprimant de légères vibrations, vous constaterez la disparition de la chaleur au bout de quelques minutes et que la zone considérée est alors plus détendue.

LES CHANGEMENTS DE POSITION

Certains hommes ont du mal à rester allongés sur le dos pendant toute la durée de l'exercice. Ils sont confus, voire même intimidés du fait que la femme reste en permanence "au-dessus d'eux", dans une position dominante.

Shakti, si cela se produit, vous devez être disposée à changer de position pendant un moment. Shiva peut ainsi se redresser pendant que votre doigt reste en contact avec la prostate. Il peut de cette manière éprouver le sentiment du "Je suis ouvert à toi, mais maintenant je veux aussi montrer ma puissance et que je suis ton égal".

D'autres hommes apprécient beaucoup le sentiment que leur inspire la position de réceptivité et ils sont très heureux de rester dans cette position pendant tout l'exercice.

COMBINER ORGASME ET MAGIE SEXUELLE

Shiva et Sakti, vous méritez d'être félicités pour avoir ouvert une brèche dans le mur de cet important tabou culturel, pour être passés de l'autre côté de l'anus afin d'explorer l'univers de l'orgasme masculin amplifié, permettant ainsi à Shiva de s'ouvrir à des sensations extatiques dont la plupart des hommes ignoraient l'existence.

Maintenant que vous êtes tous deux parvenus à épanouir votre potentiel orgastique, vous êtes prêts à mettre cette formidable énergie sexuelle porteuse de vie au service de la magie sexuelle que vous allez pratiquer. Le chapitre suivant vous explique comment procéder.

C H A P I T R E 9

UNION MAGIQUE

ou quand la symbiose orgastique ouvre le Réseau Astral

Dans ce chapitre, l'art de la magie sexuelle se trouve porté au sublime grâce au lien qui existe entre votre vision et votre énergie orgastique amplifiée dans une puissante Union Magique, au cours de laquelle, phase ultime de la magie sexuelle, vous et votre partenaire avez un rapport complet, avec pénétration, chargeant ainsi votre Symbole Magique de vos énergies sexuelles combinées pour lui faire gravir, par l'union de vos corps, vos sept centres énergétiques. Par le biais de cet intense processus alchimique, l'énergie véhiculée par votre Symbole Magique est raffinée puis transmutée, vous permettant de communiquer avec les champs de force vibratoires universels du Réseau Astral et de voir le désir qui vous est cher se manifester dans votre réalité existentielle.

L'Union Magique rassemble toutes les phases antérieures que vous avez assimilées au cours de cette formation à la magie sexuelle, auxquelles s'ajoute le piment d'une pénétration. Elle signifie que vous êtes diplomés en magie sexuelle, vous conférant ainsi la maîtrise de votre existence.

Pour que l'Union Magique à laquelle vous vous disposez soit une réussite, vous et votre partenaire devez avoir acquis compétence et dextérité dans les domaines traités par les précédents chapitres: éveil de votre Magicien

Intérieur, guérison des traumatismes sexuels, libération du Moi Sauvage, élaboration conjointe d'une vision magique, orientation de votre énergie sexuelle et amplification de votre potentiel orgastique. Vous devez notamment avoir acquis la maîtrise de rester au seuil de l'orgasme, en faisant culminer votre plaisir sexuel par l'amplification de vagues successives d'énergie orgastique, mais sans libération éjaculatoire.

Par ailleurs, je voudrais, en manière d'introduction à l'Union Magique, vous rapporter le récit descriptif d'une séance dont les acteurs sont Marissa et Nicolas, deux pratiquants de la magie sexuelle qu'ont traduit leur désir de passion, de liberté et de richesse en un Symbole Magique comme décrit dans le chapitre 5. Leur récit vous fait vivre en quelque sorte une "avant-première furtive" de ce que vous réserve ce chapitre dans ses développements ultérieurs, tandis que vous passerez aux exercices. Il vous expose en particulier les modalités selon lesquelles deux partenaires peuvent choisir les éléments indispensables à une séance de magie sexuelle réussie et en faire la synthèse.

Renoncez à votre volonté dans le consentement à l'abandon.
— GANGIJI

Par l'étude et la pratique des exercices présentés dans cet ouvrage, vous avez acquis beaucoup d'habileté et de techniques. Par ailleurs et intentionnellement, je vous ai ménagé plusieurs choix et solutions de rechange pour vous inciter à édifier votre pratique de la magie sexuelle sur une large base, non seulement utile et pratique, mais également riche et variée.

Cependant, vous n'êtes pas obligés de vous inspirer de toutes les compétences et connaissances acquises, lors de chaque séance. Vous devez en revanche être capable de choisir les techniques répondant le mieux à vos besoins au sein d'un vaste "menu magique". C'est pourquoi le récit de Marissa et de Nicolas est instructif. Il vous montre en effet comment mettre à profit la richesse de votre expérience pour en tirer les éléments que vous jugez les plus adéquats.

L'autre aspect important de ce récit réside en ce qu'il montre comment un couple hétérosexuel passe d'une journée de travail banale à une soirée de magie sexuelle, art subtil et facteur déterminant de sa réussite. En effet, la tendance naturelle de toute personne affairée est de passer précipitamment d'une activité à une autre sans marquer de pause nette entre les deux. En conséquence, elle risque de transposer soucis, tensions, contraintes et exigences de rapidité auxquels est soumis un esprit occupé dans la pratique ésotérique et mystérieuse de la magie, avec un effet négatif certain sur le rituel. Observez comment Marissa et Nicolas évitent ce piège.

En outre, vous verrez comment ces deux pratiquants emploient la technique masturbatoire, présentant l'avantage d'un accès rapide à l'orgasme amplifié. Ce processus vous sera exposé plus loin dans ce chapitre. Veuillez, en lisant leur récit, garder présent à l'esprit le fait qu'ils pratiquent la magie sexuelle depuis plus d'un an. Leur emploi de la masturbation est efficace parce qu'ils ont consacré de nombreuses séances à s'aider mutuellement dans l'amplification de leur aptitude orgastique par les techniques déjà exposées dans les deux précédents chapitres.

Voici leur récit:

MARISSA: nous nous sommes retrouvés à environ 17 heures, comme un couple ordinaire après une journée de travail. Nicolas transpirait et une barbe de vingt-quatre heures hérissait son menton – "pour un magicien en amour, il est plutôt repoussant", pensais-je, à la prespective de notre soirée amoureuse.

Quant à moi, j'avais la tête comme le métro à une heure de pointe, encombrée de listes de choses à faire. J'étais nerveuse, préoccupée et d'une humeur peu propice à la magie sexuelle.

Que faire? La réponse arriva aussi vite que la question: laisser faire la nature, ce grand guérisseur. Alors, pour nous détendre, nous sommes allés à la plage, marcher, main dans la main, au bord de l'eau, nous asseoir sur les rochers, sentir le vent frais du large et l'agréable chaleur du soleil faiblissant. Au bout d'un moment, nous étions prêts à parler de la séance prévue.

NICOLAS: Je savais que Marissa pensait à la soirée qui nous attendait, aussi décidai-je d'évoquer la question: "Bon, qu'est-ce qu'on va faire ce soir?" demandai-je.

"J'aimerais qu'on fasse ce dont nous sommes convenus hier", répondit-elle, se référant à notre projet d'Union Magique.

"D'accord, mais je ne veux pas que cela nous emmène trop loin, répliquai-je. J'ai deux jours pour terminer un projet majeur d'aménagement de terrain".

Je fais partie des gens qui doivent presque toujours dire "non" ou "peut-être" avant d'acquiescer par un "oui" – c'est chez moi une vieille habitude, une forme d'autoprotection – alors qu'en fait, et en l'occurance, j'attendais cette séance avec autant d'impatience que Marissa.

MARISSA: Alors, nous avons parlé du Symbole Magique à employer. Au terme d'une brève discussion, notre choix s'est porté sur le Symbole d'amour, de liberté et de prospérité qui semble toujours nous divertir. Il s'agit d'un magnifique tableau représentant une grande coupe d'argent débordante d'eau surmontée de deux oiseaux traversant un soleil d'or. D'un côté, la coupe porte, imprimé, le mot *Rich*, style télégraphique dans lequel nous avons condensé le mot "richesse", entouré d'un cœur. A l'arrière-plan, des jets d'eau jaillissent des fontaines et retombent sur la coupe en élégants panaches.

Pour nous, ce tableau symbolise la richesse dans un sens très large, un sentiment de plénitude confinant à celui de trop-plein qui, par la pratique de la magie sexuelle, nous fait aussi riches que rois et reines.

A notre retour de la plage, nous avions très faim, aussi ai-je préparé une salade composée de maïs cuit à la vapeur et de tofu fumé, que nous avons mâchée lentement, en prenant notre temps pour que nos estomacs ne soient pas surchargés en perspective de la séance à venir.

NICOLAS: Pendant que Marissa préparait le dîner, je disposais les éléments du Cercle Magique dans le séjour. J'y prends plaisir et j'aime le faire dans mon style personnel: éclairage approprié, atmosphère à la fois mystique et érotique, placement des repères et des objets de pouvoir, d'un matelas au milieu du cercle, etc... cierges, encens, lubrifiants, mouchoirs en papier, ainsi qu'une carafe d'eau à portée de main. Je désire qu'en pénétrant dans la pièce et en regardant autour de soi, on se dise "Hola! C'est magnifique; faisons l'amour!"

MARISSA: Puis nous avons pris une douche ensemble, nous lavant mutuellement dans une atmosphère érotique et malicieuse. Entre-temps, nous avions oublié toute la fatigue accumulée pendant la journée. Nous étions comme deux enfants partis à l'aventure. Nous nous sommes alors parfumés mutuellement, avant de revêtir nos kimonos et sommes entrés dans le Cercle Magique. Il était 21 heures et nous étions prêts.

NICOLAS: Face à face, de chaque côté du matelas, nous nous sommes salués à la japonaise, par une petite révérence, avant de marcher l'un vers l'autre. Au moment de notre rencontre, j'ai ouvert avec douceur le kimono de Marissa et laissé mes mains effleurer légèrement son cou, ses seins et son ventre. Puis elle a ouvert le mien pour que nous pressions nos corps l'un contre l'autre dans une longue Etreinte Unificatrice.

MARISSA: Puis nous nous sommes assis. Nicolas plaça le symbole de richesse entre nous et, ensemble, nous avons invoqué les caractères de chaque élément.

"Puissent les deux oiseaux voler ensemble, nous apportant liberté et richesse".

"Puisse le soleil jaune d'or nous apporter vitalité et passion".

"Puisse notre coupe se remplir à déborder d'un amour généreux".

Nous nous sommes assis un instant, silencieux, avant que Nicolas n'ajoute: "Nous dédions ce rituel au fait d'attirer tout ce dont nous avons besoin".

J'ai ajouté: "La richesse pour vivre dans la prospérité, un cœur ouvert pour aimer avec générosité, ainsi qu'un trop-plein de joie, de rire et de gaieté dans notre vie quotidienne".

Puis nous nous sommes renversés sur les oreillers, jambes largement écartées exposant ainsi notre nudité, le Symbole Magique posé entre nous sur le sol. J'ai toujours trouvé cette phase du rituel très excitante; il y a en effet quelque chose de délicieux dans le fait de se montrer l'un à l'autre, comme si nous étions des étrangers.

NICOLAS: Mon intérêt sexuel s'éveillait, j'étais excité, le désir montait en moi. J'ai alors commencé à me masturber, caressant mon Vajra, montrant fièrement mon érection à Marissa, pendant qu'elle se caressait doucement. Elle a une manière de me regarder, yeux mi-clos, tandis qu'elle se passe les mains sur le corps, les cuisses, les seins... un type de regard voulant dire "je-te-désire-tant,-mais-ne-t'approche-pas" capable de me déchaîner.

MARISSA: Une de mes mains était occupé à caresser mon Yoni, l'autre mes mamelons, pendant que je vivais mes sensations, passionnée, mais je me répétais que rien ne pressait.

NICOLAS: Tandis que mon Vajra comprimait, en les soulevant, les lèvres du Yoni de Marissa, j'entamai la visualisation de notre Symbole Magique flottant entre nos sexes. Je pénétrais lentement, de plus en plus profondément, en imaginant que mon Vajra poussait le symbole à l'intérieur du corps de Marissa. Ayant achevé ma pénétration, j'eus le sentiment de sa présence à l'intérieur du premier chakra de chacun de nous. Alors, nous avons commencé à le mêler à nos sécrétions sexuelles, liant notre excitation à l'image de la coupe débordante, aux oiseaux prenant leur essor et aux fontaines étincelantes...

Puis, nous avons commencé à respirer ensemble, aspirant l'air dans nos poumons à grandes goulées, si bien qu'au bout d'un moment, Marissa prit la direction de l'exercice en disant : "Maintenant, le symbole a atteint chez chacun de nous le second chakra". Nous le chargions ainsi de l'énergie induite en la faisant monter de notre centre sexuel au nombril, lui permettant ainsi de s'élever régulièrement.

Nous étions tous deux absorbés par l'exercice. L'excitation était parfois si forte qu'elle nous amenait au bord de l'orgasme, mais jamais jusqu'au réflexe éjaculatoire. Parfois aussi, l'énergie atteignait un plateau et se diffusait dans notre corps, en vagues successives. J'éprouvais le sentiment que nous aurions pu continuer ainsi toute la nuit, car nous avions tant d'énergie à notre disposition!

MARISSA: Nous avons porté notre symbole de bout en bout jusqu'au septième chakra. Et c'est alors qu'une pulsion impérieuse m'a incitée à rechercher une libération orgastique totale. J'ai donc demandé à Nicolas s'il était prêt lui aussi à éjaculer, ce à quoi il m'a répondu par l'affirmative. Tout de suite, je fus sur lui, le chevauchant avec impétuosité, à la recherche d'un prodigieux acmé, persistant pourtant à vouloir que le symbole subsiste là, dans mon imaginaire, tandis que l'énergie orgastique s'accumulait; s'accumulait, se rapprochant...

Alors, au moment où mon corps fut secoué par les spasmes de la libération orgastique, je laissai l'image du symbole franchir mon chakra coronal pour déboucher et planer dans l'espace situé juste au-dessus de ma tête. Nous n'échangeâmes aucune parole, mais je savais que Nicolas faisait de même. Nous retînmes le symbole, là, pendant quelques minutes, percevant sa résonance avec le Réseau Astral, et je dis : "Laisse-le prendre le large", et il s'éloigna à la dérive, rapetissant de plus en plus, pour disparaître dans l'espace infini.

Après, nous sommes restés allongés, détendus, projetant mentalement des visions d'heureuse issue; nous nous voyions ensemble, comblés, ayant réussi, reconnaissants et financièrement satisfaits.

CHOIX DE VOTRE MENU MAGIQUE

Comme Nicolas et Marissa, vous pouvez faire de l'Union Magique une forme d'art érotique et orgastique. Tout ce dont vous avez besoin consiste en un bagage acquis avec l'entraînement et une "carte magique" – par comparaison avec la carte d'un restaurant – à partir desquels vous pourrez choisir les instruments et les exercices vous convenant pour établir votre "menu".

Vous trouverez ci-dessous un exemple de ce à quoi il pourrait ressembler. Simplement à titre humoristique, je l'ai présenté dans le style d'un menu de restaurant afin de vous "mettre l'eau à la bouche" et vous faire savourer les délicieux arômes que propose un bon repas composé de magie sexuelle.

Mettre le couvert

Constituez-vous une réserve d'objets parmi lesquels vous choisirez ceux qui donneront de l'allure à votre Cercle Magique, comme un éclairage tamisé, des bougies, des objets de pouvoir (voir chapitre 2, si l'inspiration vous fait défaut). En effet, une ambiance appropriée fait toute la différence. Aspirez le tapis ou la moquette. Tirez ou non les rideaux. Chaque fois, modifiez légèrement votre Cercle Magique.

Hors d'œuvre

A propos d'exercice physique

Avant de pratiquer la magie sexuelle, adoptez une forme d'activité vous aidant à marquer la transition entre elle et vos tâches quotidiennes. L'exercice physique et la respiration profonde conviennent parfaitement. Promenez-vous, lancez-vous dans une danse frénétique, faites du jogging, nagez, coupez du bois, tondez la pelouse, prenez un bain chaud ou une douche immédiatement suivie d'un petit jet d'eau froide pour chasser les pollutions de la journée.

Le lien affectif

Il convient souvent d'avoir une brève conversation, afin de faire partager à l'autre, par l'écoute affective, ce qui autrement pourrait faire obstacle à une bonne pratique de la magie. L'un des partenaires peut ainsi souhaiter qu'un très bref moment lui soit ménagé pour qu'il évoque le poids de la journée par une réflexion du genre : "Dieu que cela a été dur aujourd'hui au bureau! J'ai besoin d'être félicité pour avoir mené à bien cette journée de travail", alors que l'autre pourra confier : "J'ai été tellement accaparé par d'autres choses que j'ai l'impression d'être coupé de toi. Allongeons-nous quelques minutes, tranquillement, dans les bras l'un de l'autre, sans rien faire".

Potage du jour

Précisez vos intentions

Enoncez dans quelle intention, avec quel dessein vous vous réunissez.

Définissez vos objectifs.

Choisissez le symbole avec lequel vous allez travailler.

Sélectionnez les instruments, c'est-à-dire les exercices, auxquels vous ferez appel pour atteindre vos objectifs.

Fixez clairement la durée de la séance.

Pour commencer

INVOCATION Lorsque vous vous rejoignez dans le cercle en qualité de magiciens, imaginez une cérémonie simple, un instant où vous vous saluez rituellement, aidant votre conscience à passer du niveau de la personnalité à celui de la présence divine. Vous pouvez ainsi échanger un Salut du Cœur, puis en faire en direction de chacun des quatre points cardinaux et dire:

"Nous ____________ (vos prénoms) dédions cet exercice de magie sexuelle à notre objectif, qui est ____________ (votre vision élaborée en commun).

MEDITATION A l'occasion de la contemplation du symbole que vous avez choisi pour pratiquer la magie sexuelle, vous devrez peut-être choisir d'effectuer un ou plusieurs exercices présentés dans le chapitre 5 qui aideront votre psychisme à en conserver un souvenir net. Rappelez-vous que vous pouvez toujours faire appel à eux pour accroître l'efficacité de la magie.

PRELIMINAIRES EROTIQUES Tout rapprochement réussi de deux amants dans l'Union Magique nécessite une période d'"échauffement", c'est-à-dire de préliminaires. Choisissez quelque chose sortant de l'ordinaire et qui soit chez vous générateur de plaisir érotique. Prodiguez-vous mutuellement un bref massage, offrez-vous tour à tour un strip-tease, caressez-vous réciproquement. Soyez coquins, sensuels, excitants.

Plat de résistance

EVEIL DE L'ENERGIE ORGASTIQUE Eveillez votre énergie sexuelle et commencez à amplifier votre puissance orgastique. Deux grandes possibilités s'offrent à vous: soit vous stimuler mutuellement à tour de rôle, soit vous masturber l'un face à l'autre.

ORIENTATION DE L'ENERGIE ORGASTIQUE Faites gravir à votre énergie sexuelle et à votre Symbole Magique les échelons que constituent vos centres énergétiques corporels, en vivant attentivement ce moment au niveau de chacun des chakras.

UNION MAGIQUE Unissez-vous dans la relation sexuelle complète. Pendant cette union, faites monter en vous votre Symbole Magique et émettez-le sur le Réseau Astral au moment de l'orgasme. Si vous êtes bien préparés et que vous ayez convenablement établi votre menu à partir de la "carte magique", ce vécu sera pour vous absolument divin, un puissant appel à la magie sexuelle pour qu'elle se manifeste dans votre existence.

Dessert

LES GLOIRES DU SOLEIL COUCHE Savourez le sentiment d'accomplissement et la profonde détente suivant la séance de magie sexuelle, en pratiquant le lâcher-prise, pour développer votre réceptivité à tout ce que l'univers répand sur vous. Baignez-vous dans le glorieux éclat succédant à l'embrasement de votre étreinte et de la magie dont elle est porteuse.

VOTRE MENU PERSONNEL

Il est important que vous élaboriez votre menu personnel, ce qui vous permettra d'avoir à votre disposition un "mémento" facile à consulter chaque fois que vous programmez une séance de magie sexuelle.

Vous pouvez ainsi connaître d'un coup d'œil les différents choix s'offrant à vous: les types d'activités auxquels vous pouvez prendre plaisir avant la séance, les supports que vous pouvez utiliser et qui soient aptes à créer une atmosphère empreinte de magie, les exercices qui vous attirent le plus, etc...

Voici un exemple de ce à quoi un tel menu peut ressembler, extrait du carnet d'un pratiquant:

Séance de magie sexuelle programmée pour la soirée du 5 juillet.

Judy m'a dit qu'elle aménagerait la pièce avant que j'arrive (l'effet de surprise n'est plus le même si on connaît le décor à l'avance!)

19h – Rencontre, douche, changement de vêtements.

19h30 – Bain chaud ou, peut-être, promenade en forêt.

20h15 – Conversation à propos de la vision à élaborer: nous emploierons probablement un symbole de type relationnel.

20h30 – Caresses et taquineries avec des plumes; nous exécuterons peut-être une danse érotique.

21h15 – Séance masturbatoire.

21h35 – Union Magique.
22h25 – Cérémonie avec chocolats et cognac!

Memento : veillez à ce que votre menu reste suffisamment souple afin de pouvoir l'adapter en fonction des changements d'humeur pouvant survenir au moment d'entamer votre séance d'entraînement.

EXAMEN DES PRINCIPALES PHASES

La magie sexuelle est une pratique des plus agréables et efficaces lorsqu'elle devient une forme d'art, c'est-à-dire lorsque vous connaissez bien la technique permettant à votre Symbole Magique de gravir, porté par des ondes d'énergie orgastique, les sept chakras de votre corps jusqu'à ce que, à l'instant de l'orgasme, vous projetiez votre vision au sein de l'univers.

La maîtrise de cet art magique dépend dans une large mesure de votre aptitude à entretenir une image nette de votre Symbole Magique et à en visualiser le parcours ascendant empruntant votre Flûte Intérieure, celui-ci débutant au niveau de votre centre sexuel pour aboutir au Réseau Astral. Ce mécanisme doit vous devenir familier au point de se dérouler en vous sans induire de tension et sans que vous cessiez de penser à la phase suivante. Or, cette connaissance s'acquiert par une pratique hebdomadaire régulière.

Passons en revue les phases principales dont vous devez acquérir la maîtrise:

Dans le chapitre 5, vous avez appris comment élaborer et entretenir une vision sous forme de symbole.

Dans le chapitre 6, vous avez découvert comment canaliser votre énergie sexuelle en faisant effectuer à votre Symbole Magique un parcours ascendant empruntant votre Flûte Intérieure en combinant respiration, mouvement et visualisation. Vous avez également découvert à établir la liaison avec le Réseau Astral, ce mystérieux champ de force vibratoire reliant tous les êtres humains au cosmos.

Les chapitres 7 et 8 vous ont appris à amplifier votre potentiel orgastique par la stimulation mutuelle de vos organes sexuels.

Vous êtes maintenant conviés à relever le défi suivant: utiliser l'onde porteuse d'une énergie orgastique considérablement amplifiée pour animer votre Symbole Magique d'un mouvement ascendant afin qu'il soit mémorisé par le Réseau Astral.

Cette alliance de l'énergie orgastique au Symbole Magique est une fascinante et passionnante alchimie. Vous vivrez "de l'intérieur "le processus par lequel énergie sexuelle et symbole deviennent une force dynamique, vivante

L'homme est condamné à aimer, car lorsqu'il ne le fait pas, il n'a comme solution de rechange que la solitude, la destruction et le désespoir.

— UN TRAITE EXISTENTIALISTE

et unique qui change et subit une mutation tandis qu'elle traverse chacun de vos sept centres énergétiques. Dans son intégralité, la qualité de vos sensations – qu'il s'agisse des formes, couleurs, textures, sonorités, humeurs ou sentiments que vous pouvez percevoir ou éprouver – paraît changer sans cesse, comme si le symbole vous conférait des qualités nouvelles, vous infusant amour, liberté, réalisation de soi, intelligence des choses et extase.

C'est cette transmutation alchimique qui donne à votre Symbole Magique une force extraordinaire, lui conférant, à force de purification, une clarté, une limpidité ainsi qu'un éclat minéral pour qu'à l'ultime instant de son émission, il puisse fusionner avec le Réseau Astral, projetant votre vision au sein de l'univers, s'élançant hors de vous, porté par les millions de courants d'une énergie subtile. Cet appel à la manifestation ne peut qu'être entendu et recevoir une réponse.

Maintenant, vous êtes prêts à explorer les différentes manières d'animer votre Symbole Magique sur le mode orgastique.

EXERCICE : ENERGIE ORGASTIQUE CANALISEE, VECTEUR DE VOTRE SYMBOLE MAGIQUE

Objectif et bienfaits

Au cours de cet exercice, vous vous stimulez l'un l'autre à tour de rôle, induisant ainsi une énergie orgastique que vous associez à votre Symbole Magique pour leur faire ensuite emprunter la voie ascendante de votre Flûte Intérieure, constituée des sept centres énergétiques, avant qu'ils ne parviennent au Réseau Astral.

L'exercice consiste d'abord en une mémorisation corporelle de votre Symbole Magique, opération importante car une fois que votre partenaire commence à vous stimuler, le plaisir peut être tel que vous avez du mal à vous concentrer sur lui.

En effet, en le mémorisant mentalement, en lui disant "oui" avant que ne commence la stimulation érotique, vous garantissez sa présence psychique même dans les instants où il vous est impossible de vous concentrer sur lui.

Au titre d'aide complémentaire à cette alchimie, vous vous servirez des sept couleurs correspondant aux différents niveaux énergétiques corporels: rouge, orange, jaune, vert, bleu, violet et blanc.

Préparation

- Disposez les éléments de votre Cercle Magique.
- Choisissez un Symbole Magique adéquat.

- Préparez-vous tous deux en prenant une douche revigorante.
- Accordez-vous chacun trois quart d'heure pour "vivre" cet exercice.

Pratique

PHASE 1: FAITES VOTRE INVOCATION

Shakti et Shiva, entrez dans votre Cercle Magique et accueillez-vous mutuellement par un Salut du Cœur.

Puis savourez une Etreinte Unificatrice.

Asseyez-vous ensuite face à face sur des coussins.

Placez votre Symbole Magique entre vous.

Posez votre main gauche sur votre chakra du cœur, au milieu de votre poitrine, et touchez le symbole avec l'extrémité des doigts de votre main droite. Ensemble, consacrez quelques instants à la contemplation de votre Symbole Magique.

Alors, levez les yeux pour vous regarder tendrement, attestant ainsi l'amour et l'estime que vous avez l'un envers l'autre en tant que co-explorateurs.

Faites une invocation pour que la séance soit couronnée de succès. Peut-être aurez-vous envie de prononcer les paroles suivantes: "Nous accueillons ce symbole dans nos cœurs. Puisse-t-il apporter amour et richesse à profusion dans nos vies, mais aussi joie et passion dans nos cœurs. Puisse ce symbole nous rappeler la manière dont nous évoluons ensemble, en respectant mutuellement nos libertés dans notre relation."

PHASE 2: MEMORISATION CORPORELLE DU SYMBOLE

Décidez qui de vous deux bénéficiera en premier de la stimulation. J'exposerai la technique comme si c'était Shiva qui allait stimuler Shakti.

Shiva, aidez Shakti à se renvoyer en arrière sur des coussins, en position mi-allongée. Puis écartez doucement ses jambes et asseyez-vous entre elles ou, si vous préférez, asseyez-vous à son côté dans une position vous permettant d'atteindre librement toutes les zones de son corps, en particulier son sexe (consultez les différentes positions au chapitre 7).

Commencez à masser le corps de votre partenaire en partant de son centre sexuel pour atteindre sa poitrine et sa gorge. Vos mains doivent exécuter des gestes larges et n'exercer qu'une légère pression, bref un seul mouvement coulé du sexe à la gorge, se poursuivant par un autre destiné à faire redescendre l'énergie par ses bras avant qu'elle ne ressorte au nivau de ses mains.

Shakti, inspirez profondément pendant que Shiva fait monter l'énergie en vous, puis expirez durant la descente par vos bras.

Avant d'entamer l'exercice de magie sexuelle, intégrez le Symbole Mgique.

Synchronisez vos deux respirations.

Shiva, tout en massant votre partenaire, aidez-la à se rappeler les caractéristiques du Symbole Magique en lui chuchotant à l'oreille son aspect, sa signification, quelle vision il traduit...

Donnez à votre voix un timbre magique, mystérieux et séduisant. Rappelez-vous ceci: la plupart des femmes aiment qu'on leur chuchote à l'oreille récits et secrets, aussi n'hésitez pas à savourer ces instants de communication intime et confidentielle. Dites par exemple "Oui! Il peut t'être donné davantage, bien davantage, aussi laisse donc le symbole pénétrer chaque cellule de ton corps..."

PHASE 3: CHARGEZ VOTRE SYMBOLE MAGIQUE

Shiva, donnez à vos gestes un caractère érotique, plus lascif, en caressant les mamelons, les lèvres et le cou de Shakti pour éveiller et faire monter en elle l'excitation.

Shakti, c'est le moment d'établir un lien solide entre votre plaisir sexuel et votre Symbole Magique. Sentez comme ces caresses se lient au symbole pour s'intégrer à sa magie.

Faites-le devenir partie intégrante de ce que vos sens vous font vivre: la douceur avec laquelle Shiva vous caresse, son chuchotement à votre oreille, vos sonorités amoureuses, l'énergie qui, en délicieux frissons, parcourt comme une onde votre corps de haut en bas, l'odeur de l'encens, le fond de musique douce... que tout cela fasse partie de sa magie.

Shiva, vous pouvez soutenir Shakti en lui rappelant différentes caractéristiques de votre symbole, en lui glissant à l'oreille une phrase comme: "Que les oiseaux volent librement dans ton ventre, que le soleil rayonne la passion dans ton cœur..."

PHASE 4: FUSION DE VOTRE SYMBOLE AVEC VOTRE SEXUALITE

Shiva, commencez à stimuler le clitoris de Shakti. Trouvez sa caresse préférée, puis adoptez un mode de stimulation rythmique destiné à éveiller et à faire monter l'énergie sexuelle.

Shakti, visualisez votre Symbole Magique planant à l'intérieur de votre premier chakra, c'est-à-dire votre centre sexuel. Voyez l'énergie rouge foncé de votre sexualité se propager à travers votre bassin, baignant votre symbole.

Portez alternativement votre attention sur votre plaisir grandissant et votre Symbole Magique, vous concentrant d'abord sur l'un, puis sur l'autre, ce qui est un bon moyen d'entretenir en vous une conscience assez vive des deux.

Shiva, amenez Shakti à un plateau caractérisé par un niveau d'excitation élevé, après l'avoir aidée à faire culminer son plaisir deux ou trois fois, pour lui faire approcher le point de non-retour, mais sans détente orgastique.

Shakti, liez à votre Symbole Magique les merveilleuses sensations orgastiques que vous éprouvez au niveau de votre centre sexuel. Imaginez que vous saisissez l'intégralité de votre excitation orgastique et que vous visualisez la scène suivante: vous la déversez sur votre symbole, presque comme si vous éjaculiez votre énergie sexuelle pour la projeter sur lui. Mais ne cédez pas à la tentation de l'orgasme complet.

PHASE 5: STIMULATION MIXTE ET SYMBOLE MAGIQUE

Shiva, lorsque vous sentez que Shakti est prête, demandez-lui: "Puis-je entrer?" Si elle répond par l'affirmative, introduisez délicatement deux doigts à l'intérieur de son Yoni, à la recherche du point G, tout en continuant à stimuler son clitoris avec douceur de l'autre main.

Shakti, si vous vous surprenez à perdre de vue votre Symbole Magique, rappelez-vous le procédé consistant à vous concentrer alternativement sur vos sensations sexuelles et sur son image.

Shiva, quand vous avez établi le contact avec le point G de Sahkti, entamez la stimulation conjointe de celui-ci et du clitoris, pour la porter à d'autres acmés.

Shakti, respirez profondément par la bouche, pratiquez le pompage pubo-coccygien et sensibilisez-vous au symbole s'épanouissant et grandissant dans votre bassin. Déversez sur lui des vagues d'énergie rouge foncé, le baignant ainsi d'énergie orgastique.

Stimulation sexuelle de votre partenaire pendant qu'il visualise le Symbole Magique pénétrant en lui par son sexe pour emprunter sa Flûte Intérieure et ses chakras, dont chacun correspond à une "note".

PHASE 6: ASCENSION DU SYMBOLE

Shakti, faites entamer à votre Symbole Magique l'ascension de votre Flûte Intérieure. Inspirez profondément, faisant ainsi monter votre énergie orgastique et votre symbole de votre premier chakra au second, situé dans votre abdomen.

Puis expirez pour faire redescendre votre symbole et votre énergie au niveau de votre premier chakra, tout en vous cambrant pour mieux vous offrir aux sensations issues de vos organes sexuels.

Inspirez encore pour faire remonter votre énergie orgastique et votre symbole vers votre second chakra. Ce faisant, visualisez la couleur orange se propageant à votre abdomen pour réchauffer et animer cette zone.

Faites décrire une boucle à l'énergie. Visualisez-la d'abord, empruntant votre colonne vertébrale, puis s'écoulant vers l'avant à travers votre abdomen pour redescendre à nouveau vers votre centre sexuel. Exécutez des cercles avec vos mains et bras pour amplifier le flux énergétique circulaire.

Afin qu'il se sente participer à ce que vous faites, informez-en Shiva en permanence. Dites-lui par exemple: "Je fais décrire une boucle au symbole entre mes premier et second chakra". D'une légère projection du bassin, accueillez les doigts passionnés de votre amant, afin de communiquer à nouveau avec votre centre sexuel tandis que vous expirez.

Lorsque vous êtes prête, faites décrire une boucle à votre énergie orgastique et à votre Symbole Magique de votre premier à votre troisième chakra, situé au niveau de votre plexus solaire. Informez-en Shiva: "Je fais maintenant monter mon symbole vers le troisième chakra". Ce faisant, visualisez la couleur jaune se propageant à cette zone de votre corps.

Poursuivez de cette façon, par un mouvement ascendant empruntant les centres énergétiques tout en décrivant des boucles plus grandes, faisant passer successivement l'énergie et le symbole du premier aux quatrième, cinquième, sixième et septième chakras. Prêtez attention aux différentes sensations, impressions et humeurs ainsi qu'aux différents états émotionnels et extatiques induits au niveau de chacun de vos sept centres énergétiques.

Voyez comme la couleur de l'énergie orgastique passe du jaune au vert en montant du troisième au quatrième chakra, puis du vert au bleu au cinquième, du bleu au violet au sixième, enfin du violet au blanc au septième.

PHASE 7: COMMUNICATION AVEC LE RESEAU ASTRAL

Shakti, au moment où vous faites décrire à votre énergie orgastique et à votre Symbole Magique une boucle joignant votre centre sexuel à votre septième chakra, vous êtes prête à entamer la phase finale, consistant à vous relier au Réseau Astral, émettant ainsi votre symbole au sein des champs de force vibratoires de l'univers, afin qu'ils puissent réagir à vos désirs et à vos visions.

Cela peut constituer un vécu magique en soi, car vous allez combiner Symbole Magique et acmé orgastique total.

Demandez à Shiva de poursuivre la stimulation simultanée de votre clitoris et de votre point G, vous faisant connaître ainsi la plénitude orgastique.

Avertissez-le que vous approchez de l'orgasme en disant par exemple "Oui, continue, c'est parfait..."

Entre-temps, continuez à faire décrire à votre Symbole Magique des boucles entre votre centre sexuel et votre chakra coronal.

A l'instant où vous entrez dans l'orgasme, c'est-à-dire lorsque la détente orgastique commence à faire vibrer votre corps, projetez votre Symbole Magique à l'extérieur, par le sommet de votre tête, accompagné par l'intégralité de votre agréable énergie orgastique.

Voyez comme votre Symbole Magique plane au-dessus de votre chakra coronal, baigné par les merveilleuses sensations parcourant maintenant à flots votre corps. Inondé de votre énergie orgastique, votre symbole est arrivé sur le Réseau Astral.

Tandis que votre orgasme se calme, avec délicatesse, libérez votre symbole dans l'univers. Peut-être le voyez-vous s'estomper doucement et silencieusement ou, tel un mage, répandre une pluie blanche dans toutes les directions jusqu'à ce qu'il rapetisse pour disparaître.

Tout en respirant normalement, sensibilisez-vous au fait qu'une partie de cette énergie tombe sur votre tête, telle une pluie blanche, avant de ruisseler à l'intérieur de votre corps jusqu'à atteindre votre centre sexuel, vous ramenant à vos racines.

L'amour doit être un arbre dont les racines s'enfoncent profondément en terre, mais dont les branches montent aux cieux.
— BERTRAND RUSSEL
Marriage and Morals

Détendez-vous. Savourez la joie intérieure que procure la contemplation des "gloires du soleil couché". Posez la main sur celle de Shiva pour l'avertir qu'il peut cesser toute stimulation. Prélassez-vous, baignée par l'énergie libérée, avec le sentiment que votre Symbole Magique vous renvoie bénédiction et protection du lieu invisible et mystérieux où il s'en est allé.

Savourez ensuite une Etreinte Unificatrice.

Veillez à remercier Shiva des efforts généreux qu'il a déployés pour vous aider à accéder à cet état de béatitude orgastique.

Echangez vos impressions.

Marquez une courte pause, puis inversez les rôles.

Concluez la séance par un Salut du Cœur.

AU TOUR DE SHIVA: ASCENSION DU SYMBOLE MAGIQUE

La marche à suivre est sensiblement identique à la précédente.

Shiva, (et Shakti), il est important que votre partenaire vous prodigue un léger massage préalable à toute stimulation sexuelle. Il vous permettra de mémoriser mentalement votre Symbole Magique et vous facilitera l'entretien de cette vision lorsque Shakti entamera la stimulation directe de votre Vajra.

Vous pouvez également vous concentrer alternativement sur vos sensations génitales et votre Symbole Magique, tout en savourant le plaisir de l'excitation sans pour autant perdre de vue votre visualisation.

PROJECTION DE L'ENERGIE MASCULINE

Voici une information importante à connaître qui aidera les hommes à combiner leur énergie sexuelle et leur symbole: Shiva, pendant la phase initiale de l'excitation sexuelle, vous sentirez probablement que votre énergie afflue avec force à l'extrémité de votre Vajra. C'est parfaitement naturel. En effet, la sensation induite par la main de votre partenaire caressant votre pénis de la racine vers l'extrémité attire votre attention sur cette exquise zone érogène, à tel point que la courbe de l'excitation sexuelle adopte un profil exponentiel culminant d'ordinaire dans l'éjaculation.

Or, au lieu de projeter votre énergie à l'extérieur à la faveur d'une éjaculation effective, maintenez-vous en deçà de l'acmé et imaginez que votre énergie sexuelle jaillit par l'extrémité de votre Vajra pour se répandre sur votre Symbole Magique. De fait, vous projetez votre énergie sans éjaculation effective, chargeant ainsi votre symbole de cette puissante énergie.

OU SHIVA BENEFICIE D'UNE STIMULATION MIXTE

Tandis que Shakti entame une stimulation mixte de votre Vajra et de votre zone prostatique, exécutez des mouvements pelviens, respirez énergiquement et donnez de la voix afin d'optimiser vos sensations.

Favorisez l'intériorisation de ces sensations orgastiques.

Laissez votre Symbole Magique et votre énergie ne plus faire qu'un et commencez à les faire monter en vous.

Après avoir fait passer votre Symbole Magique uni à votre énergie orgastique par les sept chakras, vous pouvez, vous aussi, vous abandonner à la détente de plénitude orgastique, tandis que vous vous reliez au Réseau Astral.

Remarques

A PROPOS DE L'EJACULATION DIFFEREE

Alors que Shakti peut goûter plusieurs orgasmes avant de réaliser sa liaison finale avec le Réseau Astral, Shiva doit éviter l'éjaculation jusqu'à la fin.

C'est l'un des heureux privilèges biologiques de la femme que de pouvoir vivre plusieurs orgasmes consécutifs sans perdre son énergie sexuelle, alors que l'homme doit la préserver en perspective du *grand final*.

Ce n'est pas l'action de forces supérieures, mais plutôt une descente dans le corps, au sein de la conscience cellulaire, où les vrais changements se produisent dans la matière, dans l'acte créateur entièrement nouveau.

— La Mère
Aurobindo Ashram
Pondichéry

L'ORGASME CANALISE, FACTEUR DE GUERISON SEXUELLE

La pratique consistant à canaliser l'énergie orgastique associée à un Symbole Magique se révèle extrêmement favorable à la guérison de nombreux troubles sexuels, comme l'incapacité à atteindre l'orgasme, l'ennui né de relations sexuelles routinières, ou une sensation de gêne dans la zone génitale.

A ce propos, rappelez-vous le récit fait par Georges au chapitre 3, concernant les difficultés qu'il éprouvait à être totalement présent à sa relation sexuelle. Après qu'il eut fait son rêve, lequel mettait en présence un criminel et un policier, je l'avais incité à élaborer une vision magique lui offrant une plage de réactions sexuelles plus large, notamment un comportement plus instinctif au cours des rapports sexuels.

Il accepta, et choisit pour symbole un triangle rouge entouré de flammes, représentant l'énergie sexuelle baignant son premier chakra et son désir de l'épanouir.

Lynne, sa partenaire amoureuse, lui avait fait connaître la richesse de l'orgasme amplifié au cours duquel il avait associé énergie sexuelle et Symbole Magique dans un mouvement ascendant intérieur sans éjaculation. Cela lui avait permis d'atteindre un tel niveau de charge énergétique qu'il avait été capable de l'investir dans le rapport sexuel qui avait immédiatemeent suivi.

Maîtrisant cette énergie nouvelle pour lui, Georges était devenu, au cours des rapports sexuels, un homme suivant son instinct, grognant, projetant son bassin en avant, se roulant en étreignant sa partenaire et se débarrassant ainsi de sa réserve habituelle, mais sans oublier de poursuivre la visualisation du triangle rouge brûlant en lui, ni les flammes qui grandissaient et gagnaient en force. Au moment de l'orgasme final, son éjaculation avait été très forte, lui faisant ainsi connaître des sensations très intenses auxquelles le plaisir orgastique ne lui avait jamais permis d'accéder.

EXERCICE: AUTODYNAMISATION MASTURBATOIRE ET VISUALISATION SYMBOLIQUE

Objectif et bienfaits

Cet exercice propose un moyen simple et efficace de se préparer à l'Union Magique, ultime phase de la magie sexuelle. Il consiste en l'art d'activer et développer votre énergie orgastique par la masturbation.

La masturbation permet à deux personnes d'activer simultanément leur énergie sexuelle, comme l'a montré le récit de Nicolas et Marissa, rapporté au début de ce chapitre. En effet, il propose d'atteindre un niveau d'excitation élevé par un itinéraire plus court que le fait de se stimuler mutuellement à tour de rôle. C'est aussi un moyen efficace de pratiquer la magie sexuelle lorsqu'on est seul.

Cependant, la pratique de la masturbation en perspective de l'Union

Magique n'est efficace que lorsque vous et votre partenaire avez consacré plusieurs séances à l'amplification de votre capacité orgastique par la stimulation mutuelle.

Ces séances, de durée plus importante, sont essentielles à la sensibilisation de vos organes sexuels, car elles rendent plus agréable et plus vive, mais aussi plus forte, chaque bouffée de plaisir, vous faisant ainsi connaître les cimes et les profondeurs du vécu sexuel nécessaires pour pratiquer une magie d'envergure. Elles sont également indispensables pour développer l'aptitude au dialogue et l'apprentissage mutuel des caresses érogènes. En effet, cet état de sensibilité accrue vous permet de passer à la masturbation et d'éprouver des sensations orgastiques intenses et satisfaisantes dans un délai relativement court, ne dépassant pas cinq à dix minutes.

L'exercice suivant vous apprend à combiner masturbation et visualisation magique, afin de faire passer votre symbole et votre énergie sexuelle par vos différents chakras. Par ailleurs, il est préférable d'effectuer cet exercice en même temps que votre partenaire ; vous devenez ainsi témoins de vos plaisirs masturbatoires respectifs.

Faites de Dieu une réalité, il fera de vous une vérité.
RABINDRANATH TAGORE

Préparation

Disposez les éléments de votre Cercle Magique, notamment les coussins, de telle manière que vous puissiez vous renverser en vous faisant face.

Placez votre Symbole Magique en un point où il est aisément visible de vous deux.

Munissez-vous d'un assortiment de lubrifiants et de mouchoirs en papier.

Ensemble, prenez une douche revigorante, avant de passer un vêtement doux, soyeux, sensuel et s'ouvrant facilement par devant.

Consacrez une demi-heure à cet exercice.

Pratique

PHASE 1:AUTOEXCITATION

- Pénétrez dans votre Cercle Magique.
- Accueillez-vous mutuellement par un Salut du Cœur et une Etreinte Unificatrice prolongée.
- Asseyez-vous face à face, puis renversez-vous sur les coussins en restant l'un en face de l'autre, écartez vos jambes pour que vos pieds touchent ceux de votre partenaire ou les recouvrent. Veillez à être à l'aise.
- Respirez plusieurs fois profondément pour vous détendre.

• Regardez-vous, sensibles au lien affectif solide existant entre vous.

Quand vous êtes prêts, ouvrez le devant de votre robe ou de votre tenue de cérémonie, montrant ainsi la face antérieure de votre corps.

Commencez à vous caresser, tout en regardant votre partenaire. Soyez érotique et sensuel. Montrez-lui les mouvements que vous aimez, les points que vous préférez toucher et la manière efficace de vous masturber.

Montrez-vous créatifs. Humectez l'un de vos doigts et passez-le lentement sur vos lèvres, exécutez des mouvements ondulants avec votre bassin, caressez l'intérieur de vos cuisses, mais sans jamais entrer en contact direct avec votre sexe.

Ne vous pressez pas. Plus vous faites monter l'excitation en vous, plus vous êtes à même d'exciter votre partenaire. Rien que pour vous amuser et par défi réciproque, essayez de voir si vous parvenez à le rendre fou de désir.

PHASE 2: MONTEE VERS L'ACME

Touchez votre sexe et prenez-le en main un instant pour sentir sa chaleur. Mettez-vous "à l'écoute" de cette zone corporelle: Quelle sensation vous procure-t-elle? Que vous dit-elle?

Commencez à caresser doucement votre sexe. Entamez les mouvements de va-et-vient, taquinez-vous, servez-vous à profusion de lubrifiant. Passez les mains autour de votre Yoni, de votre Vajra, en veillant à ce que votre partenaire puisse voir ce que vous faites.

Emettez les sonorités vous convenant. Soyez lascifs et n'hésitez pas à avoir recours à ces caresses particulières qui, vous le savez, déclenchent des fourmillements d'excitation sexuelle au niveau de votre sexe, votre bassin et vos cuisses. Savourez ce plaisir.

Vous pouvez fermer les yeux de temps en temps si cela augmente votre plaisir, mais veillez à les rouvrir pour regarder votre partenaire. En effet, il est important que le contact oculaire soit maintenu pendant toute cette première phase de l'exercice.

Maintenant, vous pouvez vous déchaîner: masturbez-vous énergiquement et de manière rythmée, qu'il s'agisse de votre Vajra ou de votre Yoni, activant ainsi votre énergie sexuelle et montant vers votre premier acmé orgastique. Cambrez-vous, gémissez, aspirez l'air par les poumons, montrant à votre partenaire que vous êtes excité et que le plaisir vous envahit.

Laissez l'excitation atteindre le seuil de la détente orgastique, puis cessez toute stimulation ou ralentissez-la. Maintenez-la à son point culminant, comme un oiseau en vol stationnaire, détendu, immobile, mais guettant l'invisible courant aérien qui le porte en altitude.

Respirez profondément pour permettre aux sensations émises par votre sexe de s'amplifier et de se propager à votre corps. Fermez les yeux, sensible au lien profond vous unissant à votre sexe.

Celui qui atteint le premier l'acmé, attend que l'autre ait achevé sa montée vers le point culminant de son excitation. Mais rappelez-vous: pas d'éjaculation. Ce n'est pas fini!

Masturbez-vous en visualisant le passage de votre Symbole Magique par vos chakras.

PHASE 3: ASCENSION GRADUEE DE VOTRE SYMBOLE MAGIQUE

Vous pouvez maintenant commencer à travailler ensemble avec votre Symbole Magique, que vous placerez entre vous sur le sol, juste devant vos sexes respectifs. Vérifiez que vous pouvez le voir tous les deux, à moins que vous ne préféreriez vous servir de deux exemplaires du même symbole, un pour chacun de vous.

Contemplez votre Symbole Magique, tout en caressant votre sexe, sensible au plaisir que vous vous donnez. Commencez alors à activer à nouveau votre énergie sexuelle, en débutant lentement, puis en vous masturbant plus énergiquement et plus rapidement afin d'atteindre l'acmé.

Juste avant d'atteindre le point de non-retour, arrêtez-vous, puis contractez votre muscle pubo-coccygien, inspirez profondément par la bouche et imaginez que vous aspirez votre Symbole Magique par votre centre sexuel, c'est-à-dire votre premier chakra. Expirez ensuite, tout en entretenant une vision de votre symbole à l'intérieur de votre centre sexuel. Enfin, respirez plusieurs fois profondément en aspirant le symbole à l'intérieur de votre premier chakra jusqu'à ce que sa vision au sein de votre centre sexuel soit naturelle et s'opère avec aisance.

Fermez les yeux. Tout en continuant à vous masturber, contemplez votre Symbole Magique à l'intérieur de votre centre sexuel. Sentez comme le plaisir orgastique et le symbole s'unissent au sein de votre premier chakra.

N'oubliez pas d'utiliser les correspondances colorées des chakras comme soutien de cette alchimie. Aussi, visualisez votre énergie sexuelle activée sous l'aspect d'une couleur rouge foncé se propogeant à votre sexe, à votre bassin et contemplez votre Symbole Magique baignant dans cette couleur.

Le défi que vous allez maintenant relever consiste à maintenir un état prononcé d'excitation sexuelle en l'absence de détente orgastique, en visualisant votre Symbole Magique.

Inspirez, contractez votre pubo-coccygien pour élever votre symbole et votre énergie sexuelle au niveau de votre second chakra, situé dans la zone inférieure de votre abdomen. Là, l'énergie prend une teinte orangé.

Expirez, laissant l'énergie et votre symbole retomber vers votre centre sexuel. Répétez cette opération plusieurs fois jusqu'à ce que vous visualisiez ou sentiez aisément votre symbole décrire une boucle entre vos premier et second chakras. Laissez-le emprunter votre colonne vertébrale en la remontant, puis se diriger vers l'avant à travers votre abdomen, avant de regagner votre sexe.

Quand deux êtres sont unis au tréfonds de leurs cœurs, ils anéantissent même la solidité du fer ou du bronze et lorsque deux êtres se comprennent au tréfonds de leurs cœurs, les paroles qu'ils prononcent ont une douceur et une force comparables au parfum des orchidées.
— YI KING

Puis inspirez, amenant ainsi le couple énergie orgastique-Symbole Magique à votre troisième chakra. Si cela vous aide, placez une main sur votre plexus solaire, tout en continuant à vous masturber avec l'autre. L'énergie prend alors une teinte jaune.

Expirez, laissant ainsi le symbole retourner à votre centre sexuel. Puis répétez l'opération consistant à faire décrire une boucle à votre symbole pour l'amener de votre premier chakra au troisième.

Restez en liaison avec votre plaisir sexuel. Pour cela, masturbez-vous énergiquement et de manière rythmée, en utilisant le lubrifiant à discrétion. Savourez le sentiment de vous offrir le plaisir que vous aimez ressentir. Faites-vous artiste, laissez-vous porter par les marées montantes et descendantes de votre joie sexuelle, encouragé par la présence de votre partenaire.

PHASE 4: LIAISON AVEC LE RESEAU ASTRAL

Continuez ainsi à faire monter votre énergie dans votre Flûte Intérieure, faisant décrire à votre symbole des boucles successives passant par vos chakras, afin de l'amener de plus en plus haut. Et lorsque vous atteignez le septième chakra, vous pouvez vous préparer à la grande explosion, à la détente orgastique totale.

Faites en sorte d'atteindre l'orgasme dans sa plénitude, mais à l'instant de la détente sexuelle, émettez votre Symbole Magique et votre énergie sexuelle par le sommet de votre tête, établissant ainsi la liaison avec le Réseau Astral.

Imaginez que votre symbole plane au-dessus de votre tête, pendant que vous percevez l'extase née de l'orgasme palpitant en vous, comme un bain de plaisir intérieur.

Puis, tandis que vos sensations orgastiques commencent à se dissiper, visualisez votre Symbole Magique s'éloignant de votre tête pour rapetisser de plus en plus jusqu'à n'être qu'un minuscule point dans le lointain avant de disparaître.

Commencez à faire redescendre votre énergie, comme pour la "mettre à la terre". A la faveur d'une respiration lente et profonde, contemplez-la se déversant en vous comme une pluie tombant doucement en traversant tête, cou, poitrine, abdomen... Au moment où elle parvient à votre centre sexuel, expirez énergiquement pour la chasser vers le bas à l'intérieur de votre sexe. Puis visualisez-la quittant votre centre sexuel pour gagner la terre en empruntant la voie de vos jambes et de vos pieds.

Allongez-vous tranquillement pendant quelques minutes et détendez-vous en contemplant le spectacle intérieur que vous offrent les "gloires du soleil couché", ce soleil étant bien sûr votre orgasme.

Redressez-vous pour une Etreinte Unificatrice.

Echangez vos impressions et concluez par un Salut du Cœur.

LA MASTURBATION, FACTEUR DE GUERISON

La masturbation solitaire ou à deux peut constituer un facteur curatif d'une portée immense. Ainsi en fut-il de Denise qui, âgée de vingt-neuf ans, novice en magie sexuelle, a été capable d'instaurer une relation nouvelle et plus saine entre elle et son Yoni en pratiquant la masturbation combinée avec une vision magique.

Elle présentait des antécédents d'infections sexuelles récurrentes – "muguet" – et pertes vaginales désagréables. Par ailleurs, elle était consciente du fait qu'au cours des années précédentes, elle avait maltraité son Yoni en se laissant aller sans discernement à des rapports sexuels avec presque n'importe quel homme auquel elle avait donné rendez-vous.

Or, bien que ses habitudes eussent changé de manière spectaculaire et qu'elle prît maintenant plaisir à des rapports sexuels avec un partenaire fixe, Denise continuait à souffrir d'infections sexuelles mineures. Elle décida en conséquence de dédier une vision magique à la guérison de son Yoni, tout en entretenant avec son sexe une relation nouvelle fondée sur une plus grande sensibilité.

Elle commença par s'asseoir face à une glace, pour contempler son Yoni, afin d'instaurer un dialogue entre elle et cette zone meurtrie, maintenant méfiante, de son corps et lui donner une voix (voir chapitre 3). Et son Yoni lui transmit un message clair, lui disant que le moment était venu d'apporter davantage de soins, d'attention et d'amour à cette zone corporelle.

Décidant d'employer la magie sexuelle comme force de guérison, elle dessina un Symbole Magique représentant son Yoni sous l'aspect d'une fleur magnifique qu'elle appela "Fleur de passion".

Son récit se poursuivait en ces termes:

> "Je voulais que mon cœur enveloppe la fleur, aussi ai-je dessiné un cœur entourant ma fleur-Yoni. Puis-je lui ai mis des ailes, pour que mon Yoni puisse voler librement, sans douleur ni difficulté.
>
> J'ai alors commencé à me masurber en respirant énergiquement pour faire entrer le symbole en moi et l'amener à mon premier chakra. Chaque fois que je l'amenais à un chakra supérieur, sa taille augmentait. Au moment où il atteignit mon cœur, il s'était épanoui pour atteindre une taille telle que je pouvais me voir pénétrant en lui.
>
> Il m'apparaissait en trois dimensions et je pouvais sentir sa chaleur et sa douceur. A mes yeux, cela représentait mon cœur alimentant ma sexualité de tout l'amour et la chaleur qui lui avaient été refusés depuis longtemps. Je sentais ce lien nourricier s'établir entre eux, pour nourrir d'affection cette fleur-Yoni qui était mienne.
>
> Le symbole devenait alors un espace beaucoup plus grand que moi-même, que je pouvais pénétrer et au sein duquel j'évoluais pour ne faire qu'un avec lui; je percevais ainsi les dimensions, la texture, la chaleur et la réalité de ma fleur-Yoni qui s'épanouissait.
>
> Au-delà du quatrième chakra, tout devenait très léger. Quand la masturbation m'amenait à l'acmé, véhiculant le symbole jusqu'au sommet de ma

tête, je prenais mon essor, porté par les ailes de mon Yoni et j'éprouvais alors une sensation merveilleuse. Elle se perpétue, car chaque fois que je travaille avec le symbole, elle est plus vive et devient davantage réalité.

J'ai le sentiment que cela aura un effet extrêmement salutaire sur ma santé et notamment sur celle de mon Yoni, car, en effet, il va déjà mieux, je l'aime, l'intègre et le respecte davantage".

MASTURBATION ET UNION MAGIQUE

Lorsque deux partenaires se masturbent ensemble, il leur est facile de passer d'un état de forte excitation orgastique au rapport sexuel avec pénétration.

C'est ce que Marissa et Nicolas ont fait au début de ce chapitre, au cours de leur Union Magique. Comme Marissa l'a expliqué, elle pouvait se déplacer sur le lit en continuant à se masturber, puis se faire pénétrer par Nicolas sans que le flot de leurs sensations orgastiques soit interrompu. Ce courant continu de stimulation sexuelle est en effet important lorsqu'on se prépare à l'Union Magique.

Toutefois, en lisant la description que je fais de l'Union Magique dans l'exercice suivant, vous constaterez que je propose une technique d'excitation sexuelle différente. Il s'agit d'une forme de stimulation réciproque pratiquée de telle manière que le rapport sexuel avec pénétration peut lui succéder immédiatement.

Pratiquants de la magie sexuelle, vous êtes invités à étudier toutes les possibilités offertes et à choisir les techniques convenant le mieux à votre manière de produire l'énergie orgastique. Maintenant, vous êtes prêts à entamer l'ultime vécu de la magie sexuelle.

EXERCICE: UNION MAGIQUE TRADITIONNELLE

L'amour n'est pas ce qui anime le monde, mais ce qui rend le voyage digne d'être vécu.
— FRANKLIN JONES

Cet exercice rassemble toutes les composantes de la magie sexuelle dans un rituel unique et de grande portée pouvant transformer votre existence. Pour la première fois, vous allez opérer avec votre Symbole Magique tandis que vous êtes engagés dans une étreinte physique intense et profonde. Cette fusion alchimique de vos deux énergies sexuelles investira votre symbole d'un pouvoir considérable pendant que vous invoquerez l'issue heureuse de votre vision.

L'Union Magique se réalise selon deux approches principales: traditionnelle et naturelle. La première que je vais exposer dans les pages suivantes correspond à une forme de yoga tantrique s'inspirant de la tradition antique représentée par les techniques tibétaine et indienne destinées à l'activation et à l'orientation de l'énergie sexuelle à des fins supérieures. Cette approche comporte une série de phases qui se déroulent dans le respect d'une orchestration harmonieuse et précise. Convenablement réalisée, elle constitue un rituel ésotérique puissant et efficace, générateur de résultats spectaculaires.

J'exposerai la seconde approche plus loin dans ce chapitre.

Préparation

- L'Union Magique est le couronnement de votre étude de la magie sexuelle, aussi mérite-t-elle une préparation royale. Prenez donc le temps de créer une atmosphère vraiment magique dans la pièce que vous avez choisie pour le déroulement de votre rituel. Conjuguez l'éclairage, l'encens et la musique pour évoquer un univers, un fantasme ou un désir pouvant devenir réalité.
- Consacrez du temps à vous préparer afin de vous sentir propre et éclatant de beauté. Pour la circonstance, portez des vêtements particuliers décorés de plumes, de bijoux ou d'ornements analogues. Plus vos préparatifs seront empreints de magie, plus fort sera l'impact du rituel.
- Disposez les éléments de votre Cercle Magique.
- Munissez-vous du Symbole Magique choisi pour opérer.
- Préparez vos lubrifiants préférés.
- Ayez à portée de main un pichet rempli d'eau.
- Décidez qui dirigera la partie alchimique de l'exercice et guidera le mouvement ascendant de votre Symbole Magique de chakra en chakra (pour les besoins de l'exposé, je choisirai Shiva comme guide).
- Accordez-vous moins d'une heure à une heure et demie pour cet exercice (personnellement, j'aime réserver tout l'après-midi et la soirée d'un dimanche).

Pratique

PHASE 1: PRONONCEZ L'INVOCATION

Entrez ensemble dans votre Cercle Magique.

Accueillez-vous mutuellement par un Salut du Cœur et une Etreinte Unificatrice prolongée.

Placez votre Symbole Magique sur le sol entre vous.

Prononcez ensemble une belle et sincère invocation. Placez-vous face à face, de chaque côté de votre symbole, puis levez les bras aux cieux et déclarez "Nous dédions cette Union Magique à notre vision de joie orgastique...", en poursuivant par les particularités de la vision que vous avez élaborée.

Après l'invocation, allumez un cierge sur votre autel et placez votre Symbole Magique devant pour indiquer que la cérémonie a commencé.

Rapprochez-vous alors lentement l'un de l'autre puis, avec sensualité, retirez-vous mutuellement vos robes et prodiguez-vous réciproquement de légères caresses sur vos corps nus. N'hésitez pas à vous montrer enjoués, espiègles et jouez de votre séduction. En effet, si ce rituel est dense et de grande portée, il n'est pas nécessaire qu'il soit pour autant empreint de gravité.

PHASE 2: DANSE INSTINCTIVE

Passez-vous de la musique de danse, en préférant ces airs qui débutent sur un rythme très lent et des sonorités faibles pour s'accélérer et s'intensifier progressivement au point de devenir frénétiques.

Commencez par étirer votre corps en dansant, fléchissez bras et jambes, ondulez des hanches, du buste, du dos, du cou et inclinez la tête. Respirez énergiquement et profondément par la bouche, faisant ainsi pénétrer dans chaque cellule corporelle un air pur et une énergie nouvelle.

Faites face à votre partenaire et dansez ensemble, en laissant vos mouvements s'inspirer les uns des autres pendant quelques instants. Peut-être aurez-vous envie de vous tenir par la main pendant votre évolution harmonieuse, tantôt conduisant et tantôt vous laissant conduire.

Maintenant, tout en dansant, évoquez mentalement l'image d'un animal sauvage, comme vous l'avez fait au chapitre 4. Il s'agit là d'une clé importante, condition d'une magie sexuelle réussie. En effet, si je me réfère à mon expérience, l'instant critique où deux partenaires amoureux se disposent à s'investir profondément et intensément dans un rituel est aussi celui où vieilles rancunes, peurs, colères ou frustrations, risquent de resurgir aisément chez l'un ou l'autre, ou les deux.

Or, prendre ces sentiments négatifs trop au sérieux n'est pas nécessaire. Ils font simplement partie du processus et ne constituent qu'un aspect de votre énergie. Comme vous le verrez, l'animal qui nous habite peut en faire quelque chose de très beau.

Laissez vos sentiments animaux sortir de leur cachette et monter en vous. Ne faites plus qu'un avec eux et exprimez-les à votre partenaire.

Remuez comme un animal, émettez des sonorités analogues aux siennes, pensez et sentez comme lui. Laissez cette énergie des origines, grondante et cathartique, se réveiller en votre abdomen, agiter votre hara et couler en lui, telle une marée curative merveilleusement libératrice.

Mais gardez le sens de la gaieté théâtrale: ne soyez pas agressifs et ne vous montrez pas blessants l'un envers l'autre. Que ce processus se déroule

Votre âme est plongée dans le feu de l'amour divin aussi, comme le fer perd sa noirceur en se chauffant à blanc pour ressembler au feu même et devenir liquide, l'amour divin rend incandescentes les âmes de ceux qui s'aiment.
— ALCHIMIE TANTRIQUE

dans l'innoncence, comme les enfants incarnant des animaux dans leurs jeux. Et n'hésitez pas à improviser, comme le font les comédiens.

Rappelez-vous: tout amour passionné renferme une certaine dose d'agressivité. Or, si celle-ci s'exprime gaiement, alors votre passion jaillira empreinte d'une plus grande affection, convenant particulièrement à l'Union Magique.

PHASE 3: PASSAGE A L'AFFECTIVITE

Au bout de quelques minutes, faites évoluer l'agressivité de votre énergie animale vers une humeur plus affectueuse, plus tendre et plus câline, vers une forme d'énergie davantage tournée vers la séduction.

Si votre partenaire a du mal à réfréner son agressivité, servez-vous de vos charmes animaux pour le calmer et le séduire. Par des sonorités empreintes de tendresse, aidez-le à transmuter son énergie agressive résiduelle en une disposition d'esprit plus poétique.

Rapprochez-vous l'un de l'autre et enlacez-vous. Fermez les yeux et étreignez-vous, sensibles à l'impétuosité de l'énergie ayant été libérée dans vos corps.

PHASE 4: MEMORISATION DE VOTRE SYMBOLE MAGIQUE

Asseyez-vous face à face sur des coussins à l'intérieur de votre Cercle Magique, puis placez votre Symbole Magique entre vous.

Fermez les yeux, puis respirez lentement et profondément, tandis que vous vous calmez pour vous recueillir et vous détendre. Surtout, respirez lentement et profondément.

Quand vous êtes prêts, ouvrez les yeux et portez un regard tendre sur votre Symbole Magique posé au sol entre vous. Le moment est maintenant venu de vous souvenir que tous deux partagez le même dessein, que vous avez le même objectif.

Vous avez élaboré cette vision ensemble. Vous vous êtes formés ensemble à la magie sexuelle et préparés à ce moment. Maintenant, vous avez l'intention d'envoyer cette puissante vision dans l'univers afin que vos désirs les plus chers soient exaucés.

Portez votre regard de votre symbole à votre partenaire. Regardez-vous avec tendresse, sensibles à la confiance et à l'amour existant entre vous au seuil de cette magnifique expérience. En effet, elle est le couronnement de vos recherches. D'adeptes et initiés, vous avez accédé à la condition de magiciens, foulant cette voie ésotérique conduisant à la manifestation créatrice.

PHASE 5: PRELIMINAIRES DE L'UNION MAGIQUE

Dès lors, vous êtes en mesure d'entamer les préliminaires orgastiques, ouvrant ainsi la voie à l'Union Magique. A ce stade, vous avez le choix entre deux approches:

1. Ou bien vous commencez à vous masturber tout en vous regardant l'un l'autre, comme décrit précédemment dans ce chapitre.

2. Ou bien vous vous stimulez réciproquement par la mise en œuvre de la technique ci-dessous, que j'appelle la "Stimulation en balançoire" parce qu'à tour de rôle, chaque partenaire s'allonge sur le dos pendant que l'autre se redresse pour le caresser.

Shiva, asseyez-vous jambes croisées dans la position que j'appelle "Lotus ouvert" (voir *L'Art de l'extase sexuelle*, p.160), équivalente, en yoga, à une posture du lotus relâchée.

Shakti, approchez-vous de Shiva et asseyez-vous dans son giron, en mettant vos jambes autour de sa taille de façon à ce que vos pieds se rejoignent dans son dos. Puis, lorsque vous êtes prête, renversez-vous en arrière pour vous allonger à plat dos, bassin en élévation et reposant sur les cuisses de votre partenaire.

Cette position peut être vécue comme un délicieux moment d'abandon, étant donné que vous exposez et ouvrez votre sexe pour que Shiva le caresse (voir illustration p. 348).

Tous viennent à moi enfin,
Il n'y a pas d'amour comme le mien;
Car tout autre amour prend l'un et laisse l'autre.
Tout autre amour est douleur,
mais cet amour-là est éternel bonheur.
— EDWARD CARPENTER
Over the Great City

Shiva, caressez délicatement le corps de Shakti en faisant remonter vos mains de ses cuisses à sa gorge en passant par son ventre et ses seins, pour terminer par un ample mouvement descendant par ses bras.

Vos caresses se font alors progressivement et sexuellement plus précises et plus intenses. Servez-vous à discrétions d'huile de massage pour lubrifier ses seins. Faites rouler ses mamelons entre pouce et index, baisez-les et léchez-les, passez vos mains lubrifiées sur son abdomen et ses cuisses, tirez doucement sur sa toison pubienne, bref excitez-la.

Shakti, tandis que Shiva vous caresse, visualisez le Symbole Magique à l'intérieur de votre corps et liez-le à ces agréables sensations.

Shiva, vous pouvez maintenant caresser les lèvres de son Yoni sur leur pourtour avec beaucoup de lubrifiant. Concentrez-vous progressivement sur son clitoris pour activer son énergie sexuelle et pendant que son excitation augmente, demandez-lui si vous pouvez glisser vos doigts à l'intérieur de son canal vaginal, c'est-à-dire le jardin sacré de ses délices.

Offrez-lui une stimulation mixte en écoutant attentivement ses explications au sujet de ses caresses préférées pour faire culminer son plaisir, mais en vous arrêtant juste avant la détente orgastique. Favorisez la propagation de ses sensations orgastiques à tout son corps en massant son bassin, son abdomen et ses seins.

Continuez ainsi pendant environ un quart d'heure.

Shakti, une fois que votre énergie sexuelle a été activée de cette manière, redressez-vous à nouveau dans le giron de Shiva.

Shiva, c'est maintenant à votre tour de vous allonger à plat dos pour offrir à Shakti la vision de votre sexe, car c'est vous qui allez dès lors vous abandonner à ses caresses.

Shakti, pour caresser son corps, exécutez de longs et amples mouvements des mains en remontant de ses jambes à sa gorge en passant par ses cuisses, son abdomen et sa poitrine pour enfin redescendre par ses bras.

Shiva, liez ces agréables sensations à votre Symbole Magique, en le visualisant à l'intérieur de votre corps.

Shakti, commencez à masser le Vajra de votre partenaire en vous rappelant les gestes appris au chapitre 8. Stimulez-le, faites monter l'excitation en lui et, de votre main libre, exercez une pression sur sa zone périnéale, puis faites-la vibrer afin de sensibiliser sa prostate. Enfin, amenez-le au seuil de l'orgasme à la faveur d'un acmé de plaisir érotique, mais en veillant à vous arrêter au seuil du point de non-retour.

Tous deux sexuellement excités, vous êtes prêts pour l'Union Magique.

PHASE 6: UNION MAGIQUE – LA PENETRATION

Shiva, adoptez à nouveau la position assise, jambes croisées. Shakti, faites comme si vous vouliez vous mettre à califourchon sur votre partenaire, puis abaissez votre corps dans son giron jusqu'à ce que l'extrémité de son Vajra en érection soit au contact avec l'orifice de votre Yoni.

Arrêtez-vous un instant puis, ensemble, visualisez votre Symbole Magique flottant entre vos sexes. Marquez une nouvelle pause. Vous vivez un moment important où toute votre conscience des choses doit se centrer sur l'instant présent où l'alchimie magique commence à se manifester.

Shakti, descendez très lentement et avec beaucoup de douceur dans le giron de votre partenaire, permettant ainsi à son Vajra de pénétrer à l'intérieur de votre Yoni et visualisez le Symbole Magique vous pénétrant.

Shiva, vous pouvez également pratiquer le pompage pubo-coccygien. Placez vos bras autour de la taille de Shakti (zone lombaire), pour qu'elle puisse exécuter de larges rotations pelviennes, caressant ainsi votre Vajra dans ses mouvements.

Tandis que vous explorez les potentialités érogènes offertes par cette position inspirée du Tantrisme, laissez votre conscience du Symbole Magique se muer en orgasme, ou plutôt, en musique de fond.

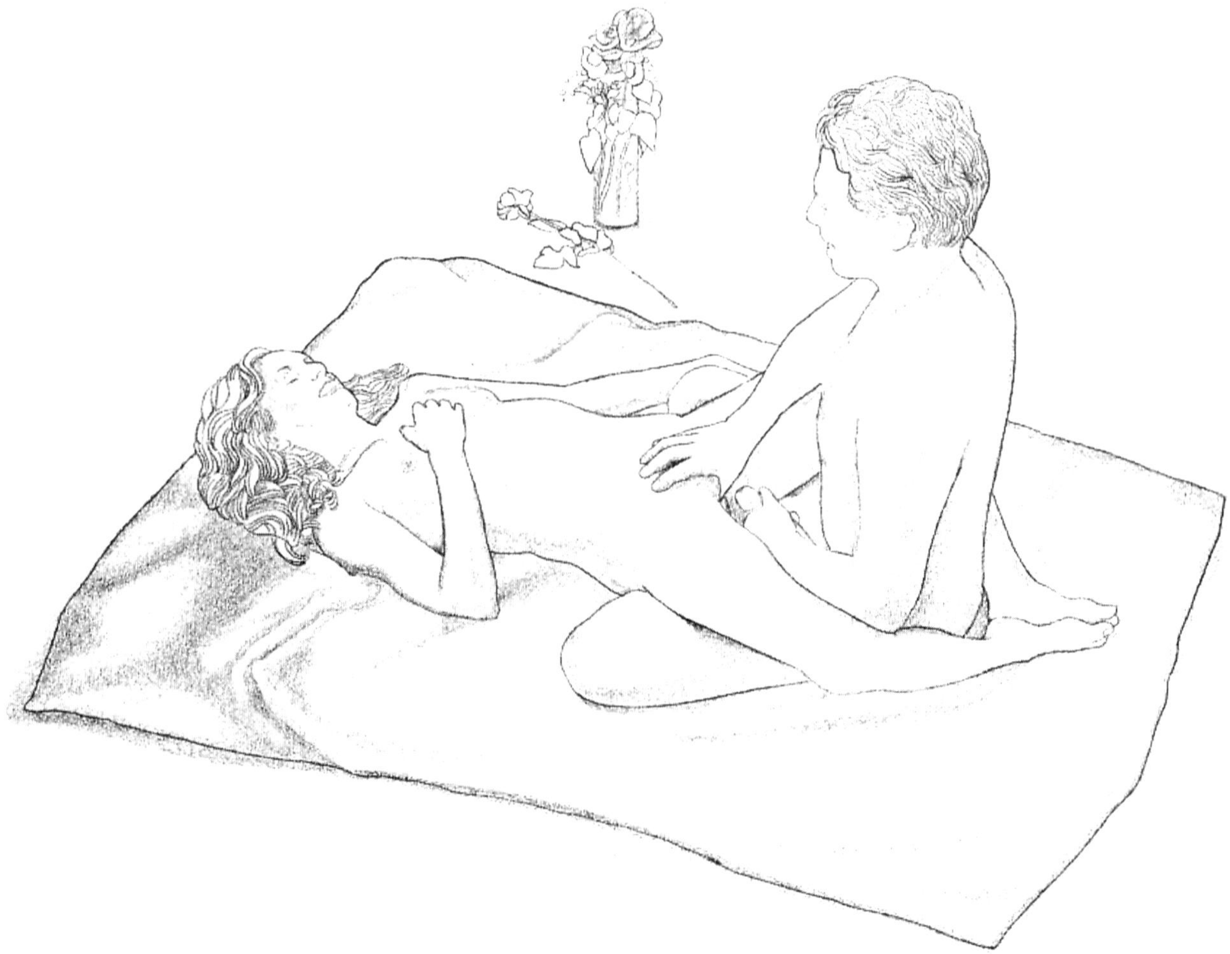

Shakti, renversez-vous en arrière et prenez appui sur les bras. Essayez de placer maintenant votre rapport sexuel sous le signe d'une friction très érotique et espiègle consistant à imprimer à votre Yoni des mouvements de va-et-vient verticaux accompagnant ceux de votre bassin. Souvenez-vous qu'il vous est toujours possible de vous stimuler sexuellement dans cette position de détente si, au cours de l'Union Magique, vous sentez que le lien sexuel vous unissant à votre partenaire se relâche.

PHASE 7: UNION AU NIVEAU DU PREMIER CHAKRA

Vous pouvez maintenant mettre en œuvre la technique yogique de l'Union Magique consistant à faire gravir ensemble à votre symbole les éche-

L'Union Magique. Visualisez le symbole poussé à l'intérieur du vagin au moment de la pénétration.

lons que constituent vos sept centres énergétiques, en le chargeant de votre énergie orgastique.

Asseyez-vous l'un contre l'autre, vos poitrines se touchant presque, mains placées sur la zone sacrée de votre partenaire, au bas de la colonne vertébrale, tout en maintenant une pénétration profonde.

Ensemble, concentrez-vous sur la vision du Symbole Magique à l'intérieur du Yoni de Shakti. Vous allez maintenant adopter pour la première fois un rythme respiratoire particulier, destiné à faire emprunter au Symbole Magique la voie ascendante de vos chakras. Cette technique s'appelle "respiration inversée" parce que lorsque Shiva inspire, Shakti expire et vice-versa.

Shiva, inspirez en visualisant le fait que vous aspirez le Symbole Magique du centre sexuel de votre partenaire dans le vôtre par l'intermédiaire de votre Vajra. Sensibilisez-vous à cette vision pénétrant votre sexe.

La respiration, vecteur du Symbole Magique.

Shakti, expirez tandis que Shiva inspire, lui offrant ainsi le Symbole Magique, le dirigeant vers son premier chakra par l'intermédiaire de votre Yoni.

Shiva, maintenant vous expirez pour renvoyer le Symbole Magique, en le projetant de toute la puissance de votre énergie sexuelle, à l'intérieur du Yoni de votre partenaire.

Shakti, inspirez en contractant votre musculature vaginale, comme si vous vouliez aspirer le membre de Shiva et le Symbole Magique par votre canal vaginal, afin qu'il se mêle à vos sécrétions pendant que vous l'accueillez au sein de votre premier chakra.

Contemplez mentalement l'énergie rouge foncé que renferment vos sécrétions sexuelles mêlées, accompagnant le symbole dans ses va-et-vient, l'imprégnant de rouge.

Poursuivez ainsi durant quelques minutes! Communiquez-vous vos impressions, votre "ressenti". Fixez mentalement l'image ou la sensation que vous évoque le symbole dans ses va-et-vient entre vos centres sexuels.

PHASE 8: UNION AU NIVEAU DU SECOND CHAKRA

Une fois que vous êtes prêts tous les deux, vous pouvez passer à l'étape suivante de l'Union Magique: celle qui consiste à faire passer votre Symbole Magique de chakra en chakra.

Shiva, c'est vous qui allez diriger le mouvement ascendant du symbole. Placez votre main droite au creux des reins de Shakti, au niveau du second chakra, en laissant votre main gauche sur son sacrum.

Shakti, vous aurez peut-être envie de placer vos mains de manière analogue à celles de Shiva.

Shiva, annoncez à Shakti : "Maintenant, nous allons faire décrire à l'énergie une boucle entre le premier et le second chakra".

Shiva, expirez en envoyant le Symbole Magique, accompagné de vos sécrétions sexuelles, jaillissant à l'intérieur du centre sexuel de votre partenaire par l'intermédiaire de votre Vajra. Visualisez-le avant d'emprunter sa Flûte Intérieure pour s'élever au niveau de son second chakra, là où est posée votre main droite.

Shakti, inspirez au moment où Shiva expire, accueillant ainsi au sein de votre Yoni son symbole afin de l'aspirer vers votre second chakra en lui faisant emprunter votre Flûte Intérieure.

Le Symbole Magique va maintenant décrire une boucle.

Shiva, inspirez, aspirant ainsi le Symbole Magique à l'intérieur de votre abdomen avant de le laisser redescendre vers votre centre sexuel par votre Flûte Intérieure.

Shakti, expirez tandis que Shiva inspire, lui offrant ainsi le symbole par l'intermédiaire de votre bas-ventre, tout en le visualisant retournant à son centre sexuel.

De cette manière, faites décrire au Symbole Magique une boucle passant par vos premier et second chakras, lui faisant ensuite emprunter successivement le Yoni de Shakti et sa Flûte Intérieure dans un mouvement ascendant puis son abdomen et le vôtre, avant qu'il n'aille, dans un mouvement descendant, le long de sa colonne vertébrale et dans son centre sexuel.

Gardez le contact avec les sensations éprouvées au niveau de votre sexe par la pression de vos organes génitaux l'un contre l'autre, ainsi qu'en exécutant des mouvements de glissement l'un par rapport à l'autre, favorisant ainsi la propagation de ces agréables sensations à vos abdomens par l'intermédiaire de vos bassins.

Vous pouvez maintenant invoquer les caractéristiques de vos seconds chakras et contempler la couleur orange se propageant à vos abdomens pour les réchauffer. Sensibilisez-vous à la volupté ainsi qu'aux sécrétions émanant du bas-ventre et entamez votre éveil à ce cycle de magie sexuelle. Que vos abdomens s'accueillent l'un l'autre, qu'ils se frottent l'un contre l'autre, libérant ainsi des bouffées de plaisir érotique tandis qu'ils partagent le Symbole Magique, tout en l'imprégnant de leurs énergies à la faveur du circuit qu'il parcourt en eux.

PHASE 9: UNION AU NIVEAU DU TROISIEME CHAKRA

Quand vous êtes tous deux familiarisés avec les modalités particulières de la respiration inversée et avec la circulation de l'énergie, vous pouvez commencer à "monter la gamme" de la Flûte Intérieure, passant d'une "note" (chakra) à l'autre, vos corps étant le matériau dont sont faits vos instruments pour produire des "sonorités" (les boucles) d'amplitude croissante, porteuses de votre Symbole Magique.

Shiva, tout en gardant votre main gauche posée sur le sacrum de votre partenaire, déplacez votre main droite en remontant le dos de Shakti vers la zone diamétralement opposée à son plexus solaire. Dites alors "Maintenant, nous allons décrire une boucle entre nos second et troisième chakras".

Shiva, expirez en faisant jaillir le symbole, accompagné de vos sécrétions sexuelles, à l'intérieur du Yoni de Shakti pour lui faire, dans un mouvement ascendant, emprunter sa Flûte Intérieure en direction de son plexus solaire ou troisième chakra.

Shiva, inspirez, accueillant ainsi le symbole par votre troisième chakra, pour lui permettre de descendre par votre Flûte Intérieure vers votre centre sexuel.

Tel corps humain, tel corps cosmique,
Tel esprit humain, tel esprit cosmique,
Tel microcosme humain, tel macrocosme,
Tel atome, tel univers.
— UPANISHADS

Tandis que vous faites exécuter cette boucle au symbole, invoquez les caractéristiques du troisième chakra. Sentez comme votre centre de pouvoir commence à SE mettre en mouvement et à libérer sa force pendant que le symbole le traverse. Laissez votre énergie sexuelle prendre une teinte jaune soutenue au moment où elle s'élève vers le troisième chakkra, enflammant le symbole pour le purifier, lui donner l'éclat de la santé, le faire rayonner d'un or flamboyant.

PHASE 10: UNION AU NIVEAU DU QUATRIEME CHAKRA

Shiva, remontez votre main droite dans le dos de Shakti, à hauteur d'un point diamétralement opposé à son centre cardiaque, tout en gardant votre main gauche sur son sacrum. Dites : "Maintenant, nous allons décrire une boucle entre les premier et quatrième chakras". Continuez à respecter les modalités de la respiration inversée.

Shiva, expirez en projetant le symbole à l'intérieur du Yoni de Shakti et vers son cœur, en lui faisant accomplir un trajet ascendant empruntant sa Flûte Intérieure. Puis, inspirez afin d'aspirer le symbole à l'intérieur de votre centre cardiaque avant de le faire descendre vers votre sexe.

Shakti, inspirez tandis que Shiva expire, en aspirant le symbole pour le faire passer du centre sexuel de votre partenaire à l'intérieur de votre premier chakra, avant de lui faire accomplir un trajet ascendant vers votre centre cardiaque ou quatrième chakra. Ensuite, expirez, faisant ainsi passer le symbole de votre cœur à celui de l'être aimé.

Invoquez les caractéristiques du chakra cardiaque tandis que vous faites décrire au symbole une boucle passant par cet important centre énergétique. Contemplez la couleur verte se répandant à travers votre poitrine. Sensibilisez-vous à la chaleur affective que le cœur confère à votre magie et à vos rapports sexuels. Soyez réceptifs à cet immense et paisible espace qui s'épanouit comme une fleur entre vos aisselles. Que votre amour, votre accueil et votre compassion imprègnent votre Symbole Magique de ces qualités très remarquables.

PHASE 11: UNION AU NIVEAU DU CINQUIEME CHAKRA

Shiva, placez délicatement votre main droite à l'arrière du cou de votre partenaire, à l'apposé de son chakra laryngé, puis dites "Nous allons maintenant décrire une boucle entre premier et cinquième chakras".

Shakti, inspirez en faisant monter le symbole et votre énergie à votre gorge. Puis, pendant que vous expirez, le transmettant à votre partenaire, émettez de douces sonorités laryngées à connotation sexuelle. Et, tout en faisant vibrer votre centre laryngé, peut-être aurez-vous l'envie de ronronner comme un chat, de gémir ou de soupirer.

Shiva, inspirez en recevant le symbole de Shakti, aspirez-le ensuite à l'intérieur de votre gorge avant de le laisser descendre vers votre centre sexuel. Expirez alors, projetant ainsi le Symbole Magique vers son cinquième chakra en lui faisant parcourir sa Flûte Intérieure de bas en haut.

Invoquez les caractères du cinquième chakra. Contemplez la couleur bleue inondant votre gorge, pour guérir, purifier et transformer cette zone. Que vos gorges à tous deux s'épanouissent, détendues. Emettez des sonorités, laissez votre énergie et votre individualité s'exprimer en faisant vibrer le cinquième chakra. Tandis que vous unissez vos premier et cinquième chakras, donnez un caractère sexuel aux sonorités que vous émettez.

PHASE 12: UNION AU NIVEAU DU SIXIEME CHAKRA

Pressez délicatement vos fronts l'un contre l'autre pour que le troisième œil de l'un vienne au contact de celui de l'autre. Shiva, touchez légèrement la nuque de votre partenaire avec les doigts de votre main droite en gardant votre main gauche immobile sur son sacrum. Dites ensuite : "Nous allons maintenant décrire une boucle entre les premier et sixième chakras".

Shakti, inspirez afin de faire monter le symbole vers votre front par l'intermédiaire de votre Flûte Intérieure, pour qu'il atteigne un point situé juste entre vos sourcils. Sentez comme l'énergie palpite au sein de votre troisième œil. Puis expirez, faisant ainsi passer le symbole de votre front à celui de Shiva.

Shiva, inspirez en recevant le symbole par votre front avant de le laisser descendre vers votre centre sexuel. Ensuite, expirez, projetant ainsi le Symbole Magique dans une ascension empruntant la Flûte Intérieure de Shakti avant d'atteindre son front.

Invoquez les caractères propres au sixième chakra. Contemplez la couleur violette rayonnant du centre de votre tête. Sensibilisez-vous à la légèreté et à la clarté qui se manifestent ainsi qu'à l'espace s'ouvrant lorsque le sixième chakra est activé. Laissez votre Symbole Magique planer au sein de cet espace intérieur, baigné de lumière, pour qu'il se purifie sans cesse pendant qu'il s'apprête à communiquer avec le Réseau Astral.

Shakti, inspirez afin que votre énergie sexuelle accompagnée du Symbole Magique soit aspirée dans un mouvement ascendant empruntant votre Flûte Intérieure vers le sommet de votre tête. Puis expirez, transmettant ainsi le symbole à Shiva, pour qu'il le laisse ensuite descendre vers son sexe en empruntant sa Flûte Intérieure.

Shiva, inspirez en recevant le symbole de Shakti au sein de votre chakra coronal, avant de le faire descendre vers votre centre sexuel. Puis expirez, le projetant ainsi dans un mouvement ascendant empruntant la Flûte Intérieure de votre partenaire, vers le sommet de son crâne.

Invoquez ensuite les caractères particuliers au septième chakra. A ce stade, il se peut que la notion de vos limites corporelles s'estompe, votre énergie et votre symbole commençant à flotter, baignés d'une lumière blanche au sein d'un espace apparemment infini.

Vous seriez peut-être tentés de vous arrêter là, dans ce silence et cette béatitude, pendant que votre prise sur la notion de temps et d'espace se fait moins forte au point que vous la lâchez peu à peu, mais il vous reste une étape à franchir pour conclure votre Union Magique.

PHASE 13: L'UNION AU NIVEAU DU SEPTIEME CHAKRA

Ensemble, concentrez-vous sur le sommet de vos crânes. Shiva, touchez délicatement le sommet de la tête de votre partenaire avec les doigts de votre main droite, puis dites: "Maintenant, nous décrivons une boucle entre les premier et septième chakras."

Shakti, inspirez, afin que votre énergie sexuelle, accompagnée du Symbole Magique, soit aspirée dans un mouvement ascendant empruntant votre Flûte Intérieure vers le sommet de votre tête. Puis, expirez, transmettant ainsi le symbole à Shiva, pour qu'il le laisse ensuite descendre vers son sexe en empruntant sa Flûte Intérieure.

Shiva, inspirez en recevant le symbole de Shakti, au sein de votre chakra coronal, avant de le faire descendre vers votre centre sexuel. Puis expirez, le projetant ainsi dans un mouvement ascendant empruntant la Flûte Intérieure de votre partenaire, vers le sommet de son crâne.

Invoquez ensuite les caractères particuliers au septième chakra. A ce stade, il se peut que la notion de vos limites corporelles s'estompe, votre énergie et votre symbole commencent à flotter, baignés d'une lumière blanche, au sein d'un espace apparemment infini.

Vous serez peut-être tentés de vous arrêter là, dans ce silence et cette béatitude, tandis que votre prise sur la notion de temps et d'espace se fait moins forte au point que vous la lâchez peu à peu, mais il vous reste une étape à franchir pour conclure votre Union Magique.

PHASE 14: LIAISON AVEC LE RESEAU ASTRAL

Ensemble, rétablissez une liaison solide avec vos premiers chakras respectifs, cela en stimulant votre énergie sexuelle. Shiva, prononcez ces paroles: "Nous pouvons maintenant rechercher l'orgasme complet, le plaisir total".

Lancez-vous dans un rapport sexuel énergique, passionné. Pendant un instant, ne vous souciez ni de la respiration inversée, ni de l'endroit où se trouve votre Symbole Magique. Recherchez avant tout votre plaisir, donnez libre cours à votre passion, vous aidant mutuellement à faire culminer votre plaisir orgastique.

Voyez si vous pouvez "programmer" vos orgasmes pour qu'ils se produisent simultanément.

Au moment où vous sentez venir la détente explosive, demandez à votre partenaire : "Puis-je jouir? Es-tu prêt?"

Il peut vous répondre "Oui, allons-y!"

Ou bien il peut vous dire : "Attends un petit peu ; j'y suis presque."

Ou encore, il n'est pas au seuil de l'orgasme, mais l'énergie orgastique est si forte et omniprésente qu'il est heureux de vous donner le "feu vert".

Assurez-vous qu'il a effectivement donné son accord. Si oui, laissez-

Laissez le symbole circuler en vous. Emettez-le au-dessus de votre tête au moment où l'énergie de votre heureuse union s'épanouit en vous, comme des ondes de joie.

vous porter par les sensations que procure le fait de franchir le point de non-retour. Laissez-vous aller à l'orgasme absolu. Abandonnez-vous à ce délicieux instant d'extase palpitante.

Au moment où votre orgasme débute, faites monter en vous votre Symbole Magique et votre énergie orgastique, puis projetez-les à l'extérieur par le sommet de votre crâne. Vous et l'être qui vous est cher aurez peut-être l'impression de n'être plus qu'un seul corps, une Flûte Intérieure unique et un seul symbole.

Laissez le Symbole Magique jaillir à l'extérieur de votre crâne, indissolublement lié à cette magnifique énergie orgastique qui l'a porté, communiquant ainsi avec le Réseau Astral.

Ensemble, respirez lentement et profondément par la bouche, en entretenant mentalement la vision de votre Symbole Magique flottant au-dessus de vos têtes. Savourez cet instant d'éternité, cet accomplissement couronnant vos facultés magiques.

Alors, tandis que les sensations orgastiques commencent à se dissiper, visualisez votre symbole qui s'éloigne en planant, qui rapetisse de plus en plus pour devenir un minuscule point dans le lointain, avant de disparaître.

PHASE 15: SAVOUREZ LES "GLOIRES DU SOLEIL COUCHE"

Shakti, pendant quelques instants, restez assise dans le giron de Shiva, appuyez-vous contre sa poitrine, vos fronts se touchant tendrement, vos sexes restant unis, mais toute tension étant évacuée. Si Shiva n'a plus d'érection, que son Vajra repose entre vos abdomens.

Ensemble, respirez doucement. Accordez-vous de savourer cet espace au sein duquel il n'y a rien à faire, rien à chercher ou accomplir, où il vous suffit de goûter votre intimité, de sentir l'affection vous unir, sensibles à l'amour que vous éprouvez l'un pour l'autre.

Au bout d'un mouvement, sensibilisez-vous au fait qu'une partie de l'énergie orgastique née de votre passion commence, telle une pluie, à se déverser en vous sous forme d'une lumière blanche. Visualisez-la redescendant lentement vers votre centre sexuel après être passée par la tête, la gorge et la poitrine, pour vous remettre en contact avec le sol, avec la terre.

Désunissez lentement vos corps, puis allongez-vous pour vous détendre.

Dès que vous êtes prêts, redressez-vous et savourez une Etreinte Unificatrice.

Félicitez-vous mutuellement.

Concluez la séance par un Salut du Cœur.

PRESERVER L'HARMONIE DES DIFFERENTES COMPOSANTES

Les premières fois que vous pratiquerez l'Union Magique, vous risquez d'avoir du mal à préserver l'harmonie de ses différentes composantes. Vous pouvez, par exemple, ne plus savoir au niveau de quel chakra vous vous trouvez ou oublier de respecter le profil respiratoire particulier, ou encore le lien vous unissant à votre énergie sexuelle peut se relâcher pour disparaître.

L'un des moyens permettant de remédier à ce type de problèmes consiste à adopter une technique bien connue des comédiens: "répéter son rôle" avant la représentation en présence du public. Répétez donc les différentes phases de l'Union Magique sans vous hâter, sans pénétration, mais en pratiquant la respiration inversée et l'alchimie l'accompagnant jusqu'à ce que vous soyez à l'aise dans leur exécution. Alors seulement, vous pourrez procéder au rituel complet du début à la fin, en y incluant notamment le rapport sexuel avec pénétration.

Au cours de cet exercice, vous risquez fort de rencontrer une autre difficulté: celle du relâchement du lien affectif vous unissant à votre partenaire, né de votre concentration presque exclusive sur l'aspect purement technique de l'opération. Si cela se produit, accordez-vous quelques instants de pause pour vous détendre et vous regarder tendrement, en vous rappelant l'amour que vous éprouvez l'un pour l'autre avant de poursuivre.

Par ailleurs, pendant le déroulement du rituel, il est important de maintenir un lien sexuel fort au niveau de vos premiers chakras. Il vous faudra parfois accorder toute votre attention à votre sexe, mettant ainsi temporairement entre parenthèses la visualisation du symbole et des chakras. Shiva, maintenez les fesses de Shakti et attirez-la fermement à vous tandis que votre Vajra va et vient à l'intérieur de son Yoni, afin de stimuler simultanément vos sexes. Shakti, faites pivoter votre bassin autour du Vajra de Shiva, tout en l'aspirant en vous par la contraction de vos muscles vaginaux. Soyez coquins et sensuels. Amusez-vous.

La magie est l'aptitude à influencer le changement conformément à sa volonté.
— ALEISTER CROWLEY

Puis, une fois que vous avez retrouvé une lubrification abondante, vous pouvez reprendre le déroulement du rituel. L'un de vous peut dire, par exemple : "Bon, ça va. Maintenant, nous pouvons reprendre là où nous nous sommes arrêtés, pour faire décrire à notre symbole une boucle reliant nos premier et quatrième chakras".

L'UNION SANS ERECTION

Il est également possible de réaliser l'Union Magique sans que Shiva ait d'érection, son Vajra restant flasque dans le Yoni de Shakti. Cette façon de procéder peut en effet s'avérer utile pour acquérir suffisamment d'aisance dans le déroulement du processus consistant à faire décrire au Symbole Magique des boucles de plus en plus grandes, porté par le souffle, avant d'en intégrer l'aspect purement sexuel.

Si le Vajra ressort du Yoni pendant l'exercice, continuez à le presser entre vos bas-ventres. En effet, il importe qu'il ne pende pas mollement du corps de Shiva, sinon le courant énergétique risque d'être interrompu.

VARIANTES DANS LA PRATIQUE

Je vous ai indiqué la marche à suivre correspondant à ce que je considère comme la technique la plus efficace pour réaliser l'Union Magique dans son déroulement traditionnel. Mais beaucoup d'autres modalités s'offrent à vous. Si, par exemple, vous avez du mal à maintenir entre vous la synchronicité au-delà d'un chakra donné, vous pouvez convenir de poursuivre l'exercice indépendamment l'un de l'autre, ce qui n'est pas en contradiction avec l'esprit de la démarche entreprise.

Il se peut également que vous préfériez ne pas conclure votre Union Magique par une détente orgastique explosive au moment où vous réalisez la liaison entre votre symbole et le Réseau Astral. Cette attitude est parfaitement correcte.

Fiez-vous à ce que vous éprouvez. Ecoutez votre cœur et faites-lui confiance. Ne faites pas l'erreur d'interrompre votre flux énergétique au nom d'une notion rigide quant aux modalités selon lesquelles l'Union Magique doit s'accomplir. Ne tombez pas dans le piège de l'anxiété fonctionnelle, qui vous ferait tomber dans l'obligation supposée de respecter à la lettre la marche à suivre exposée dans ce chapitre.

Vous souhaiterez peut-être également décrire des boucles plus petites, par exemple entre vos second et troisième chakras, ou entre vos troisième et quatrième chakras au lieu de décrire des boucles intégrant à chaque fois le premier chakra. L'intérêt et l'avantage de procéder ainsi réside en ce que vous n'êtes pas obligés de visualiser d'importants déplacements d'énergie. La difficulté est la suivante: pendant que l'énergie emprunte un trajet ascendant à l'intérieur de votre corps, le lien vous rattachant à votre centre sexuel risque de se relâcher au point de disparaître; c'est la raison pour laquelle je préfère faire décrire au symbole des boucles partant du premier chakra.

L'UNION MAGIQUE NATURELLE

Vous trouvez peut-être que la pratique de l'Union Magique traditionnelle obéit à des règles strictes qui la rendent complexe, qu'elle s'apparente à une posture yogique difficile à prendre, exigeant que vous synchronisiez mouvements corporels, profils respiratoires et visualisation.

Cependant, par la compréhension et la pratique de ses différentes phases dans leur intégralité, avec votre partenaire, vous ouvrez une voie magique, un canal que vos énergies peuvent emprunter pour danser, s'écouler et se transformer spontanément.

Les religions orientales et le mysticisme conçoivent l'amour de Dieu comme le sentiment aigu de vivre l'unité, indissolublement lié à l'expression de cet amour dans chaque acte de la vie.
— ERICH FROMM

C'est pourquoi j'incite ceux et celles qui me lisent et m'écoutent à pratiquer l'Union Magique traditionnelle avant d'essayer de la pratiquer avec naturel. Une fois que vous avez acquis la maîtrise de sa complexité, vous disposez de bases fermes sur lesquelles vous pouvez improviser librement sans vous égarer ni être dérouté.

L'Union Magique naturelle vous permet de moins vous concentrer sur certains aspects techniques précis pour privilégier la relation sexuelle et affective afin de jouir totalement de la vigueur et de l'élan vital que procure le fait de vous laisser porter par le courant de votre énergie sexuelle, qui peut être sujette à variation chaque fois que vous avez un rapport sexuel.

Ainsi, tandis que, sous votre impulsion, votre énergie sexuelle combinée s'élève, empruntant la voie de vos sept chakras, vous pouvez vous rendre compte qu'elle présente un caractère particulièrement agréable lorsqu'elle atteint une zone corporelle donnée, par exemple votre abdomen. Ainsi, grâce à la liberté que vous donne l'Union Magique naturelle, vous pouvez vous concentrer sur cette zone aussi longtemps que vous le souhaitez.

Cela vous permet de vivre en profondeur l'alchimie provoquée par la rencontre de votre Symbole Magique et votre énergie sexuelle pour se fondre et s'unir en un point. Savourez alors la chaleur, le plaisir et le caractère sensuel de ce que vous percevez dans votre abdomen, cela en vous servant bien sûr des Trois Clés pour intensifier votre vécu ainsi que pour faire fusionner votre Symbole Magique avec l'énergie tourbillonnant et bouillonnant dans cette zone de votre corps.

Cependant, avant que vous ne concluiez votre séance d'entraînement, il est important, même lorsqu'il s'agit de l'Union Magique naturelle, d'achever votre itinéraire en passant par les sept chakras et d'établir votre liaison avec le Réseau Astral. Cela vous garantit que l'énergie, l'amour et la transformation alchimique que vous avez induits entreront en résonance avec le réseau et contribueront à ce que votre vision se réalise.

Pour illustrer l'Union Magique naturelle, je vous livre les extraits suivants d'une conversation que j'ai eue avec Stephen et Jackie, pratiquant la magie sexuelle depuis deux ans, à l'issue d'une séance au cours de laquelle ils avaient pratiqué l'Union Magique.

Ils avaient entamé leur séance de manière traditionnelle, pour évoluer ensuite vers différents mouvements et visualisations.

JACKIE: Cette fois-là, j'étais très détendue en compagnie de Stephen, savourant le lien sexuel agréable qui m'unissait à lui et me pemettait de "jouer" avec l'énergie tout en me laissant porter par elle, cela de n'importe quelle manière, pour peu qu'elle me parût très naturelle et attrayante.

Nous avons d'abord fait décrire des boucles à l'énergie, du premier au second chakra, puis du premier au troisième. J'ai alors reçu une image forte de notre symbole – des dauphins exécutant un ballet au sein d'une énorme vague. Ils se roulaient et plongeaient dans l'onde, jouant dans mon ventre. Lorsque je

me suis concentrée sur cette image, j'ai eu l'impression de devenir dauphin moi-même, ce qui m'a fait éprouver beaucoup de plaisir et m'a excitée, tout en provoquant chez moi un enchaînement de mouvements fluides et gracieux tandis que je faisais l'amour. J'éprouvais un sentiment d'un type entièrement nouveau, celui d'être pleine de vie, débordante de gaieté, fluide comme l'eau, souple et lascive – et j'ai compris combien le symbole peut modifier le caractère de mon énergie sexuelle quand elle se présente en un point donné de mon corps.

STEPHEN: Des aspects variés du symbole se sont révélés en différentes zones de mon corps – du haut en bas de mes bras, tournoyant dans ma poitrine – me faisant éprouver un sentiment de puissance et d'immensité. J'avais l'impression d'être un immense espace vide dans lequel, malgré leur variété, tous les éléments composant le symbole pouvaient se livrer librement à leur ballet et c'était vraiment délicieux.

Je me rends compte également qu'il ne m'est pas toujours possible de visualiser le symbole lorsque je suis absorbé dans une étreinte charnelle, aussi j'admets simplement ce constat. Mais, même quand je ne réussis pas à le visualiser, j'en perçois les caractères. Je l'apprécie beaucoup, mais je n'arrive pas à entretenir en permanence sa représentation mentale.

JACKIE: Une autre chose magnifique m'est arrivée: je me suis surprise à visualiser un objet ressemblant à un œuf d'énergie dans lequel nous nous trouvions ensemble. Alors, j'ai inspiré l'énergie de Stephen par mon sexe, la mêlant à la mienne, lui faisant ensuite emprunter la voie de ma colonne vertébrale jusqu'au troisième œil puis, tandis que j'expirais, j'ai, via la tête de mon partenaire, envoyé la totalité de l'énergie parcourir sa colonne vertébrale jusqu'à son chakra sexuel. Il était donc aisé d'imaginer un œuf de lumière nous abritant tous les deux pour faire parcourir à notre Symbole Magique un trajet épousant cette boule.

J'ai fait cela aussi longtemps que j'ai pu; c'était si agréable. Alors, juste à l'instant idéal, au moment où je commençais à me sentir légèrement détachée de Stephen, il nous ramena aux modalités traditionnelles de la pratique pour que nous fassions gravir au symbole les sept échelons de nos chakras vers le Réseau Astral.

STEPHEN: J'ai projeté le symbole à l'extérieur de ma tête à l'instant de l'orgasme. Puis, immédiatement après, j'ai senti qu'il était important pour moi d'inspirer énergiquement et de retenir mon souffle pendant quelques instants. Cela contribua à me donner une image vivante du symbole planant au-dessus de ma tête, en résonance avec le Réseau Astral. Par la suite, quand j'ai voulu qu'il s'éloigne et disparaisse, j'ai ressenti le besoin d'expirer énergiquement plusieurs fois, pour le chasser loin de moi.

Après l'émission du symbole, j'ai apprécié d'être prêt de Jackie, de la tenir dans mes bras, en respirant lentement. J'avais le sentiment que c'était réellement nécessaire. En effet, je me souvenais qu'auparavant, lorsque je ne consacrais pas ces instants au repos et à la détente goûtés ensemble, il m'arrivait d'éprouver le sentiment que l'exercice s'achevait sur un vide étrange.

Aussi était-ce bon de rester simplement allongés, là, ensemble. Je me sentais un être accompli, affectivement lié à elle de la tête aux pieds. J'avais une perception beaucoup plus tendre et affectueuse de Jackie et je pense que c'est important pour moi.

JACKIE: Je me rends compte de l'importance d'employer le symbole pendant plusieurs séances de magie sexuelle, notamment s'il est lié à notre relation. Cela établit entre nous un courant énergétique se situant à un tout autre niveau.

Pendant notre étreinte charnelle, en me servant du symbole, je l'ai vu devenir énorme et nous évoluions réellement au sein du paysage qu'il baignait entièrement ; il était l'espace où nous étions assis et nous nous aimions en son sein. C'était vraiment agréable.

STEPHEN: Le symbole ne crée pas quoi que ce soit en moi, il est, en fait, le reflet d'une part de moi-même qui a seulement besoin d'être ratifiée.

MAITRES EN MAGIE SEXUELLE

Par la maîtrise de l'art qu'est l'Union Magique, vous vous êtes élevés au rang de pratiquants de la magie sexuelle. Vous êtes maintenant en possession de toutes les compétences et de l'habileté nécessaires pour la faire passer dans votre vie en acquérant par vous-mêmes le pouvoir, en façonnant votre destin et en influençant le résultat de vos entreprises pour qu'ils vous aident à mener une existence épanouie répondant à vos attentes.

Vous êtes devenus des joueurs experts au sein d'un univers aux possibilités infinies. Par ailleurs, lorsque votre vie est imprégnée d'amour et d'harmonie, vous les transmettez simultanément à l'humanité entière, introduisant une pointe de magie en ce monde, montrant aux autres comment l'existence peut être vécue, votre joie devenant un facteur de guérison pour la planète. Puisse votre vie être débordante de richesses et votre lit peuplé de sublimes orgasmes!

EPILOGUE

En attendant de cueillir les fruits de votre magie

Maintenant que vous avez acquis la maîtrise de l'art de la magie sexuelle, que se passe-t-il ensuite? Comment allez-vous savoir que votre magie fonctionne effectivement? Quand votre désir de transformation et de changements personnels sera-t-il satisfait? Quelle est la possibilité de réussite?

Tout d'abord, il faut que vous mesuriez l'importance que revêt votre maîtrise de la magie sexuelle. Elle représente un exploit pour vous et votre partenaire en amour, une chose dont vous pouvez être fiers à juste titre. Cette maîtrise signifie que vous avez fait le plus gros du travail. Quels qu'ils soient, les obstacles rencontrés au cours des exercices appartiennent maintenant au passé et vous êtes libres de goûter aux délices de cet art extatique magnifique, c'est-à-dire d'en récolter les fruits abondants et savoureux.

Dans le monde de la magie, rien n'a autant d'influence, d'impact et d'attrait qu'un couple harmonieux au sein duquel l'homme et la femme sont les co-auteurs de leur réussite dans la pratique de l'alchimie sexuelle. Ensemble, vous avez développé en vous ce que Roberto Assagioli, psychologue éminent, a qualifié de "volonté compétente", c'est-à-dire l'aptitude à obtenir les résultats souhaités au prix de la dépense énergétique la plus faible possible

– mais aussi la plus agréable. Au-delà de la simple volonté, vous avez su exploiter votre relation sexuelle et votre imagination pour qu'elles servent la transformation magique de vos existences.

Toutefois, il importe de se souvenir que la magie sexuelle est une discipline se pratiquant régulièrement. Il ne s'agit pas de s'y livrer une fois, puis de s'asseoir et d'attendre que les cieux répandent leurs bienfaits sur vous. En effet, c'est la pratique régulière de l'Union Magique qui imprègne votre psychisme, votre corps, vos états émotionnels et votre âme de la vision correspondant à votre désir, telle qu'elle s'exprime à travers votre Symbole Magique qui constitue une puissance alchimique efficace agissant de manière créative, positive et délibérée, à condition que vous poursuiviez la pratique de la magie.

Bien que sa manifestation puisse ne pas être immédiatement perceptible, la transformation magique commence à s'opérer à l'instant même où votre symbole entre en résonance avec les champs de force du Réseau Astral. Tantôt, la magie se manifeste par des résultats évidents et quasi instantanés et tantôt ils se font attendre. Il n'existe aucun moyen de prédire le moment précis où le processus alchimique mettant en jeu votre psychisme, votre symbole et la réaction provenant du Réseau Astral atteindra son apogée dans la réalisation de votre désir.

Quand le réseau est en résonance avec la fréquence de votre symbole, le sentiment de synchronicité apparaît et s'impose dans votre vie. Des événements inattendus se produisent et correspondent à votre vision. Ainsi, vous comprenez brusquement que vous et votre partenaire ne discutez plus d'un problème épineux qui se présentait périodiquement, parce que vous avez élaboré ensemble une vision porteuse d'une plus grande harmonie dans votre vie amoureuse. Par ailleurs, vous pouvez bousculer par mégarde une personne attirante, nouvellement intégrée au bureau, et réaliser que vous aviez élaboré une vision dans laquelle vous rencontriez des gens nouveaux et intéressants.

L'autre signe indiquant que la magie opère est le sentiment grandissant d'une maîtrise accrue de votre existence ainsi qu'une plus grande influence sur les autres et votre environnement. Le contenu de ce qu'on vous dit peut modifier l'idée que vous avez de la manière dont vous êtes perçu, modifiant par là votre image qui devient positive et encourageante. Par ailleurs, le déroulement de certains événements peuvent ouvrir des perspectives nouvelles et passionnantes. Mais, cela peut aussi ne pas se produire comme vous l'imaginez, donc soyez à la fois vigilants et ouverts à l'imprévu et à la nouveauté.

Certains pratiquants de la magie sexuelle aiment s'engager activement dans le processus conduisant à la réalisation de leurs désirs. Ils ont ainsi le sentiment de pouvoir contribuer à la satisfaction du désir exprimé soit en en parlant de manière positive avec leur partenaire, s'exprimant comme si la transformation était sur le point de se produire, soit comme si elle était en train de s'opérer, ou encore comme si elle s'était déjà produite. Ils apprécient le fait de réaffirmer régulièrement leur vision, répétant ainsi quotidiennement leurs affirmations, se confortant dans la réalisation de leur dessein. Ils surveillent leur langage, évitant soigneusement le piège éculé des vieilles attitudes négatives comme : "C'est mauvais, ça ne va pas marcher".

A l'appui de leurs efforts, ces magiciens dressent une liste d'actes à accomplir quotidiennement, programmant des tâches susceptibles d'aider leur magie à opérer, détaillant les différentes façons leur permettant de changer leur mode de vie, leur train-train, les modalités bien rôdées présidant à une existence relationnelle et sociale, tout cela pour contribuer à induire le changement recherché.

Voici un exemple: si vous vous servez de la magie pour cesser de fumer, vous voudrez peut-être, outre la pratique de la magie sexuelle, répéter l'affirmation : "Cela me fait plaisir de ne pas avoir les poumons enfumés" ou : "J'aime être en bonne santé et ne pas souffrir des effets nocifs de la cigarette". Mais il se peut également que vous vouliez changer votre mode de vie en adoptant des comportements favorisant une meilleure manifestation du résultat escompté, comme ne pas vous rendre dans les lieux où vous fumez habituellement, ne pas conserver de cigarettes à la maison, ne pas laisser traîner de cendriers vous rappelant...

En d'autres termes, il se peut que vous vouliez prendre en considération tous les aspects de votre existence, cela de manière concrète et pratique, pour augmenter la probabilité d'un résultat positif. Certes, cette façon active et participative d'aborder la magie peut être précieuse en tant que "parallèle avec la réalité", puisqu'elle fait de votre pratique magique une partie intégrante de votre vie quotidienne.

Par contre, il se peut que vous préfériez aborder la magie d'une manière plus passive, davantage empreinte de réceptivité, de sensibilité, lui permettant d'agir par elle-même, libre de tous vos efforts complémentaires. Cette approche a autant de valeur que la précédente, car l'essence de la magie réside dans son mystère, dans le fait qu'elle vous emmène au-delà de l'univers habituel régi par la loi de causalité. C'est pourquoi elle est par nature un phénomène à la fois si insaisissable et si merveilleux.

Une autre manière encore d'aborder cette question consiste à disposer les éléments de votre Cercle Magique, puis à vous asseoir tranquillement au centre et à vous visualiser retournant vers votre sanctuaire pour y rencontrer votre Magicien Intérieur. Après avoir établi la communication avec cet être magique, vous lui demandez de vous inspirer en vous donnant des aperçus et des indications quant à la manière d'enraciner votre vision magique dans votre vie quotidienne. Votre Magicien Intérieur peut vous répondre en vous déclarant simplement : "Contente-toi d'attendre, sois patient et en état de réceptivité, ça se produit tout seul", ou bien il vous fera des suggestions pratiques, comme des actes à accomplir ou des projets à exécuter.

Il est une technique que je trouve personnellement fort agréable à mettre en œuvre et qui semble contribuer efficacement à la manifestation de mes visions magiques, c'est l'art de faire le vide en moi, de me ménager un espace destiné à accueillir la manifestation de ce qui est nouveau, inattendu et inusité.

En ce qui me concerne, c'est à la faveur de la méditation que cette vacuité apparaît le plus aisément. Assise tranquillement, détendue, les yeux clos, respirant lentement, sans aucune perturbation extérieure, ma pensée commence à se calmer et j'observe le "vol" des idées me traversant l'esprit, mais sans tenter de m'y arrêter ; le flux mental se ralentit, diminue puis s'arrête, faisant place à un espace silencieux et vide.

Si je laisse cette vacuité, ce néant, se prolonger quelques minutes, alors, lentement, très lentement, un profond sentiment de bien-être commence à s'élever du tréfonds de moi-même. Sans raison particulière, je me sens en harmonie avec moi-même, plus stable, plus équilibrée et donc plus heureuse. Mais, constat d'importance primordiale, cet espace intérieur porte en lui un sentiment nouveau de disponibilité, de souplesse, d'ouverture d'esprit, la sensation agréable procurée par la prescience d'un évènement sur le point de se produire dans ma vie sans avoir la moindre idée de sa nature précise.

Je considère cet espace de méditation comme particulièrement précieux lorsque mon partenaire en magie sexuelle est absent et que je n'éprouve pas l'envie impérieuse de me masturber pour produire moi-même l'énergie orgastique.

Dans ces moments-là, je vais dans une pièce silencieuse de ma maison ou dans un coin tranquille du jardin et j'entame ma méditation. Lorsque l'espace de vacuité s'ouvre en moi, j'aime me reposer en lui quelques minutes et là, je flotte, comme suspendue dans une immense matrice féconde où tout peut se produire. C'est alors que je commence à me concentrer sur la vision que j'ai élaborée et que je désire voir se réaliser dans ma vie. Je visualise le Symbole Magique qui s'élève en planant à l'intérieur de mon corps, gravissant, comme des marches, les sept centres énergétiques – tout cela au sein d'une vacuité immense et silencieuse.

Autrement dit, je continue d'incarner la magicienne, en invoquant la puissance de la magie, mais je le fais d'une façon silencieuse, sur le mode méditatif. C'est pour moi le parfait corollaire de l'intensité et de l'extase orgastique caractérisant la magie sexuelle, un précieux soutien me permettant de rester par moi-même "en phase" avec la pratique.

Pour les magiciens "célibataires" projetant dans le cosmos des visions évoquant de nouvelles amours et de nouvelles idylles, j'ai eu connaissance de résultats positifs rapportés par des personnes qui, outre leur pratique de la magie sexuelle, consacrent leur attention et leur énergie à se choyer et à s'aimer. Elles prennent soin de leur corps, mangent sainement, vont chez le coiffeur, aiment se faire masser, veillent à se sentir rayonnantes et en forme lorsqu'elles doivent assumer un rôle social et trouvent toutes sortes de moyens pour accroître leur bien-être et l'estime qu'elles ont d'elles-mêmes. Elles ont ainsi le sentiment qu'elles se préparent à l'extase qu'elles vivront quand elles rencontreront leur nouvel amour.

L'une de mes amies, que j'ai initiée à la magie sexuelle, a joui d'une réussite remarquable en accordant toute son attention à l'amant inconnu et imaginaire qu'elle se languissait de rencontrer. Comme Symbole Magique, elle a peint un tableau abstrait véhiculant les sentiments qu'elle éprouvait à son égard et elle l'a suspendu dans son séjour. Donc, chaque soir, en pénétrant dans la pièce, elle lançait des chants d'amour, en regardant ce tableau ou dédiait une danse à cet homme avant de valser comme s'il l'a tenait dans ses bras. Et, d'après elle, cela fit merveille: elle vit aujourd'hui une nouvelle idylle.

Il y a donc, comme vous pouvez le constater, bien des manières d'atteindre les résultats de la magie sexuelle. Mais il est possible aussi que le plus grand secret, pour aider votre vision magique à devenir réalité, consiste à ne pas y penser. Cela s'adresse notamment aux partenaires amoureux qui, s'étant formés à la magie sexuelle, sont prêts à s'investir intensément dans la pratique régulière et fréquente de l'Union Magique.

Si vous pouvez vous investir totalement dans l'Union Magique et si vous réussissez à vous "perdre" dans le plaisir orgastique né de la magie sexuelle, au point d'oublier le résultat que vous attendez, il n'y a pas de plus sûre méthode pour parvenir au succès. Bien que cela puisse sembler paradoxal, c'est la vérité.

Je m'explique. Vous pratiquez la magie sexuelle pour satisfaire un désir précis. Or, si vous vous concentrez trop sur l'objectif fixé, vous êtes dans l'impossibilité d'investir la totalité de votre énergie dans la pratique de la magie sexuelle. En effet, votre attention et votre pensée sont en partie orientées vers le futur, vers le résultat à obtenir, ce qui provoque une scission de votre énergie et par conséquent affaiblit la puissance de l'opération magique entreprise.

Totalité est le mot clé de la réussite, car si vous pouvez vous investir totalement dans l'art d'une relation sexuelle magique, vous constatez que vous devenez tout naturellement un grand magicien et que vous pouvez, sans aucun risque, vous libérer de tout souci quant au résultat escompté, car votre Symbole Magique remplit déjà cette fonction à votre place. En effet, il porte déjà guérison, transformation, harmonie et objectif à atteindre. C'est son rôle et sa raison d'être. Ainsi êtes-vous libre, avec votre partenaire, d'accorder toute votre attention et d'investir la totalité de votre énergie dans le rituel de l'Union Magique.

Voici ma conclusion: l'image traduisant le mieux l'idée que je me fais d'une magie heureuse est celle d'un couple d'amants expérimentés qui, méthodiquement, a vécu toutes les phases menant à l'Union Magique pour en acquérir la maîtrise parfaite. Ils n'ont plus alors à se soucier des exercices coupés de leur contexte général, parce que le processus se déroule naturellement, comme s'il s'agissait d'une danse alchimique, créatrice et artistique, à laquelle ils peuvent s'abandonner dans la joie, s'élevant vers des vécus orgastiques toujours supérieurs.

Ils s'absorbent tellement dans leur art et leur extase que lorsqu'ils regardent enfin autour d'eux pour constater que leur vision s'est réalisée, c'est presque une surprise.

Et ils s'exclament: "Oh, c'est formidable! Cela s'est réalisé; nous nous sommes si bien amusés que nous n'y avons même pas pensé!"

C'est la magie sexuelle *par excellence.*

ADRESSES ET MUSIQUES

Maintenant que vous avez pris plaisir à la lecture de cet ouvrage, vous pouvez vous poser la question suivante: "Alors qu'est-ce qu'on fait?" Ma proposition, en même temps que ma réponse, est: passez à la pratique et cela dans un environnement sans risques et empreint d'affection, au sein d'un groupe de personnes soucieuses de parvenir à l'épanouissement optimal de leurs potentiel en tant que magicien dans l'art d'aimer. Plus de 15 000 personnes à travers le monde ont déjà participé à des séminaires sur l'art de l'extase sexuelle et la magie du tantra dans la sexualité. Je vous invite donc à vous renseigner sur ces séminaires et à partager avec moi les nombreuses voies menant à une relation – notamment sexuelle – épanouie et saine, afin de jouir d'une magnifique vie amoureuse. En effet, ces séminaires proposent de vivre une expérience sans risques, enthousiasmante et riche d'enseignement.

Si vous désirez des informations concernant ces séminaires, leur programmes de formation, une documentation sur les produits, veuillez vous mettre en relation avec:

Institut SkyDancing Francophone
Nital Brinkley
C.P. 233
1066 Epalinges
Suisse
Tel/Fax: (41) (0)21 784-20-33

Beaucoup de gens sont intéressés par les accessoires de rituels, comme la musique, l'encens, les parfums, les essences, les costumes ainsi que par les objets d'arts s'inspirant du tantrisme, jouant un rôle essentiel dans l'induction d'un état d'esprit propice à l'amour et à la magie. Ils sont tous disponibles à la boutique SkyDancing en Allemagne.

SkyDancing Boutique Allemagne
Am Oberen Tor 2
D-91330 Eggolsheim
Allemagne
Tel: (49) (0)9545 506 44
Fax: (49) (0)9545 506 45

MUSIQUES

Les meilleures musiques à commander à l'Institut SkyDancing Francophone

The Art of Sexual Ecstasy par Margo Anand et Steven Halpern, ainsi que Steve Halpern's Music. Distribué par Sound RX, P.O. Box 151439, San Rafael, CA 94915. Tel: (800) 72-NEW AG ou (415)453-9800.

Musique de Gabrielle Roth.

Toutes les cassettes de méditation d'Osho Rajnessh, notamment celles consacrées à la méditation Kundalini et à la méditation Dynamique.

Raphael et Kutira, notamment "The Tantric Wave", "The Calling" et "Like an Endless River".

Ariel Kalma, en particulier "Gourmet Sax", "Flutes for the Soul" et "Music to Dream By".

"Ecstatica, Sound Track for Lovers", par Ramana Das et Marilena Silbey. Distribué par U-Music, PO Box 613, Fairpax, CA 94978.

Santi Prem: "Music for Lovers".

Anugama, en particulier "Exotic Dance" et "Shamanic Dream".

Constance Demby: "Aeterna", "Novus Magnificat" et "Sacred Space".

Musiques destinées à certains processus décrits dans l'ouvrage et distribuées par l'Institut SkyDancing Francophone

Musique destinée à l'exercice intitulé Le Rire Pelvien (chapitre 4): "The Mystic Rose" (une merveilleuse cassette de rire).

Pour la Méditation sur le Feu (Chapitre 8):
Deep Forest
Vangelis, "Antartica" et "1492" (Atlantic Records)
Gabrielle Roth: "Waves"
Soundtrack for "Baraka" (Distributeurs: BMG)

Chapitre 6: cassette pour la Respiration des Chakras.

Pour la méditation intitulée La Musique des Chakras:
"Totem", "Waves" et "Bones" (Gabrielle Roth)
"1492" (Vangelis) (Atlantic Records)

Chapitres 4 et 8:
"Oceanic Tantra", "Angels of the Deep" (Raphael et Kutira)
"Gourmet Sax", "Flutes for the Soul" (Ariel Kalma)

INDEX

A

D

E

F

G

H

I

J

K

L

M

N

O

P

Q

S

T

U

V

Y

Z

Achevé d'imprimer en mars 1997
sur les presses de la Nouvelle Imprimerie Laballery
58500 Clamecy
Dépôt légal : mars 1997
Numéro d'impression : 702127

Imprimé en France